普通高等教育工程造价类专业“十二五”系列规划教材

建筑施工企业会计

吕孝侠　编著

U0748030

机　械　工　业　出　版　社

本书在介绍会计基本理论知识的基础上，全面、系统地阐述了建筑施工企业会计核算实务的具体方法，列举了大量的建筑施工企业施工生产中的实务案例，在一般会计核算业务的基础上，突出了临时设施的核算、工程成本核算、工程价款结算、建造合同收入核算等特有的会计核算内容，具有较强的实用性和可操作性。本书重印时融入了课程思政元素。

为了帮助学生更好地理解所学理论，提高学生的实务处理能力，缩短理论与实践的距离，尽快适应建筑施工企业会计岗位工作，本书各章内容后均配有思考题、单项选择题、多项选择题、判断题等多种强化训练题及实际业务处理题，以方便学生学习和进行实务训练。

本书既可作为建筑类普通本科院校会计学、工程造价、工程管理专业的专业课教材，也可用于相关专业的建筑施工企业会计课程的教学，还可作为建筑施工企业会计人员继续教育用书和相关人员自学参考用书。

本书配有 ppt 电子课件和章后习题答案，免费提供给选用本书的授课教师。需要者请登录机械工业出版社教育服务网（www. cmpedu. com）注册后下载。

图书在版编目（CIP）数据

建筑施工企业会计 / 吕孝侠编著. —北京：机械工业出版社，2015. 6（2025. 1 重印）

普通高等教育工程造价类专业“十二五”系列规划教材

ISBN 978-7-111-49784-4

Ⅰ. ①建…　Ⅱ. ①吕…　Ⅲ. ①建筑企业—工业会计—高等学校—教材　Ⅳ. ①F407. 967. 2

中国版本图书馆 CIP 数据核字（2015）第 061281 号

机械工业出版社（北京市百万庄大街 22 号　邮政编码 100037）

策划编辑：刘　涛　责任编辑：刘　涛　马碧娟　冯　铗

责任校对：张　力　封面设计：马精明

责任印制：郜　敏

北京富资园科技发展有限公司印刷

2025 年 1 月第 1 版第 7 次印刷

184mm×260mm · 22. 5 印张 · 549 千字

标准书号：ISBN 978-7-111-49784-4

定价：65. 00 元

电话服务	网络服务
客服电话：010-88361066	机　工　官　网：www. cmpbook. com
010-88379833	机　工　官　博：weibo. com/cmp1952
010-68326294	金　　书　　网：www. golden- book. com
封底无防伪标均为盗版	机工教育服务网：www. cmpedu. com

普通高等教育工程造价类专业“十二五”系列规划教材

编审委员会

主任委员：尹贻林

副主任委员：吴佐民　王传生　陈起俊　李建峰　周和生

刘元芳　邹　坦

委　　员：（按姓氏笔画排序）

马　楠　王来福　李　伟　刘　涛　闫　瑾

严　玲　张建平　张敏莉　陈德义　周海婷

柯　洪　荀志远　徐学东　陶学明　晏兴威

曾繁伟　董士波　解本政　谭敬胜

序　一

1996年，建设部和人事部联合发布了《造价工程师执业资格制度暂行规定》，工程造价行业期盼多年的造价工程师执业资格制度和工程造价咨询制度在我国正式建立。该制度实施以来，我国工程造价行业取得了以下三个方面的主要成就：

一是形成了独立执业的工程造价咨询产业。通过住房和城乡建设部标准定额司和中国建设工程造价管理协会(以下简称中价协)，以及行业同仁的共同努力，造价工程师执业资格制度和工程造价咨询制度得以顺利实施。目前，我国已拥有注册造价工程师近11万人，甲级工程造价咨询企业1923家，年产值近300亿元，进而形成了一个社会广泛认同独立执业的工程造价咨询产业。该产业的形成不仅为工程建设事业做出了重要的贡献，也使工程造价专业人员的地位得到了显著提高。

二是工程造价管理的业务范围得到了较大的拓展。通过大家的努力，工程造价专业从传统的工程计价发展为工程造价管理，该管理贯穿于建设项目的全过程、全要素，甚至项目的全生命周期。造价工程师的地位之所以得以迅速提高就在于我们的业务范围没有仅仅停留在传统的工程计价上，而是与我们提出的建设项目全过程、全要素和全生命周期管理理念得到很好的贯彻分不开的。目前，部分工程造价咨询企业已经通过他们的工作成就，得到了业主的充分肯定，在工程建设中发挥着工程管理的核心作用。

三是通过推行工程量清单计价制度实现了建设产品价格属性从政府指导价向市场调节价的过渡。计划经济体制下实行的是预算定额计价，显然其价格的属性就是政府定价；在计划经济向市场经济过渡阶段，仍然沿用预算定额计价，同时提出了“固定量、指导价、竞争费”的计价指导原则，其价格的属性具有政府指导价的显著特征。2003年《建设工程工程量清单计价规范》实施后，我们推行工程量清单计价方式，该计价方式不仅是计价模式形式上的改变，更重要的是通过“企业自主报价”改变了建设产品的价格属性，它标志着我们成功地实现了建设产品价格属性从政府指导价向市场调节价的过渡。

尽管取得了具有划时代意义的成就，但是必须清醒地看到我们的主要业务范围还是相对单一、狭小，具有系统管理理论和技能的工程造价专业人才仍很匮乏，学历教育的知识体系还不能适应行业发展的要求，传统的工程造价管理体系部分已经不能适应构建适应我国法律框架和业务发展要求的工程造价管理的发展要求。这就要求我们重新审视工程造价管理的内涵和任务、工程造价行业发展战略和工程造价管理体系等核心问题。就上述三个问题笔者认为：

1. 工程造价管理的内涵和任务。工程造价管理是建设工程项目管理的重要组成部分，它是以建设工程技术为基础，综合运用管理学、经济学和相关的法律知识与技能，为建设项目的工程造价的确定、建设方案的比选和优化、投资控制与管理提供智力服务。工程造价管理的任务是依据国家有关法律、法规和建设行政主管部门的有关规定，对建设工程实施以工程造价管理为核心的全面项目管理，重点做好工程造价的确定与控制，建设方案的优化，投资风险的控制，进而缩小投资偏差，以满足建设项目投资期望的实现。工程造价管理应以工程造价的相关合同管理为前提，以事前控制为重点，以准确工程计量与计价为基础，并通过优化设计、风险控制和现代信息技术等手段，实现工程造价控制的整体目标。

2. 工程造价行业发展战略。一是在工程造价的形成机制方面，要建立和完善具有中国特色的“法律规范秩序，企业自主报价，市场形成价格，监管行之有效”工程价格的形成机制。二是在工程造价管理体系方面，构建以工程造价管理法律、法规为前提，以工程造价管理标准和工程计价定额为核心，以工程计价信息为支撑的工程造价管理体系。三是在工程造价咨询业发展方面，要在“加强政府的指导与监督，完善行业的自律管理，促进市场的规范与竞争，实现企业的公正与诚信”的原则下，鼓励工程造价咨询行业“做大做强，做专做精”，促进工程造价咨询业可持续发展。

3. 工程造价管理体系。工程造价管理体系是指建设工程造价管理的法律法规、标准、定额、信息等相互联系且可以科学划分的整体。制订和完善我国工程造价管理体系的目的是指导我国工程造价管理法制建设和制度设计，依法进行建设项目的工程造价管理与监督。规范建设项目投资估算、设计概算、工程量清单、招标控制价和工程结算等各类工程计价文件的编制。明确各类工程造价相关法律、法规、标准、定额、信息的作用、表现形式以及体系框架，避免各类工程计价依据之间不协调、不配套，甚至互相重复和矛盾的现象。最终通过建立我国工程造价管理体系，提高我国建设工程造价管理的水平，打造具有中国特色和国际影响力的工程造价管理体系。工程造价管理体系的总体架构应围绕四个部分进行完善，即工程造价管理的法规体系、工程造价管理标准体系、工程计价定额体系，以及工程计价信息体系。前两项是以工程造价管理为目的，需要法规和行政授权加以支撑，要将过去以红头文件形式发布的规定、方法、规则等以法规和标准的形式加以表现；后两项是服务于微观的工程计价业务，应由国家或地方授权的专业机构进行编制和管理，作为政府服务的内容。

我国从1996年才开始实施造价工程师执业资格制度，至今不过十几年的时间。天津理工大学在全国率先开设工程造价本科专业，2003年才获得教育部的批准。但是，工程造价专业的发展已经取得了实质性的进展，工程造价业务从传统概预算计价业务发展到工程造价管理。尽管如此，目前，我国的工程造价管理体系还不够完善，专业发展正在建设和变革之中，这就急需构建具有中国特色的工程造价管理体系，并积极把有关内容贯彻到学历教育和继续教育中。2010年4月，笔者参加了2010年度“全国普通高等院校工程造价类专业协作组会议”，会上通过了尹贻林教授提出的成立“普通高等教育工程造价类专业‘十二五’系列规划教材”编审委员会的议题。我认为，这是工程造价专业发展的一件大好事，也是工程造价专业发展的一项重要基础工作。该套系列教材是在中价协下达的“造价工程师知识结构和能力标准”的课题研究基础上规划的，符合中价协对工程造价知识结构的基本要求，可以作为普通高等院校工程造价专业或工程管理专业(工程造价方向)的本科教材。2011年4月中价协在天津召开了理事长会议，会议决定在部分普通高等院校工程造价专业或工程管理专业(工程造价方向)试点，推行双证书(即毕业证书和造价员证书)制度，我想该系列教材将成为对认证院校评估标准中课程设置的重要参考。

该套教材体系完善，科目齐全，笔者虽未能逐一拜读各位老师的新作，进而加以评论，但是，我确信这将又是一个良好的开端，它将打造一个工程造价专业本科学历教育的完整结构，故笔者应尹贻林教授和机械工业出版社的要求，还是欣然命笔，写了一下对工程造价专业发展的一些个人看法，勉为其序。

中国建设工程造价管理协会　秘书长

吴佐民

序　二

进入21世纪，我国高等教育界逐渐承认了工程造价专业的地位。这是出自以下考虑：首先，我国三十余年改革开放的过程主要是靠固定资产投资拉动经济的迅猛增长，导致对计量计价和进行投资控制的工程造价人员的巨大需求，客观上需要在高校中办一个相应的本科专业来满足这种需求；其次，高等教育界的专家、领导也逐渐意识到一味追求宽口径的通才培养不能适用于所有高等教育形式，开始分化，即重点大学着重加强对学生培养的人力资源投资通用性的投入以追求“一流”，而对于更大多数的一般大学则着力加强对学生的人力资源投资专用性的投入以形成特色。工程造价专业则较好地体现了这种专用性，是一个活跃而精准满足了上述要求的小型专业。第三，大学也需要有一个不断创新的培养模式，既不能泥古不化，也不能随市场需求而频繁转变。达成上述共识后，高等教育界开始容忍一些需求大，但适应面较窄的专业。在十余年的办学历程中，工程造价专业周围逐渐聚拢了一个学术共同体，以“全国普通高等院校工程造价类专业协作组”的形式存在着，每年开一次会议，共同商讨在教学和专业建设中遇到的难题，目前已有近三十所高校的专业负责人参加了这个学术共同体，日显人气旺盛。

在这个学术共同体中，大家都认识到，各高校应因地制宜，创出自己的培养特色。但也要有一些核心课程来维系这个专业的正统和根基。我们把这个根基定为与大学生的基本能力和核心能力相适应的课程体系。培养学生基本能力是各高校基础课程应完成的任务，对应一些公共基础理论课程；而核心能力则是今后工程造价专业适应行业要求的培养目标，对应一些各高校自行设置各有特色的工程造价核心专业课程。这两类能力和其对应的课程各校均已达成共识，从而形成了这套“普通高等教育工程造价类专业‘十二五’系列规划教材”。以后的任务则是要在发展能力这个层次上设置各校特色各异又有一定共识的课程和教材，从英国工程造价(QS)专业的经验看，这类用于培养学生的发展能力的课程或教材至少应该有项目融资及财务规划、价值管理与设计方案优化、LCC及设施管理等。那将是我们协作组今后的任务，可能要到“十三五”才能实现。

那么，高等教育工程造价专业的培养对象，即我们的学生应如何看待并使用这套教材呢？我想，学生应首先从工程造价专业的能力标准体系入手真正了解自己为适应工程造价咨询行业或业主方、承包商方工程计量计价及投资控制的需要而应当具备的三个能力层次体系，即成为工程造价专业人士必须掌握的基本能力、核心能力、发展能力入手，了解为适应这三类能力的培养而设置的课程，并检查自己的学习是否掌握了这几种能力。如此循环往复，与教师及各高校的教学计划互动，才能实现所谓的“教学相长”。

工程造价专业从一代宗师徐大图教授在天津大学开设的专科专业并在技术经济专业植入工程造价方向以来，在21世纪初由天津理工大学率先获教育部批准正式开设目录外专业，到本次教育部调整高校专业目录获得全国管理科学与工程学科教学指导委员会全体委员投票赞成保留，历时二十余载，已日臻成熟。期间徐大图教授创立的工程造价管理理论体系至今仍为后人沿袭，而后十余年间又经天津理工大学公共项目及工程造价研究所研究团队及开设工程造价专业的近三十所高校同行共同努力，已形成坚实的教学体系及理论基础。在工程造价这个学术共同体中聚集了国家教学名师、国家精品课、国家级优秀教学团队、国家级特色专业、国家级优秀教学成果等一系列国家教学质量工程中的顶级成果，对我国工程造价咨询业和建筑业的发展形成强烈支持，贡献了自己的力量，得到了高等工程教育界的认同也获得世界同行们的瞩目。可以想见，经过进一步规划和建设，我国高等工程造价专业教育必将赶超世界先进水平。

天津理工大学公共项目与工程造价研究所(IPPCE)所长
尹贻林　博士　教授

前　言

建筑施工企业隶属于建筑业，是重要的物质生产部门，是指专门从事土木工程、房屋建设工程、设备安装工程和其他专业工程的生产性企业，是具有一定独立地位的劳务型营利性组织。随着我国市场经济的快速发展，建筑施工企业市场竞争的不断加剧，对建筑施工企业会计也提出了更高的要求。由于建筑施工企业存在着如建筑产品的固定性、施工生产的流动性、建筑产品的单件性、建筑生产的多样性和生产经营活动范围比较广泛、内容比较多等诸多特点，加之建筑施工企业会计也存在着“工程施工”“工程结算”“机械作业”等特有的会计账户，这些都决定了建筑施工企业会计与其他行业会计相比，有着一定的特殊性。

正因为建筑施工企业会计具有一定的特殊性，为了满足建筑施工企业管理和核算的需要，有必要对这些特殊性加以全面、系统的讲解和说明，为在校学生能够在最短的时间内掌握建筑施工企业会计核算的理论和实务操作技能，也为从事建筑施工企业会计核算工作的人员更好地为企业服务提供帮助，作者在阐述相关概念和会计理论的基础上，依据现行企业会计准则、会计准则应用指南、会计准则解释，结合建筑施工企业会计的特殊性和实际工作需要，编写了本书。

本书在介绍会计基本理论知识的基础上，全面、系统地阐述了建筑施工企业会计核算实务的具体方法，列举了大量建筑施工企业施工生产中的实务案例，在一般会计核算业务的基础上，突出了临时设施的核算、工程成本核算、工程价款结算、建造合同收入核算等特有的会计核算内容，具有较强的实用性和可操作性。

为了帮助学生更好地理解所学理论，提高学生的实务处理能力，缩短理论与实践的距离，尽快适应建筑施工企业会计岗位工作，本书各章内容后均配有思考题、单项选择题、多项选择题、判断题等多种强化训练题及实际业务处理题，以方便学生学习和进行实务训练。

作者在普通高等院校从事多年的建筑施工企业会计教学工作，具有丰富的教学经验，了解学生的学习需求，同时也了解现有人才市场对应用型人才的需求情况，因此，为了满足本科院校对应用型人才培养的需要，编写了这本实用的《建筑施工企业会计》，以帮助学生尽快掌握建筑施工企业会计理论及核算方法，使其能够快速地与用人单位对接。

本书主要用于建筑类普通本科院校会计学、工程造价、工程管理专业的专业课教学，也可用于相关专业的建筑施工企业会计课程的教学，还可作为建筑施工企业会计人员的继续教育用书和相关人员的自学参考用书。

本书由天津城建大学吕孝侠编写完成。

本书在编写过程中，得到多家建筑施工企业会计人员的大力支持，也参考了有关专家、学者的优秀著作、教材和其他相关文献，在此一并表示感谢！

由于时间和水平所限，书中不妥之处在所难免，恳请读者批评指正。

吕孝侠

目　录

第一部分　建筑施工企业会计基础理论

第1章
总 论

教学目的：

通过本章的学习，学生应当了解并掌握：

1. 建筑施工企业的含义、类型及其生产经营的特点
2. 建筑施工企业会计的含义、特点及核算对象
3. 会计核算的基本前提及会计基础
4. 会计目标与会计信息的质量要求
5. 会计的职能
6. 会计要素及会计等式
7. 会计方法

第一节 建筑施工企业的含义、类型及其生产经营的特点

一、建筑施工企业的含义

建筑业是我国国民经济的支柱产业，主要指从事基础设施和其他设施建造等的生产经营活动，包括与之相关的勘察、规划、设计、采购、施工、安装、维护和运行等若干环节。

建筑施工企业隶属于建筑业，是重要的物质生产部门，是指专门从事土木工程、房屋建设工程、设备安装工程和其他专业工程的生产性企业。建筑施工企业在法律上是具有一定独立地位的劳务型营利性组织。建筑施工企业的主要任务是在从事建筑商品的生产和经营活动中，通过招投标等竞争方式，取得承建工程施工等相关活动的承包合同，并充分运用自身的技术和管理能力，通过制定和执行科学合理的施工方案，将建设项目的建设意图和目标，在规定的时间内保质保量地完成工程施工和安装作业任务，最后通过工程点交，实现预期的生产经营目标和经济效益。

二、建筑施工企业的类型

由于建筑施工企业的生产经营活动范围比较广泛，内容比较多，如包括铁路、公路、隧道、桥梁、堤坝、电站、码头、机场、房屋等的基础建设；电力、通信线路，石油、燃气、给水、排水、供热等管道敷设系统和各类机械设备、装置的安装工程；建筑物内、外的装修和工程等。为了便于经营管理和会计核算，有必要对建筑施工企业按照不同的标准进行分类，以满足建筑施工企业管理和核算的需要。

1. 按企业组织形式和产权关系划分

按企业组织形式和产权关系划分，建筑施工企业可以分为独资企业、合伙制企业、公司制企业(其中包括有限责任公司和股份有限公司两种形式)。

独资企业是指企业的全部资产归出资者一人所有，企业的经营也由出资者承担，即所有权与经营权统一的企业。

合伙企业是指由两个或两个以上的合伙人按照协议共同出资、共同承担企业经营风险，并且对企业债务承担连带责任的企业。

公司制企业是指依法设立，以营利为目的的具有法人资格的经济组织。公司有自己独立的财产，独立地承担经济责任，同时享有相应的民事权利。《中华人民共和国公司法》(以下简称《公司法》)规定，公司制企业主要包括有限责任公司和股份有限公司。

有限责任公司又称有限公司，是指股东以其认缴的出资额为限对公司债务承担责任，公司以其全部财产对公司债务承担责任的公司。股份有限公司是指将公司全部资本分为等额股份，股东以其认购的股份为限对公司承担责任，公司以其全部财产对公司的债务承担责任的公司。

2. 按企业规模划分

按企业规模划分，建筑施工企业可以分为大型施工企业、中型施工企业和小型施工企业。根据《统计上大中小微型企业划分办法》(国统字〔2011〕75 号)的规定，按照行业门类、大类、中类和组合类别，依据从业人员、营业收入、资产总额等指标或替代指标，将我国的企业划分为大型、中型、小型、微型四种类型。其中，建筑业企业的具体划分标准如表 1-1 所示。

表 1-1　建筑业企业规模划分情况表

行业名称	指标名称	计算单位	大型	中型	小型	微型
建筑业	营业收入(Y)	万元	$Y \geqslant 80\ 000$	$6\ 000 \leqslant Y < 80\ 000$	$300 \leqslant Y < 6\ 000$	$Y < 300$
	资产总额(Z)	万元	$Z \geqslant 80\ 000$	$5\ 000 \leqslant Z < 80\ 000$	$300 \leqslant Z < 5\ 000$	$Z < 300$

3. 按经营范围划分

按经营范围划分，建筑施工企业可以分为综合施工企业和专项施工企业两类。其中综合施工企业是指可以承担各类土木建筑工程和各种设备安装工程等综合性施工业务的企业；专项施工企业是指只承担某些专项工程施工的企业，如给水排水工程公司、电气设备安装公司、化工设备安装公司、公路桥梁(路桥)公司、基础工程公司、铁路工程公司、装饰装修公司、市政工程公司等。

4. 按建筑施工资质等级划分

依照施工企业资质标准的规定，不同资质等级的建筑施工企业准予营业的范围也有所不同。

按自 2007 年 9 月 1 日起施行的中华人民共和国建设部令第 159 号《建筑业企业资质管理规定》，建筑施工企业按其资质等级划分，可以分为施工总承包、专业承包和劳务分包三个序列，并且规定：“取得施工总承包资质的企业(以下简称施工总承包企业)，可以承接施工总承包工程。施工总承包企业可以对所承接的施工总承包工程内各专业工程全部自行施工，也可以将专业工程或劳务作业依法分包给具有相应资质的专业承包企业或劳务分包企业。”

"取得专业承包资质的企业(以下简称专业承包企业)，可以承接施工总承包企业分包的专业工程和建设单位依法发包的专业工程。专业承包企业可以对所承接的专业工程全部自行施工，也可以将劳务作业依法分包给具有相应资质的劳务分包企业。""取得劳务分包资质的企业(以下简称劳务分包企业)，可以承接施工总承包企业或专业承包企业分包的劳务作业。"

施工总承包资质、专业承包资质、劳务分包资质序列按照工程性质和技术特点还可以分别划分为特级施工企业、一级施工企业、二级施工企业、三级及以下施工企业等若干资质等级。

三、建筑施工企业生产经营的特点

建筑施工企业是从事建筑安装工程施工生产的企业。由于建筑施工企业生产经营活动的特殊性、生产的建筑产品的特殊性及施工作业周期长等特殊性，决定了建筑施工企业生产经营的活动及生产的建筑产品与其他行业尤其是制造业企业的生产经营活动及产品的诸多不同。建筑施工企业的生产经营具有如下特点：

(1) 建筑产品的固定性和施工生产的流动性　建筑施工企业生产的建筑产品不同于工业产品，其每一建筑安装工程的位置都是固定的，因为其建造、安装等活动必须在建设单位的建设项目所在的位置进行工程的施工。正因为建设项目的固定性，决定着施工生产活动的流动性。例如，不同工程的工人要在同一建筑物的不同部位上进行流动施工；生产工人要在同一工地上不同的单位工程之间进行流动施工；企业施工队伍要在不同工地、不同地区承包工程，进行区域性流动施工等。

(2) 建筑产品体积庞大和施工生产周期较长　建筑产品一般体积庞大、造价高、施工地点固定、多工种配合施工时受到时间和空间等因素的制约比较大，加之受特殊施工工艺对时间的特殊要求及受自然条件等多种因素的影响，决定了建筑施工企业生产周期相对较长，一般要跨年度施工，有的可长达几年甚至十几年或更长的时间。

(3) 建筑产品的单件性和建筑生产的多样性　建筑产品因建造的地理位置、设计风格、功能和用途不同，因其建筑类型及使用的建筑材料、建造工艺、建造等级、建筑标准和施工技术不同，因各地人文、民族、风俗习惯不同，因建设单位的需求不同，导致每项建筑产品与其他建筑产品存在诸多的不同和差异，因此，建筑施工企业生产的建筑产品不能进行大量或批量生产，具有生产产品单件性的特点。与此同时，因为其生产产品的单件性和建筑生产的多样性，也不同程度地增加了产品的建造成本。

(4) 建筑施工生产条件艰苦、不确定因素多　由于建筑产品的生产不像工业产品那样在生产车间里进行加工，大多是在室外露天作业，因此，受自然的风、霜、雨、雪、酷热、严寒等不利因素的影响，甚至还会在高空、地下、涵洞、水下等艰苦、不利环境下进行施工，因此，建筑施工生产条件不但艰苦，还要随时应对难以预料的自然因素造成的不利影响，尽可能减少不确定因素的发生，保证施工合同能够保质保量如期竣工交付使用。

第二节　建筑施工企业会计的含义、特点及核算对象

一、建筑施工企业会计的含义

在人类生存和社会发展的历史长河中，离不开物质资料的生产，而物质资料的生产离不

开人、财、物的耗费。人们总是希望在实现尽可能多的物质财富和劳动成果的同时，人、财、物的耗费越少越好。在物质资料生产过程中，为了进行科学的经济管理，需要借助专门的方法对各种人、财、物的耗费及物质财富和劳动成果进行确认、计量、记录和报告，以反映社会、经济发展的过程及结果。这种专门的方法便是会计。会计是社会进步和经济发展的必然，随着社会生产实践和经济管理的客观需要而产生，并在实践过程中不断丰富和完善，继而形成科学的会计理论，用于指导社会实践。

现代意义的建筑施工企业会计可以界定为：建筑施工企业会计是以货币为主要计量单位，以凭证为依据，借助于专门的技术方法，对建筑施工企业的经济活动进行连续、系统、全面的核算与监督，并及时向会计信息使用者提供会计信息的一种经济管理活动。

二、建筑施工企业会计的特点

1. 以货币为主要计量单位

会计核算主要是利用货币量度，综合反映各单位的经济活动过程和结果。当然也不排除其他量度单位的辅助作用。例如，对经济活动过程和结果的数量进行反映时，可以采用实物量度、货币量度和劳动量度。由于经济活动的复杂性，要想综合反映和比较不同类别的经济活动及其结果，只能使用货币量度，所以会计核算中以货币作为主要计量单位。

2. 以凭证为依据

会计所提供的信息资料只有真实、可靠，才能客观地反映企业经营管理的过程及结果。因此，会计要想提供真实、准确的信息资料，就必须依据符合会计核算要求的凭证进行会计业务处理，即企业必须准确填制和严格审核会计凭证，以保证依据会计凭证所登记的账簿真实可靠，继而保证会计信息的真实、可靠。

3. 对建筑施工企业的经济活动进行连续、系统、全面的核算与监督

会计核算的连续性是指按经济业务发生的时间先后顺序进行不间断的计量、记录、报告；会计核算的系统性是指对会计对象要按科学的方法进行分类，进行系统的加工、整理、汇总，以便提供经济管理所必需的数据资料；会计核算的全面性是指对会计核算的所有内容都要进行计量、记录、报告，不能有任何遗漏。

4. 核算方法具有特殊性

会计的方法是指用来核算和监督会计对象，实现会计职能，执行和完成会计任务的手段。会计是由会计核算、会计分析和会计检查三个主要部分组成的。会计核算是会计的基本环节。会计核算的方法比较特殊，主要包括设置账户、复式记账、填制和审核凭证、登记账簿、成本计算、财产清查、编制财务报告。会计核算的这些方法是相互联系、密切配合的，构成了一个完整的方法体系。

建筑施工企业会计除具有上述一般的会计特点之外，与其他行业会计相比在核算上还有如下特殊性：

（1）成本费用按每项工程归集　建筑施工企业作为建造合同的承包方（即乙方），是通过投标方式从发包方（即甲方或建设单位）承包建筑安装工程等业务，据以进行施工生产的。所以建筑施工企业投标中标后，与发包方即建设单位（可能是企业单位，也可能是事业单位或国家政府机关）签订建造合同，接受发包方的委托对某一工程项目进行施工。现实中，由于发包方的不同，建筑施工企业承建的工程项目也有所不同，即使是承建一个发包方的工程，也可能是不同设计、不同用途、不同建造要求等多样的建筑项目。正因为建筑产品的这种多样性和施工产品的单件性，决定了建筑施工企业不能像工业企业那样按照一定时期内发生的全部生产费用和完成的产品数量来计算各项工程的单位成本，而是必须按照承建的每项工程分别归集施工生产费用，单独计算每项工程的成本。此外，建筑施工企业还需要对其附属工业产品的生产成本、机械施工及运输单位的机械作业成本、企业内部非独立核算的辅助生产部门生产的产品成本和提供劳务的成本等进行归集和分配。

（2）施工项目工程价款分阶段结算　由于建筑产品的施工生产周期比较长，而且在项目施工过程中施工项目需要占用大量的资金，建筑施工企业不可能也做不到整个项目工程全部完工时与发包方进行一次性结算工程价款。因此，要求建筑施工企业负责项目核算的会计，强化工程价款的日常结算工作，正确计算已完工程的预算价值，分阶段与建设单位办理工程价款的结算，以便及时收回工程价款，待工程全部竣工后再进行工程价款的清算。

（3）工程合同收入和合同费用的确认、计量方法特殊　建筑施工企业除了具有成本费用按每项工程归集、施工项目工程价款分阶段结算等特殊性外，其工程的合同收入和合同费用的确认方法也与其他生产企业有所不同。在确认合同收入与合同费用时，按照《企业会计准则第15号——建造合同》的规定，首先应判断合同的结果能否可靠估计，在资产负债表日，如果建造合同的结果能够可靠估计，则应当根据工程完工进度，采用完工百分比法分别计量和确认各年度的工程合同收入和合同费用，以确定各年度的经营成果。如果建造合同的结果不能可靠估计，则应当分别情况予以处理，具体办法将在第十一章中予以介绍。

三、建筑施工企业会计的核算对象

会计对象就是会计核算和监督的内容。具体来讲，会计对象就是特定主体的资金运动。

资金在不同企业单位、事业单位、行政单位或其他组织中的运动具有较大的差异。就是在企业单位，由于行业归属及其经济活动特点不同，各企业资金的运动也差异较大。建筑施工企业为了完成建筑安装工程和其他专门工程的施工生产活动，可以借助于国家、法人、个人和外商等投资者投入的资金，也可以向银行或其他金融机构等借入资金，还可以通过发行债券或权益性证券等方式筹集资金，运用筹集到的资金购置材料、房屋、建筑物、施工机械、生产设备等财产物资，并投入工程的施工生产，随着工程的完工，将在建工程转化为已完工程，形成建筑产品，通过与发包单位进行工程结算，收回工程价款，再经过资金分配，实现建筑施工企业资金的循环和周转。因此，建筑施工企业会计的核算对象总体来说就是建筑施工企业的资金及其运动，具体应按《企业会计准则第15号——建造合同》的规定执行，即建造承包商一般应该以单项合同作为会计核算对象，符合合同合并或合同分立条件的，还要通过合同合并或分立确定会计核算对象。建筑施工企业资金运动过程如图1-1所示。

建筑施工企业的资金运动，一般要经历供应、施工生产和工程结算三个阶段。

1）供应阶段是指企业采购各种材料及购置生产经营和管理用设备，用以保证施工生产正常运行的阶段。在这一阶段，货币资金形态转化成储备资金形态。

2）施工生产阶段是指企业耗费材料、人工、设备等的阶段。将材料物资不断投入施工生产，使储备资金形态转化为生产资金形态，加之发生的职工薪酬和施工机械设备的折旧等相关费用，共同构成正在施工的在建工程。随着工程的完工，在建工程转化为已完工程，形成建筑产品，生产资金形态转化为成品资金形态。

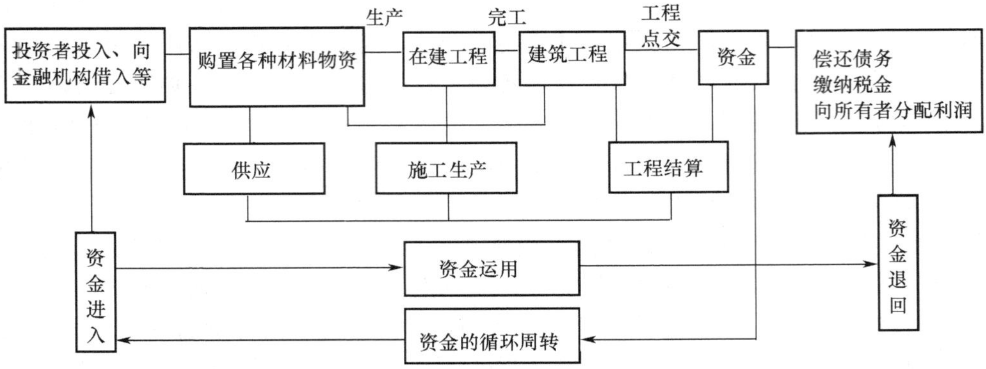

图 1-1　建筑施工企业资金运动过程

3）工程结算阶段是企业将已完工程点交给发包单位，并与之进行工程结算收回工程价款的过程。在工程结算阶段，企业的资金由成品资金形态转化为增值后的货币资金形态。企业收回的款项，大部分将再次用于维持简单再生产或扩大再生产，进行供应、施工生产、工程结算三大核心环节周而复始的生产经营活动，少部分资金将退出企业的资金循环和周转，如偿还债务、缴纳税金、向所有者分配利润等。

第三节　会计核算的基本前提及会计基础

一、会计核算的基本前提

会计核算的基本前提又称会计假设，是对会计核算所处的时间、空间环境及计量尺度等而作的合理设定。《企业会计准则——基本准则》规定了四个会计基本前提，即会计主体、持续经营、会计分期和货币计量。

1. 会计主体

会计主体是指会计为之服务的特定单位或组织，即会计实体。会计主体明确了会计工作的空间范围和界限。一个单位或部门是否属于会计主体，其判定依据是看其是否能够进行独立会计核算。如果能够进行独立会计核算，则属于会计主体，如果不能进行独立会计核算，则不属于会计主体。那么会计主体和法律主体相同吗？首先可以肯定的是二者不相同。法律主体是法律上承认的、拥有独立财产、能够独立承担民事责任和享受权利的主体，包括法人和自然人，其中任何一个法人都要按规定进行会计核算，自然人一般不需要也不要求进行会计核算，因此法人一定是会计主体，自然人一般不作为会计主体。任何在工商管理部门登记注册的企业都是会计主体，而企业中非独立法人的分支机构也可以进行独立的会计核算，因此这部分分支机构是会计主体，但却不是法律主体，因此可以说会计主体不一定是法律主体。

2. 持续经营

《企业会计准则——基本准则》规定，企业会计确认、计量和报告应当以持续经营为前提。持续经营是假设企业在可预见的未来，能够按照预期的发展目标永远经营下去，不会破产清算。在持续经营假设下，企业正常经营活动中涉及的资产、负债、所有者权益、收入、费用、利润的核算，都必须按照常规的会计方法进行核算。如果持续经营这样的前提假设不存在的话，企业将处于终止经营、破产清算状态，此状态下的企业会计核算将不能按照正常会计核算方法进行，需要改按清算会计进行相关业务处理。

3. 会计分期

企业的经营本来是连续不断进行着的，而企业的经营成果也是随着企业发展进程在不断地变化的，尤其是企业的经营成果会随着时间的推移在不断地增加。而欲得知企业的经营成果如何，企业取得的收入是多少，企业发生的费用是多少，企业资产、负债和所有者权益的状态如何，就必须将一个企业连续不断的生产经营活动人为地划分成若干相等的期间，这就是会计分期。有了会计分期，企业就可以随时了解自身的经营状况、经营成果及经营管理中存在的各种问题，企业也可以按期对企业外部的投资者、债权人及其他利益相关者提供有关的会计信息。

《企业会计准则——基本准则》规定："企业应当划分会计期间，分期结算账目和编制财务会计报告。"会计期间分为年度和中期。按年划分的会计期间称为会计年度。我国企业的会计年度与日历年度相同，即每年1月1日至12月31日为一个会计年度。中期是指短于一个完整的会计年度的报告期间，如半年度、季度和月度。

4. 货币计量

货币计量是指企业在会计核算过程中统一采用货币作为计量单位。企业日常会计核算所使用的货币，应与企业生产经营活动中的交易或事项在结算时所采用的主要货币相一致。在我国，企业生产经营活动中的交易或事项在结算时主要是以人民币为计量单位，所以我国的企业会计核算要求采用以人民币作为记账本位币。但同时也规定，业务收支以外币为主的单位也可以选择某种外币作为记账本位币，但编制的财务报告应当折算为人民币反映。在境外设立的中国企业向国内报送的财务报告，应当折算为人民币报送。

二、会计基础

会计基础是会计确定记账时间点的标准。企业在生产经营活动过程中，经常会出现经济业务发生的时间与款项结算时间不在同一会计期间的情况，那么，到底是在经济业务发生的时间记账还是在款项结算的时间记账呢？由于采用的记账基础不同，其会计记账的时间的确定结果也会因此而不同。下面就权责发生制和收付实现制两种会计基础分别进行介绍。

权责发生制又称应计制或应收应付制，是指凡是当期已经实现的收入和已经发生或应当负担的费用，无论款项是否收付，都应作为当期的收入和费用，计入利润表；凡是不属于当期的收入和费用，即使款项在当期已经收到或已经付出，也不应当作为当期的收入和费用。

收付实现制又称现金制或实收实付制，是指凡是在本期收到款项和支付的费用，不论是否属于本期，都应当作为本期的收入和费用处理；反之，即使收入取得或费用发生，但没有实际款项的收入或付出，则不应作为当期的收入和费用入账。

权责发生制强调的是权利、责任的形成和发生，收付实现制则强调款项是否收付，二者的业务处理时间的确定标准不同。

《企业会计准则——基本准则》第九条规定："企业应当以权责发生制为基础进行会计确认、计量和报告。"

第四节　会计目标与会计信息的质量要求

一、会计目标

会计目标也称会计目的，是会计工作应达到的标准。不同的经济组织会计目标不同，即使是同一经济组织，在不同时期或不同的社会经济环境下，其会计目标也不相同。会计目标受到环境因素的影响，随环境因素的变化而变化。就企业来说，企业会计的总体目标是实现经济效益和企业价值最大化。作为现代企业，更应当顺应大势，聚焦大局，找准定位，以价值创造为引领，提高可持续盈利能力，实现企业价值最大化。企业会计的具体目标表现在以下几点：

1. 为国家提供会计信息

国家是社会经济活动的组织者和管理者，国家在运用经济手段对国民经济实行宏观调控时，所需要的经济信息大部分来源于各会计主体提供的财务报告。所以，企业为国家提供真实、有效的会计信息，是企业财务会计的重要工作任务及目标。

2. 为企业外部的信息使用者提供会计信息

企业外部的信息使用者主要是指企业的投资者、债权人、供应商、经销商及财政、税收、审计、商业银行等部门及个人。这些企业外部信息使用者，在投资、贷款、业务往来及税收征管等方面，都需要及时了解企业的财务状况、经营成果及现金流量等多方面信息。信息使用者出于利益考虑，政府部门出于其实现政府职能考虑，都非常关注企业的经营状况及成果。因此，企业有义务为他们提供真实、可靠的财务会计信息，以便信息使用者做出正确的决策。

3. 为企业内部管理者提供会计信息

从会计的角度来说，企业为实现经济效益或企业价值最大化的目标，就必须提升企业的综合管理水平，增强企业的市场竞争力。而要提升企业的综合管理水平、增强企业的市场竞争力与企业内部管理是密不可分的。企业内部管理进行经营决策、筹资决策、投资决策等所需的会计信息资料又来源于企业会计人员及财会部门，所以为企业内部管理者提供会计信息，也是企业会计目标之一。

4. 为企业管理层受托责任履行情况评价提供依据

在现代企业管理中，企业的管理层是接受投资者和债权人的委托经营管理企业的受托者，他们不仅负有资产管理权限，保证企业资产的安全完整，还负有资产运作使企业资产不断增值的责任。企业管理层在受托期间能否履行受托责任，企业的投资者和债权人等委托人也要定期或经常对受托者进行客观评价。对受托者的评价是以会计核算的信息资料为依据的，通过对会计信息的分析，可以了解受托者的绩效，也可以发现受托者的责任及不足，为企业继续留用或更换受托者决策提供主要参考依据。因此，为企业管理层受托责任履行情况评价提供依据，也成为企业会计目标之一。

二、会计信息的质量要求

立足新发展阶段，贯彻新发展理念，构建新发展格局，推动高质量发展。提高会计信息质量是推动资本市场健康发展的内在要求，也是服务实体经济的重要方式。会计信息质量要求就是对企业财务报告所提供的会计信息质量的基本要求，是使财务报告中所提供会计信息对投资者决策有用应具备的基本特征。根据《企业会计准则——基本准则》的规定，企业会计信息质量要求包括以下八个方面：

1. 可靠性

可靠性要求企业应当以实际发生的交易或者事项为依据进行会计确认、计量和报告，如实反映符合确认和计量要求的各项会计要素及其他相关信息，保证会计信息真实可靠、内容完整。会计信息的可靠性包括真实性、客观性、完整性三方面含义。

会计信息的真实性是指会计应当如实核算企业发生的经济业务，不得对没有发生的或者尚未发生的交易或者事项进行确认、计量和报告。

会计信息的客观性是指会计对企业的经济活动进行确认、计量和报告时，应该尊重客观事实，不能主观臆断。

会计信息的完整性是指在符合重要性和成本效益原则的前提下，不能随意遗漏或者减少应予披露的信息，保证会计信息的全面完整。

2. 相关性

相关性要求企业提供的会计信息应当与财务报告使用者的决策需求相关，有助于财务报告使用者对企业过去、现在或者未来的情况做出评价或者预测。

会计信息的价值在于是否有用，如果企业所提供的会计信息能满足使用者的决策需要，对信息使用者进行正确决策有帮助，则体现了会计信息的相关性，否则，会计信息将不具有相关性。

3. 可理解性

可理解性要求企业提供的会计信息应当清晰明了，便于使用者理解和使用。企业为会计信息使用者提供的会计信息不能含义模糊不清，也不能过于专业让信息使用者无法理解，当然也不是越简单越好。企业提供的会计信息应该在保证充分披露所有重要事项的同时，避免过于烦琐，以免引起会计信息使用者理解混乱，最终影响信息使用者的决策。

4. 可比性

企业提供的会计信息应当具有可比性。可比性既包括企业自身的纵向可比，也包括企业间的横向可比。同一企业不同时期发生的相同或者相似的交易或事项，应当采用一致的会计政策，不得随意变更；确需变更的，应当在附注中说明，以保证企业会计信息资料的纵向可比。不同企业发生的相同或者相似的交易或事项，应当采用规定的会计政策，确保会计信息口径一致、相互可比，以使不同企业按照一致的确认、计量和报告要求提供有关会计信息，保证企业间会计信息资料的横向可比。

5. 实质重于形式

《企业会计准则——基本准则》第十六条对实质重于形式提出要求："企业应当按照交易或考事项的经济实质进行会计确认、计量和报告，不应仅以交易或者事项的法律形式为依据。"

企业发生的交易或事项的经济实质和法律形式在多数情况下是一致的，个别情况下二者不一致。当二者不一致时，企业会计人员在进行职业判断时，应该注重按经济实质进行会计确认、计量和报告，不能仅以交易或事项的法律形式进行确认、计量和报告，以保证会计信息的真实可靠，有利于会计信息使用者的决策。例如，企业以融资租赁方式租入的固定资产，从法律形式上讲企业并不拥有其所有权，但是从其经济实质上看，承租企业能够实际控制该资产，并能拥有该资产所创造的未来经济利益和承担相应的风险及损失，因此，承租企业按其经济实质重于法律形式的基本要求，将其视为自有资产进行账务处理，并在企业资产负债表中列示在资产项目中。

6. 重要性

重要性要求企业提供的会计信息应当反映与企业财务状况、经营成果和现金流量有关的所有重要交易或者事项。因为重要的交易或者事项对会计信息使用者的决策有较大影响，所以在实际业务处理时，重要的交易或者事项就应该分项核算、详细反映、重点报告或披露。不重要的交易或者事项在保证真实性情况下，可以简化核算、合并反映，无需详细报告。一项交易或者事项重要与否没有固定的判定标准，因为不同性质的企业和不同规模的企业，就同一项交易或者事项的重要性判定结果是不同的。实务中，主要是依据会计人员的职业判断并考虑如下两个判断依据加以判定：一是考虑企业所处环境和现实情况，从项目的性质和金额方面加以判断，如某交易或事项的性质关键、金额较大，就可以判定该交易或事项为重要，否则判定为不重要；二是考虑会计信息使用者在没有得到或得到错误信息时对其决策是否会产生重大影响加以判断，如果会计信息使用者在没有得到或得到错误信息时对其决策会产生重大影响，则判定该交易或事项为重要，否则判定为不重要。

7. 谨慎性

谨慎性要求企业对交易或者事项进行会计确认、计量和报告应当保持应有的谨慎，不应高估资产或者收益、低估负债或者费用。企业在不确定性因素存在的情况下进行职业判断时，应当充分估计各种风险和损失，尽可能不高估资产或者收益，也不低估负债或者费用，这样估计的结果就体现出企业会计处理的谨慎态度。

8. 及时性

及时性要求企业对于已经发生的交易或者事项，应当及时进行确认、计量和报告，不得提前或者延后。任何信息都有时效性，会计信息也不例外。企业会计及时性的表现有以下两个方面：一是企业应该在规定的时间内及时对外报送资料，为会计信息使用者及时提供会计信息，以保证会计信息使用者充分、有效利用会计信息；二是企业在日常的业务核算过程中，应该及时收集、加工处理会计信息并且及时传递会计信息，以保证会计信息对外报送的时间要求。

第五节　会计的职能

会计的职能是指会计在经济管理活动中所固有的功能。会计的基本职能有两个，即会计核算和会计监督。

一、会计核算

所谓会计核算，是指以货币为主要计量单位，运用一系列专门方法和程序对企业经济活动进行连续、系统、全面的确认、计量、记录和报告，为各利益相关者提供财务会计信息的行为。会计核算工作是企业全部会计工作的基础，贯穿企业经济活动的全过程，因此，会计核算是会计最基本的职能。

那么什么是会计确认、计量、记录和报告呢？会计确认是指决定交易或事项中的某一项目作为一项会计要素加以记录和列入财务报表的过程，是财务会计的一项重要程序。确认主要解决应不应该确认、如何确认、何时确认的问题。会计确认分为初始确认和会计报表中的最终确认。计量是指根据被计量对象的计量属性，以货币或其他度量单位确定其货币金额或其他数量的过程，主要解决记录多少的问题。记录是指对已确认的会计事项运用会计专门方法进行数量登记的过程。报告是指将已记录的数据资料，以表格或文字方式报告给会计信息使用者。

在会计实务中，从整个财会部门的角度来说，会计人员每天都会进行不同经济业务的会计确认、计量和记录工作，如果是期末还可能同时涉及财务报告工作。而且这些工作是不分先后顺序的，还可能是同时进行的。但从具体的一项经济业务来说是有先后顺序的，应该是先确认和计量，再进行记录，期末结账后才能进行财务报告。也就是说，会计确认和计量是记录的前提，记录是确认和计量的结果，财务报告是会计信息系统的最终环节，也是确认、计量、记录的结果和目的。

二、会计监督

会计监督是指以财经法律、法规及准则、制度等为准绳或标准，对企业经济活动的全过程进行合法性、合理性的检查、控制和评价。会计监督职能有三种表现：事前监督、事中监督和事后监督。事前监督是指参与经济预测、计划或预算的编制等。事中监督体现在企业日常财务会计核算过程中。因为，会计核算是对企业经济活动是否符合国家政策、法规的一种真实体现，会计核算的过程本身也是一种会计监督。事后监督是指以事先制定的目标、标准为依据，对已完成的经济活动的合法性、合理性、经济效益及计划完成情况进行客观的考核和评价。

第六节 会计要素及会计等式

一、会计要素

会计要素是对会计对象进一步分类后形成的各类别的名称，是对会计对象的基本分类。会计要素按其性质可分为资产、负债、所有者权益、收入、费用和利润。其中，资产、负债和所有者权益是反映企业财务状况并构成资产负债表的要素；收入、费用和利润是反映企业经营成果并构成利润表的要素。

（一）资产

1. 资产的定义及特征

资产是指企业过去的交易或事项形成的，由企业拥有或者控制的，预期会给企业带来经济利益的资源。

根据资产的定义，资产具有以下特征：

（1）资产预期会给企业带来经济利益　资产预期会给企业带来经济利益是指资产具有直接或者间接导致现金和现金等价物流入企业的潜力。这种潜力来源于企业的日常生产经营活动和非日常生产经营活动。预期不能给企业带来经济利益的资源，是不能确认为企业资产的。前期已经确认为资产的资源，若将来不能再为企业带来经济利益，因不符合资产的定义，也不能再确认为企业的资产。

（2）资产是企业拥有或者控制的资源　拥有是指企业对该资源有所有权。控制是指企业不具有某项资源的所有权，但对该资源有控制权(即有支配使用权)。如果企业拥有或控制了该项资源，就应将其作为企业资产予以确认。如果企业既不拥有也不控制该资源，那么就不能将其作为企业的资产予以确认。

（3）资产必须是企业过去的交易或事项形成的资源 过去的交易或者事项包括购买、生产、企业建造行为或者其他交易事项。企业只有发生了交易或事项才能引起资产的价值变动，才能在会计上作为资产予以确认。企业预期将要发生的交易或者事项，不能确认为资产。

2. 资产的分类

企业的资产按其流动性可分为流动资产和非流动资产两大类。

1）流动资产是指一年或一个营业周期内变现的资产，包括货币资金、交易性金融资产、应收票据、应收账款、预付账款、应收利息、应收股利、其他应收款、存货等。

2）非流动资产是指流动资产以外的所有资产，包括可供出售金融资产、持有至到期投资、长期股权投资、固定资产、无形资产等。

3. 资产的确认条件

将一项资源确认为资产，在满足资产定义的前提下，还需要同时满足以下两个条件：

（1）与该资源有关的经济利益很可能流入企业 资产的本质是能够给企业带来经济利益。然而，由于受社会、经济等多种因素的影响，与该资源有关的经济利益最终能否流入企业，流入多少，均具有一定的不确定性。当这种不确定性达到很可能流入的状态时，就应当将其作为资产予以确认。

（2）该资源的成本或者价值能够可靠地计量 资源的成本或者价值能够可靠地计量是指在会计实务中，能够运用一定的方法，对该资源的成本或者价值进行真实准确的计算或进行科学的评估，使该资源的成本或者价值在登记入账时，有确切的数值或估计合理的入账价值。因为这些入账价值真实准确、科学合理，因此可以说是可靠的。

（二）负债

1. 负债的定义及特征

负债是指企业过去的交易或者事项形成的，预期会导致经济利益流出企业的现时义务。

根据负债的定义，负债具有以下特征：

（1）负债是企业承担的现时义务 现时义务是指企业在现行条件下已承担的义务。未来发生的交易或者事项形成的义务，不属于现时义务，不应当确认为负债。

（2）预期会导致经济利益流出企业 企业在偿还债务时，将以现金、实物资产、无形资产、提供劳务等方式履行现时义务，这些现时义务的履行将会导致企业经济利益流出。

（3）负债是由企业过去的交易或者事项形成的 这里所说的过去的交易或者事项，包括购买货物、使用劳务、接受银行贷款等。企业未来将要发生的承诺、签订的合同等交易或事项，不能确认为负债。

2. 负债的分类

负债按其流动性，分为流动负债和非流动负债两大类。

1）流动负债是指满足下列条件之一的负债：①预计在一个正常营业周期中清偿；②主要为交易目的而持有；③自资产负债表日起1年内(含1年)到期应予以清偿；④企业无权自主地将清偿推迟至资产负债表日后一年以上。

企业常见的流动负债包括短期借款、应付票据、应付账款、预收账款、应付职工薪酬、应付股利、应交税费、应付利息、其他应付款以及一年内到期的非流动负债等。

2）非流动负债是指流动负债以外的负债，包括长期借款、应付债券、长期应付款等。

3. 负债的确认条件

将一项现时义务确认为负债，在满足负债定义的前提下，还需要同时满足以下两个条件：

1）与该义务有关的经济利益很可能流出企业。企业在履行偿债义务时，所需流出的经济利益的多少由于受社会、经济等多种因素的影响，与该义务有关的经济利益最终能否流出企业，流出多少，均具有一定的不确定性。当这种不确定性达到很可能流出的状态时，就应当将其作为负债予以确认。

2）未来流出的经济利益的金额能够可靠地计量。未来流出的经济利益的金额也应该是能够运用一定的方法，对其金额进行真实准确的计算或进行科学的评估，使未来流出的经济利益在登记入账时，有确切的数值或估计合理的入账价值。

（三）所有者权益

1. 所有者权益的定义及特征

所有者权益是指企业资产扣除负债后由所有者享有的剩余权益。公司的所有者权益又称为股东权益。

所有者权益有如下特征：

1）企业正常经营情况下，不需要偿还所有者权益，除非企业减资或清算。

2）所有者权益反映所有者对企业净资产的索取权。当企业清算时，只有在清偿完所有负债后，剩余财产才能用于偿还所有者。

3）所有者权益的确认和计量主要是依赖于资产和负债的确认和计量。

2. 所有者权益的来源构成

所有者权益按其来源主要包括所有者投入的资本、直接计入所有者权益的利得和损失、留存收益等。

（1）所有者投入的资本　所有者投入的资本是指所有者投入企业的资本部分，它既包括构成企业注册资本或者股本部分的金额，也包括投入资本超过注册资本或者股本部分的金额，即资本溢价或者股本溢价。企业会计准则规定，资本溢价或者股本溢价计入资本公积。

（2）直接计入所有者权益的利得和损失　直接计入所有者权益的利得和损失是指不应计入当期损益、会导致所有者权益发生增减变动的、与所有者投入资本或者向所有者分配利润无关的利得或者损失。其中，利得是指由企业非日常活动所形成的、会导致所有者权益增加的、与所有者投入资本无关的经济利益的流入；损失是指由企业非日常活动所发生的、会导致所有者权益减少的、与向所有者分配利润无关的经济利益的流出。直接计入所有者权益的利得和损失主要包括可供出售金融资产的公允价值变动额、现金流量套期中套期工具利得或损失(属于有效套期部分)等。

（3）留存收益　留存收益是指企业历年实现的净利润留存于企业的部分，主要包括计提的盈余公积和未分配利润。

3. 所有者权益的确认条件

由于所有者权益体现的是所有者在企业中的剩余权益，所以，所有者权益的确认主要取决于资产和负债的确认，所有者权益的计量也取决于资产和负债的计量。

（四）收入

1. 收入的定义及特征

收入是指企业日常活动中形成的、会导致所有者权益增加的、与所有者投入资本无关的经济利益的总流入。企业的收入包括销售商品收入、提供劳务收入、让渡资产使用权收入和建造合同收入等。

根据收入的定义，收入有以下特征：

1）收入是企业日常活动中形成的。日常活动是指企业为完成其经营目标所从事的经常性活动以及与之相关的活动，如建筑施工企业承包工程，销售产品、材料，提供机械作业和运输作业，出租固定资产，出租脚手架等。这里强调日常活动的目的是为了区分利得。因为企业非日常活动所形成的经济利益的流入是不应确认为收入，而是计入利得的。

2）收入会导致所有者权益增加。所有者权益的大小取决于资产与负债之差，由于收入能使企业资产增加或负债减少，所以收入的确认会导致所有者权益的增加。如果不能导致所有者权益增加，即使形成经济利益流入，也不符合收入的定义，不应确认为收入，如企业取得的银行借款。

3）收入是与所有者投入资本无关的经济利益的总流入。收入会导致经济利益流入企业，但并不是所有的经济利益流入都是收入。例如，投资者投入的资本形成了经济利益的流入，也增加了所有者权益，但却不能确认为收入，因为不是企业日常活动所形成的。

2. 收入的确认条件

要将经济利益的流入确认为收入，除了满足收入的定义外，同时需要满足以下三个条件：

1）与收入相关的经济利益很可能流入企业。

2）经济利益流入企业会导致资产的增加或负债的减少。

3）经济利益的流入额能够可靠地计量。

（五）费用

1. 费用的定义及特征

费用是指企业日常活动中发生的、会导致所有者权益减少的、与向所有者分配利润无关的经济利益的总流出。

根据费用的定义，费用有以下特征：

1）费用是企业日常活动中发生的。这里所说的日常活动与收入定义中的日常活动是一致的。之所以强调日常活动，其目的是为了区分损失。因为企业非日常活动所形成的经济利益的流出是不确认为费用，而是计入损失的。企业日常活动产生的费用通常包括职工薪酬、固定资产折旧费、无形资产摊销费、运输费、业务招待费、水电费等。

2）费用会导致所有者权益减少。与费用相关的经济利益的流出会导致所有者权益的减少，不能导致所有者权益减少的经济利益的流出不应确认为费用。例如，企业用银行存款购置一台机器设备，此业务的发生一方面导致企业银行存款这项资产减少，使企业经济利益流出，但另一方面因购置的机器设备属于固定资产，又使企业资产增加了，这两方面共同作用的结果并没有导致所有者权益减少。因此，此时的银行存款流出企业，不能确认为费用。

3）费用是与向所有者分配利润无关的经济利益的总流出。费用会导致经济利益流出企业，但并不是所有的经济利益流出都是费用。例如，企业向投资者分配利润会导致经济利益流出，但却由于该项经济利益的流出属于所有者权益的抵减项目，也不是企业日常活动发生的，所以，向投资者分配利润时发生的经济利益流出不能作为费用核算。

2. 费用的确认条件

要将经济利益的流出确认为费用，除了满足费用的定义外，同时需要满足以下三个条件：

1）与费用相关的经济利益很可能流出企业。

2）经济利益流出企业会导致资产的减少或负债的增加。

3）经济利益的流出额能够可靠地计量。

（六）利润

1. 利润的定义

利润是指企业在一定会计期间的经营成果。利润往往是评价企业管理层业绩的一项重要指标，也是投资者等财务报告使用者进行决策时的重要参考。

2. 利润的构成

利润包括收入减去费用后的净额、直接计入当期利润的利得和损失等。

其中，收入减去费用后的净额，反映的是企业日常活动的业绩。直接计入当期利润的利得和损失，反映的是企业非日常活动的业绩。

直接计入当期利润的利得和损失是指应当计入当期损益、最终会引起所有者权益发生增减变动的、与所有者投入资本或向所有者分配利润无关的利得或者损失。

企业应严格区分收入和利得、费用和损失，全面反映企业的经营业绩。

3. 利润的确认条件

利润的确认主要取决于收入、费用、直接计入当期利润的利得和损失的确认。利润金额的计量主要取决于收入、费用、直接计入当期利润的利得和损失的计量。

二、会计等式

会计等式又称会计方程式，是运用数学方程来反映会计要素之间数量关系的一种表达式。会计等式是账户设置、复式记账、试算平衡、财务报表设计及编制的理论依据。

1. 资产、负债、所有者权益三要素间的等式关系

反映企业财务状况的资产、负债和所有者权益三要素，是构成企业资产负债表的要素。从企业资产来源的角度来看，企业资产的来源有两种途径：一是来源于企业所有者，即企业所有者投入企业的资本；二是来源于债权人，即企业借入的资金。所有者和债权人将其拥有的资金提供给企业使用的同时，也享有企业资产的要求权。其中，所有者对企业资产的要求权又称所有者权益，债权人对企业资产的要求权又称债权人权益（即负债），所有者权益和债权人权益统称为“权益”。因此，资产、负债和所有者权益三要素间的关系，可用以下方程式表示：

资产＝权益

资产＝债权人权益+所有者权益

资产＝负债+所有者权益

等式“资产=负债+所有者权益”是会计的基本等式，也称会计恒等式，不论经济业务如何变化，都不会破坏资产和权益的平衡关系。另外，由于会计基本等式是反映企业在某一特定日期资产、负债和所有者权益状况的等式，所以又称为静态会计等式。

2. 收入、费用、利润三要素间的等式关系

收入、费用和利润是反映企业经营成果的要素，是构成利润表的要素。企业借入资金和接受投资者投入资本的目的，是为了利用这些经济资源进行生产经营活动，为企业获取更多的经济利益，因此，企业的资产在发生各种耗费（即费用）的同时也会形成一定的收入，当企业的收入大于费用时，企业就会形成利润，反之，当企业的收入小于费用时，企业就会产生亏损。收入、费用、利润三要素之间的经济关系可用以下方程式表示：

收入-费用=利润

等式“收入-费用=利润”反映企业一定时期的经营成果，是设计和编制利润表的理论依据。由于该等式是反映企业一定时期经营成果的等式，所以又称为动态会计等式。

3. 变形后的会计等式

在企业开始经营的初期，从资产来源的角度比较容易理解会计基本等式“资产=负债+所有者权益”。在企业日常生产经营活动中，由于企业形成了收入、发生了费用，并且产生了利润，而利润的增加，一方面增加了企业的资产，另一方面增加了企业的所有者权益。因此，在会计基本等式的基础上产生了变形后的会计等式。有关变形过程及变形后的等式如下：

资产=负债+所有者权益+利润

资产=负债+所有者权益+（收入-费用）

资产+费用=负债+所有者权益+收入

变形后的会计等式既有反映企业财务状况的会计要素，也有反映企业经营成果的会计要素，说明企业的经营成果最终会影响企业的财务状况。

三、经济业务对会计等式的影响

经济业务是指企业在生产经营过程中发生的能以货币计量，并能引起资产运动、导致会计要素发生增减变化的事项。

企业在生产经营过程中，每天会发生大量的经济业务，如所有者投入资本、企业向银行等金融机构借款、购买材料、工程施工领用材料、结算职工薪酬、支付水电费、偿还债务等。无论企业经济业务有多少种，也无论企业发生什么样的经济业务，对会计等式的影响都只有以下四种类型：

1. 资产与权益同时增加

有些经济业务的发生，会引起会计等式两边的会计要素同时增加，且金额相等，会计等式保持平衡。

2. 资产与权益同时减少

有些经济业务的发生，会引起会计等式两边的会计要素同时减少，且金额相等，会计等式保持平衡。

3. 资产内部有增有减

有些经济业务的发生，会引起会计等式左边会计要素内部项目发生增减变动，或一个项目增加另一个项目减少，增减的金额相等。会计等式仍然保持平衡。

4. 权益内部有增有减

有些经济业务的发生，会引起会计等式右边会计要素内部项目发生增减变动，或一个项目增加另一个项目减少，增减的金额相等。会计等式仍然保持平衡。

下面举例说明经济业务与会计等式间的关系。

【例1-1】 甲建筑施工企业2015年3月31日的资产总计3 800 000元，负债600 000元，所有者权益3 200 000元。符合会计基本等式：

资产3 800 000元=负债600 000元+所有者权益3 200 000元

假设甲建筑施工企业2015年4月发生如下经济业务，根据各项经济业务判断其对会计等式的影响：

(1) 甲建筑施工企业购入施工用原材料已经验收入库，价款50 000元，款项尚未支付。

此项经济业务的发生，一方面引起企业资产即原材料增加了50 000元，另一方面引起企业负债即应付账款增加了50 000元，会计等式两边同时增加且金额相等，所以，会计等式保持平衡。

(2) 甲建筑施工企业收到法人单位追加投入资本800 000元，存入银行。

此项经济业务的发生，一方面引起企业资产即银行存款增加了800 000元，另一方面引起企业所有者权益即实收资本增加了800 000元，会计等式两边同时增加且金额相等，所以，会计等式保持平衡。

(3) 甲建筑施工企业以银行存款50 000元偿还前欠购入原材料款。

此项经济业务的发生，一方面引起企业资产即银行存款减少了50 000元，另一方面引起企业负债即应付账款减少了50 000元，会计等式两边同时减少且金额相等，所以，会计等式保持平衡。

(4) 甲建筑施工企业经批准办理了资本金变更登记手续，减少注册资本600 000元，以银行存款退还给投资者。

此项经济业务的发生，一方面引起企业资产即银行存款减少了600 000元，另一方面引起企业所有者权益即实收资本减少了600 000元，会计等式两边同时减少且金额相等，所以，会计等式保持平衡。

(5) 甲建筑施工企业收回上月的销货款60 000元，存入银行。

此项经济业务的发生，一方面引起企业资产即银行存款增加了60 000元，另一方面引起企业资产即应收账款减少了60 000元，会计等式左边有增有减金额相等，所以，会计等式保持平衡。

(6) 甲建筑施工企业向银行借入短期借款150 000元，直接偿还前欠供料单位的购料款。

此项经济业务的发生，一方面引起企业短期借款这项负债增加了150 000元，另一方面引起应付账款这项负债减少了150 000元，会计等式右边负债项目有增有减金额相等，所以，会计等式保持平衡。

(7) 甲建筑施工企业经批准将盈余公积120 000元转增资本。

此项经济业务的发生，一方面引起企业所有者权益即实收资本增加了120 000元，另一方面引起企业盈余公积这项所有者权益减少了120 000元，会计等式右边所有者权益项目有增有减金额相等，所以，会计等式保持平衡。

(8) 甲建筑施工企业决定向投资者分配利润250 000元。

此项经济业务的发生，一方面引起企业所有者权益即利润分配减少了250 000元，另一方面引起企业负债即应付股利增加了250 000元，会计等式右边所有者权益项目和负债项目一减一增金额相等，所以，会计等式保持平衡。

(9) 甲建筑施工企业前欠乙企业购料款85 000元，乙企业与甲建筑施工企业签订合同，将此欠款转作对甲建筑施工企业的投资。

此项经济业务的发生，一方面引起企业所有者权益即实收资本增加了85 000元，另一方面引起企业负债即应付账款减少了85 000元，会计等式右边所有者权益项目和负债项目一增一减金额相等，所以，会计等式保持平衡。

上述各项经济业务发生，引起资产、负债、所有者权益各项目变动，但均未打破会计基本等式的平衡关系。

如果企业发生的经济业务，除了引起资产、负债、所有者权益项目变动外，还会引起收入、费用等项目的变化，则是否也会保持会计等式的平衡呢?

(10) 甲建筑施工企业销售材料，取得销售收入180 000元，款项存入银行。

此项经济业务的发生，一方面引起企业收入即其他业务收入增加了180 000元，另一方面引起企业资产即银行存款增加了180 000元，变形后的会计等式右边的收入项目和左边的资产项目同时增加且金额相等，所以，会计等式保持平衡。

(11) 甲建筑施工企业向乙企业提供机械作业服务，直接抵付前欠乙企业的购料款90 000元。

此项经济业务的发生，一方面引起企业收入即其他业务收入增加了90 000元，另一方面引起企业负债即应付账款减少了90 000元，变形后的会计等式右边的收入项目和负债项目一增一减且金额相等，所以，会计等式保持平衡。

(12) 甲建筑施工企业行政管理部门本月发生水电费28 000元，尚未支付。

此项经济业务的发生，一方面引起企业费用即管理费用增加了28 000元，另一方面引起企业负债即应付账款增加了28 000元，变形后的会计等式左边的费用项目和右边的负债项目同时增加且金额相等，所以，会计等式保持平衡。

(13) 甲建筑施工企业将已售材料的实际成本160 000元，进行结转(即将原材料的成本结转至其他业务成本中)。

此项经济业务的发生，一方面引起企业费用即其他业务成本增加了160 000元，另一方面引起企业资产即原材料减少了160 000元，变形后的会计等式左边的费用项目和资产项目一增一减金额相等，所以，会计等式保持平衡。

企业发生涉及收入、费用项目的经济业务时，会引起会计等式中有关会计要素的增减变动，但也不会打破会计等式(包括变形后的会计等式)的平衡关系。

通过上述各种类型的经济业务分析，可以得出结论，无论企业发生何种经济业务，引起会计等式中哪项会计要素的增减变动，都不会打破会计等式的平衡关系。

第七节 会 计 方 法

会计方法是指从事会计工作所使用的，专门用来核算和监督会计对象的各种技术方法，包括财务会计方法和管理会计方法。财务会计方法包括会计核算方法、会计分析方法和会计检查方法。管理会计方法主要包括会计预测、决策和控制的方法。本书主要介绍会计核算方法。

会计核算方法就是对企业的经济交易或者事项进行确认、计量、记录和报告，以核算和监督企业经济活动的方法，包括设置账户、复式记账、填制和审核会计凭证、登记账簿、成本计算、财产清查和编制财务报表七种专门方法。

1. 设置账户

设置账户是对会计对象的具体内容进行确认、归类和监督的一种专门方法，其实质是对会计要素进一步地科学分类。由于企业的经济活动复杂多样，会计要素的具体存在形式各有不同，因此，为了便于记录，将会计要素进一步分为若干项目(即会计科目)，并确定每个项目的记账方向及记账内容，即赋予一定的结构形式，用于分门别类地登记和归集各项经济业务。

2. 复式记账

复式记账是对每一项经济业务都要以相等的金额，同时在两个或两个以上的相关账户中进行登记的一种记账方法。采用复式记账，既可以通过账户的对应关系了解有关经济业务的来龙去脉，又可以通过账户的平衡关系检查有关经济业务的记录是否正确。因此，复式记账是一种比较完善、科学的记账方法。我国会计历史上曾经使用过的复式记账方法有：收付记账法、增减记账法和借贷记账法。目前，我国企业及政府、行政、事业单位统一采用的是借贷记账法。

3. 填制和审核会计凭证

会计凭证是记录经济业务，明确经济责任的书面证明，也是登记账簿的依据。填制和审核会计凭证是保证会计资料完整、可靠、真实、合理、合法而采用的一种专门方法。只有审核无误的会计凭证，才能据以登记账簿。

4. 登记账簿

会计账簿是用来记录各项经济业务的簿籍，是加工和保存会计资料的重要工具。登记账簿就是在账簿上全面、系统、连续地记录和反映企业经济活动的一种专门方法。登记账簿以会计凭证为依据，利用账户和复式记账的方法，将所有经济业务按照账户进行分类核算，并定期进行对账和结账，为编制财务报表提供必要的资料。

5. 成本计算

成本计算是对企业在生产经营活动中发生的全部费用，按照一定的对象和标准进行归集和分配，借以确定各个对象的总成本和单位成本的一种专门方法。通过成本计算，一方面核算和监督生产经营活动中所发生的各项费用，有利于进行成本控制；另一方面，可以正确地对会计核算对象进行合理计价，有利于企业提高经济效益。

6. 财产清查

财产清查是通过盘点实物、核对账目来查明各项财产物资、债权债务、货币资金的实有数额，并进行账实核对，检查账实是否相符的一种专门方法。通过财产清查，可以查明各项财产物资的实有数与账面数是否相符，以便及时发现问题、明确责任，保证企业财产物资的真实、完整。通过财产清查，可以及时发现往来款项中各项债权债务款项是否已及时结算，有无长期拖欠不清的情况。所以，财产清查具有重要的现实意义。

7. 编制财务报表

编制财务报表是定期总括反映企业的财务状况、经营成果和现金流量情况以及所有者权益变动情况，提供系统的会计信息的一种专门方法。财务报表是以一定格式的表格，对企业一定会计期间内账簿记录内容的总括反映。企业对外报送的财务报表主要包括资产负债表、利润表、现金流量表和所有者权益变动表。

上述七种会计核算方法相互联系，密切配合，构成一个完整的会计核算方法体系。具体方法的介绍和讲解详见第二章。

思 考 题

1. 什么是建筑施工企业会计？建筑施工企业会计有何特点？
2. 什么是建筑施工企业？建筑施工企业如何分类？
3. 建筑施工企业的生产经营有何特点？建筑施工企业的会计核算对象是什么？
4. 会计核算的基本前提有哪些？各种前提对会计核算有何意义？
5. 会计基础有哪两种？它们的基本内容分别是什么？建筑施工企业会计核算应当采用哪种会计基础？
6. 会计的目标是什么？会计的信息应当具备哪些质量要求？
7. 建筑施工企业会计的职能是什么？
8. 什么是会计要素？会计要素有哪几类？会计各要素的含义是什么？会计各要素确认应当分别符合哪些条件？
9. 用会计等式表示出各会计要素之间的关系。

练 习 题

一、单项选择题

1. 确立会计核算空间范围所依据的会计基本假设是(　　)。

A. 会计主体　　B. 持续经营　　C. 会计分期　　D. 货币计量

2. 企业提供的会计信息应当清晰明了，便于财务报告使用者理解和使用。这体现的是(　　)要求。

A. 相关性　　B. 可靠性　　C. 及时性　　D. 可理解性

3. 会计所使用的主要计量单位是(　　)。

A. 实物计量　　B. 货币计量　　C. 劳动计量　　D. 工时计量

4. 会计的基本职能是(　　)。

A. 核算和管理　　B. 控制和监督　　C. 核算和监督　　D. 核算与分析

5. 企业会计的对象是指企业的(　　)。

A. 经济活动　　B. 资金运动　　C. 生产活动　　D. 管理活动

6. 对会计对象的具体内容所做的最基本的分类是(　　)。

A. 会计科目　　B. 会计要素　　C. 会计账户　　D. 会计恒等式

7. 下列会计要素，属于静态要素的是(　　)。

A. 资产　　B. 收入　　C. 费用　　D. 利润

8. 甲企业5月份购入了一批原材料，会计人员在7月份才入账，该事项违背的会计信息的质量要求是(　　)。

A. 相关性　　B. 客观性　　C. 及时性　　D. 明晰性

9. 同一企业不同时期发生的相同或者相似的交易或者事项，应当采用一致的会计政策，不得随意变更；确需变更的，应当在附注中说明，其依据的会计信息质量要求是(　　)。

A. 相关性　　B. 可比性　　C. 一贯性　　D. 明晰性

10. 对于“数量少且金额大”的财产物资进行详细、具体的会计核算，体现的是会计核算的(　　)原则。

A. 可比性　B. 实质重于形式　C. 重要性　D. 可理解性

11. 企业会计核算应以(　　)作为记账基础。

A. 永续盘存制　B. 收付实现制　C. 实地盘存制　D. 权责发生制

12. 根据我国会计法规的规定，会计主体编报的财务报表都应当以(　　)反映。

A. 记账本位币　B. 会计主体自己所选定的货币币种

C. 人民币　D. 经济业务所涉及的主要货币

13. 明确会计核算时间范围的会计假设是(　　)。

A. 货币计量　B. 持续经营　C. 会计主体　D. 会计分期

二、多项选择题

1. 关于资产特征描述正确的有(　　)。

A. 必须是企业拥有或控制的　B. 其价值能用货币计量

C. 必须是有形的财产物资　D. 是企业过去的交易或事项形成的

2. 我国的会计分期有(　　)。

A. 月度　B. 季度　C. 半年度　D. 年度

3. 关于负债，下列说法中正确的有(　　)。

A. 负债是指企业过去的交易或者事项形成的、预期会导致经济利益流出企业的潜在义务

B. 符合负债定义和负债确认条件的项目，应当列入资产负债表；符合负债定义，但不符合负债确认条件的项目，不应当列入资产负债表

C. 如果未来流出企业的经济利益的金额能够可靠计量，则应该确认为预计负债

D. 未来发生的交易或者事项形成的义务，不属于现时义务，不应当确认为负债

4. 会计的基本假设包括(　　)。

A. 会计主体　B. 持续经营　C. 货币计量　D. 会计分期

5. 下列各项不应确认为企业资产的有(　　)。

A. 企业所拥有的人力资源　B. 企业受托代销的商品

C. 外购的固定资产　D. 自行建造的厂房

6. 反映企业财务状况的会计要素有(　　)。

A. 收入　B. 负债　C. 所有者权益　D. 资产

7. 下列各项，属于反映企业经营成果的会计要素有(　　)。

A. 收入　B. 费用　C. 所有者权益　D. 利润

8. 下列项目中，属于所有者权益的有(　　)。

A. 资本公积　B. 未分配利润　C. 库存现金　D. 盈余公积

9. 会计的基本职能包括(　　)。

A. 会计核算　B. 会计预测　C. 会计监督　D. 会计分析

10. 会计的特点主要表现在(　　)。

A. 以货币为主要计量单位　B. 以凭证为依据

C. 对经济活动进行连续、系统、全面的核算与监督　D. 核算方法具有特殊性

11. 下列项目中属于会计核算方法的有(　　)。

A. 会计科目　B. 设置账户　C. 复式记账　D. 登记账簿

三、判断题

1. 在持续经营假设下，企业进行会计确认、计量和报告应当以持续经营为前提。(　　)

2. 会计方法就是会计的核算方法。(　　)

3. 无论何种情况下，企业都应按照持续经营的基本假设选择会计核算的原则和方法。 （ ）

4. 按照相关规定，我国所有单位都应以权责发生制作为会计核算的基础。 （ ）

5. 我国企业会计准则规定，企业应当以权责发生制为基础进行会计确认、计量、记录和报告。（ ）

6. 可比性要求不同企业发生的相同或者相似的交易或者事项，应当采用规定的会计政策，确保会计信息口径一致，以便企业前后各期的会计信息相互可比。 （ ）

7. 会计的本质可以理解为是一种经济管理活动。 （ ）

8. 会计核算的各种方法是互相独立的，一般按财会部门的内部分工由不同的会计人员进行各自的独立核算。 （ ）

9. 一项负债增加必定会引起一项资产增加。 （ ）

10. 我国所有企业的会计核算都必须以人民币作为记账本位币。 （ ）

11. 会计主体必须是能够进行独立核算的单位。 （ ）

12. 法律主体一定是会计主体，会计主体不一定是法律主体。 （ ）

13. “资产=权益”这一会计等式在任何时点上都是平衡的。 （ ）

14. 所有经济业务的发生，都会引起会计恒等式两边发生变化，但不会破坏会计恒等式。 （ ）

15. 所有者权益是企业投资者对企业净资产的所有权，其大小由资产与负债两要素的大小共同决定。 （ ）

16. 只要是企业拥有或控制的资源就可以确认为资产。 （ ）

17. 在我国，会计核算应以人民币作为记账本位币。业务收支以外币为主的企业，也可选择某种外币作为记账本位币，但编报的财务报告应当折算为人民币反映。 （ ）

第2章 会计核算方法

教学目的：

通过本章的学习，学生应当理解并掌握：

1. 建筑施工企业会计科目和账户的设置及分类
2. 借贷记账法的含义、记账符号、账户结构、记账规则、会计分录及试算平衡
3. 会计凭证的含义、作用及种类
4. 会计账簿的概念、作用、分类及格式
5. 账簿设置原则、基本内容、登记方法及要求
6. 财产清查的意义、种类和清查的一般程序
7. 财产物资的盘存制度、财产清查方法及其应用
8. 财产清查结果的账务处理
9. 账务处理程序的设计要求、种类
10. 记账凭证账务处理程序和科目汇总表账务处理程序

第一节 建筑施工企业会计科目和账户

一、建筑施工企业会计科目

（一）建筑施工企业会计科目的设置

1. 会计科目的含义及设置

建筑施工企业各项经济业务的发生会导致会计要素发生增减变动，但会计要素的增减变动资料还不能满足会计信息使用者及企业内部管理者对企业会计信息的详细需求。因此，为了满足会计信息使用者及企业内部管理者对企业会计信息的详细需求，还需要对会计要素进一步科学、合理地分类。会计要素按其内容进一步分类后，形成的具体项目就是会计科目。会计科目是会计记录的最基本单位。

科学、合理地设置会计科目，不但可以分类反映企业的资金及其运动，还可以为会计的后续工作如设置会计账户、规范会计核算内容、保证会计信息质量要求提供依据。

由于各施工单位业务性质不同，会计核算的对象也会有所区别，因此，会计实务中，建筑施工企业在会计科目设置时，在我国财政部颁布的《企业会计准则——应用指南》中提供的企业会计核算科目表的基础上，充分结合建筑施工企业会计核算对象的特点，在不违反企业会计准则中确认、计量和报告规定的前提下，选择并确定本企业适用的会计科目的同时，可以自行增设、分拆、合并会计科目。企业不存在的交易或者事项，可以不设置与之相关的会计科目。如建筑施工企业在《企业会计准则——应用指南》规定的科目表中选择一般企业常用的会计科目以外，还可以根据其业务特点，设置和选择适用的工程物资、工程施工、机械作业、工程结算等会计科目。对于明细科目，建筑施工企业可以自行设置。《企业会计准则——应用指南》中对会计科目进行了编号。会计科目编号是为了供企业进行会计电算化处理时方便会计凭证的填制、会计账簿的登记、会计信息的调阅、查找和汇总等。《企业会计准则——应用指南》中的会计科目表预留有一定的空号，供企业自行增设会计科目时使用。

需要注意的是，企业所设置的会计科目应该能够涵盖所有会计要素，不能有任何经济业务出现遗漏现象。反之也要注意，会计科目的设置不能出现闲置不用、浪费资源的现象。

2. 会计科目表

依据2006年财政部颁布的《企业会计准则——应用指南》中统一规定的适用于各行业的企业会计科目表，再结合建筑施工企业会计核算的特点，建筑施工企业通常应设置的会计科目如表2-1所示。

表2-1 建筑施工企业会计科目表

序号	编号	会计科目名称	序号	编号	会计科目名称
		一、资产类	25	1476	合同履约成本减值准备
1	1001	库存现金	26	1477	合同取得成本
2	1002	银行存款	27	1478	合同取得成本减值准备
3	1012	其他货币资金	28	1481	持有待售资产
4	1101	交易性金融资产	29	1482	持有待售资产减值准备
5	1121	应收票据	30	1485	应收退货成本
6	1122	应收账款	31	1501	债权投资
7	1123	预付账款	32	1502	其他债权投资
8	1131	应收股利	33	1503	其他权益工具投资
9	1132	应收利息	34	1511	长期股权投资
10	1164	合同资产	35	1512	长期股权投资减值准备
11	1165	合同资产减值准备	36	1521	投资性房地产
12	1221	其他应收款	37	1531	长期应收款
13	1225	内部往来	38	1601	固定资产
14	1231	坏账准备	39	1602	累计折旧
15	1401	材料采购	40	1603	固定资产减值准备
16	1402	在途物资	41	1604	在建工程
17	1403	原材料	42	1605	工程物资
18	1404	材料成本差异	43	1606	固定资产清理
19	1405	库存商品	44	1607	在建工程减值准备
20	1406	发出商品	45	1608	工程物资减值准备
21	1408	委托加工物资	46	1701	无形资产
22	1411	周转材料	47	1702	累计摊销
23	1471	存货跌价准备	48	1703	无形资产减值准备
24	1475	合同履约成本	49	1711	商誉

（续）

序号	编号	会计科目名称	序号	编号	会计科目名称
50	1801	长期待摊费用	77	4103	本年利润
51	1811	递延所得税资产	78	4104	利润分配
52	1901	待处理财产损溢			五、成本类
		二、负债类	79	5001	生产成本
53	2001	短期借款	80	5101	制造费用
54	2101	交易性金融负债	81	5201	劳务成本
55	2201	应付票据	82	5301	研发支出
56	2202	应付账款	83	5402	合同结算
57	2203	预收账款	84	5403	机械作业
58	2204	合同负债			六、损益类
59	2211	应付职工薪酬	85	6001	主营业务收入
60	2221	应交税费	86	6051	其他业务收入
61	2231	应付利息	87	6101	公允价值变动损益
62	2232	应付股利	88	6102	投资收益
63	2241	其他应付款	89	6103	资产处置损益
64	2501	长期借款	90	6104	净敞口套期收益
65	2502	应付债券	91	6117	其他综合收益
66	2701	长期应付款	92	6301	营业外收入
67	2702	未确认融资费用	93	6401	主营业务成本
68	2801	预计负债	94	6402	其他业务成本
69	2901	递延所得税负债	95	6403	税金及附加
		三、共同类	96	6601	销售费用
70	3101	衍生工具	97	6602	管理费用
71	3201	套期工具	98	6603	财务费用
72	3202	被套期项目	99	6701	资产减值损失
		四、所有者权益类	100	6702	信用减值缺失
73	4001	实收资本	101	6711	营业外支出
74	4002	资本公积	102	6801	所得税费用
75	4003	上级企业拨入资金	103	6901	以前年度损益调整
76	4101	盈余公积			

（二）建筑施工企业会计科目的分类

1. 按其所反映的经济内容分类

会计科目按其所反映的经济内容不同，可以分为资产类科目、负债类科目、共同类科目、所有者权益类科目、成本类科目和损益类科目。

1）资产类科目。资产类科目是对资产要素的具体内容进行分类核算的项目。资产类科目主要包括：库存现金、银行存款、交易性金融资产、应收票据、应收账款、周转材料、工程物资、在建工程、长期股权投资、固定资产等。

2）负债类科目。负债类科目是对负债要素的具体内容进行分类核算的项目。负债类科目主要包括：短期借款、应付账款、应付职工薪酬、应交税费、应付利息、长期借款等。

3）共同类科目。共同类科目是既用于核算企业取得的资产，又用于核算企业形成的负债的项目。共同类科目主要包括：衍生工具、套期工具、被套期项目等。

4）所有者权益类科目。所有者权益类科目是对所有者权益要素的具体内容进行分类核算的项目。所有者权益类科目主要包括：实收资本、资本公积、盈余公积、利润分配等。

5）成本类科目。成本类科目是对产品成本、劳务成本的构成内容进行分类核算的项目。成本类科目主要包括：工程施工、工程结算、机械作业等。

6）损益类科目。损益类科目是对收入、费用要素的具体内容进行分类核算的项目。损益类科目主要包括：主营业务收入、其他业务收入、投资收益、营业外收入、主营业务成本、其他业务成本、营业税金及附加、销售费用、管理费用、财务费用、营业外支出、所得税费用等。

2. 按其所提供信息的详细程度分类

会计科目按其所提供信息的详细程度不同，可分为总分类科目和明细分类科目。

1）总分类科目。总分类科目也称总账科目或一级科目，是对会计要素的具体内容进行总括分类，提供总括信息的会计科目。财政部统一规定的会计科目表中的科目就属于总账科目，如“在建工程”“工程物资”“工程施工”“工程结算”“机械作业”“原材料”“应交税费”“应付职工薪酬”等科目。

2）明细分类科目。明细分类科目简称明细科目，是对总分类科目的内容进一步细化分类后所形成的项目。明细分类科目按其提供会计信息的详细程度还可以继续分为二级会计科目和三级会计科目等。二级会计科目又称为二级明细分类科目或称子目。三级会计科目又称为三级明细分类科目或称细目。三级会计科目是在二级会计科目下设置的。明细分类科目核算的内容更为详细和具体。

二、账户

（一）设置账户的意义

会计账户简称账户，是根据会计科目开设的，具有一定结构、用来记录经济业务内容及其变化情况的格式型载体。

会计科目只是对会计要素具体内容进一步分类后所形成的项目，只有名称，而没有一定的格式，不能连续、系统、全面、序时地记录和反映经济业务变动而引起的会计要素的增减变动情况。因此，为了更好地记录和反映会计要素增减变动情况，为会计信息使用者提供有用的会计信息，企业必须根据会计科目设置账户。企业正确、科学地设置会计账户，对于连续、系统、全面地记录和反映各项经济业务，以及由此而引起的有关会计要素的增减变动情况及其结果，具有重要的现实意义。

（二）账户与会计科目的关系

会计科目是会计账户的名称，会计账户是按照规定的会计科目开设的，一个会计科目设置一个账户，因此，会计账户的分类与会计科目的分类相一致。会计账户按其所提供会计信息的详细程度不同，也分为总分类账户和明细分类账户，即一级账户、二级账户及三级账户。会计账户按其所记录和反映的经济内容不同，也分为资产类账户、负债类账户、共同类账户、所有者权益类账户、成本类账户和损益类账户。

会计账户与会计科目除了具有上述相互联系之外，还存在着一定的区别，如会计科目只是对会计要素具体内容进一步分类后所形成的项目，而会计账户除了具有会计科目所规定的核算范围、内容以外，还具有一定的结构和格式。

（三）账户的基本结构

要想将各类经济业务所引起的会计要素变动情况，进行连续、系统、全面的记录，并定期反映其变动情况及结果，就必须借助于会计账户，按照会计特有的方法记录各类经济业务的增减及其变动情况。

账户的基本结构主要分为左、右两部分，一部分用于记录增加数，另一部分用于记录减少数。至于哪一方记录增加，哪一方记录减少，取决于所采用的记账方法和各个账户的性质。例如，采用借贷记账法进行会计业务处理，则账户的左方就规定为“借方”，账户的右方就规定为“贷方”。账户的基本结构中主要有账户的名称、日期、凭证编号、摘要、借方、贷方、余额等内容。账户的基本格式如表 2-2 所示。

表 2-2　账户的基本格式

账户名称（会计科目）

年		凭证编号	摘要	借方	贷方	余额
月	日					

在教学工作中，为了便于理解和说明问题，常将账户的基本结构简化为丁字账（也称 T 形账户）格式。账户基本结构如图 2-1 所示。

左方	账户名称（会计科目）	右方

图 2-1　账户基本结构

每个账户在一定时期内所记录的经济业务增加数合计，称为本期增加发生额。每个账户在一定时期内所记录的经济业务减少数合计，称为本期减少发生额。本期增加发生额和本期减少发生额统称为本期发生额。账户中除了记录有关经济业务的发生额以外，还记录期初余额和期末余额两项内容。本期期初余额就是上期的期末余额。期初余额、本期增加发生额、本期减少发生额及期末余额间的关系，可用公式表示如下：

期末余额 = 期初余额 + 本期增加发生额 − 本期减少发生额

例如，甲建筑施工企业“库存现金”账户 3 月份的经济业务记录（假设采用借贷记账法进行经济业务的核算，这样左方就是借方，且借方登记库存现金的增加，右方就是贷方，且贷方登记库存现金的减少。如果账户有余额的话，一般和增加登记在同一方向）如图 2-2 所示。

库存现金

左方（借方）	右方（贷方）
期初余额：20 000	
本期增加：50 000	本期减少：30 000
80 000	50 000
本期增加发生额：130 000	本期减少发生额：80 000
期末余额：70 000	

图 2-2　“库存现金”账户的结构

（四）账户的分类

因为账户是以会计科目进行命名的，所以账户的基本分类与会计科目的分类是相同的。在此仅就账户的基本分类加以说明。

1. 按其所反映的经济内容分类

会计账户按其所反映的经济内容不同，可分为资产类账户、负债类账户、共同类账户、所有者权益类账户、成本类账户和损益类账户。

资产类账户是核算企业各种资产增减变动及其结存情况的账户。负债类账户是核算企业各种负债增减变动及其结存情况的账户。共同类账户是既用于核算企业资产又用于核算企业负债的账户。所有者权益类账户是核算企业各种所有者权益增减变动及其结存情况的账户。成本类账户是进行成本归集和计算的账户。损益类账户是核算企业经营成果盈亏的账户。

2. 按其所提供信息的详细程度分类

会计账户按其所提供信息的详细程度不同，可分为总分类账户和明细分类账户。

1）总分类账户。总分类账户也称总账账户，是按照总分类科目开设的，用于总括核算该会计科目所反映的经济活动的内容。一个总分类科目就对应有一个总分类账户。

2）明细分类账户。明细分类账户简称明细账户，是对总分类账户的核算内容进一步进行细化、具体的一种补充核算。明细分类账户按其提供会计信息的详细程度还可以继续分为二级明细账户和三级明细账户等。

总分类账户核算的内容对相关的明细分类账户具有统驭性作用，而明细分类账户核算的内容则对总分类账户具有细化、辅助和补充的作用。

第二节　复式记账法

一、复式记账法的概念

所谓记账方法，是指按照一定的记账原理，使用一定的记账符号和记账规则，将会计交易和事项登记入账的技术和方法。会计记账方法有单式记账法和复式记账法两种。

单式记账法是指对每笔经济业务引起的会计要素的增减变化只进行单方面登记的记账方法。一般只记录现金、银行存款的收付业务及债权债务的结算业务。由于单式记账法存在账户设置不完整、各账户间对应关系不严密、难以反映经济活动的全貌等缺点，所以单式记账法现已不再使用。

复式记账法是指对企业发生的每一项经济业务，都要以相等的金额在两个或两个以上相互联系的账户中进行登记的一种记账方法。复式记账法下各账户间的对应关系清楚、严密，还可以全面地反映一项经济业务活动的全貌，而且便于对账户记录的正确性进行检查，从而保证会计信息的质量要求。

复式记账法按照记账符号、记账规则等不同划分，又分为借贷记账法、增减记账法和收付记账法三种。其中，借贷记账法是目前国际上普遍采用的复式记账法。为此，本书仅介绍借贷记账法。

二、借贷记账法及其原理

（一）借贷记账法的含义

借贷记账法源于13~15世纪的意大利，到15世纪，借贷记账法的记账规则和账户设置已基本完备，能够清楚、科学、完整、连续地对经济业务进行反映。作为一种科学有效的记账工具，借贷记账法已经被世界上多数国家所采用。我国于1993年由原采用的增减记账法改为借贷记账法。

所谓借贷记账法，是指以“借”和“贷”作为记账符号，用来反映会计要素具体内容增减变动情况及其结果的一种复式记账方法。

（二）记账符号

记账符号是标明发生的经济业务在登记入账后记账方向的一种标志。借贷记账法以“借”和“贷”作为记账符号，对经济业务进行反映和记录。

借贷记账法下，将每个账户的“左方”称为“借方”，每个账户的“右方”称为“贷方”。

（三）账户结构

根据会计等式“资产=负债+所有者权益”及其变形后的会计等式“资产+费用=负债+所有者权益+收入”，可以将全部账户根据其记录的经济内容分为资产类账户、负债类账户、所有者权益类账户、收入类账户和费用类账户。现在以变形后的会计等式说明账户结构的一般规律性。变形后会计等式左边的要素“资产”和“费用”一般是借方登记增加，贷方登记减少，如果有余额的话，余额应该与增加在同一方向上，即余额一般在借方。变形后会计等式右边的要素“负债”“所有者权益”和“收入”一般是贷方登记增加，借方登记减少，如果有余额的话，余额应该与增加在同一方向上，即余额一般在贷方。下面分别说明各类账户的结构。

1. 资产类账户的结构

资产类账户是核算企业各种资产增减变动及其结存情况的账户。如果该账户有期初余额，则首先在借方登记期初余额，然后将本期增加额登记在借方，一定时期借方登记的本期增加额之和，又称为本期借方发生额。本期减少额登记在贷方，一定时期贷方登记的本期减少额之和，又称为本期贷方发生额。该账户若有期末余额，则一般为借方余额，表示期末资产余额。其中期初余额、本期借方发生额、本期贷方发生额和期末余额的关系式表示如下：

$$期末借方余额=期初借方余额+本期借方发生额-本期贷方发生额$$

资产类账户的结构如图2-3所示。

借方　　　　　资产类账户	贷方
期初余额 本期增加额	本期减少额
本期借方发生额 期末余额	本期贷方发生额

图2-3 资产类账户的结构

2. 费用类账户的结构

费用类账户是核算企业各种成本、费用增减变动及其结果的账户。费用的增加视同所有者权益的减少，所以费用是所有者权益的抵减项目。费用类账户的结构与所有者权益类账户的结构相反，与资产类账户的结构相同。如果该账户有期初余额，则首先在借方登记期初余额，然后将本期增加额登记在借方，本期减少额或转销额登记在贷方。期末一般没有余额，如果期末有余额，则一般为借方余额。期末余额的计算公式与资产类账户的期末余额计算相同。费用类账户的结构如图 2-4 所示。

借方　　　　费用类账户	贷方
期初余额 本期增加额	 本期减少额(转销额)
本期借方发生额 期末余额	本期贷方发生额

图 2-4　费用类账户的结构

3. 负债类账户的结构

负债类账户是核算企业各种负债增减变动及其结余情况的账户。如果该账户有期初余额，则首先在贷方登记期初余额，然后将本期增加额登记在贷方，本期减少额登记在借方。该账户若有期末余额，则一般为贷方余额，表示期末负债余额。其中期初余额、本期借方发生额、本期贷方发生额和期末余额的关系式表示如下：

期末贷方余额=期初贷方余额+本期贷方发生额-本期借方发生额

负债类账户的结构如图 2-5 所示。

借方　　　　负债类账户	贷方
 本期减少额	期初余额 本期增加额
本期借方发生额	本期贷方发生额 期末余额

图 2-5　负债类账户的结构

4. 所有者权益类账户的结构

所有者权益类账户是核算企业各种所有者权益增减变动及其结存情况的账户。与负债类账户相同，该账户的期初余额在贷方，本期所有者权益的增加额登记在贷方，本期所有者权益的减少额登记在借方。该账户的期末余额在贷方，表示所有者权益的余额。期末余额的计算公式与负债类账户的期末余额计算相同。所有者权益类账户的结构如图 2-6 所示。

借方　　　　所有者权益类账户	贷方
 本期减少额	期初余额 本期增加额
本期借方发生额	本期贷方发生额 期末余额

图 2-6　所有者权益类账户的结构

5. 收入类账户的结构

收入类账户是核算企业各种收入、收益增减变动及其结果的账户。收入的增加视同所有者权益的增加，所以收入是所有者权益的附加项目。收入类账户的结构与负债、所有者权益类账户的结构相同。如果该账户有期初余额，则首先在贷方登记期初余额，然后将本期增加额登记在贷方，本期减少额或转销额登记在借方。期末一般没有余额，如果期末有余额，则一般为贷方余额。期末余额的计算公式与负债、所有者权益类账户的期末余额计算相同。收入类账户的结构如图 2-7 所示。

借方　收入类账户	贷方
	期初余额
本期减少额（转销额）	本期增加额
本期借方发生额	本期贷方发生额
	期末余额

图 2-7　收入类账户的结构

变形后会计等式左边的会计要素，资产、费用类账户的结构一般是：增加额登记在账户的借方，减少或转销额登记在账户的贷方，期末如有余额，则应为借方余额。

变形后会计等式右边的会计要素，负债、所有者权益和收入类账户的结构一般是：增加额登记在账户的贷方，减少或转销额登记在账户的借方，期末如有余额，则应为贷方余额。

（四）记账规则

借贷记账法是复式记账法中的一种。借贷记账法在实际应用中，对企业发生的每一项经济业务，都要以相等的金额在两个或两个以上相互联系的账户中进行登记。当一项经济业务发生时，如果登记在一个账户的借方，就应该同时登记在另一个或另几个账户的贷方；如果登记在一个账户的贷方，就应该同时登记在另一个或另几个账户的借方。而且记入借方的金额必须与记入贷方的金额相等。这就是借贷记账法的记账规则。借贷记账法的记账规则可以概括为“有借必有贷，借贷必相等”。

【例 2-1】　甲建筑施工企业 2015 年 1 月收到投资者投入资金 100 000 元，存入银行。

此项经济业务的发生，引起企业银行存款这项资产增加 100 000 元，应记入“银行存款”账户的借方，同时引起实收资本这项所有者权益增加 100 000 元，应记入“实收资本”账户的贷方。而且记入借方和贷方的金额相等，都是 100 000 元。此项经济业务在账户中的登记情况如图 2-8 所示。

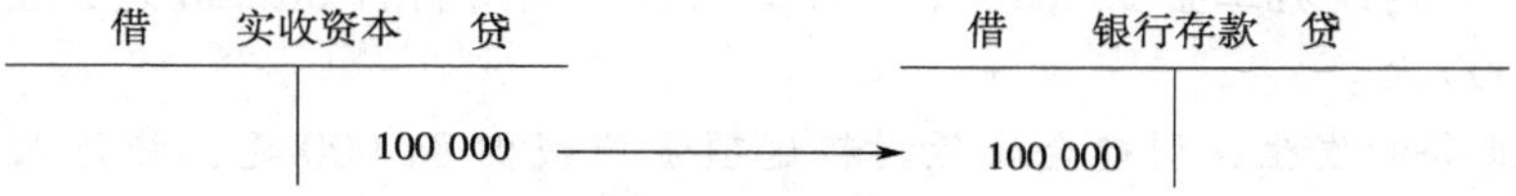

图 2-8　账户的登记情况

【例 2-2】　甲建筑施工企业 2015 年 1 月借入短期借款 200 000 元，存入银行。

此项经济业务的发生，引起企业银行存款这项资产增加 200 000 元，应记入“银行存款”账户的借方，同时引起短期借款这项负债增加 200 000 元，应记入“短期借款”账户的贷方。而且记入借方和贷方的金额相等，都是 200 000 元。此项经济业务在账户中的登记情况如图 2-9 所示。

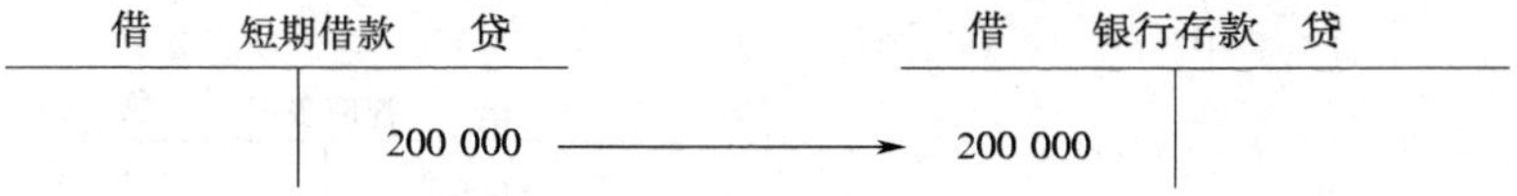

图 2-9　账户的登记情况

【例 2-3】　甲建筑施工企业 2015 年 1 月购入材料一批已验收入库，款项 300 000 元，其中 200 000 元以银行存款支付，100 000 元暂欠。

此项经济业务的发生，引起企业银行存款这项资产减少 200 000 元，应记入“银行存款”账户的贷方，引起应付账款这项负债增加 100 000 元，应记入“应付账款”账户的贷方，同时引起原材料这项资产增加 300 000 元，应记入“原材料”账户的贷方。而且记入借方的金额 300 000 元和记入贷方的金额 300 000 元(银行存款和应付账款两个账户贷方金额之和)相等。此项经济业务在账户中的登记情况如图 2-10 所示。

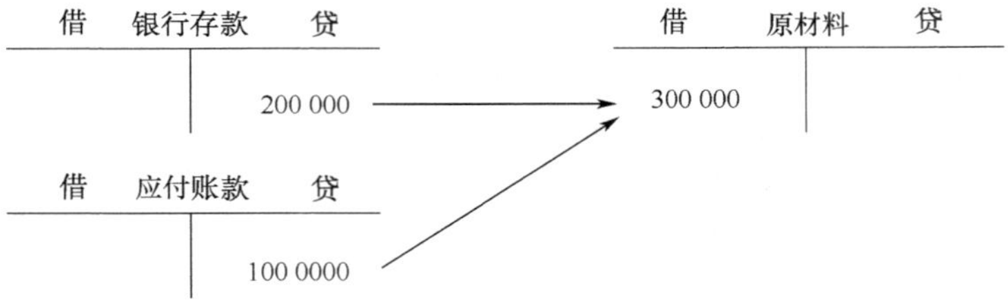

图 2-10 账户的登记情况

【例 2-4】 甲建筑施工企业 2015 年 1 月预付 50 000 元购料款给某销货单位，款项以银行存款支付。

此项经济业务的发生，引起企业预付账款这项资产增加 50 000 元，应记入“预付账款”账户的借方，同时引起银行存款这项资产减少 50 000 元，应记入“银行存款”账户的贷方。而且记入借方和贷方的金额相等，都是 50 000 元。此项经济业务在账户中的登记情况如图 2-11 所示。

图 2-11 账户的登记情况

【例 2-5】 甲建筑施工企业 2015 年 1 月工程施工领用材料 80 000 元，企业行政管理部门领用材料 4 000 元。

此项经济业务的发生，引起企业原材料这项资产减少 84 000 元，应记入“原材料”账户的贷方，同时工程施工领用部分引起工程施工这项成本增加 80 000 元，应记入“工程施工”账户的借方，企业行政管理部门领用部分引起管理费用这项费用增加 4 000 元，应记入“管理费用”账户的借方。而且记入借方的金额 84 000 元(工程施工和管理费用两个账户借方金额之和)和记入贷方的金额 84 000 元相等。此项经济业务在账户中的登记情况如图 2-12 所示。

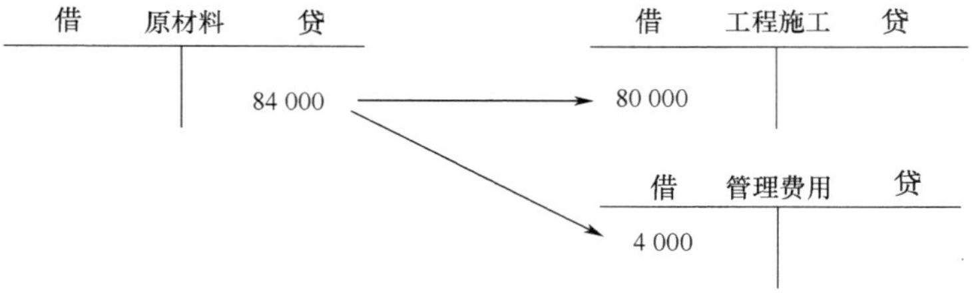

图 2-12 账户的登记情况

【例 2-6】 甲建筑施工企业 2015 年 1 月根据发包单位承付的工程价款结算账单，应收已完工程款 960 000 元。

此项经济业务的发生，引起企业工程结算这项成本抵减项目增加960 000元，应记入“工程结算”账户的贷方，同时引起应收账款这项资产增加960 000元，应记入“应收账款”账户的借方。而且记入借方和贷方的金额相等，都是960 000元。此项经济业务在账户中的登记情况如图2-13所示。

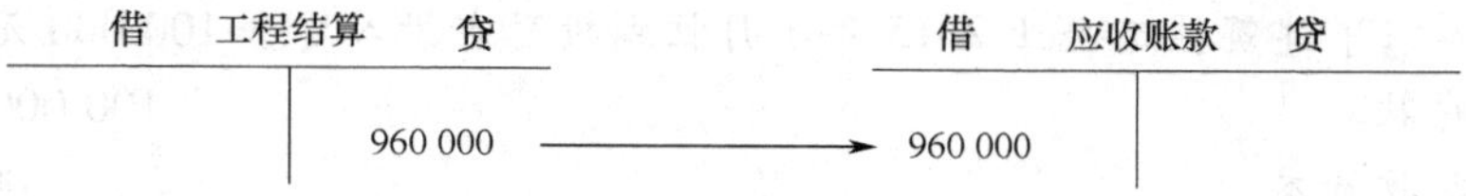

图2-13　账户的登记情况

通过上述【例2-1】~【例2-6】的例题分析，可以进一步证实借贷记账法下的记账规则是“有借必有贷，借贷必相等”。因为上述各项经济业务的发生，在记入一个账户借方的同时，记入了另一个或另几个账户的贷方；或在记入一个账户贷方的同时，记入另一个或另几个账户的借方，而且记入借方账户的金额与记入贷方账户的金额相等。

（五）账户对应关系和会计分录

账户对应关系是指应用借贷记账法登记经济业务时，有关账户之间所形成的应借应贷的相互关系。发生应借应贷关系的账户称为对应账户。例如，【例2-1】中收到投资者投入资金100 000元，存入银行的经济业务，借记的“银行存款”账户和贷记的“实收资本”账户之间就存在应借应贷的对应关系。再如，【例2-3】中企业购入材料一批已验收入库，款项300 000元，其中200 000元以银行存款支付，100 000元暂欠的经济业务，借记的“原材料”账户和贷记的“银行存款”及“应付账款”账户间也存在着应借应贷的账户对应关系。了解了账户的对应关系，就可以全面了解每一项经济业务的具体内容，正确判断账务处理的正确与否。

在现实的工作中，运用借贷记账法进行经济业务处理时，为了明确账户间的对应关系，保证账户记录的正确性，以及为了方便事后检查，还需要在经济业务登记入账前，根据经济业务的内容运用特定格式编制会计分录。

会计分录是指对每项经济业务按复式记账的要求，列示账户名称、应借应贷的记账方向及其金额的一种会计记录，简称分录。确定会计分录的三要素是：账户名称、记账方向和记账金额。

会计分录按照所涉及账户的多少，分为简单分录和复合分录两类。简单分录是指只涉及一个账户的借方和另一个账户的贷方，即一借一贷的会计分录。复合分录是指涉及一个账户的借方与另几个账户的贷方，即一借多贷，或涉及一个账户的贷方与另几个账户的借方，即一贷多借的会计分录。复合分录实际上是由若干简单分录合并而成的。在实际工作中，应尽量避免编制多借多贷的会计分录。因为，多借多贷的会计分录会使这些账户间的对应关系模糊不清，不便于清晰地判断和了解经济业务的内容。

编制会计分录的具体步骤如下：

1）分析经济业务所涉及的会计要素。

2）确定会计要素对应的会计科目。

3）确定会计科目的记账金额和记账方向。

4）编制分录。

5）检查分录中的借、贷方科目是否正确，金额是否相等。

会计分录的书写格式是：先写记账符号，再写会计科目，最后是记账金额。记账符号间用冒号“:”隔开。借方账户写在上面，贷方账户写在下面，而且贷方要比借方向后错开两格进行书写。如果有多个借方账户或多个贷方账户，应几个借方账户上下对齐，几个贷方账户上下对齐。

【例 2-7】 将【例 2-1】~【例 2-6】的经济业务用会计分录形式表示如下：

(1)【例 2-1】甲建筑施工企业 2015 年 1 月收到投资者投入资金 100 000 元，存入银行。

借：银行存款　　100 000
　　贷：实收资本　　100 000

(2)【例 2-2】甲建筑施工企业 2015 年 1 月借入短期借款 200 000 元，存入银行。

借：银行存款　　200 000
　　贷：短期借款　　200 000

(3)【例 2-3】甲建筑施工企业 2015 年 1 月购入材料一批已验收入库，款项 300 000 元，其中 200 000 元以银行存款支付，100 000 元暂欠。

借：原材料　　300 000
　　贷：银行存款　　200 000
　　　　应付账款　　100 000

此项经济业务编制的是一借多贷的复合分录，该复合分录可以拆分成两个简单分录：

1）借：原材料　　200 000
　　　贷：银行存款　　200 000

2）借：原材料　　100 000
　　　贷：应付账款　　100 000

(4)【例 2-4】甲建筑施工企业 2015 年 1 月预付 50 000 元购料款给某销货单位，款项以银行存款支付。

借：预付账款　　50 000
　　贷：银行存款　　50 000

(5)【例 2-5】甲建筑施工企业 2015 年 1 月工程施工领用材料 80 000 元，企业行政管理部门领用材料 4 000 元。

借：工程施工　　80 000
　　管理费用　　4 000
　　贷：原材料　　84 000

此项经济业务编制的是一贷多借的复合分录，该复合分录可以拆分成两个简单分录：

1）借：工程施工　　80 000
　　　贷：原材料　　80 000

2）借：管理费用　　4 000
　　　贷：原材料　　4 000

(6)【例 2-6】甲建筑施工企业 2015 年 1 月根据发包单位承付的工程价款结算账单，应收已完工程款 960 000 元。

借：应收账款　　960 000
　　贷：工程结算　　960 000

（六）试算平衡

为了保证会计数据的正确性，会计人员要在会计期末对企业本期所发生的经济业务的账户登记结果是否正确进行核查，以便及时发现问题并予以纠正。检查账户登记结果正确与否的一种会计方法主要是试算平衡。借贷记账法下的试算平衡，是运用借贷记账法的记账规则（即有借必有贷，借贷必相等）和会计基本等式（资产=负债+所有者权益），对各类账户登记的正确性进行检查的一种会计处理方法。

根据借贷记账法所运用的平衡原理的不同，可分为发生额试算平衡和余额试算平衡两种。其中发生额试算平衡依据的是借贷记账法的记账规划，即有借必有贷，借贷必相等。余额试算平衡依据的是会计基本等式，即资产=负债+所有者权益。

1. 发生额试算平衡

依据借贷记账法的记账规则对每一项经济业务进行会计处理的结果，一定是借方金额等于贷方金额。既然每一项经济业务的借方金额都等于贷方金额，那么本期发生的所有经济业务的借方发生额之和也一定等于贷方发生额之和。发生额试算平衡的平衡关系可用以下等式表示：

全部账户本期借方发生额合计=全部账户本期贷方发生额合计

在会计实务中，会计期末（或一定会计期间）将本期发生的所有经济业务登记入账后，为了保证本期所有账户登记的正确性，对会计登记结果进行检查，就需要根据所有总分类账户的本期发生额，编制发生额试算平衡表进行试算平衡。发生额试算平衡表如表 2-3 所示。

表 2-3　发生额试算平衡表

编号　　　　年　月　日至　　年　　月　　日　　　　单位：

科目编号	会计科目	借方发生额	贷方发生额
	合　计		

【例 2-8】　承【例 2-7】，对【例 2-7】的所有经济业务进行试算平衡如表 2-4 所示。

表 2-4　发生额试算平衡表

编号　　　　2015 年 1 月 1 日至 2015 年 1 月 31 日　　　　单位：元

科目编号	会计科目	借方发生额	贷方发生额
1002	银行存款	300 000	250 000
4001	实收资本		100 000
2001	短期借款		200 000
1403	原材料	300 000	84 000
2202	应付账款		100 000
1123	预付账款	50 000	

（续）

科目编号	会计科目	借方发生额	贷方发生额
5401	工程施工	80 000	
6602	管理费用	4 000	
1122	应收账款	960 000	
5402	工程结算		960 000
	合　　计	1 694 000	1 694 000

2. 余额试算平衡

依据会计基本等式，企业会计期末全部账户借方余额合计一定等于全部账户贷方余额的合计。因为企业期末全部账户借方余额合计即为企业的资产总额，期末全部账户贷方余额合计即为企业的负债与所有者权益的总额。余额试算平衡的平衡关系可用以下等式表示：

全部账户期末借方余额合计=全部账户期末贷方余额合计

在会计实务中，会计期末将本期发生的所有经济业务登记入账后，再根据期初余额、本期借方发生额、本期贷方发生额及期末余额间的关系，计算出期末余额，并通过编制总分类账户的余额试算平衡表进行试算平衡，检查会计账户记录的正确性。余额试算平衡表如表2-5所示。

表 2-5　余额试算平衡表

编号：　　　　　　年　月　日　　　　　　单位：

科目编号	会计科目	借方余额	贷方余额
	合　　计		

【例 2-9】 假设甲建筑施工企业2015年1月有关账户的期初余额如表2-6所示。

表 2-6　甲建筑施工企业 2015 年 1 月有关账户的期初余额　　单位：元

资产类账户	余额	负债及所有者权益类账户	余额
银行存款	700 000	工程结算	500 000
原材料	400 000	实收资本	1 600 000
工程施工	500 000		
固定资产	500 000		
合　　计	2 100 000	合　　计	2 100 000

根据上述期初余额和【例2-7】中的各项会计分录，登记甲建筑施工企业2015年1月份有关账户（以丁字账代替），并计算出各账户的期末余额。各账户的登记情况如图2-14所示。

银行存款

期初余额 700 000	
(1) 100 000	(3) 200 000
(2) 200 000	(4)50 000
本期发生额 300 000	本期发生额 250 000
期末余额 750 000	

管理费用

期初余额	
(5) 4 000	
本期发生额 4 000	本期发生额
期末余额 4 000	

应付账款

	期初余额
	(3) 100 000
本期发生额	本期发生额 100 000
	期末余额 100 000

工程施工

期初余额 500 000	
(5) 80 000	
本期发生额 80 000	本期发生额
期末余额 580 000	

实收资本

	期初余额 1 600 000
	(1) 100 000
本期发生额	本期发生额 100 000
	期末余额 1 700 000

工程结算

	期初余额 500 000
	(6) 960 000
本期发生额	本期发生额 960 000
	期末余额 1 460 000

原材料

期初余额 400 000	
(3) 300 000	(5) 84 000
本期发生额 300 000	本期发生额 84 000
期末余额 616 000	

预付账款

期初余额	
(4) 50 000	
本期发生额 50 000	本期发生额
期末余额 50 000	

短期借款

	期初余额
	(2) 200 000
本期发生额	本期发生额 200 000
	期末余额 200 000

固定资产

期初余额 500 000	
本期发生额	本期发生额
期末余额 500 000	

应付账款

期初余额	
(6) 960 000	
本期发生额 960 000	本期发生额
期末余额 960 000	

图 2-14　有关账户登记情况

根据上述有关账户登记的期末余额进行余额试算平衡如表 2-7 所示。

表 2-7　期末余额试算平衡表

编号:　　　　2015 年 1 月 31 日　　　　单位：元

科目编号	会计科目	借方余额	贷方余额
1002	银行存款	750 000	
4001	实收资本		1 700 000
2001	短期借款		200 000
1403	原材料	616 000	
2202	应付账款		100 000
1123	预付账款	50 000	
5401	工程施工	580 000	

（续）

科目编号	会计科目	借方余额	贷方余额
6602	管理费用	4 000	
1122	应收账款	960 000	
5402	工程结算		1 460 000
1601	固定资产	500 000	
	合　　计	3 460 000	3 460 000

在会计实务中，通常将发生额试算平衡表和余额试算平衡表进行合并，实现一张表格中既有发生额的试算平衡又有余额的试算平衡。其中余额试算平衡还包括期初余额的试算平衡。

发生额试算平衡和余额试算平衡合并后的试算平衡表如表 2-8 所示。

表 2-8　发生额及余额试算平衡表　　单位：

科目编号	会计科目	期初余额		本期发生额		期末余额	
		借方	贷方	借方	贷方	借方	贷方
	合计						

【例 2-10】　承【例 2-7】【例 2-8】和【例 2-9】，编制的甲建筑施工企业 2015 年 1 月有关账户的发生额及余额试算平衡表如表 2-9 所示。

表 2-9　发生额及余额试算平衡表　　单位：元

科目编号	会计科目	期初余额		本期发生额		期末余额	
		借方	贷方	借方	贷方	借方	贷方
1002	银行存款	700 000		300 000	250 000	750 000	
4001	实收资本		1 600 000		100 000		1 700 000
2001	短期借款				200 000		200 000
1403	原材料	400 000		300 000	84 000	616 000	
2202	应付账款				100 000		100 000
1123	预付账款			50 000		50 000	
5401	工程施工	500 000		80 000		580 000	
6602	管理费用			4 000		4 000	
1122	应收账款			960 000		960 000	
5402	工程结算		500 000		960 000		1 460 000
1601	固定资产	500 000				500 000	
	合计	2 100 000	2 100 000	1 694 000	1 694 000	3 460 000	3 460 000

通过试算平衡，会计人员可以发现本期会计记录中出现的登记错误。如果发现错误就可按照会计更正方法及时进行更正。这里必须特别加以说明的是，运用试算平衡的方法进行有关账户登记错误的查找是有其局限性的，当试算的结果借贷方不平衡时，说明账户登记一定有错，可是当试算结果借贷平衡时，却并不能说明账户登记一定正确。因为有些错误无法通过试算平衡而被发现，如：①一项经济业务被重复登记入账或漏记账；②账户使用错误或应借应贷账户相互颠倒；③一项经济业务的借、贷方金额同时被多记或少记等。像这些无法通过试算平衡发现的错误，还需要会计人员在进行会计业务日常处理时，认真对待每一项具体的工作，并通过提高会计人员的业务能力和工作认真的态度等多项措施予以减少和避免，以便保证会计信息资料的真实、准确和可靠。

第三节 会计凭证

一、会计凭证的含义及作用

企业的日常经济活动有很多，如接受投资者投入资本，购买原材料、固定资产等物资，结算并支付职工薪酬，原材料的收发和领用，工程施工成本的计算等各项经济业务。然而这些经济业务发生在什么时间、什么地点，数量、单价、金额是多少，责任人及经手人都是谁等相关信息，都需要予以明确和记录。明确和记录这些相关信息的证据就是凭证。但也不能说所有的凭证都是会计凭证，会计凭证必须是符合会计核算要求的凭证。会计凭证简称凭证，是指用来记录经济业务、明确经济责任，并作为登记账簿重要依据的书面证明。

当一项经济业务发生后，必须通过填写会计凭证的方式记录下经济业务发生的时间、地点、内容、数量和金额，并在凭证上签名或加盖有关单位的印章，以便明确责任。会计凭证也是会计人员据以入账的依据，因此，正确填制和审核会计凭证具有重要的作用。首先，会计凭证是核算和监督经济活动的重要手段。《中华人民共和国会计法》(以下简称《会计法》)规定："会计账簿登记，必须以经过审核的会计凭证为依据，并符合有关法律、行政法规和国家统一的会计制度的规定。"这样才能保证为会计信息使用者提供真实可靠的会计资料。其次，会计凭证是登记账簿的依据。正确地填制和审核会计凭证，是正确反映经济业务的保障。《会计法》规定："各单位必须根据实际发生的经济业务事项进行会计核算，填制会计凭证，登记会计账簿，编制财务报告。"可见，如实填制会计凭证是会计重要的基础工作。最后，会计凭证有利于明确经济责任。每项经济业务的发生，都有相关单位和责任人在凭证上签名或盖章，一旦日后发现问题，便可以依据会计凭证查找到相关责任人，明确经济责任，并按照有关法律、法规及会计制度进行处理。

二、会计凭证的种类

会计凭证按其填制程序和用途可分为原始凭证和记账凭证两类。

(一) 原始凭证

1. 原始凭证的概念

原始凭证是在经济业务发生时取得或填制的，用以记录或证明经济业务发生或完成情况的书面证明。原始凭证作为证明经济业务发生或完成情况的原始依据，载明了经济业务发生的原始财务数据，既是经济业务的原始证明，又是企业进行账务处理的直接依据，更是具有法律效力的书面证明。

2. 原始凭证的分类

原始凭证按其来源不同，可分为外来原始凭证和自制原始凭证两类。

1）外来原始凭证是在经济业务发生时从会计主体以外的单位取得的凭证，如购入材料的发票、火车票、船票、飞机票、依法纳税的完税凭证、银行的收款通知单等。

2）自制原始凭证是指会计主体内部经办人员在经济业务发生或完成后填制的书面凭证，如收料单、领料单、工资结算单等。

而自制原始凭证又按其填制手续不同，分为一次凭证、累计凭证和汇总凭证三种。

一次凭证是指一项经济业务或若干项同类经济业务发生后，填制手续一次完成的原始凭证。所有的外来原始凭证和多数自制原始凭证都属于一次凭证，如借款单、收料单、领料单、银行结算单等，都属于一次完成的一次凭证。

累计凭证是指在一定时期内连续记录多项同类经济业务，期末以其累计数额作为记账依据的原始凭证。累计凭证一方面可以减少原始凭证的数量，简化会计核算手续，另一方面还可对材料消耗情况起到事先控制和约束的作用，有利于企业实现成本控制目标。

汇总凭证是指将多张同类经济业务的原始凭证定期进行汇总编制而成的原始凭证，如收料凭证汇总表、发料凭证汇总表、工资汇总表、制造费用分配表、差旅费报销单等。

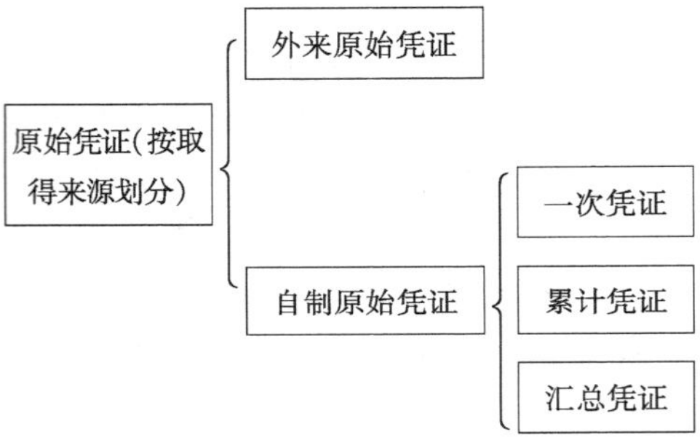

图 2-15　原始凭证的分类

原始凭证的分类如图 2-15 所示。

现实中的原始凭证，无论是外来的还是自制的，也不论是一次的、累计的还是汇总的，其凭证的格式大不相同，但原始凭证应具备的基本内容一般是相同的。原始凭证应具备的基本内容有：

1）原始凭证名称。

2）填制凭证的日期和编号。

3）接收凭证单位的名称。

4）经济业务的内容。

5）经济业务的数量、单价和金额。

6）填制凭证单位名称及有关人员签章。

3. 原始凭证的填制和审核

（1）原始凭证的填制　原始凭证是会计核算的基础和原始依据。原始凭证的填制应符合以下具体要求：

1）凭证的内容要真实可靠。由于原始凭证既是经济业务的原始证明，又是企业进行账务处理的直接依据，更是具有法律效力的书面证明，因此，原始凭证的填制必须实事求是，不能弄虚作假。另外，必须有经办的有关部门和人员签名、盖章。原始凭证也不得涂改、挖补、刮擦。

2）凭证的书写、打印应规范、正确。无论是书写还是打印原始凭证，都要求工整、清晰，文字或数字运用规范。如果是书写的凭证，一定要使用蓝黑墨水笔或碳素墨水笔填写，大小写金额应符合要求，字迹端正清晰无误。原始凭证应连续编号。如果需要复写，一定要保证字迹的清晰，上下页不串行、不模糊，并进行编号。打印的凭证项目填写位置应准确，字迹清晰，不得涂改，不得手写添加内容或删减项目。

汉字大写金额的规范用字为：零、壹、贰、叁、肆、伍、陆、柒、捌、玖、拾、佰、仟、万、亿等，不得用0、一、二、三、四、五、六、七、八、九、十等简化字来代替，更不得肆意编造简化字。大写金额写到元、角为止时，应在“元”或“角”后加“整”或“正”字，如果阿拉伯数字的结尾有分，则不需加“正”或“整”字。若对应的阿拉伯数字间有“0”，则汉字大写应写“零”字，若阿拉伯数字中间有多个“0”，则汉字大写只写一个“零”即可。阿拉伯数字元位为“0”但角位不是“0”时，汉字大写在该位上可以写“零”也可以不写“零”。

3）凭证填写内容要完整。原始凭证在填写时要求项目必须填写齐全，不得有漏项，不得省略或故意遗漏。凡是涉及对外和外来的原始凭证，必须加盖公章方为有效。

4）凭证填制要及时。原始凭证是在经济业务发生时取得或填制的，只有及时填制或取得原始凭证，并及时送达财会部门，才能满足会计人员及时进行会计业务处理的需要，进而保证会计信息及时对外报送的需要。如果不及时填制或取得原始凭证，时间一长就会出现遗忘填制或取得的情况，从而失去会计入账的依据，也会给企业的会计核算乃至经济效益造成巨大影响。

原始凭证管理中需要注意的事项有：①因发生差错而注销的原始凭证应加盖“作废”戳记，全份保存，不得撕毁；②发生销货退回的，除填制退货发票外，还必须有退货验收证明；③退款时，必须取得对方的收款收据或者汇款银行的凭证，不得以退货发票代替收据；④员工公出借款凭据，必须附在记账凭证后；⑤收回借款时，应当另开收据或退还借据副本，不得退还借款收据。

（2）原始凭证的审核　为了保证原始凭证所反映的经济业务内容真实、可靠、全面、正确，手续齐全、合理合法等，会计人员必须按照会计规章制度对原始凭证的内容、签章及附件等进行认真审核，审核无误后，才能作为编制记账凭证的依据。

原始凭证的审核包括以下内容：

1）真实性审核。原始凭证的真实性审核包括：①原始凭证本身是否是伪造、变造的；②原始凭证上填写的业务是否是虚假的、编造的；③原始凭证上的业务内容是否是虚有的或不真实的；④原始凭证上记载的经济业务发生时间和地点是否属实；⑤当事人的签章是否真实有效等。

2）合法性审核。原始凭证的合法性是指在原始凭证真实的前提下，要审核该项经济业务是否符合企业的规章制度和国家的法律法规。原始凭证合法性审核包括：①原始凭证所列的收入或支出是否符合合同或协议的要求；②原始凭证是否符合有关审批权限和手续的规定；③原始凭证是否符合单位的规定和国家法律法规的要求；④有无违法乱纪的现象等。

3）完整性审核。原始凭证的完整性审核包括：①原始凭证各项要素是否填写齐全；②

审批手续是否完备；③附件是否齐全；④是否有审批文件、合同或协议书等。

4）正确性审核。原始凭证的正确性审核，就是在原始凭证完整性的基础上，考察其所列明的数量、金额、规格、型号等是否书写正确，如合计数字是否正确、大小写是否相符、报销的联次是否正确等。

5）及时性审核。原始凭证的及时性审核包括：①原始凭证的填制日期是否过期，是否超过了支付期限；②原始凭证的报销日期是否在报销期内，否则不予报销。

（二）记账凭证

1. 记账凭证的概念

记账凭证是会计人员根据审核无误的原始凭证编制的，用以确定会计分录，作为登记账簿的书面证明。

企业在日常经营活动中取得或填制的原始凭证种类繁多、格式不一，不便于直接登记入账，因此，会计人员还需要对审核无误的原始凭证按照会计记账的需要进行整理和归类，同时明确应借应贷的科目、记账方向和记账金额，也就是编制出会计分录，以此为依据登记账簿，更为科学、合理。

2. 记账凭证的种类

记账凭证按其用途划分，可以分为通用记账凭证和专用记账凭证两种。

（1）通用记账凭证　通用记账凭证是指适用于记录所有经济业务的记账凭证。

通用记账凭证的格式如图 2-16 所示。

通用记账凭证

年　月　日　　　　　　　　第　号

摘要	借方科目		贷方科目		金额										记账符号
	总账科目	明细科目	总账科目	明细科目											

附原始凭证　张

会计主管：　记账：　复核：　出纳：　制证：

图 2-16　通用记账凭证的格式

（2）专用记账凭证　专用记账凭证是指用于专门记录某一类经济业务的记账凭证。专用记账凭证按其所记录的经济业务内容是否与库存现金、银行存款收付有关，又可进一步分为收款凭证、付款凭证和转账凭证三种。

1）收款凭证。收款凭证是专门用来记录库存现金和银行存款收入业务的记账凭证。收款凭证应根据审核无误的现金或银行存款收入业务原始凭证进行填制，用来登记库存现金日记账和银行存款日记账及有关的总分类账或明细账。收款凭证的格式如图 2-17 所示。

收款凭证

借方科目：银行存款（或库存现金）　　　　月　　　日　　　银收（或现收）　第　号

对方单位（或交款人）	摘要	贷方科目		金额	记账符号
		总账科目	明细科目		
合计金额					

附原始凭证　张

会计主管：　　记账：　　复核：　　出纳：　　制证：

图 2-17　收款凭证的格式

2）付款凭证。付款凭证是用来记录库存现金和银行存款付款业务的记账凭证。付款凭证根据审核无误的现金或银行存款支付业务原始凭证进行填制，用来登记库存现金日记账和银行存款日记账及有关的总分类账或明细账。付款凭证的格式如图 2-18 所示。

付款凭证

贷方科目：银行存款（或库存现金）　　　　月　　　日　　　银付（或现付）　第　号

对方单位（或交款人）	摘要	借方科目		金额	记账符号
		总账科目	明细科目		
合计金额					

附原始凭证　张

会计主管：　　记账：　　复核：　　出纳：　　制证：

图 2-18　付款凭证的格式

在实际工作中，经常发生同时出现库存现金和银行存款的业务。例如从银行提取现金，以及将现金存入银行等业务，这样的经济业务既可以填制收款凭证，又可以填制付款凭证。为了避免出现重复记账，我国规定发生这样的经济业务时，只填制付款凭证，不填制收款凭证。例如，从银行提取现金时只填制银行存款付款凭证，不填制库存现金收款凭证。

3）转账凭证。转账凭证是用来记录不涉及库存现金和银行存款业务的记账凭证。它根据审核无误的转账业务原始凭证进行填制。转账凭证的格式如图 2-19 所示。

转账凭证

年　月　日　　　　　　　转　账　　　　第　号

摘要	借方科目		贷方科目		金　额										记账符号
	总账科目	明细科目	总账科目	明细科目											

附原始凭证　　张

会计主管：　　记账：　　复核：　　出纳：　　制证：

图 2-19　转账凭证的格式

记账凭证的分类如图 2-20 所示。

记账凭证的种类不同其格式也不完全相同，但记账凭证应具备的内容基本是相同的。记账凭证应具备的基本内容如下：

1）记账凭证的名称。

2）填制凭证的日期和凭证的编号。

3）经济业务的内容摘要。

4）应借应贷账户的名称、金额和记账符号。

5）过账备注。

6）所附原始凭证的张数。

7）有关人员签名或盖章。

3. 记账凭证的填制和审核

（1）记账凭证的填制　为了保证登记账簿的正确性及相关会计核算资料的质量，会计人员在填制记账凭证时，除了要满足原始凭证的填制要求外，还应满足以下要求：

1）记账凭证要依据审核无误的原始凭证作为填制依据。《会计法》规定："记账凭证应当根据经过审核的原始凭证及有关资料编制。"

2）摘要简明扼要。记账凭证中的"摘要"一栏要简明地写出该经济业务的主要内容，并突出经济业务的重点。

3）编号要连续。记账凭证应按照选定的编号方法，进行规范的连续编号，不得跳号和重号。如果一项经济业务需要涉及多张记账凭证时，应该采用"分数"编号法对记账凭证进行编号。

4）正确编制会计分录。根据经济业务的内容，正确选用会计科目、明确应借应贷的方向和记账金额，以便正确编制会计分录。

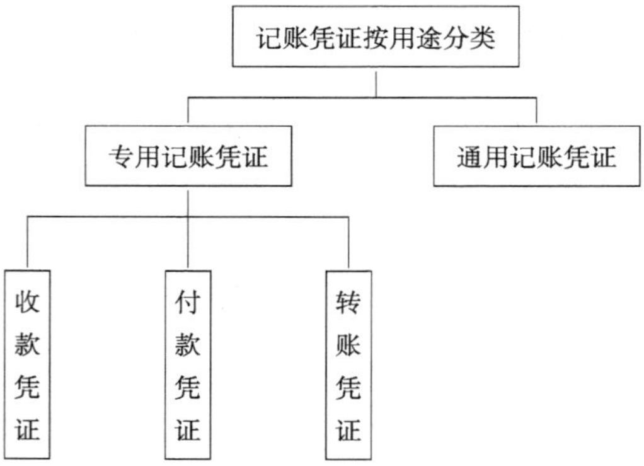

图 2-20　记账凭证的分类

同时还应注意账户的对应关系应该清楚，尽可能不编制多借多贷的会计分录，以免影响会计账户的对应关系。

5）记账凭证的金额保持平衡的同时不得有空行。记账凭证的借方金额应与贷方金额相等，明细账的金额合计应该与总账的金额相等。同时注意填制的记账凭证中如果“金额”栏有空行的话，需要用斜直线进行注销。

6）记账标记要注明。根据记账凭证登记账簿时，已经登记入账的项目，应及时在“记账符号”栏内进行标记，以防止重复登账或漏登账的情况发生，如采用符号“√”标明已登记入账等。

7）附件张数的填写要准确。记账凭证要正确填写相应附件的张数，尤其是所附原始凭证的张数，以便日后查证。

（2）记账凭证的审核　为了保证账簿登记的正确性，记账前会计人员必须对记账凭证进行认真审核。记账凭证审核的内容主要包括：

1）摘要和会计分录是否正确。会计人员在审核记账凭证时，要关注摘要的内容与会计分录的内容是否一致，所列明的会计科目是否正确，借贷金额是否正确，账户的对应关系是否清晰，核算内容是否符合国家的会计制度。

2）记账凭证所记录的内容与所附原始凭证的内容是否一致。

3）填写项目是否齐全、规范。会计人员一定要对记账凭证填写项目的齐全性进行审核，包括凭证类型、凭证日期、凭证编号、摘要内容、会计科目名称、借贷方金额、所附原始凭证张数和有关人员的签章等。此外，还应注意上述项目填写是否规范。

通过上述记账凭证的审核，如果发现有不符合要求或填写错误的记账凭证，必须查明原因及时更正。

4. 原始凭证与记账凭证的区别

1）填制人员不同。原始凭证多是由经办人员填制的，而记账凭证必须由会计人员填制。

2）填制依据不同。原始凭证是在经济业务发生时取得或填制的，而记账凭证是在经济业务发生后根据原始凭证和有关资料填制的。

3）填制内容不同。原始凭证的内容是反映经济业务发生的时间、地点及数量、单价和金额等，而记账凭证主要是根据原始凭证确定会计分录。

4）作用不同。原始凭证是用以记录或证明经济业务发生或完成情况的书面证明。记账凭证则用以确定会计分录，作为登记账簿的书面证明。

第四节　会 计 账 簿

一、会计账簿的概念及作用

1. 会计账簿的概念

会计账簿简称账簿，是由具有一定格式、相互联系的账页组成的，用于全面、系统、连续地记录和反映企业各项经济业务的簿籍。账簿的基本单位是账页，而相互联系的账页集合也就构成了账簿。

企业对所发生的经济业务应根据审核无误的原始凭证或原始凭证汇总表编制记账凭证。记账凭证是对经济业务进行分类归集和汇总，但其分类归集和汇总的程度还不系统，还不能完整地反映某一类经济业务的变动情况及变动结果。因此，有必要在记账凭证的基础上进一步地将会计资料进行集中归类和汇总，即登记账簿，从而系统地、完整地分类反映企业经济业务发生的增减变动及其结果情况。此外，分散的会计凭证无法满足企业编制财务报表的需要，而具有进一步集中和汇总作用的会计账簿则可以作为企业编制财务报表的主要依据，因此，会计账簿介于会计凭证和财务报表之间，具有承前启后的作用。

2. 会计账簿的作用

设置和登记账簿是会计核算的专门方法之一。会计账簿能够系统、完整地记录和反映企业经济业务的增减变动及其结果，对企业编制财务报表，及时对外提供高质量的会计信息具有重要的作用。首先，通过设置会计账簿，可以将大量分散的会计信息进行集中归类和汇总，实现全面、连续、系统地提供会计信息的目的。其次，通过设置会计账簿，可以满足企业及时编制财务报表提供会计信息的需要。再次，通过设置会计账簿，可以为企业财务管理提供现实依据。最后，通过设置会计账簿，可以为企业内部受托者的绩效考评提供依据。

二、会计账簿的分类及格式

会计账簿的分类如图 2-21 所示。

（一）按照会计账簿的用途划分

会计账簿按其用途划分，可分为序时账簿、分类账簿和备查账簿三种。

1. 序时账簿

序时账簿是按照经济业务发生的时间先后顺序，逐日、逐笔进行登记的账簿，也称为“日记账”。序时账簿还可以进一步分成普通日记账和特种日记账。

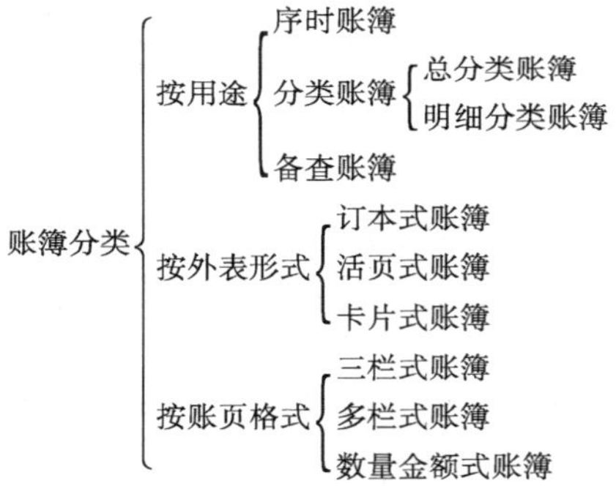

图 2-21 会计账簿的种类

普通日记账没有专门用途，是根据时间先后顺序，对企业发生的全部经济业务进行全面记录的账簿。普通日记账的账页一般只设置借方和贷方两个金额栏，登记每笔分录的借方金额和贷方金额，不结余额，这种格式也被称为“两栏式”。普通日记账的格式如表 2-10 所示。

表 2-10 普通日记账

年		凭证编号	摘 要	账户名称	记账	借 方	贷 方
月	日						

特种日记账是有专门用途的，用来记录特定经济业务发生和完成情况的日记账。例如，在企业会计实务中，由于某类经济业务(库存现金或银行存款)发生得比较频繁而且又至关重要，因此，这样的经济业务就需要单独设置日记账(库存现金日记账或银行存款日记账)对其进行反映，这种日记账就是特种日记账。由于银行存款结算凭证种类较多，为了便于与银行间核对账目，加强对支票等结算凭证的管理，在银行存款日记账中增设了一个“结算凭证”栏。库存现金日记账和银行存款日记账的格式如表 2-11 和表 2-12 所示。

表 2-11 库存现金日记账(三栏式)

年		凭证编号	摘 要	对方科目	收 入	支 也	结 余
月	日						

表 2-12 银行存款日记账(三栏式)

年		凭证编号	摘 要	结算凭证		对方科目	收 入	支 出	结 余
月	日			种类	号数				

库存现金日记账和银行存款日记账除了上述三栏式外，也可采用多栏式，即在收入和支出栏内进一步设对方科目进行账簿登记。多栏式日记账在此不作过多介绍。

无论是普通日记账还是特种日记账，只要是序时账簿，就可以逐日逐笔地了解经济业务发生或完成的情况。

2. 分类账簿

分类账簿也称分类账，是对全部经济业务进行分类登记的账簿。分类账簿按提供资料的详细程度又可以进一步分为总分类账和明细分类账。其中总分类账又称总账，它是按照总分类科目开设的，对企业发生的各类经济业务进行总括登记的账簿。明细分类账又称明细账，它是按照明细分类科目开设的，对企业发生的各类经济业务进行详细、具体登记的账簿。

分类账簿有利于满足企业管理者对不同详细程度的会计信息的需要。

3. 备查账簿

备查账簿又称辅助账簿，是指用来登记那些不能在序时账簿和分类账簿中登记的有关经济业务内容。例如，为了反映企业经营性租赁租入的固定资产情况，企业需要设置租入固定资产备查簿；为了反映企业应收票据的到期日、利率等详细信息，需要设置应收票据备查簿等。

（二）按照会计账簿的外表形式划分

会计账簿按照其外表形式划分，可分为订本式账簿、活页式账簿和卡片式账簿三种。

1. 订本式账簿

订本式账簿也称订本账，是指在账簿启用前就已装订成册，并对所有账页进行了连续编号的账簿。订本账的优点是可以防止账页散失或被人为抽换，便于保管和保证账簿资料的安全、完整，也便于按照时间顺序进行查验。订本账的缺点主要是不便于分工记账，影响工作效率。

订本账在使用过程中往往会在一本账上登记多个账户，所以在账本启用前需要为每个账户预留部分账页。但是这样的操作经常会因预留账页过多而导致账页浪费，或因预留账页过少而影响记账的连续性。在会计实务中，只有比较重要的账簿才使用订本账，如总账、库存现金日记账、银行存款日记账等。

2. 活页式账簿

活页式账簿也称活页账，是指在账簿启用前并没有装订成册，而是以一些零散的账页存在，只有使用后才将这些零散的账页装订成册并加以存档保管的会计账簿。活页账的优点是使用中可以根据需要随时增加账页，不会造成账页的浪费，而且还有利于分工登记账簿。活页账的缺点是账页的零散性决定了账页保管不当时极易丢失或被人为抽换，因此现实中应加强活页账的保管，最好安排专人保管，以防散失或被抽换。活页账主要用于明细账的登记。

3. 卡片式账簿

卡片式账簿简称卡片账，它是由许多印有特殊格式的硬纸卡片作为账页，并将其存放在卡片箱中保管的账簿。卡片账在使用前也不装订成册，可以根据实际情况随时增减和调换，使用方便、灵活，便于分工。卡片账需要经常抽取，容易损坏，而且也容易散失。为了避免丢失，应将已经使用的卡片连续编号，并存放在指定的卡片箱或卡片袋中。固定资产明细账一般选用卡片账。

（三）按照会计账簿的账页格式划分

会计账簿按照其账页格式划分，可分为三栏式账簿、多栏式账簿和数量金额式账簿三种。

1. 三栏式账簿

三栏式账簿是指每个账页都设有借方、贷方和余额三个栏目的账簿。三栏式账簿主要用于总分类账、特种日记账以及债权、债务、资本明细账的登记。三栏式账页的格式如表 2-13 所示。

表 2-13　银行存款总分类账

年		凭证编号	摘　要	借　方	贷　方	借或货	余　额
月	日						

2. 多栏式账簿

多栏式账簿是指在借方和贷方两个基本栏目基础上，将借方或贷方按需要分设若干专栏的账簿。具体形式有三种：借方分成若干专栏、贷方分成若干专栏、借方和贷方都分成若干专栏。一般适用于收入、费用明细账的登记。具体格式如表2-14~表2-16所示。

表2-14　管理费用明细账（借方多栏式）

年		凭证编号	摘要	借方							贷方	余额
月	日			工资及福利费	机械使用费	消耗材料	低值易耗品	办公费	水电费	合计		

表2-15　营业外收入明细账（贷方多栏式）

年		凭证编号	摘要	贷方						借方	余额
月	日			处置非流动资产利得	非货币性资产交换利得	债务重组利得	罚没利得	政府补助利得	合计		

表2-16　应交税费——应交增值税明细账（借贷方多栏式）

年		凭证编号	摘要	借方			贷方				余额
月	日			合计	进项税额	已交税额	合计	销项税额	出口退税	进项税额转出	

3. 数量金额式账簿

数量金额式账簿也称大三栏式账簿，是指在借方、贷方和余额三个栏目内再分别按照数量、单价和金额分成三个小栏设置而成的账簿。数量金额式账簿主要用于财产物资的实物数量和价值量的登记，如原材料、库存商品等明细账的登记，一般采用数量金额式账簿。具体格式如表 2-17 所示。

表 2-17 原材料明细账

类别： 存放地点：
品名或规格： 计量单位：
储备定额： 金额单位： 编号：

年		凭证编号	摘　要	收　入			发　出			结　余		
月	日			数量	单价	金额	数量	单价	金额	数量	单价	金额

三、会计账簿的设置原则和基本内容

1. 会计账簿的设置原则

1）按照《会计法》和国家统一规定设置。企业账簿的设置必须按照国家的有关会计法规、会计准则的规定，结合本单位的业务特点及管理要求，设置科学合理的账簿体系，以保证会计核算的全面性和规范性。

2）结合企业特点和管理需要设置。在会计实务中，根据企业业务量的多少和业务特点选择适用的账务处理程序后，再选择与账务处理程序相适应的账簿，以满足企业经营管理的需要。

3）账簿的设置要组织严密、层次分明。账簿设置要注意符合账簿之间的相互关系，防止账簿设置重叠，又要防止过于繁杂或简化，做到组织严密、层次分明，既便于会计核算，又便于编制财务报表。

2. 会计账簿的基本内容

尽管会计账簿种类繁多，格式多样，但一般都具备以下基本内容：

1）封面。封面上一般要写明账簿的名称（如“银行存款日记账”“应收账款总账”“在途物资明细账”等）、记账单位的名称和账簿记账时期等。

2）扉页。账簿的扉页主要包括账簿启用及经管人员一览表、账户目录等。

3）账页。账页是账簿最重要的组成部分，是账簿记录的主体。账页的基本内容包括：账户的名称、日期、凭证种类和号数、摘要、金额（借方、贷方、余额），以及页次（包括总页次和分户页次）等。

四、会计账簿的登记方法

1. 序时账的登记方法

从会计账簿的分类中我们得知，序时账又称日记账，分为普通日记账和特种日记账。这里仅就特种日记账的登记方法进行介绍。特种日记账又分为库存现金日记账和银行存款日记账两种。

库存现金日记账是用来登记与现金收付有关的所有业务的特种日记账。它是由出纳员根据库存现金收付款凭证和部分银行存款付款凭证，按经济业务发生的先后顺序逐日逐笔进行登记的。库存现金日记账的登记方法如下：

1）日期栏。登记的是记账凭证的日期，应与现金实际收付日期一致。

2）凭证栏。登记的是据以登记入账的收付款凭证的种类和编号，以便于查账和核对。

3）摘要栏。登记的是对经济业务内容的简明扼要的概括和说明。

4）对方账户栏。登记的是与现金发生对应关系的账户的名称。

5）收入、支出栏。登记的是企业现金的实际收付金额。

6）余额栏。每日终了，将结出的本日余额，记入“余额”栏，并将余额与出纳员的库存现金加以核对，即“日清”。如账款不相符，则应及时查明原因，并进行登记备案。月终，要计算出本月现金收入、支出的合计数，并结出本月月末余额，即“月结”。

库存现金日记账的登记如表2-18所示。

表2-18　库存现金日记账（三栏式）　　　　单位：元

2015年		凭证编号	摘　要	对方科目	收　入	支　出	结　余
月	日						
4	1		月初余额				1 000
	5	现收1	张月归还借款	其他应收款	500		1 500
	8	银付1	从银行提取现金	银行存款	15 000		16 500
	5	现付1	支付职工福利费	应付职工薪酬		8 000	8 500
			⋮				
4	30	现收15	收到销售材料款	其他业务收入	1 600		3 600
4	30		本月合计		78 000	75 400	3 600

银行存款日记账是用来登记与银行存款增加、减少和结存有关的所有业务的特种日记账。它是由出纳员根据银行存款收付款凭证和部分库存现金付款凭证，按经济业务发生的先后顺序逐日逐笔进行登记的。银行存款日记账的登记方法与库存现金日记账的登记方法基本相同。银行存款日记账的登记如表2-19所示。

表2-19　银行存款日记账（三栏式）　　　　单位：元

2015年		凭证编号	摘　要	结算凭证		对方科目	收　入	支　出	结　余
月	日			种类	号数				
4	1		月初余额						260 000
	2	银收1	预收工程备料款	转账支票	300156	预收账款	150 000		410 000
	8	银付1	提取现金	现金支票	106345	库存现金		15 000	395 000
	16	银付2	预付分包单位备料款	转账支票	203654	预付账款		90 000	305 000
			⋮						
4	30	银收20	收到工程价款	转账支票	300 864	应收账款	165 000		
4	30		本月合计				560 000	390 000	430 000

企业的银行存款日记账应定期与银行对账单对账，并编制银行存款余额调节表，检查企业与银行间记账是否有差错。

2. 分类账的登记方法

（1）总分类账的登记　总分类账的格式因采用的会计账务处理程序不同而各异。但是最常用的格式为三栏式总账。三栏式总账的登记如表 2-20 所示。

表 2-20　原材料总分类账　　单位：元

2015 年		凭证编号	摘　要	借　方	贷　方	借或贷	余　额
月	日						
8	1		期初余额			借	222 000
	3	1	购入	60 000		借	282 000
	9	2	购入	30 000		借	312 000
	10	3	工程领用		238 000	借	74 000
	15	4	购入	50 000		借	124 000
	19	5	购入	42 000		借	166 000
8	31		本月合计	182 000	238 000	借	166 000

现实中，也有采用多栏式总账的，即将序时账和总分类账结合在一起，变成一种联合账簿，也称为日记总账，它具有序时账和总分类账的双重作用。多栏式总账一般适用于经济业务较少的单位，在此不详细介绍。

（2）明细分类账的登记　明细分类账可以采用三栏式、多栏式和数量金额式三种格式。

1）三栏式明细账的登记。三栏式明细账一般用于反映债权、债务的结算情况，如应收账款明细账、应付账款明细账等。三栏式明细账根据记账凭证和有关原始凭证逐笔进行登记，其格式与总账账页相同。三栏式明细账的登记如表 2-21 所示。

表 2-21　应付账款明细账

明细科目：B 公司　　单位：元

2015 年		凭证编号	摘　要	借方	贷方	借或贷	余额
月	日						
8	1		月初余额				60 000
	5	略	偿还借款	25 000			35 000
	8		赊购材料欠款		38 000		73 000
			⋮				
8	31		本月合计	85 000	108 000		83 000

2）多栏式明细账的登记。多栏式明细账是根据经济业务的特点与经营管理的需要，在明细账的“借方”栏或“贷方”栏分设若干专栏，用以反映各有关项目的具体情况。多栏式明细账有借方多栏式，也有贷方多栏式，还有借贷方多栏式。在此仅以借方多栏式为例说明多栏式明细账的登记，如表 2-22 所示。

表 2-22　管理费用明细账（借方多栏式）　　单位：元

2015 年		凭证编号	摘　要	借　方							贷　方	余　额
月	日			工资及福利费	消耗材料	低值易耗品	办公费	水电费	折旧及修理费	合计		
8	1	略	购买办公用品				500			500		
	3		摊销低值易耗品			800				800		
	8		消耗材料		6 000					6 000		
	12		水电费					3 500		3 500		
	25		工资费用	48 000						48 000		
	28		计提折旧						4 000	4 000		
	31		本月合计	48 000	6 000	800	500	3 500	4 000	62 800		

3）数量金额式明细账的登记。数量金额式明细账是通过在借方（收入）、贷方（发出）和余额（结存）三大栏的内部再分设数量、单价和金额三小栏形成的。数量金额式明细账的登记如表 2-23 所示。

表 2-23　原材料明细账

类别：水泥　　　　存放地点：

品名或规格：　　　计量单位：t

储备定额：　　　　金额单位：元　　　　编号：

2015 年		凭证编号	摘　要	收　入			发　出			结　余		
月	日			数量	单价	金额	数量	单价	金额	数量	单价	金额
8	1		期初余额							1 500	100	150 000
	3	1	购入	600	100	60 000				2 100	100	210 000
	10	3	工程领用				1 600	100	160 000	500	100	50 000
	15	4	购入	500	100	50 000				1 000	100	100 000
8	31		本月合计	1 100	100	110 000	1 600	100	160 000	1 000	100	100 000

五、会计账簿的登记要求

为了保证会计账簿的登记质量，要求会计人员按照以下基本要求进行登账：

1）在登记账簿前，必须保证会计凭证的真实性和准确性。

2）登记会计账簿时，应当将会计凭证日期、编号、业务内容摘要、金额和其他有关资料逐项登入账簿内，做到数字准确、摘要清楚、登记及时、字迹工整。

3）登记账簿要用蓝黑墨水笔或者碳素墨水笔书写，不得使用圆珠笔（银行的复写账簿除外）或者铅笔书写。

4）下列情况可以用红色墨水笔记账：①按照红字冲账的记账凭证，冲销错误记录或划线更正时；②在不设借贷等栏的多栏式账页中登记减少数；③在三栏式账户的余额栏前，如未印明余额方向的，在余额栏内登记负数余额；④根据国家统一会计制度的规定可以用红字登记的其他会计记录。

5）各种账簿按页次顺序连续登记，不得跳行、隔页，如果发生跳行、隔页，应当将空行、空页划线注销，或者注明“此行空白”“此页空白”字样，并由记账人员和会计主管人员签名或者盖章确认。

6）账簿记录发生错误，不准涂改、挖补、刮擦或用褪色药水消除字迹，应采用划线更正法或更正的记账凭证进行更正。

7）账簿中书写文字和数字时不要写满格，上面要留有适当空间以便于写错时更正。书写的文字和数字一般应占格距的二分之一。

8）凡需要结出余额的账户，结出余额后，应当在“借或贷”栏内写明“借”或者“贷”等字样，没有余额的账户，应当在“借或贷”栏内写“平”字，并在“余额”栏内用“0”表示。库存现金日记账和银行存款日记账必须逐日结出余额。

9）每一账页登记完毕结转下页时，应当结出本页合计数及余额，写在本页最后一行和下页第一行有关栏内，并在摘要栏内分别注明“过次页”和“承前页”字样；也可以将本页合计数及金额直接写在下页第一行有关栏内，并在摘要栏内注明“承前页”字样。

对需要结计本月发生额的账户，结计“过次页”的本页合计数应当为自本月初起至本页末止的发生额合计数，对需要结计本年累计发生额的账户，结计“过次页”的本页合计数应当为自年初起至本页末止的累计数，对既不需要结计本月发生额也不需要结计本年累计发生额的账户，可以只将每页末的余额结转次页。

10）将本期内所发生的各项经济业务全部登记入账后，应当办理结账手续。结账时，应当结出每个账户的本期发生额和余额，并用红笔划通栏的红线进行结账。

11）为了保证账簿记录的真实可靠，还应当定期（每年至少一次）将账簿记录与实物资产、往来单位等进行业务核对，保证账证相符、账账相符、账实相符。

六、总分类账户和明细分类账户的平行登记

总分类账对明细分类账有统驭作用，而明细分类账对总分类账具有辅助和补充的作用。在会计核算中，总分类账和明细分类账之间必须平行登记。所谓平行登记，是指对企业发生的每一项经济业务，根据会计凭证，既要记入有关的总分类账户，又要记入有关的明细分类账户。总分类账户和明细分类账户平行登记的要点有以下几点：

1）依据相同。即登记总分类账及其所属明细分类账时，依据的都是反映该项经济业务的原始凭证和记账凭证。

2）时期相同。即登记总分类账及其所属明细分类账时，要求必须在同一会计期间内完成，不能本期只登记总分类账而下期登记明细分类账；反之也不可。

3）方向一致。即对于所发生的同一项经济业务，在登账时，如果在总分类账中记借方，则在其所属的明细账中也一定是记借方；如果在总分类账中记贷方，则在其所属的明细账中也一定记贷方。

4）金额相等。即记入总分类账的金额与记入所属明细分类账中的金额之和必须

相同。

运用平行登记法进行登账后，总分类账和所属明细分类账之间存在下列数量关系：

总分类账本期发生额=所属各明细分类账本期发生额合计

总分类账期末余额=所属各明细分类账期末余额合计

在会计实务中，可以利用这种等式关系检查总分类账与明细分类账记录的正确性。

第五节　财 产 清 查

一、财产清查的意义和种类

财产清查是指通过对货币资金、实物资产和往来款项的盘点或核对，确定其实存数，并将实存数与账存数进行核对，确定账实是否相符的一种会计核算方法。

企业在生产经营过程中，可能会出现财产物资收发计量方面的差错、财产物资保管过程中的自然损耗或者遭受自然灾害等造成损失、保管不善造成财产物资的损坏、变质或短缺等。为了保证企业财产物资完整无损和企业会计账簿的真实可靠，企业还必须定期或不定期地进行财产清查，发现问题及时处理，以便真正做到账实相符。

由于财产清查对象、清查范围、清查时间不同，财产清查的种类也有所区别。按照不同的标准，财产清查有以下几种分类：

1. 按照清查的对象和范围划分

按照清查的对象和范围不同，可分为全面清查和局部清查。

全面清查是指对一个单位的全部财产物资，包括实物资产、货币资产以及债权债务进行的全面彻底的盘点与核对。全面清查的特点是涉及范围广，时间长，工作量大，参加的人员多，有时还会影响企业生产经营的正常运行。

局部清查是指对一个单位的部分实物资产或债权债务进行的盘点与核对。局部清查的特点是清查范围小，专业性强，人力与时间的耗费比较少。

2. 按照清查的时间划分

按照清查的时间不同，可分为定期清查和不定期清查。

定期清查是指根据财务管理制度规定或预先制定的时间对财产物资、货币资金和往来结算款项等进行的清查。定期清查通常在年末、季末或月末结账前进行。定期清查可以是全面清查，也可以是局部清查。

不定期清查是指事前不规定清查时间，根据需要随时进行的清查。不定期清查可以是全面清查，也可以是局部清查。

二、财产清查的一般程序

为了提高工作效率，保证财产清查的工作质量，需要按照一定的程序，有计划、有组织地进行财产清查。财产清查的一般程序如下：

1）成立专门的清查领导小组。

2）组织清查人员学习有关法律、法规和相关业务知识，以便保证清查工作质量。

3）确定清查对象，明确清查范围和清查任务。

4）安排好清查内容、时间、步骤、方法，并做好清查前的各项业务准备工作。

5）实地清查并填制盘存清单。应先清查数量并与账簿核对，后认定质量。

6）根据盘存清单，填制盘存结果报告表。

三、财产物资的盘存制度

财产物资盘存结果是否准确，直接影响到企业的财产物资的期末计量结果，因此，正确选用科学、恰当的盘存制度，对正确反映企业财产物资的盘存结果至关重要。财产物资的盘存制度有两种：永续盘存制和实地盘存制。

1. 永续盘存制

永续盘存制也称账面盘存制，是指通过设置详细的存货明细账，逐笔或逐日记录存货收入、发出的数量和金额，以随时结出结余存货的数量和金额的一种存货盘存方法。永续盘存制主要是用于存货实存数量的盘点。

在实际盘点过程中，通过设置存货明细账，逐日或逐笔登记存货的收入数、发出数，并能随时计算出财产物资的账面结存数。采用这种方法，存货明细账要按照品种规格设置，在明细账中，要登记收入、发出、结存数量以及金额。尽管存货明细账记录了收入、发出数量，但仍然要进行财产清查。这是因为要查明账实是否相符以及账实不符的原因，并通过调整账簿记录做到账实一致。永续盘存制下期末存货结存的计算公式如下：

期末存货结存数量=期初存货结存数量+本期增加存货数量-本期发出存货数量

期末存货结存金额=期初存货结存金额+本期增加存货金额-本期发出存货金额

永续盘存制的优点主要是有利于加强企业存货的管理和控制。具体表现在：①通过存货明细账，可以随时反映出每种存货的收入、发出和结存情况，并从数量和金额两方面加以控制；②有了明细账的结存数量也可以随时与实存数核对，及时发现存货的溢余或短缺，并及时查明原因予以纠正；③通过明细账上的结存数，可以随时了解和掌握库存限额情况，为及时进行存货采购提供依据。

永续盘存制的缺点主要是加大了明细分类核算的工作量，尤其是对那些存货品种较多的企业，如果再采用月底一次结转成本的核算方法，不但月末核算工作集中，而且还耗费较大的人力和物力。

由于永续盘存制在存货管理和控制方面具有明显的优越性，所以实际工作中被广泛使用。

2. 实地盘存制

实地盘存制又称以存计销、以存计耗，是期末通过实地盘点确定实存数的一种方法。企业在平时的日常会计核算中，只登记存货的收入数，不登记存货的发出数，到了月末进行实地盘点，将实地盘点数直接作为账存数，并据以倒挤计算出本期发出存货数量和成本。实地盘存制下本期发出存货数量和成本的计算公式如下：

本期发出存货数量=期初存货结存数量+本期增加存货数量-期末存货结存数量

本期发出存货金额=期初存货结存金额+本期增加存货金额-期末存货结存金额

实地盘存制的优点主要是平时不登记存货的发出数，所以大大简化了核算工作量。

实地盘存制的缺点，首先是采取以存计销或以存计耗方式，有可能将各种财产物资的短缺、毁损也倒挤到发出存货的成本中，因此，实地盘存制存在着手续不严密的问题，不利于加强财产物资的管理。其次是不能随时反映存货的收入、发出和结存的增减变动情况。

实地盘存制一般只适用于价值低、数量不稳定、损耗大的鲜活商品及价值低的大宗物资。

四、财产清查方法及其应用

（一）财产清查方法

由于企业的财产物资种类多，作用不同，因此在财产清查中，针对不同的财产物资需要采用不同的清查方法。企业财产清查的方法主要有实地盘点法、技术推算法和核对账目法。

1. 实地盘点法

实地盘点法是指在财产物资存放现场逐一清点数量或用计量仪器确定其实存数的一种方法。此方法的优点是清查质量高，数字准确，适用范围广。缺点是工作量大。实地盘点法主要适用于现金的清查和实物资产的清查。

2. 技术推算法

技术推算法是指利用量方、计尺等技术测定财产物资实有数量的方法。此方法的优点是工作量小。缺点是盘点的数字不准确。技术推算法适用于大堆存放、物体笨重、价值低廉、难以逐一清点的实物资产，如煤炭、砂石等。

3. 核对账目法

核对账目法就是通过将本单位内部的相关账目与外单位相关账目之间逐笔核对，进行财产物资清查的方法。此方法主要适用于银行存款的清查和债权债务的清查。

（二）财产清查方法的应用

企业的财产清查会因企业财产物资的种类不同而选用不同的清查方法，也可能将两种或两种以上的清查方法进行综合运用。财产清查方法主要用于货币资金的清查、往来款项的清查和实物资产的清查等。

1. 货币资金的清查

企业货币资金的收支业务频繁，为防止企业货币资金收支过程中出现差错，企业应定期或不定期地对货币资金进行经常性的清查，及时发现问题和解决问题。企业货币资金的清查一般包括库存现金的清查和银行存款的清查。

（1）库存现金的清查　库存现金的清查采用实地盘点法。库存现金的清查包括出纳人员每日终了前进行的库存现金实存数与库存现金日记账的核对、清查小组对库存现金进行的定期或不定期的现金盘点核对。清查小组对库存现金清查时，要求出纳人员必须在场。库存现金清查的具体方法如下：

1）清查前，出纳人员必须将有关的收、付款凭证全部登记入账，并结出余额。

2）清查人员应对库存现金进行逐张清点，并注意查明有无违反《现金管理暂行条例》的情况，如“白条抵库”、超限额存放库存现金、坐支现金等。

3）将清点结果与库存现金日记账进行核对，查明盈亏。

4）清查结束后，根据清查结果登记库存现金盘点报告表，并由盘点人员和出纳人员共同签名盖章。库存现金盘点报告表如表 2-24 所示。

表 2-24 库存现金盘点报告表

单位名称： 年 月 日

币种	实存金额	账存金额	对比结果		备注
			盘盈	盘亏	
合计					

盘点人： 出纳员：

通过库存现金盘点报告表中的实存数与账存数比较，可以发现企业库存现金的盈与亏，库存现金盘点报告表可以作为查明账实不符原因及明确经济责任的依据，也是企业用以调整账簿记录的原始凭证。

（2）银行存款的清查 银行存款的清查主要采用账目核对的方法。即将企业银行存款日记账与银行转来的对账单进行逐笔核对，如果核对结果是企业和银行双方记录不一致，则其原因有两种情况：一是一方或双方存在记账错误；二是存在未达账项。

所谓未达账项，是指由于企业和银行双方入账时间不一致而发生的一方已经登记入账，而另一方由于尚未取得原始凭证而未登记入账的款项。企业和银行之间的未达账项主要有以下四种情况：

1）银行已收，企业未收。

2）银行已付，企业未付。

3）企业已收，银行未收。

4）企业已付，银行未付。

未达账项的存在会导致企业银行存款日记账的余额与银行对账单的余额不一致，这种不一致属于正常现象。企业需要通过编制银行存款余额调节表来消除未达账项的影响，进而发现双方记账上的错误。

银行存款余额调节表是在企业银行存款日记账与银行对账单余额的基础上，各自加上对方已收本单位未收的数额，减去对方已付本单位未付的数额，以调整双方余额使其一致的一种方法。银行存款余额调节表如表 2-25 所示。

表 2-25 银行存款余额调节表

单位名称： 年 月 日

项 目	金 额	项 目	金 额
银行存款日记账余额 加：银行已收，企业未收 减：银行已付，企业未付		银行对账单余额 加：企业已收，银行未收 减：企业已付，银行未付	
调节后余额		调节后余额	

银行存款余额调节表中调节后的余额如果相等，则说明企业和银行双方账目基本正确；如果调节后余额不相等，则说明企业和银行中的一方或双方记账错误，应进一步查明原因并予以更正。

需要注意的是，银行存款余额调节表只用于银行存款的清查，不能作为企业账务调整的原始依据，对于未达账项，企业应在收到有关原始凭证后才能据以入账。

银行存款余额调节表的具体编制方法见第四章。

2. 往来款项的清查

往来款项主要包括应收、应付、预收、预付等款项。往来款项的清查采用核对账目法。企业应当定期或者至少每年年度终了时，进行往来款项的全面清查。

往来款项清查主要程序如下：

1）将本企业的债权、债务业务全部登记入账，并进行账证核对。

2）编制往来款项对账单(一式两联,一联由对方企业留存;另一联是回单,由债权人或债务人确认并签章后退回)寄交或派人送交对方企业，或用电话及邮件等方式与对方企业联系。如果对账后发现对账单内容与事实不符，则必须在回单上注明，本企业将进一步核实。

3）收到回单后，经核实确认，应及时编制往来款项清查结果报告表。往来款项清查结果报告表如表2-26所示。

表2-26 往来款项清查结果报告表

单位名称： 年 月 日

总分类账		明细分类账		清查结果		核对不符的原因分析			备注
户名	账面余额	户名	账面余额	核对相符金额	核对不符金额	有争议款项金额	无法收回(或偿还)款项	其他原因	

清查人员： 会计人员：

3. 实物资产的清查

企业的实物资产包括存货和固定资产两类，这两部分资产占用资金量大，是企业管理的重点，也是财产物资清查的重点。

实物资产的清查主要是实地盘点，实地盘点时还要结合实物资产的特点选用不同的具体方法。

运用适当的财产物资清查方法进行实物资产清查后，应根据清查结果如实填写盘存单，并由相关保管人员、盘点人员共同签字。盘存单如表2-27所示。

表2-27 盘存单

单位名称： 盘点时间： 编号：

财产类别： 存放地点： 金额单位：

编号	名称及规格	计量单位	数量	单价	金额	备注

盘点人员： 保管人员：

盘存单只反映财产物资的实存数，是记录存货清查结果的原始凭证。将盘存结果与账面结存数额作进一步核对，并填制实存账存对比表，以查明账实是否相符。实存账存对比表如表2-28所示。

表 2-28　实存账存对比表

单位名称：　　　　　　　　　　　　年　　月　　日

编号	名称	规格型号	计量单位	单价	账存		实存		对比结果				备注
									盘盈		盘亏		
					数量	金额	数量	金额	数量	金额	数量	金额	

编制人：　　　　　　　　　复核：　　　　　　　会计主管：

五、财产清查结果的核算

企业财产清查结果有两种情况：一种是账实相符；另一种是账实不符。账实不符的结果可能是盘盈也可能是盘亏。盘盈是实存数大于账存数，盘亏是实存数小于账存数。此外，出现的实物资产的毁损、变质等也应进行账簿记录的调整，做到账实相符。

无论是盘盈还是盘亏，企业对财产清查结果进行账务处理时，都分为审批前和审批后两个阶段。审批前按盘盈、盘亏和损失数，编制记账凭证。审批后按照批准处理意见，编制记账凭证。

（一）账户设置

企业应设置“待处理财产损溢”账户。该账户属于资产类账户，用于核算企业在财产清查过程中查明的各种财产物资盘盈、盘亏、毁损及处理情况。借方登记财产物资的盘亏、毁损数以及盘盈的转销数，贷方登记财产物资的盘盈数及盘亏、毁损的转销数。该账户在批准处理前，若为借方余额，则反映企业尚未处理的各项财产物资的净损失，若为贷方余额，则反映企业尚未处理的各项财产物资的净溢余。期末处理后该账户应无余额。

“待处理财产损溢”账户下设“待处理流动资产损溢”和“待处理固定资产损溢”两个明细账户，分别用来核算流动资产和固定资产的盘盈、盘亏、毁损及处理情况。

（二）财产清查结果的账务处理

1. 库存现金清查结果的账务处理

库存现金清查结果账实不符的情况无非是现金短缺和现金溢余两种情况。

（1）现金短缺的处理　现金短缺是指库存现金实有数少于库存现金账面余额的差额。发现现金短缺，应借记“待处理财产损溢——待处理流动资产损溢”账户，贷记“库存现金”账户。查明原因，属于由责任人或保险公司赔偿的部分，借记“其他应收款——××单位或个人”账户，贷记“待处理财产损溢——待处理流动资产损溢”账户；属于无法查明原因的，经批准后借记“管理费用——现金短缺”账户，贷记“待处理财产损溢——待处理流动资产损溢”账户。

【例 2-11】 甲建筑施工企业 8 月份发生如下现金清查业务：

（1）现金清查中发现短缺 180 元，原因待查。企业应编制的会计分录如下：

借：待处理财产损溢——待处理流动资产损溢　　　　180

　　贷：库存现金　　　　　　　　　　　　　　　　　　180

（2）经核查，上述短款是由于出纳人员失职造成的，由出纳人员赔偿。企业应编制的会计分录如下：

借：其他应收款——出纳员 180

  贷：待处理财产损溢——待处理流动资产损溢 180

（2）现金溢余的处理 现金溢余是指库存现金实有数多于库存现金账面余额的差额。发现现金溢余，应借记“库存现金”账户，贷记“待处理财产损溢——待处理流动资产损溢”账户。查明原因，属于应支付给有关人员或单位的，应借记“待处理财产损溢——待处理流动资产损溢”账户，贷记“其他应付款——××单位或个人”账户；属于无法查明原因的，经批准后，借记“待处理财产损溢——待处理流动资产损溢”账户，贷记“营业外收入——现金溢余”账户。

【例2-12】 甲建筑施工企业8月份发生如下现金清查业务：

（1）进行现金清查，发现现金溢余260元。企业应编制的会计分录如下：

借：库存现金 260

  贷：待处理财产损溢——待处理流动资产损溢 260

（2）经反复核查，仍无法确认其原因，经有关领导批准，转作营业外收入。企业应编制的会计分录如下：

借：待处理资产损溢——待处理流动资产损溢 260

  贷：营业外收入 260

2. 存货清查结果的账务处理

（1）存货盘盈的处理 企业存货盘盈时，按盘盈存货的重置成本，借记“原材料”“生产成本”“周转材料”等账户，贷记“待处理财产损溢”账户；按管理权限报经批准后，借记“待处理财产损溢”账户，贷记“管理费用”或“营业外收入——盘盈利得”账户。

【例2-13】 甲建筑施工企业在财产清查中，盘盈甲材料100kg，实际单位成本为80元，经查属于材料收发计量错误。报经批准做冲减管理费用处理。根据有关凭证，进行会计处理如下：

（1）批准处理前：

借：原材料 8 000

  贷：待处理财产损溢——待处理流动资产损溢 8 000

（2）批准处理后：

借：待处理财产损溢——待处理流动资产损溢 8 000

  贷：管理费用 8 000

（2）存货盘亏及毁损的处理 企业发生存货盘亏及毁损时，按盘亏或毁损存货的账面成本，借记“待处理财产损溢”账户，贷记“原材料”“周转材料”等账户。在按管理权限报经批准后，根据有关凭证，进行以下会计处理：

1）对于入库的残料价值，借记“原材料”等账户，贷记“待处理财产损溢”账户。

2）属于定额内自然损耗造成的损失，计入管理费用。

3）属于收发计量差错和管理不善等原因造成的损失，将扣除可收回的保险公司和过失人赔偿款以及残料价值后的净损失，计入管理费用。

4）属于保险公司和过失人赔偿款部分的，借记“其他应收款”等账户，贷记“待处理财产损溢”账户。

5）属于自然灾害或意外事故等原因造成的毁损，将扣除残料价值和应由保险公司和过失人赔偿后的净损失，记入“营业外支出”账户。

【例 2-14】 甲建筑施工企业在财产清查中，盘亏甲材料 1 000kg，实际单位成本 30 元，经查属于自然损耗；毁损乙材料 2 000kg，实际单位成本 20 元，经查属于火灾造成的损失，根据保险合同规定，应由保险公司赔偿 30 000 元。

根据上述业务的有关凭证，进行会计处理如下：

（1）批准处理前：

借：待处理财产损溢——待处理流动资产损溢	70 000	
贷：原材料——甲材料		30 000
——乙材料		40 000

（2）批准处理后：

借：管理费用	30 000	
其他应收款——××保险公司	30 000	
营业外支出——非常损失	10 000	
贷：待处理财产损溢——待处理流动资产损溢		70 000

3. 固定资产清查结果的账务处理

（1）固定资产盘亏的处理　对于盘亏的固定资产，企业应及时办理固定资产注销手续，报经审批前，按盘亏固定资产的账面价值，借记“待处理财产损溢——待处理固定资产损溢”账户，按已提折旧，借记“累计折旧”账户，按固定资产的原值，贷记“固定资产”账户。盘亏的固定资产经批准转销时，借记“营业外支出——固定资产盘亏”账户，贷记“待处理财产损溢——待处理固定资产损溢”账户。

【例 2-15】 甲建筑施工企业在财产清查中，盘亏一台设备，其账面价值为 60 000 元，累计折旧 45 000 元，报经批准后，准予转销。相关会计处理如下：

（1）盘亏时：

借：待处理财产损溢——待处理固定资产损溢	15 000	
累计折旧	45 000	
贷：固定资产		60 000

（2）批准转销时：

借：营业外支出——固定资产盘亏	15 000	
贷：待处理财产损溢——待处理固定资产损溢		15 000

（2）固定资产盘盈的处理　盘盈的固定资产，按照重置完全价值借记“固定资产”账户，按估计的折旧额贷记“累计折旧”账户，按其差额贷记“待处理财产损溢——待处理固定资产损溢”账户。报经领导批准准予转销时，再转入“以前年度损益调整”账户。

【例 2-16】 甲建筑施工企业在财产清查中，盘盈一台设备，其重置完全价值为 17 500 元，累计折旧 8 500 元，报经批准后准予转销。相关会计处理如下：

（1）盘盈时：

借：固定资产 17 500

　　贷：累计折旧 8 500

　　　　待处理财产损溢——待处理固定资产损溢 9 000

（2）批准转销时：

借：待处理财产损溢——待处理固定资产损溢 9 000

　　贷：以前年度损益调整 9 000

4. 往来款项清查结果的账务处理

财产清查中发现确实无法收回的应收账款和无法偿付的应付账款等，不通过“待处理财产损溢”账户核算，而是按规定程序报经批准后，分别不同情况进行核销。

（1）无法收回的应收账款的处理　无法收回的应收账款等，根据批准结果进行坏账损失处理，冲减应收账款和坏账准备。

【例2-17】 甲建筑施工企业财产清查时查明应收乙企业工程结算款150 000元，因乙企业破产，确实无法收回该笔款项。报经批准冲销已提取的坏账准备。会计处理如下：

借：坏账准备 150 000

　　贷：应收账款——乙企业 150 000

（2）无法偿付的应付账款的处理　企业无法偿付的应付账款等，计入营业外收入。

【例2-18】 甲建筑施工企业财产清查时发现，欠丙企业购料款30 000元，因债权人消失，经查无法支付。按规定程序报经批准后，进行如下会计处理：

借：应付账款——丙企业 30 000

　　贷：营业外收入 30 000

第六节　账务处理程序

一、账务处理程序的意义

账务处理程序也称会计核算组织程序或会计核算形式，是指会计主体依据原始凭证填制记账凭证，依据原始凭证或记账凭证登记账簿，再依据账簿编制账务报表，实现对外提供会计信息的全过程的方法和步骤。由于各会计主体的业务性质不同、经营规模及会计核算的组织方式不同、管理要求不同等，因此各会计主体的会计凭证格式、会计账簿格式及种类不同，会计核算程序也不相同。每个会计主体都应根据本单位经济业务的多少、经济业务的特点及提供会计资料的要求等实际情况，设计各单位的账务处理程序。

确定科学合理的账务处理程序，有利于规范会计核算组织工作；有利于加强企业单位的内部控制；有利于提高会计核算工作的质量，保证会计信息的真实、及时、完整；有利于发挥会计核算工作的作用，提高会计核算工作的效率。

二、账务处理程序设计的基本要求

尽管各会计主体的业务性质、经营规模和管理要求等各不相同，但账务处理程序的设计均应遵循以下基本要求：

1）充分考虑本单位的经营性质、经营规模、管理要求、业务特点等的客观实际情况。

2）满足会计核算分工协作的要求，便于及时提供会计信息资料。

3）力求提高工作效率，保证会计核算质量的同时，应尽可能简化核算手续，节约人力、财力和物力，降低会计核算成本。

三、账务处理程序的种类

根据账务处理程序设计的基本要求，结合各单位会计核算工作的实际，各单位账务处理程序主要有以下四种：

1）记账凭证账务处理程序。

2）汇总记账凭证账务处理程序。

3）科目汇总表账务处理程序。

4）日记总账账务处理程序。

其中，记账凭证账务处理程序和科目汇总表账务处理程序是基本的、常用的账务处理程序。上述四种账务处理程序，都是在经济业务发生或完成后，先根据原始凭证（或原始凭证汇总表）填制记账凭证，然后根据记账凭证（或原始凭证）登记账簿，最后根据账簿记录编制财务报表。所不同的是登记总分类账簿的依据和程序不同。下面主要说明记账凭证账务处理程序和科目汇总表账务处理程序的基本内容。

四、记账凭证账务处理程序

1. 记账凭证账务处理程序的含义及特点

记账凭证账务处理程序是对发生的经济业务，都要以原始凭证或原始凭证汇总表编制记账凭证，根据记账凭证逐笔登记总分类账的一种账务处理程序。

记账凭证账务处理程序的特点是直接根据记账凭证逐笔登记总分类账。

记账凭证账务处理程序是最基本的账务处理程序，是其他账务处理程序的基础。

记账凭证账务处理程序下，在记账凭证选用方面，可以采用收款凭证、付款凭证和转账凭证，也可以选择通用记账凭证。在会计账簿的设置方面，需要设置库存现金日记账、银行存款日记账、有关总分类账和明细分类账。其中库存现金日记账、银行存款日记账、总分类账均采用三栏式，明细分类账根据核算对象的具体需要选用三栏式、数量金额式或多栏式。

2. 记账凭证账务处理程序的步骤

1）根据原始凭证或原始凭证汇总表编制记账凭证。

2）根据收款凭证、付款凭证逐笔登记库存现金日记账和银行存款日记账。

3）根据原始凭证、原始凭证汇总表、记账凭证逐笔登记各类明细账。

4）根据记账凭证逐笔登记总分类账。

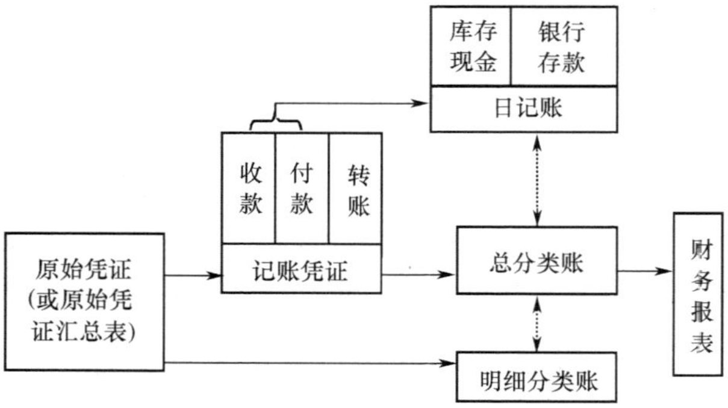

图 2-22　记账凭证账务处理程序

5）月末，将库存现金日记账、银行

存款日记账、各明细账与有关总分类账核对相符。

6）月末，根据总分类账和明细分类账编制财务报表。

记账凭证账务处理程序如图 2-22 所示。

3. 记账凭证账务处理程序的优缺点及适用范围

记账凭证账务处理程序的优点有：①总分类账能详细地反映经济业务的发生情况；②账户的对应关系和经济业务的来龙去脉清晰明了；③总分类账登记方法简单，易于理解和掌握。

记账凭证账务处理程序的缺点有：①在经济业务较多的情况下，登记总分类账的工作量大；②账页耗用多，浪费资源，预留账页也难以掌握。

记账凭证账务处理程序适用于规模小、业务量少、凭证不多的单位。

五、科目汇总表账务处理程序

1. 科目汇总表账务处理程序的含义及特点

科目汇总表（又称记账凭证汇总表）账务处理程序，是根据原始凭证或原始凭证汇总表填制记账凭证，根据记账凭证定期编制科目汇总表，再根据科目汇总表登记总分类账的一种账务处理程序。

科目汇总表账务处理程序的显著特点是根据记账凭证定期编制科目汇总表，然后依据科目汇总表登记总分类账。

科目汇总表账务处理程序下，会计主体在记账凭证的选用方面，可以采用收款凭证、付款凭证和转账凭证三种格式，也可以选择通用记账凭证，此外还需要增设特种记账凭证——科目汇总表。会计账簿的设置与记账凭证账务处理程序的设置基本相同。

科目汇总表是根据记账凭证对一定时期内所有会计科目的借方发生额和贷方发生额进行分别汇总，并将发生额填入科目汇总表的相应栏目内所形成的特殊表格。科目汇总表可以 5 天、10 天或 15 天汇总一次，但最长时间是一个月汇总一次。每汇总一次就要编制一张科目汇总表。科目汇总表如表 2-29 所示。

表 2-29　科目汇总表

年　月　日　　　　　　　　科汇第　号

借方发生额											会计科目	贷方发生额										
亿	千	百	十	万	千	百	十	元	角	分		亿	千	百	十	万	千	百	十	元	角	分
											合计											

会计主管：　　　　　　　　记账：　　　　　　　　制表：

2. 科目汇总表账务处理程序的步骤

1）根据原始凭证或原始凭证汇总表编制记账凭证。

2）根据收款凭证、付款凭证逐笔登记库存现金日记账和银行存款日记账。

3）根据原始凭证、原始凭证汇总表、记账凭证逐笔登记各类明细分类账。

4）根据各种记账凭证定期编制科目汇总表。

5）根据科目汇总表登记总分类账。

6）月末，将库存现金日记账、银行存款日记账、各明细分类账与有关总分类账核对相符。

7）月末，根据总分类账和明细分类账编制财务报表。

科目汇总表账务处理程序如图 2-23 所示。

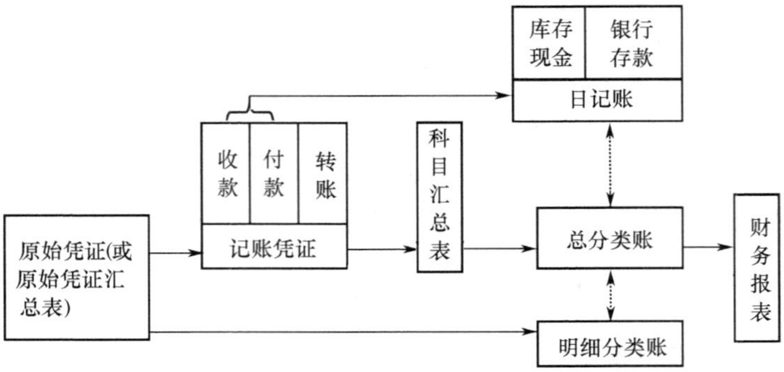

图 2-23　科目汇总表账务处理程序

3. 科目汇总表账务处理程序的优缺点及适用范围

科目汇总表账务处理程序的优点有：①科目汇总表的编制起到了试算平衡的作用；②根据科目汇总表登记总分类账，简化了登记总分类账的工作量。

科目汇总表账务处理程序的缺点是科目汇总表是按照总分类科目汇总的，不能反映账户对应关系。

科目汇总表账务处理程序适用于规模较大、业务量较多的单位。

思　考　题

1. 什么是会计科目？建筑施工企业会计设置哪些会计科目？
2. 什么是会计账户？会计账户有哪些分类？
3. 会计科目与会计账户有何联系与区别？
4. 什么是借贷记账法？如何理解借贷记账法“借”“贷”两字的含义？
5. 说明借贷记账法下账户结构、记账规则和试算平衡的特点。
6. 什么是会计分录？会计分录有哪几种？
7. 什么是会计凭证？填制会计凭证的意义有哪些？
8. 会计凭证如何分类？原始凭证应具备哪些内容？记账凭证应具备哪些内容？
9. 什么是会计账簿？会计账簿如何分类？各类账簿的格式是什么样的？
10. 账簿设置的原则是什么？账簿的基本内容有哪些？
11. 会计账簿的登记方法和登记要求分别有哪些？
12. 总账和明细账平行登记的要点有哪些？
13. 财产清查的意义、种类及一般程序是什么？
14. 试述永续盘存制和实地盘存制的优缺点和适用范围。
15. 什么是未达账项？未达账项有哪些类型？
16. 各种财产物资清查的具体方法有哪些？
17. 财产清查结果的核算应设置哪些账户？各账户结构及用途是什么？
18. 说明库存现金、银行存款、存货、固定资产盘盈、盘亏的会计处理方法。
19. 什么是账务处理程序？账务处理程序主要有哪几种？

20. 记账凭证账务处理程序有何特点？其步骤有哪些？

21. 科目汇总表账务处理程序有何特点？其步骤有哪些？

练　习　题

一、单项选择题

1. 会计科目是(　　)。

A. 会计账户的名称　　B. 财务报表的名称
C. 会计要素的名称　　D. 会计凭证的名称

2. 简单会计分录的表现形式为(　　)。

A. 一借多贷　　B. 一贷多借　　C. 一借一贷　　D. 多借多贷

3. 对于费用类账户，以下说法中正确的是(　　)。

A. 贷方登记费用的增加额　　B. 借方登记费用的增加额
C. 借方登记费用的减少额　　D. 期末余额在贷方

4. 账户的借方和贷方，哪一方登记增加数，哪一方登记减少数，取决于(　　)。

A. 核算要求　　B. 账户的性质　　C. 记账方法　　D. 账户的级别

5. 在借贷记账法下，负债类账户的期末余额等于(　　)。

A. 期初贷方余额+本期贷方发生额-本期借方发生额
B. 期初借方余额+本期借方发生额-本期贷方发生额
C. 期初借方余额+本期贷方发生额-本期借方发生额
D. 期初贷方余额+本期借方发生额-本期贷方发生额

6. 账户开设的依据是(　　)。

A. 会计对象　　B. 会计要素　　C. 会计科目　　D. 会计方法

7. 假如企业某资产账户期初余额为 5 600 元，期末余额为 5 700 元，本期贷方发生额为 800 元，则本期借方发生额为 (　　)。

A. 900 元　　B. 10 500 元　　C. 700 元　　D. 12 100 元

8. 账户余额一般与(　　)在同一方向。

A. 增加额　　B. 减少额　　C. 借方发生额　　D. 贷方发生额

9. 下列账户属于收入类的是 (　　)。

A. 实收资本　　B. 资本公积　　C. 营业外收入　　D. 本年利润

10. 总分类账户对明细分类账户起着 (　　)。

A. 统驭和控制作用　　B. 补充和说明作用　　C. 指导作用　　D. 辅助作用

11. 借贷记账法的发生额试算平衡是指(　　)。

A. 资产借方发生额等于负债贷方发生额
B. 资产借方发生额等于所有者权益贷方发生额
C. 全部账户的借方发生额之和等于全部账户的贷方发生额之和
D. 资产借方发生额等于资产贷方发生额

12. 账户发生额试算平衡法的理论根据是(　　)。

A. 借贷记账法的记账规则　　B. 经济业务的内容
C. "资产=负债+所有者权益" 的恒等关系　　D. 经济业务的类型

13. 借贷记账法是对每项经济业务都要以相等的金额在(　　)账户中同时登记的复式记账法之一。

A. 一个　　B. 两个　　C. 两个以上　　D. 两个或两个以上

14. 科目汇总表账务处理程序的优点是(　　)。

A. 能清楚反映账户对应关系　　B. 起到试算平衡的作用

C. 登记总账的工作量加大　　D. 可以看清经济业务的来龙去脉

15. 根据记账凭证逐笔登记总分类账是(　　)账务处理程序的主要特点。

A. 汇总记账凭证　　B. 科目汇总表　　C. 日记总账　　D. 记账凭证

16. 各种账务处理程序的主要区别在于(　　)。

A. 总账的格式不同　　B. 登记明细账的依据不同

C. 登记总账的依据不同　　D. 编制账务报表的依据不同

17. 工程施工领用材料，应编制(　　)。

A. 收款凭证　　B. 付款凭证　　C. 转账凭证　　D. 一次凭证

18. 记账凭证是根据(　　)填制的。

A. 经济业务　　B. 工程施工合同　　C. 账簿记录　　D. 审核无误的原始凭证

19. 记账凭证是(　　)的前提和依据。

A. 成本计算　　B. 编制账务报表　　C. 登记账簿　　D. 设置账户

20. 从银行提取现金 500 元，应编制(　　)。

A. 银行存款收款凭证　　B. 银行存款付款凭证

C. 库存现金收款凭证　　D. 库存现金付款凭证

21. 会计凭证按其(　　)分类，分为原始凭证和记账凭证。

A. 填制程序和用途　　B. 形成来源　　C. 反映方式　　D. 填制方式

22. 下列原始凭证中属于外来原始凭证的是(　　)

A. 购货发票　　B. 工资结算汇总表　　C. 发出材料汇总表　　D. 领料单

23. 对于库存现金和银行存款之间相互划转的经济业务，通常(　　)。

A. 不需编制记账凭证　　B. 需编制收款凭证

C. 只需编制付款凭证　　D. 需编制转账凭证

24. 应由责任人赔偿的存货毁损经批准应借记的账户为(　　)。

A. 管理费用　　B. 其他应收款　　C. 营业外支出　　D. 待处理财产损溢

25. 库存现金日记账由(　　)登记。

A. 财务主管　　B. 会计人员　　C. 出纳人员　　D. 经办人员

26. 固定资产明细账一般采用(　　)账簿。

A. 订本式　　B. 活页式　　C. 横线　　D. 卡片式

27. (　　)只能在结账、划线、改错和冲账时使用。

A. 铅笔　　B. 圆珠笔　　C. 蓝黑墨水笔　　D. 红色墨水笔

28. (　　)是指在账簿启用前就已装订成册，并对所有账页进行了连续编号的账簿。

A. 总账　　B. 明细账　　C. 订本账　　D. 活页账

29. 总账、库存现金日记账和银行存款日记账应采用(　　)。

A. 活页账　　B. 订本账　　C. 卡片账　　D. 以上均可

30. 库存现金日记账和银行存款日记账的登记方法是(　　)。

A. 逐日汇总登记　　B. 定期逐笔序时登记

C. 逐日逐笔分类登记　　D. 逐日逐笔序时登记

31. (　　)明细账的基本结构为“收入”“发出”“结存”三大栏，在这三大栏基础上，每一栏又都分别设置了“数量”“单价”和“金额”三小栏。

A. 三栏式　　B. 多栏式　　C. 数量金额式　　D. 横线登记式

32. (　　)为编制财务报表提供依据。

A. 填制和审核原始凭证　　B. 编制记账凭证

C. 设置和登记账簿　　D. 编制会计分录

33. 采用实地盘存制时，平时对财产物资的记录(　　)。

A. 只登记发出数，不登记收入数　　B. 只登记收入数，不登记发出数

C. 先登记发出数，后登记收入数　　D. 先登记收入数，后登记发出数

34. 一般情况下，在登记账簿时，须用(　　)书写。

A. 蓝黑墨水笔　　B. 圆珠笔　　C. 铅笔　　D. 红色墨水笔

35. 因自然灾害造成的存货毁损，扣除保险公司理赔部分后，应由企业负担的部分经批准应借记的账户为(　　)。

A. 待处理财产损溢　　B. 管理费用　　C. 其他应收款　　D. 营业外支出

36. (　　)是按照经济业务发生先后顺序，逐日逐笔登记经济业务的账簿。

A. 序时账　　B. 分类账　　C. 明细账　　D. 备查簿

37. 对现金进行清查应采用的方法是(　　)。

A. 实地盘点法　　B. 抽查检验法　　C. 查询核对法　　D. 技术推算法

38. 对银行存款清查一般采用的方法是(　　)。

A. 实地盘点法　　B. 技术推算法　　C. 核对账目法　　D. 抽查盘点法

39. "待处理财产损溢"账户属于(　　)账户。

A. 损益类　　B. 资产类　　C. 成本类　　D. 所有者权益类

40. 在记账无误的情况下，银行对账单与银行存款日记账账面余额不一致是因为存在(　　)。

A. 应付账款　　B. 应收账款　　C. 外埠存款　　D. 未达账项

41. 下列财产物资中，可以采用技术推算法进行清查的是(　　)。

A. 现金　　B. 固定资产　　C. 沙石等大宗物资　　D. 应收账款

42. 对应收账款进行清查时应采用的方法是(　　)。

A. 技术测定法　　B. 核对账目法　　C. 与记账凭证核对　　D. 实地盘点法

二、多项选择题

1. 对于明细分类科目，下列说法正确的有(　　)。

A. 是明细分类账户的名称　　B. 也称二级或三级会计科目

C. 企业可以自行设置　　D. 能提供更加详细具体的指标

2. 账户中各项金额的关系可用(　　)表示。

A. 本期期末余额=期初余额+本期增加发生额-本期减少发生额

B. 本期期末余额+本期减少发生额=期初余额+本期增加发生额

C. 本期期末余额=本期增加发生额+本期减少发生额

D. 本期期末余额=本期期初余额

3. 下列不属于财政部统一规范的会计科目有(　　)。

A. 库存现金　　B. 增值税　　C. 应交税费　　D. 机器设备

4. 在科目汇总表中，需要计算出每一个总账科目的(　　)。

A. 期初余额　　B. 期末余额　　C. 本期借方发生额　　D. 本期贷方发生额

5. 下列说法正确的有(　　)。

A. 账户的余额一般与记录增加额在同一方向

B. 损益类账户在期末结转后一般无余额

C. 成本类账户如有余额，则按负债类账户期末余额计算公式计算

D. 收入类账户如有余额，则按负债类账户期末余额计算公式计算

6. 下列账户属于所有者权益类的有（　　）。

A. 本年利润　　B. 盈余公积　　C. 实收资本　　D. 资本公积

7. 下列账户属于资产类的有（　　）。

A. 应收账款　　B. 预付账款　　C. 预收账款　　D. 累计折旧

8. 财产清查按其清查时间不同分为(　　)。

A. 定期清查　　B. 不定期清查　　C. 局部清查　　D. 全面清查

9. 下列账户属于成本类账户的有（　　）。

A. 工程施工　　B. 机械作业　　C. 工程物资　　D. 工程结算

10. “待处理财产损溢”账户借方登记(　　)。

A. 发生的财产物资的盘盈数　　B. 结转的已经处理的财产物资的盘盈数

C. 发生的财产物资的盘亏数　　D. 结转的已经处理的财产物资的盘亏数

11. 购进一批材料，材料已验收入库，款项以银行存款支付。此项业务核算涉及(　　)账户。

A. “材料采购”　　B. “银行存款”　　C. “其他应收款”　　D. “原材料”

12. 借贷记账法下的试算平衡方法有（　　）。

A. 总额平衡法　　B. 发生额试算平衡法

C. 余额试算平衡法　　D. 差额平衡法

13. 复合会计分录是(　　)。

A. 一借一贷的会计分录

B. 由两个或两个以上简单会计分录组成的会计分录

C. 由两个对应账户组成的会计分录

D. 涉及两个以上账户的会计分录

14. 下列错误中不能通过试算平衡发现的有（　　）

A. 某项经济业务重复入账　　B. 应借、应贷的账户中借贷方向颠倒

C. 借贷双方同时多记了相等的金额　　D. 某经济业务未入账

15. 收料单是（　　）。

A. 外来原始凭证　　B. 自制原始凭证　　C. 一次凭证　　D. 累计凭证

16. 限额领料单是（　　）。

A. 外来原始凭证　　B. 自制原始凭证　　C. 一次凭证　　D. 累计凭证

17. 财产清查按其清查范围不同，分为(　　)。

A. 定期清查　　B. 不定期清查　　C. 全面清查　　D. 局部清查

18. 下列经济业务中，应填制付款凭证的有(　　)。

A. 提现金备用　　B. 购买材料预付定金

C. 购买材料未付款　　D. 以存款支付前欠某单位账款

19. 实物清查的方法主要有(　　)。

A. 实地盘点法　　B. 技术推算法　　C. 外调核对法　　D. 核对账目法

20. 库存现金日记账的登记依据有(　　)。

A. 库存现金收款凭证　　B. 库存现金付款凭证

C. 银行存款付款凭证　　D. 银行存款收款凭证

21. 企业从银行提取现金 500 元，该业务应登记(　　)。

A. 库存现金日记账　　B. 银行存款日记账

C. 库存现金总分类账　　D. 应收账款明细账

22. 库存现金日记账和银行存款日记账(　　)。

A. 一般采用订本式账簿和三栏式账页　　B. 由出纳人员登记

C. 根据审核后的收、付款记账凭证登记　　D. 逐日逐笔序时登记

23. 核对账目的方法适用于对(　　)的清查。

A. 固定资产　　B. 应收账款　　C. 存货　　D. 银行存款

24. 财产清查中查明的各种流动资产盘亏或毁损数，根据不同原因，报经批准后可能登记在(　　)账户中。
A. “管理费用”　　B. “营业外收入”　　C. “营业外支出”　　D. “其他应收款”

三、判断题

1. 收入类和费用类账户一般没有期末余额，但一般有期初余额。(　　)
2. 为了全面地反映经济业务内容，会计科目的设置应越多越好。(　　)
3. 每一类账户的期末余额都应登记在借方。(　　)
4. 记账凭证账务处理程序和科目汇总表账务处理程序的相同点，都是根据科目汇总表登记总账。(　　)
5. 在借贷记账法下，只要试算平衡了，说明账户记录就不会有差错。(　　)
6. 复合分录可以由几个简单分录复合而成。(　　)
7. 资产类账户的期末余额一般在借方(　　)
8. 在借贷记账法下，不能编制一借多贷、一贷多借的会计分录，只能编制一借一贷的会计分录。(　　)
9. 原始凭证的填制不得使用圆珠笔填写。(　　)
10. 原始凭证是具有法律效力的证明文件。(　　)
11. 记账凭证的编制依据是审核无误的原始凭证。(　　)
12. 科目汇总表在科目汇总表账务处理程序下作为登记总账的依据。(　　)
13. 总账和日记账必须采用订本式账页。(　　)
14. 平行登记的结果，使总账和所属明细账之间形成相互核对的数量关系。(　　)
15. 库存现金日记账应采用订本账。(　　)
16. 库存现金日记账在每日经济业务登记完毕，应结计当日余额，并将账面余额同库存现金的实存额进行核对，检查账实是否相符。(　　)
17. 总账的登记依据可以是明细账或日记账。(　　)
18. 库存现金日记账和银行存款日记账须逐日结出余额。(　　)
19. 如果账簿记录发生错误，应根据错误的具体情况，采用规定的方法予以更正，不得涂改、挖补、刮擦或用退色药水更改字迹。(　　)
20. 红色墨水可以在写摘要时使用。(　　)
21. 科目汇总表账务处理程序中，每月可以编制多张科目汇总表。(　　)
22. 未达账项应编制银行存款余额调节表进行调节，同时根据银行存款余额调节表将未达账项登记入账。(　　)
23. 银行存款日记账与银行存款对账单余额不符的主要原因是由于记账错误和未达账项所致。(　　)
24. 库存现金的清查，出纳人员必须在场。(　　)
25. 存货的盘亏，在报经批准后一律记入“管理费用”账户。(　　)
26. 各种账务处理程序的主要区别，在于登记总账的依据和方法不同。(　　)
27. 记账凭证账务处理程序是其他账务处理程序的基础。(　　)

四、业务题

(一) 练习试算平衡表的编制

资料：某建筑施工企业2015年3月初有关账户余额如表2-30所示。

表2-30　会计科目余额表

2015年3月1日　　单位：元

会计科目	借方余额	贷方余额
银行存款	60 000	
应收账款	320 000	

（续）

会计科目	借方余额	贷方余额
原材料	80 000	
短期借款		80 000
应付账款		180 000
实收资本		200 000
合计	460 000	460 000

3月份发生如下业务：

（1）收回应收账款180 000元并存入银行。

（2）用银行存款20 000元购入原材料，原材料已验收入库。

（3）用银行存款偿还短期借款50 000元。

（4）从银行借入短期借款80 000元直接偿还应付账款。

（5）收到投资者追加的投资100 000元并存入银行。

（6）购入原材料50 000元，原材料已验收入库，贷款尚未支付。

要求：（1）编制上述业务的会计分录。

（2）登记T形账户。

（3）编制该建筑施工企业3月份期初余额、本期发生额及期末余额的试算平衡表。

（二）练习总账与明细账的平行登记

资料：某建筑施工企业2015年3月1日“原材料”总账借方余额120 000元，“应付账款”总账贷方余额112 000元，有关明细账资料如表2-31和表2-32所示。

表2-31 “原材料”所属明细账余额

名称	重量	单价	金额
水泥	30t	1 000元	30 000元
钢材	20t	4 500元	90 000元
合计			120 000元

表2-32 “应付账款”所属明细账余额

名称	金额/元
中天公司	60 000
青科公司	52 000
合计	112 000

该建筑施工企业2015年3月份发生下列业务：

（1）3月2日，向中天公司购入材料一批，其中水泥12t，单价1 000元，价款12 000元；钢材3t，单价4 500元，价款13 500元。均已验收入库，货款尚未支付。

（2）3月8日，工程施工领用水泥25t，单价1 000元，计25 000元；领用钢材8t，单价4 500元，计36 000元。

（3）3月13日，向青科公司购入材料一批。其中，水泥6t，单价1 000元，价款6 000元；钢材3t，单价4 500元，价款13 500元。均已验收入库，货款尚未支付。

（4）3月22日，以银行存款偿还中天公司货款50 000元，偿还青科公司货款40 000元。

（5）3月25日，管理部门领用水泥1t，单价1 000元，用以维修办公室。

要求：（1）根据以上业务编制会计分录。

（2）登记“原材料”和“应付账款”总分类账和有关明细分类账。

（三）练习财产清查结果的业务核算

资料：某建筑施工企业在财产清查中发现下列情况：

（1）甲材料账面余额800kg，单价50元，实地盘点结果甲材料560kg；乙材料账面余额550kg，单价40元，实地盘点结果乙材料570kg。经查，盘亏的甲材料中有200kg属于保管员责任造成，经批准由保管员赔偿，赔偿款尚未收到。其余40kg的甲材料属于自然损耗，经批准做管理费用处理。盘盈的乙材料是因为收发计量器具误差所至，经批准做管理费用减少处理。

（2）库存现金短缺50元。经查属于出纳人员工作失职造成的，责令出纳人员全额赔偿，赔偿款尚未收到。

（3）盘亏机器设备一台，账面原值8 000元，已提折旧3 500元。经批准盘亏固定资产净值转为营业外支出。

（4）账面有一笔应收账款13 000元，因债权人死亡确实无法收回。无法收回的应收账款做坏账处理，冲减坏账准备。

要求：根据上述资料编制清查结果处理前及处理后的会计分录。

第二部分　建筑施工企业会计实务

第 3 章

企业设立阶段业务核算

教学目的：

通过本章的学习，学生应当了解并掌握：

1.《公司法》规定的企业设立条件

2. 建筑施工企业设立环节应设置的会计账户及不同出资方式下的主要会计处理

3. 建筑施工企业所有者权益变动的会计处理

4. 建筑施工企业开办费的核算

第一节　建筑施工企业的设立条件

企业的组织形式不同，所有者权益核算情况也有所不同。企业的组织形式有个人独资企业、合伙企业和公司制企业。

个人独资企业是指企业的全部资产归出资者一人所有，企业的经营也由出资者个人承担，即所有权与经营权统一的企业。

合伙企业是指由两个或两个以上的合伙人按照协议共同出资，共同承担企业经营风险，并且对企业债务承担连带责任的企业。

公司制企业是指依法设立，以营利为目的的具有法人资格的经济组织。公司有自己独立的财产，独立地承担经济责任，同时享有相应的民事权利。《公司法》规定，公司制企业主要包括有限责任公司和股份有限公司。在此仅介绍公司制企业的设立条件。

一、有限责任公司的设立条件

有限责任公司又称有限公司，是指股东以其认缴的出资额为限对公司债务承担责任，公司以其全部财产对公司债务承担责任的公司。

《公司法》规定，设立有限责任公司，应当具备下列条件：

1）股东符合法定人数。

2）有符合公司章程规定的全体股东认缴的出资额。

3）股东共同制定公司章程。

4）有公司名称，建立符合有限责任公司要求的组织机构。

5）有公司住所。

有限责任公司设立，需要加以说明的几点内容有：

1）有限责任公司由 50 个以下股东出资设立。《公司法》规定：“有限责任公司由 50 个以下股东出资设立。”没有规定有限责任公司股东数的下限，即允许设立 1 人公司。50 个以下股东，可以是自然人，也可以是法人和政府。

2）有限责任公司的注册资本为在公司登记机关登记的全体股东认缴的出资额。自 2014 年 3 月 1 日起，修订后的《公司法》开始正式生效，没有最低注册资本的要求。

3）没有股东实缴出资的比例与时间限制。根据修订后的《公司法》，股东于公司设立时只需认缴出资，即申报其拟持有的公司出资数额。至于股东认缴出资后，具体应于何时实际缴纳其认缴的出资数额，以及实际缴纳出资的最低比例要求，均由公司股东或发起人自行确定。

4）出资形式。股东可以用货币出资，也可以用实物、知识产权、土地使用权等可以用货币估价并可以依法转让的非货币性资产作价出资。

5）缴纳方式。股东应当按期足额缴纳公司章程中规定的各自所认缴的出资额。股东以货币出资的，应当将货币出资足额存入有限责任公司在银行开设的账户；以非货币财产出资的，应当依法办理其财产权的转移手续。

6）不按规定出资的责任。股东不按照前述规定缴纳出资的，除应当向公司足额缴纳外，还应当向已按期足额缴纳出资的股东承担违约责任。有限责任公司成立后，发现作为设立公司出资的非货币财产的实际价额显著低于公司章程所定价额的，应当由交付该出资的股东补足其差额；公司设立时的其他股东承担连带责任。

7）其他限制条件。不能发行股票，不能公开募股；公司成立后，股东不得抽逃出资。

二、股份有限公司的设立条件

股份有限公司是指将公司全部资本分为等额股份，股东以其认购的股份为限对公司承担责任，公司以其全部财产对公司的债务承担责任的公司。

设立股份有限公司，应当具备下列条件：

1）发起人符合法定人数。

2）有符合公司章程规定的全体发起人认购的股本总额或者募集的实收股本总额。

3）股份发行、筹办事项符合法律规定。

4）发起人制定公司章程，采用募集方式设立的经创立大会通过。

5）有公司名称，建立符合股份有限公司要求的组织机构。

6）有公司住所。

股份有限公司设立，需要加以说明的几点内容有：

1）发起人条件。设立股份有限公司，应当有 2 人以上 200 人以下为发起人，其中须有半数以上的发起人在中国境内有住所。股份有限公司发起人承担公司筹办事务。发起人应当签订发起人协议，明确各自在公司设立过程中的权利和义务。

股份有限公司的设立，可以采取发起设立或者募集设立的方式。发起设立是指由发起人认购公司应发行的全部股份而设立公司。募集设立是指由发起人认购公司应发行股份的一部分，其余股份向社会公开募集或者向特定对象募集而设立公司。股份有限公司采取发起设立方式设立的，注册资本为在公司登记机关登记的全体发起人认购的股本总额。在发起人认购的股份缴足前，不得向他人募集股份。股份有限公司采取募集方式设立的，注册资本为在公司登记机关登记的实收股本总额。即没有最低注册资本的要求。

法律、行政法规以及国务院对股份有限公司注册资本实缴、注册资本最低限额另有规定的，从其规定。

2）发起人的出资方式。股份有限公司发起人的出资方式与有限责任公司相同。以发起设立方式设立股份有限公司的，发起人应当书面认足公司章程规定其认购的股份，并按照公司章程规定缴纳出资。以非货币财产出资的，应当依法办理其财产权的转移手续。

3）缴纳方式。以募集设立方式设立股份有限公司的，发起人认购的股份不得少于公司股份总数的35%；但是，法律、行政法规另有规定的，从其规定。

发起人向社会公开募集股份，必须公告招股说明书，并制作认股书。认股书应当由认股人填写认购股数、金额、住所，并签名、盖章。认股人按照所认购股数缴纳股款。

4）不按规定缴纳出资的责任。发起人不按规定缴纳出资的，应当按照发起人协议承担违约责任。

5）其他限制条件。发起人、认股人缴纳股款或者交付抵作股款的出资后，除未按期募足股份、发起人未按期召开创立大会或者创立大会决议不设立公司的情形外，不得抽回其股本。

股份有限公司的股票可以自由转让，而且财务公开。

第二节 建筑施工企业设立环节的会计处理

一、建筑施工企业设立环节应设置的会计账户

任何企业的设立，都需要投资者投入一定的经营本钱，即资本。企业应当健全资本市场功能，依法规范和引导资本健康发展，为中国式现代化的发展成果更多地惠及全体中国人民的日常生活作出新的贡献。其中企业在工商行政管理部门注册登记的资本又叫注册资本。而企业按公司章程或合同、协议的约定，接受投资者投入公司的资本又叫实收资本。实收资本是企业的自有资金，归所有者所有，形成企业的所有者权益。除股份有限公司应通过“股本”账户核算外，其他各类企业应通过“实收资本”账户核算。企业收到投资者投入的资本后，应分别不同的出资方式进行会计业务处理。

实收资本按其投资主体不同分为国家投入资本、法人投入资本、个人投入资本和外商投入资本。各投资主体投入企业的资金作为实收资本入账后，各投资主体的投资构成比例即投资者的出资比例或股东的股权比例，就是投资者在企业所有者权益中享有份额的比例，也是企业进行利润或股利分配的主要依据。

投资者认缴的出资额会因为投入企业的时间点不同，作为实收资本入账的金额也会不同。在企业创立之时，投资者认缴的出资额会全部作为实收资本入账。当企业经营一段时间之后，如果有新的投资者对公司进行追加投资，此时，由于之前的各投资者已经为公司的经营和管理付出很多的时间、精力、财力等代价，而且在企业经营的这一段时间内企业还有可能产生一定资金积累如未分配利润等，为了保护原有投资者的利益，新加入的投资者就需要付出更多的代价才能取得与原有投资者相同的出资比例，以作为对原有投资者的一种补偿。投资者的出资方式可以是货币资金，也可以是原材料、房屋、设备等实物资产，还可以是专利技术、商标权、土地使用权等无形资产。

资本公积是指投资者或者他人投入到企业的，所有权归属全体投资者，投入金额超过其在注册资本或股本中的占有份额部分的资金（即资本溢价或股本溢价），以及直接计入所有者权益的利得和损失等。形成资本（股本）溢价的原因主要有溢价发行股票、投资者出资超过应计入实收资本（股本）的部分。直接计入所有者权益的利得和损失是指不应计入当期损益、会导致所有者权益增减变动、与所有者投入资本或者向所有者分配利润无关的利得或损失。其中，利得是指由企业非日常活动所形成的、会导致所有者权益增加的、与所有者投入资本无关的经济利益的流入，其内容包括直接计入所有者权益的利得和直接计入当期利润的

利得。损失是指由企业非日常活动所发生的、会导致所有者权益减少的、与向所有者分配利润无关的经济利益的流出，其内容包括直接计入所有者权益的损失和直接计入当期利润的损失。资本公积是一种特殊的所有者权益，在我国，资本公积主要用来转增资本(或股本)。

非股份有限公司设置“实收资本”账户，属于所有者权益类账户，用于核算企业投资者投入资本的增减变动及其结存情况。贷方登记收到投资者投入的资本，借方登记企业按法定程序报经批准减少的资本，期末余额在贷方，反映企业实有的资本数额。该账户按投资者分别设置明细账进行明细分类核算。股份有限公司应设置“股本”账户。“股本”与“实收资本”只是账户名称不同而已，二者的账户结构是一致的，比照“实收资本”账户进行核算。

“资本公积”账户属于所有者权益类账户，用于核算企业资本公积增减变动及其结存情况。贷方登记企业收到投资者出资超过其在注册资本或股本中所占份额的部分，以及直接计入所有者权益的利得，借方登记企业以资本公积转增资本以及直接计入所有者权益的损失，期末余额在贷方，反映企业资本公积实有数额。该账户设置两个明细账分别进行明细分类核算，这两个明细账分别是“资本溢价”（或“股本溢价”)和“其他资本公积”。

企业接受投资者投入的资本时，应根据有关原始凭证分别借记“银行存款”“其他应收款”“固定资产”“无形资产”“长期股权投资”等账户，按其注册资本或股本中所占份额，贷记“实收资本”或“股本”账户，按其差额，贷记“资本公积——资本溢价(或股本溢价)”账户。

此外，在进行具体业务核算时还涉及“银行存款”“原材料”“固定资产”“无形资产”“长期股权投资”等账户。

“银行存款”账户属于资产类账户，用于核算企业存入银行或其他金融机构的各种存款的增减变动及其结存情况。借方登记企业实际存入银行的款项，贷方登记企业从银行存款账户中提取或支出的款项，期末余额在借方，表示期末银行存款的实有数。该账户按开户银行或其他金融机构、存款种类等分别设置银行存款日记账。有外币存款的企业，还应按不同币种分设明细账，进行明细分类核算。

“原材料”账户属于资产类账户，用于核算企业各种库存材料成本增减变动及结存情况。借方登记外购、自制、委托加工、盘盈、接受投资等取得原材料的成本，贷方登记发出耗用、对外销售、盘亏、毁损及对外投资、捐赠原材料的成本。期末借方余额，反映企业库存材料的成本。该账户可以按照材料的保管地点(仓库)、材料的类别、品种和规格等设置明细账户，进行明细分类核算。

固定资产是企业所拥有的使用期限较长、单位价值较高、多次周转使用仍保持原有实物形态的资产，是企业重要的劳动手段。《企业会计准则第4号——固定资产》中对固定资产做了如下定义：固定资产是指同时具有下列特征的有形资产：①为生产商品、提供劳务、出租或经营管理而持有的；②使用寿命超过一个会计年度，通常包括房屋、建筑物、机械设备、运输车辆等。固定资产应当按照成本进行初始计量。这里所说的成本，是指企业为购建某项固定资产达到预定可使用状态前所发生的一切合理的、必要的支出。这些支出既包括直接发生的费用(如购置固定资产的价款、运杂费、包装费和安装费等)，也包括间接发生的费用(如应分摊的借款利息、外币借款折算差额及应分摊的其他间接费用)。为了核算固定资产的原始价值，企业应设置“固定资产”账户。

“固定资产”账户属于资产类账户，用于核算企业固定资产原始价值增减变动及其结存情况。借方登记企业增加的固定资产原始价值，即企业因购建、自行建造、接受投资、接受捐赠、非货币性资产交换、债务重组利得和盘盈等增加的固定资产原始价值，贷方登记减少固定资产的原始价值，即企业因固定资产出售、报废、对外投资、对外捐赠、非货币性资产交换、债务重组损失和盘亏等减少的固定资产原始价值，期末余额在借方，表示期末固定资产的原始价值。该账户按照固定资产的种类设置明细账，进行明细分类核算。

无形资产是指企业拥有或者控制的没有实物形态的可辨认的非货币性资产，包括专利权、商标权、著作权和土地使用权等。其中专利权、商标权、著作权又统称为知识产权。深化科技体制改革，深化科技评价改革，加大多元化科技投入，加强知识产权法治保障，形成支持全面创新的基础制度。因此做好知识产权保护和强化无形资产核算，无论对企业发展提升企业竞争力，还是对国家经济发展和完善国家治理体系提升国家治理能力及激发科技创新活力都极为重要。无形资产通常按实际成本计量，即以取得无形资产并使之达到预定可使用状态而发生的全部支出，作为无形资产的成本。而这里所说的全部支出，包括购买价款、相关税费以及直接归属于使该资产达到预定可使用状态所发生的其他支出。企业应设置“无形资产”账户进行无形资产核算。

“无形资产”账户属于资产类账户，用于核算企业无形资产的增减变动情况，借方登记企业购入或自创无形资产的成本，贷方登记企业出售或对外投资等转出的无形资产减少数，期末余额在借方，表示期末无形资产的成本。该账户应按无形资产类别设置明细账，进行明细分类核算。

“长期股权投资”账户属于资产类账户，用来核算企业持有的采用成本法和权益法核算的长期股权投资的增减变动及投资收回情况。借方登记投资的实际成本，贷方登记收回投资金额。企业在生产经营活动过程中，必须按照国家相关税法的规定及时、足额地计算和缴纳各种税款及相关附加税费等，主要包括增值税、消费税、企业所得税、房产税、车船税、城市维护建设税、教育费附加等。企业必须坚持全面依法治国，推进法治中国建设。弘扬社会主义法治精神，传承中华优秀传统法律文化，引导全体人民做社会主义法治的忠实崇尚者、自觉遵守者、坚定捍卫者。深入开展法治宣传教育，增强全民法治观念。发挥领导干部示范带头作用，努力使尊法学法守法用法在全社会蔚然成风。为了进行相关税费的核算，企业应设置“应交税费”账户，该账户属于负债类账户，用于核算企业按税法规定应缴纳的上述各种税款的增减变动情况。贷方登记企业应交的各种税费，借方登记实际缴纳的税费。期末余额如果在贷方，则表示企业应交未交的税费；期末余额如果在借方，则表示企业多交或尚未抵扣的税费。

二、建筑施工企业不同出资方式的主要会计处理

1. 以货币资金出资

【例 3-1】 甲建筑施工企业由A、B、C三家共同出资组建，注册资本1 500 000元，按照合同约定，各出资500 000元，现收到A、B和C投入的款项存入银行。会计分录如下：

借：银行存款	1 500 000	
贷：实收资本——A		500 000
——B		500 000
——C		500 000

2. 以非货币性资产出资

（1）接受原材料投资

【例 3-2】 某有限责任公司收到乙公司投入的原材料一批，收到增值税专用发票上注明价款35 100元，增值税4 563元，材料已入库，全部作为实收资本入账。会计分录如下：

借：原材料　　35 100
　　应交税费——应交增值税（进项税额）　　4 563
　　贷：实收资本——乙公司　　39 663

说明：教材中涉及的所有税法内容及税率等数据，更新最新版时依据最新税法及税率数据修订，不再一一列举。

（2）接受固定资产投资

【例 3-3】 某有限责任公司收到投资者 C 企业投入不需要安装的全新设备一台，投资各方确认的设备价值为 300 000 元。会计分录如下：

借：固定资产　　300 000
　　贷：实收资本——C 企业　　300 000

（3）接受无形资产投资

【例 3-4】 某有限责任公司接受乙公司以一项专利权作为投资，该项专利权经双方商定确认其价值为 100 000 元。会计分录如下：

借：无形资产——专利权　　100 000
　　贷：实收资本——乙公司　　100 000

（4）投资者以股权出资

【例 3-5】 某有限责任公司接受丙公司的投资。丙公司以其持有的 A 公司的长期股权投资作价出资，该长期股权投资的账面价值是 6 000 000 元，投资合同约定该长期股权投资作价 5 000 000 元。投资者丙公司投入的长期股权投资按照投资合同或协议约定的价格作为初始入账成本。股权交割手续已办理完成。会计分录如下：

借：长期股权投资——A 公司　　5 000 000
　　贷：实收资本——丙公司　　5 000 000

三、建筑施工企业所有者权益变动的会计处理

（一）建筑施工企业实收资本增加的会计处理

1. 一般企业增加资本的途径

1）将资本公积转增资本。

2）将盈余公积转增资本。

3）投资者追加投资等。

【例 3-6】 甲公司经营 5 年后，办理了注册资金变更手续，将公司的资本公积 800 000 元转增资本。

借：资本公积　　800 000
　　贷：实收资本　　800 000

【例 3-7】 甲公司经营 8 年后，办理了注册资金变更手续，将公司的盈余公积 600 000 元转增资本。

借：盈余公积　　600 000

贷：实收资本　　600 000

【例 3-8】 承【例 3-1】甲建筑施工企业经营两年后，办理了注册资本变更手续，注册资本增加到 2 000 000 元，D 作为投资者出资 700 000 元加入甲建筑施工企业，款项已存入银行。D 与 A、B、C 一样各享有企业净资产 1/4 的份额。

借：银行存款　　700 000

　　贷：实收资本——D　　500 000

　　　　资本公积——资本溢价　　200 000

2. 股份有限公司以发放股票股利的方法实现增资

股份有限公司除具有上述一般企业增加资本的途径外，还可以通过发放股票股利的方式增加资本。股东领取不足一股股票股利时有两种处理方法：一是将不足一股的股票股利改为现金股利，用现金支付；二是由股东相互转让，凑为整股。股东大会批准的利润分配方案中分配的股票股利，应在办理增资手续后，借记“利润分配”账户，贷记“股本”账户。

3. 可转换公司债券持有人行使转换权利

可转换公司债券持有人行使转换权利，将其持有的债券转换为股票，按可转换公司债券的余额，借记“应付债券——可转换公司债券（面值、利息调整）”账户，按其权益成分的金额，借记“资本公积——其他资本公积”账户，按股票面值和转换的股数计算的股票面值总额，贷记“股本”账户，按其差额，贷记“资本公积——股本溢价”账户。不足转换一股的部分贷记“库存现金”账户。

4. 企业重组债务转增资本（在重组日）

企业将重组债务转为资本的，应按重组债务的账面余额，借记“应付账款”等账户，按债权人因放弃债权而享有本企业股份的面值总额，贷记“实收资本(或股本)”账户，按股份的公允价值总额与相应的实收资本或股本之间的差额，贷记或借记“资本公积——资本溢价(或股本溢价)”账户，按其差额，贷记“营业外收入——债务重组利得”账户。

5. 以权益结算的股份支付（在行权日）

以权益结算的股份支付换取职工或其他方提供服务的，应在行权日，按实际行权情况确定的金额，借记“资产公积——其他资本公积”账户，按应计入实收资本或股本的金额，贷记“实收资本(或股本)”账户。

（二）建筑施工企业实收资本减少的会计处理

企业实收资本的减少需要按法定程序报经批准，并按批准减少的金额减少实收资本。企业实收资本减少的原因除了企业发生重大亏损需要减少实收资本以外，再有就是企业的资本过剩需要减少实收资本。

有限责任公司在按法定程序报经批准减少实收资本时，应借记“实收资本”账户，贷记“银行存款”等账户。

股份有限公司采用收购本公司股票方式减资的，按股票面值和注销股数计算的股票面值总额，借记“股本”账户，按注销库存股的账面余额，贷记“库存股”账户，按其差额借记“资本公积——股本溢价”账户。股本溢价不足冲减的，应借记“盈余公积”“利润分配——未分配利润”账户。购回股票支付的价款低于面值总额的，应按股票面值总额借记“股本”账户，按所注销的库存股账面余额，贷记“库存股”账户，按其差额贷记“资本公积——股本溢价”账户。

【例 3-9】 某股份有限公司因资本过剩需要减资，经办理有关手续后，收回本公司曾发行面值为 1 元的普通股 100 000 股，发行价为每股 5 元，现以每股 6.4 元的价格赎回，款项以银行存款支付。

借：库存股	640 000	
贷：银行存款		640 000
借：股本	100 000	
资本公积——股本溢价	400 000	
盈余公积	140 000	
贷：库存股		640 000

如果该公司以每股 5 元的价格赎回，则应当做如下会计处理：

借：库存股	500 000	
贷：银行存款		500 000
借：股本	100 000	
资本公积	400 000	
贷：库存股		500 000

四、建筑施工企业开办费的核算

筹建期是从企业开始筹建之日起到取得营业执照之日止的期间。开办费是指企业在筹建期间发生的各种费用支出。建筑施工企业在筹建期间发生的开办费，包括人员工资、办公费、培训费、差旅费、印刷费、注册登记费以及不计入固定资产和无形资产购建成本的借款费用等。

按照企业会计准则的规定，企业在筹建期间发生的开办费，统一作为企业开业当年的管理费用处理，一次性计入管理费用。

【例 3-10】 某公司以现金支付筹建期间注册登记费 5 000 元、办公费 10 000 元、工资 4 000 元。

借：管理费用——开办费	19 000	
贷：库存现金		19 000

思 考 题

1. 按照《公司法》的规定，有限责任公司的设立条件有哪些？股份有限公司的设立条件有哪些？
2. 建筑施工企业设立环节应设置哪些会计账户？试述这些账户的用途及结构。
3. 建筑施工企业不同出资方式下的主要会计业务有哪些？如何核算？
4. 建筑施工企业所有者权益变动的会计处理有哪些？如何核算？

练 习 题

一、单项选择题

1.《公司法》规定：“有限责任公司由(　　)个以下股东出资设立。”

A. 1　　B. 50　　C. 100　　D. 200

2. 股份有限公司的发起人为(　　)人以上，须有半数以上的发起人在中国境内有住所。

A. 2　　B. 5　　C. 10　　D. 50

3. 企业收到投资者投入的资本在(　　)账户中核算。

A. “实收资本”　　B. “盈余公积”　　C. “应收账款”　　D. “资本公积”

4. 按照企业会计准则的规定，企业在筹建期间发生的开办费，统一作为企业开业当年的(   )处理。

A. 管理费用 B. 财务费用 C. 销售费用 D. 间接费用

5. 资本公积转增资本时的会计分录应该是借记“资本公积”账户，贷记(   )账户。

A. “固定资产” B. “原材料” C. “实收资本” D. “银行存款”

二、多项选择题

1. 企业的组织形式有(   )。

A. 个人独资企业 B. 合伙企业 C. 公司制企业 D. 无限公司

2. 实收资本按其投资主体不同分为(   )。

A. 国家投入资本 B. 法人投入资本 C. 个人投入资本 D. 外商投入资本

3. 关于“实收资本”账户表述正确的有(   )。

A. 属于所有者权益类账户 B. 属于资产类账户

C. 用于核算企业投资者投入资本的增减变动及其结存情况

D. 借方登记收到投资者投入的资本

4. 关于“资本公积”账户表述正确的有(   )。

A. 属于所有者权益类账户 B. 属于资产类账户

C. 借方登记企业以资本公积转增资本以及直接计入所有者权益的损失

D. 期末余额在贷方，反映企业资本公积实有数额

5. 固定资产是指同时具有下列(   )特征的有形资产。

A. 为生产商品、提供劳务、出租或经营管理而持有

B. 使用寿命超过一个会计年度

C. 使用寿命在一个会计年度及其以内

D. 以对外出售为目的而持有

6. 无形资产是指企业拥有或者控制的没有实物形态的可辨认的非货币性资产。下列(   )属于无形资产。

A. 专利权 B. 商标权 C. 著作权 D. 土地使用权

7. 建筑施工企业在筹建期间发生下列项目，属于开办费的有(   )。

A. 人员工资 B. 办公费 C. 培训费 D. 注册登记费

三、判断题

1. 股东可以用货币出资，也可以用实物、知识产权、土地使用权等可以用货币估价并可以依法转让的非货币性资产作价出资。 (   )

2. 股份有限公司的股票可以自由转让，但财务不公开。 (   )

3. 实收资本是企业的自有资金。 (   )

4. 企业实收资本减少，由投资者协商确定，无须报经批准。 (   )

5. “资本公积”账户用于核算企业投资者投入资本的增减变动及其结存情况。 (   )

四、业务题

练习实收资本的会计处理

资料：某建筑施工企业发生如下经济业务：

（1）该建筑施工企业由甲、乙两家公司共同出资组建，注册资本500 000元，按照合同约定，各出资250 000元，现收到甲公司投入的款项250 000元存入银行。

（2）该建筑施工企业收到乙公司投入的原材料，双方协议材料作价为50 000元，材料已入库，还收到一项不需要安装的固定资产，双方协议价值为200 000元。

（3）该建筑施工企业经营6年后，办理了注册资金变更手续，将企业的盈余公积200 000元转增资本。

要求：编制上述经济业务的会计分录。

第 4 章

货币资金的核算

教学目的：

通过本章的学习，学生应当了解并掌握：

1. 库存现金的管理与核算
2. 银行存款的账户管理与核算
3. 其他货币资金的内容与核算

第一节　库存现金的管理与核算

一、库存现金的含义

现金的本质含义是指随时可作为流通与支付手段的票证。但从会计理论上讲，现金具有广义与狭义之分。广义的现金又统称为货币资金，包括库存现金、银行存款和其他货币资金。狭义的现金则仅指库存现金。库存现金是指存放在企业财会部门，由出纳人员经管的现钞，可以随时用于购买所需物资、支付日常零星开支、偿还债务等。

现金是企业流动性最强的资产。企业遵守国家有关现金管理制度，加强对货币资金的管理和控制，对于保障企业资产安全、完整，提高货币周转速度和使用效率，具有重要的意义。

二、库存现金的管理

国务院颁布的《现金管理暂行条例》规定了现金管理的内容，主要包括以下三方面：

1. 库存现金的使用范围

企业支付各种款项必须按《现金管理暂行条例》的规定办理，在规定的范围内使用现金。除以下情况可以使用现金支付外，其他支出一律通过银行办理转账结算。允许使用现金结算的范围有：

1）职工工资、津贴。

2）个人劳务报酬。

3）按国家规定颁发给个人的科学技术、文化艺术、体育等各种奖金。

4）各种劳保、福利费用以及国家规定对个人的其他现金支出。

5）向个人收购农副产品和其他物资支付的价款。

6）出差人员必须随身携带的差旅费。

7）结算起点 1 000 元以下的零星支出。

8）中国人民银行规定需要支付现金的其他支出。

2. 库存现金限额

库存现金限额是为保证各单位日常零星支出按规定允许留存现金的最高限额。由开户银行根据企业的实际需要和交通便利情况等进行核定，一般按照企业 3~5 天日常零星开支需要量确定。边远地区和交通不便地区的企业，库存现金限额可以多于 5 天，但不能超过 15 天的日常零星开支需要量。企业必须严格按规定的限额控制现金金额，超过限额的部分，必须于当日终了送存银行。需要增加或减少库存现金限额的，应当向开户银行提出申请，由开户银行核定。

3. 现金日常收支管理

开户单位现金收支应当按照下列规定办理：

1）现金收入应及时送存银行，如当日送存有困难，则由开户银行确定送存时间。

2）不得坐支现金。开户单位支付现金，可以从本单位库存现金限额中支付或从开户银行提取，不得从本单位的现金收入中直接支付（坐支现金）。特殊原因需要坐支，应事先报经有关部门审查批准，并在核定的坐支范围和限额内进行。

3）开户单位从开户银行提取现金时，应如实写明提取现金的用途，由本单位财会部门负责人签字盖章，并经开户银行审查批准后予以支付。

4）因采购地点不确定、交通不便、抢险救灾以及其他特殊情况必须使用现金的单位，应向开户银行提出书面申请，由本单位财会部门负责人签字盖章，并经开户银行审查批准后予以支付。

5）出纳人员要做到日清月结。每日终了，将库存现金数与账面余额进行核对，发现账款不符应及时查明原因，进行处理。

6）内部稽核人员和内部审计人员应定期或不定期地对库存现金进行核查和抽查。

此外，还有不准“白条抵库”、不准谎报用途套取现金、不准用银行账户代替其他单位和个人存入或支取现金、不准公款私存、不准设立“小金库”等。银行对于违反上述规定的单位，将按违规金额的一定比例予以处罚。

三、库存现金的内部控制

为了加强建筑施工企业库存现金的管理，必须建立健全库存现金的内部控制制度，并予以严格执行，保证企业库存现金的安全、完整。

1. 库存现金开支审批制度

根据国家规定的范围使用现金；明确各种报销凭证，规定各种库存现金支付业务的报销手续和办法；确定各种库存现金支出的审批权限。任何一项需要付款的业务必须有合法、合理、真实的原始凭证，按单位财务管理制度进行审批，并经有关会计人员审核后，出纳人员才能办理付款。

2. 严格岗位分工，实行钱账分管

采购、出纳、记账工作应分别由不同的经办人员负责，不能职责不清、一人兼管。支票的签发和付款要有两人分别盖章，互相监督、相互牵制、相互核对，以防弊端。

3. 库存现金保管制度

企业的保险柜内，只准存入本企业的现金、有价证券、支票等，不能存入个人和外单位的现金和其他物品等。

4. 规范收付手续

一切现金收入都应无一例外地开具收款收据。付款时填制的付讫凭证，应加盖“银行付讫”或“现金付讫”图章，予以注销，以防被重复付款、盗窃和篡改。

四、库存现金的核算

1. 库存现金的总分类核算

为了总括反映和监督现金的收入、支出、结存情况，企业应设置“库存现金”账户进行总分类核算。该账户属于资产类账户，借方登记库存现金的增加，贷方登记库存现金的减少，期末余额在借方，反映库存现金的结存数额。企业内部各部门周转使用的备用金，通过“其他应收款”或“备用金”账户核算，不在“库存现金”账户内核算。

需要注意的是，当企业的记账凭证采用专用记账凭证(即收款凭证、付款凭证、转账凭证)时，从银行提取现金只编制银行存款付款凭证，将现金送存银行时也只编制库存现金付款凭证，以避免重复记账。

2. 库存现金的明细分类核算

为了全面、连续地反映和监督库存现金的收支和结存情况，企业还应当设置库存现金日记账，进行企业库存现金的明细分类核算。

库存现金日记账采用订本式账簿，一般采用三栏式账页，设有借方、贷方、余额三栏，分别登记库存现金的增加、减少和余额。由出纳根据审核无误的记账凭证对现金业务按照发生的先后顺序进行逐日逐笔登记。每日终了，结算当天的现金收入合计数、现金支出合计数和余额，并与实际库存现金数进行核对，做到日清月结、账款相符。有外币现金的企业，还应按外币币种分别设置库存现金日记账。通过日记账的记录，企业可以随时掌握库存现金的动态，保证库存现金的安全完整。月度终了，库存现金日记账的余额应当与库存现金总账的余额核对，做到账账相符。

【例 4-1】 某建筑公司 2015 年 5 月发生以下现金收付业务：

(1) 3 日，开出现金支票，从银行提取现金 4 000 元。根据现金支票存根联，企业编制会计分录如下：

借：库存现金	4 000	
贷：银行存款		4 000

(2) 8 日，企业行政管理人员张三出差预借差旅费 3 000 元。根据借款单，企业编制会计分录如下：

借：其他应收款——张三	3 000	
贷：库存现金		3 000

(3) 18 日，张三报销差旅费 2 600 元，所借余款 400 元退回。根据收款单据和报销凭证，企业应编制的会计分录如下：

借：库存现金	400	
管理费用	2 600	
贷：其他应收款——张三		3 000

五、库存现金的清查

为了确保账实相符，企业应当按照规定对库存现金进行定期或不定期的清查。库存现金清查的方法采用实地盘点法。根据库存现金清查结果编制库存现金盘点报告表。如果有挪用现金、白条顶库的情况，应及时予以纠正；对于超限额留存的现金应当及时送存银行；如果属于记账错误的应及时更正。对发生的溢余或短缺，先通过“待处理财产损溢——待处理流动资产损溢”账户进行核算。然后查找原因，按管理权限批准后进行相应的账务处理，以确保账实相符。

库存现金清查结果的核算，详见第二章第五节。

第二节 银行存款的账户管理与核算

银行存款是企业存放在银行或其他金融机构的货币资金。按照中国人民银行发布并实施的《支付结算办法》的规定，凡是独立核算的企业都必须在当地银行开设账户，以办理存款、取款和收付结算等。企业除了按核定限额留存的库存现金外，其余的现金都必须存入银行；企业与其他单位的一切货币资金的收入和付出，除了在规定的范围内可以用现金直接支付外，都必须通过银行存款账户办理结算。

一、银行存款账户的管理

1. 银行账户的分类

企业应当按照自 2003 年 9 月 1 日起施行的《人民币银行结算账户管理办法》和自 2005 年 1 月 31 日起施行的《人民币银行结算账户管理办法实施细则》的规定开立、使用账户。银行存款账户分为基本存款账户、一般存款账户、临时存款账户和专用存款账户。

存款人开立基本存款账户、临时存款账户和预算单位开立专用存款账户实行核准制度，经中国人民银行核准后由开户银行核发开户许可证。但存款人因注册验资需要开立的临时存款账户除外。开户许可证是中国人民银行依法准予申请人在银行开立核准类银行结算账户的行政许可证件，是核准类银行结算账户合法性的有效证明。此外，合格境外机构投资者在境内从事证券投资开立的人民币特殊账户和人民币结算资金账户（简称 QFII 专用存款账户）也属于核准类银行结算账户。

基本存款账户是企业办理日常转账结算和现金收付的账户。企业工资、奖金等现金的支取，只能通过该账户办理。基本存款账户实行开户核准制度。一个企业只能选择一家银行的一个营业机构开设一个基本存款账户。

一般存款账户是企业因借款或其他结算需要（如与基本存款账户不在同一地点的附属非独立核算单位开立的账户），在基本存款账户开户银行以外的银行营业机构开立的银行结算账户。企业的借款转存、借款归还和其他结算的资金收付可通过该账户办理。该账户可以办理现金缴存，但不能支取现金。该账户开立数量没有限制。

临时存款账户是企业因临时经营活动需要并在规定期限内使用而开设的账户，如建筑施工企业根据施工项目开工情况，在施工项目当地的商业银行开立的临时性存款账户及异地的临时采购资金账户等。企业可以通过该账户办理转账结算和根据国家现金管理的规定办理现金收付。存款人为临时机构的，只能在其驻在地开立一个临时存款账户，不得开立其他银行结算账户。存款人在异地从事临时活动的，只能在其临时活动地开立一个临时存款账户。但建筑施工及安装单位企业在异地同时承建多个项目的，可根据建筑施工及安装合同开立不超过项目合同个数的临时存款账户。

专用存款账户是存款人按照法律、行政法规和规章，对其特定用途资金进行专项管理和使用而开立的银行结算账户，可转账结算和现金收付，如基本建设项目专项资金账户等。

2. 银行结算纪律和原则

《支付结算办法》规定：①单位或个人办理结算时，不准签发没有资金保证的票据或远期支票，套取银行信用；②不准签发、取得和转让没有真实交易和债权债务的票据，套取银行和他人资金；③不准无理拒付，任意占用他人资金；④不准违规开立和使用账户。

银行在办理结算时遵循的原则为：①恪守信用，履约付款；②谁的钱进谁的账，由谁支配，银行不垫款。

二、银行转账结算方式

银行转账结算又称非现金结算，是指企业的开户银行将款项从付款单位的结算账户划转到收款人的结算账户。根据《支付结算办法》和《中华人民共和国票据法》的有关规定，目前银行转账结算的方式主要包括支票、银行本票、银行汇票、委托收款、托收承付、汇兑、信用卡、信用证、商业汇票等。其中，以支票、委托收款、托收承付、汇兑四种结算方式付款通过“银行存款”账户核算；以银行本票、银行汇票、信用卡、信用证等结算方式付款通过“其他货币资金”账户核算；以商业汇票等结算方式付款通过“应付票据”账户核算。

1. 支票

支票是由银行的存款人签发的，委托办理支票存款业务的银行在见票时无条件支付确定金额给收款人或持票人的票据。单位和个人在同一票据交换区域的各种款项结算，均可使用支票。

支票由银行统一印制，分为普通支票、现金支票和转账支票。普通支票可提取现金也可以转账。在普通支票左上角划两条平行线的，为划线支票。划线支票只能用于转账，不能支取现金。现金支票只能用于支取现金。转账支票只能用于转账。签发现金支票必须符合国家现金管理的规定。支票为即期票据，自出票之日起 10 天内提示付款。不得签发远期支票和空头支票，不得签发与其预留银行印鉴不符的支票。支票一律记名，转账支票可以背书转让，挂失止付。支票签发日期、大小写金额和收款人名称不得更改。支票结算程序如图 4-1 所示。

建筑施工企业作为收款单位收到支票时，应在规定的期限内填写进账单连同支票一起送存银行，办理转账结算，根据银行盖章的收款通知等原始凭证，编制收款凭证，借记“银行存款”账户，贷记有关账户。

建筑施工企业作为付款单位支付购货款等款项时，在存款限额内签发支票给收款单位，根据支票存根和有关原始凭证，编制付款凭证，借记有关账户，贷记“银行存款”账户。

2. 银行本票

银行本票是申请人将款项交给银行，由银行签发以办理转账结算或支取现金，并承诺见票时无条件支付确定的金额给收款人或持票人的票据。银行本票由银行签发并保证兑付，具

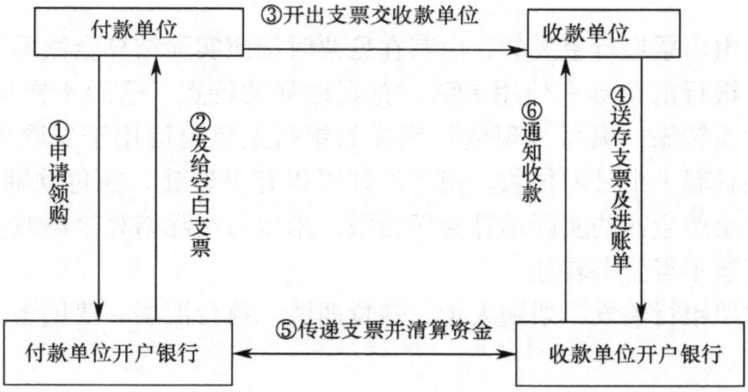

图 4-1 支票结算程序

有信誉高、支付功能强的特点。单位或个人在同一票据交换区域内各种款项的结算，均可以使用银行本票。

银行本票可以用于转账，注明“现金”字样的银行本票也可以用于支取现金。银行本票分定额本票和不定额本票两种。定额本票面额为 1 000 元、5 000 元、10 000 元和 50 000 元四种。银行本票为即期票据，付款期限最长不超过两个月。

企业申请办理银行本票，应填写银行本票申请书，银行受理并收妥款项后，签发银行本票交给申请人(付款单位)。申请人将本票连同解讫通知交给收款单位，收款单位在规定的期限内填写进账单，连同银行本票和解讫通知一起送交开户银行办理转账。

银行本票一律记名、不挂失，可以背书转让，但填明“现金”字样的银行本票不得背书转让。银行本票结算程序如图 4-2 所示。

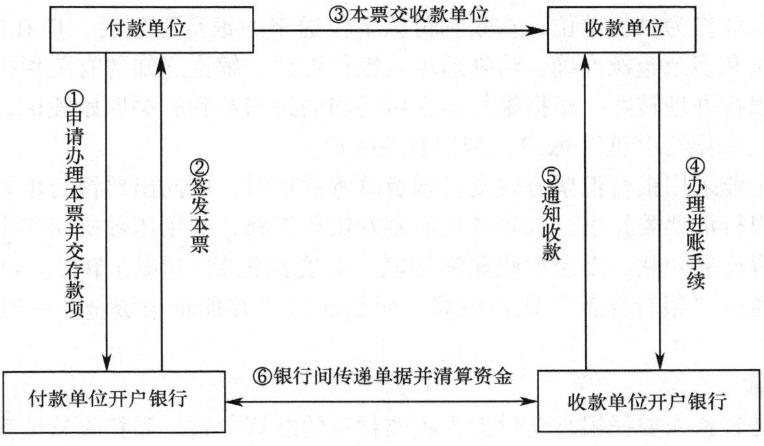

图 4-2 银行本票结算程序

建筑施工企业作为收款人收到银行本票时，应填制进账单办理入账手续，并根据银行盖章后退回的进账单和有关的原始凭证，编制银行存款收款凭证，借记“银行存款”账户，贷记“应收账款”等有关账户。

建筑施工企业作为付款人将款项交给银行并申请办理银行本票时，不通过“银行存款”账户核算，而是通过“其他货币资金——银行本票”账户核算。

3. 银行汇票

银行汇票是指由出票银行签发的，由其在见票时按照实际结算金额无条件支付给收款人或持票人的票据。银行汇票具有使用灵活、兑现性强的特点，适用于异地间各种款项的结算。银行汇票可用于转账，填写“现金”字样的银行汇票也可用于支取现金。银行汇票为即期票据，自出票日起 1 个月内付款。银行汇票可以背书转让，在付款期内只能转让一次。背书转让以不超过出票金额的实际结算金额为限，未填写实际结算金额或实际结算金额超过出票金额的银行汇票不得背书转让。

银行汇票由出票银行签发，票随人走，钱货两清。银行汇票一律记名。银行汇票结算程序如图 4-3 所示。

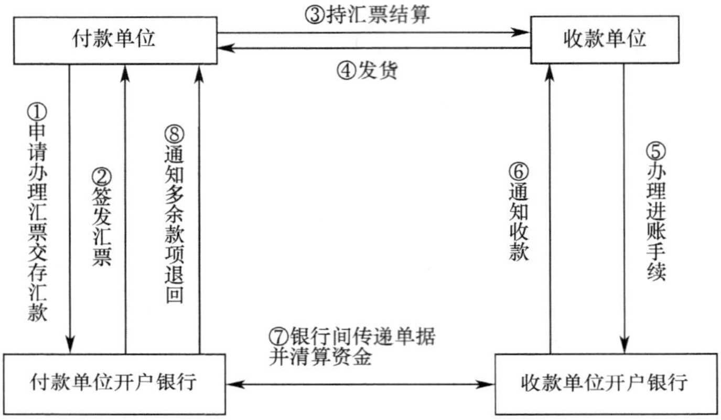

图 4-3 银行汇票结算程序

建筑施工企业作为收款单位，在收到付款单位送来的银行汇票时，应在出票金额以内，将实际结算金额和多余金额准确、清晰地填入银行汇票、解讫通知的有关栏内，连同进账单一起送交开户银行办理转账。根据银行盖章后退回的进账单和有关原始凭证，编制银行存款收款凭证，借记“银行存款”账户，贷记有关账户。

建筑施工企业采用银行汇票方式支付购货款等款项时，应向出票银行填写银行汇票申请书，银行受理银行汇票委托书，收妥款项后签发银行汇票，并用压数机压印出票金额，然后将银行汇票、解讫通知联、多余款收账通知联一并交给汇款(付款)单位。建筑施工企业作为付款人，不通过“银行存款”账户核算，而是通过“其他货币资金——银行汇票”账户核算。

4. 委托收款

委托收款是收款人委托银行向付款人收取款项的结算方式。委托收款结算方式使用范围广、方便灵活，同城、异地均可办理，且不受金额起点的限制，适用于电费、税费、电话费等公用事业费等有关款项的收取。付款期限为 3 天。委托收款结算程序如图 4-4 所示。

建筑施工企业作为收款单位，收到银行的收款通知时，据以编制银行存款收款凭证，借记“银行存款”账户，贷记“应收账款”“其他应收款”等有关账户。

建筑施工企业作为付款单位，在收到银行转来的委托收款凭证后，根据委托收款的付款通知和有关原始凭证编制付款凭证，借记有关账户，贷记“银行存款”账户。如果拒付，则不做会计处理。

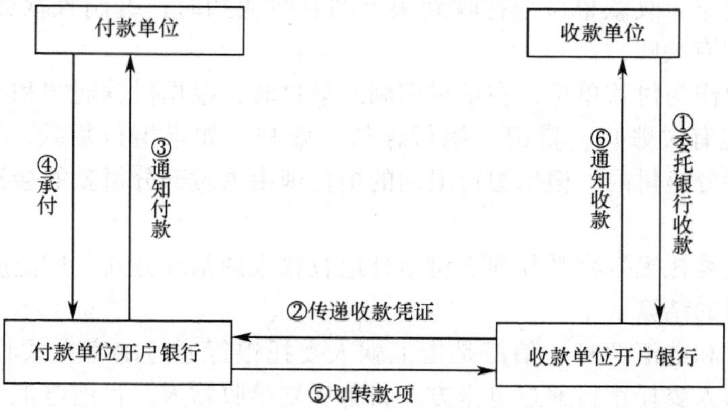

图 4-4 委托收款结算程序

5. 托收承付

托收承付又称异地托收承付，是指根据购销合同由收款人发货后委托银行向异地付款人收取货款，付款人（即购货单位）根据合同验单或验货后，由付款人向银行承认付款的结算方式。

托收承付是一种先发货后付款的异地结算方式，收款人和付款人双方一般需要有较高的信用度且有较长期的合作关系。

办理托收承付结算方式的款项，必须是商品交易，以及因商品交易而产生的劳务供应的款项，购销双方应签有符合《合同法》的购销合同，并在合同上注明使用托收承付结算方式。代销、寄销、赊销商品的款项，不得办理托收承付结算。收款人办理托收承付时，必须具有商品发出的证件或其他证明。托收承付结算的金额起点为 10 000 元，新华书店系统每笔金额起点为 1 000 元。托收承付结算程序如图 4-5 所示。

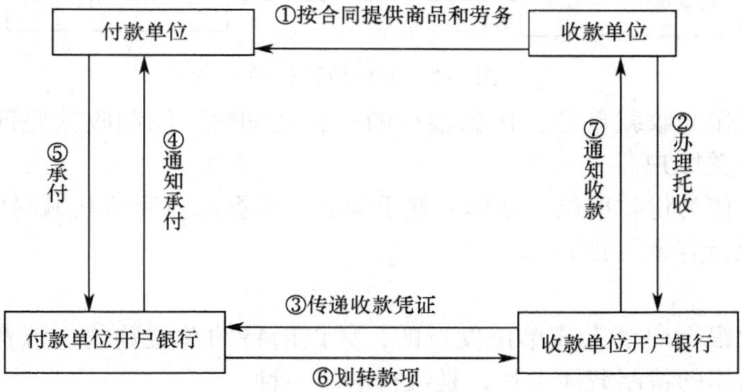

图 4-5 托收承付结算程序

承付货款分为验单付款和验货付款两种，其中验单付款的承付期为 3 天，验货付款的承付期为 10 天。付款单位在承付期内，未向银行表示拒付时，银行视同承付，并在承付期满的次日将款项主动划给收款单位。付款单位如发现收款单位托收款项有错误，或者商品的品种、质量、规格、数量与合同规定不符，以及重复托收等，可在承付期内，向银行提交拒付理由书，全部或部分拒付货款，并向银行办理拒付手续。

建筑施工企业作为收款单位，在收到银行的收款通知时，编制收款凭证，借记“银行存款”账户，贷记有关账户。

建筑施工企业作为付款单位，在承付期满或承付时，根据付款通知和有关原始凭证，编制付款凭证，借记有关账户，贷记“银行存款”账户。如果拒付货款，属于全额拒付的，不做会计处理；部分拒付的，根据银行退回的拒付理由书做部分付款的会计处理。

6. 汇兑

汇兑是汇款人委托银行将其款项支付给外地收款人的结算方式，广泛应用于单位和个人异地间的各种款项的结算。

汇兑分为信汇和电汇两种。信汇是指汇款人委托银行通过邮寄方式将款项划转给收款人，电汇是指汇款人委托银行通过电报方式将款项划给收款人。目前电汇方式用得多，信汇方式用得少。汇兑结算方式划拨款项简便、灵活。

汇款人委托银行办理信汇或电汇时，应向银行填写一式四联的信汇或一式三联的电汇凭证，加盖预留银行印鉴，并按要求详细填写收款人名称、付款人名称、账号、汇入地点及汇入行名称、汇款金额等。汇兑结算程序如图 4-6 所示。

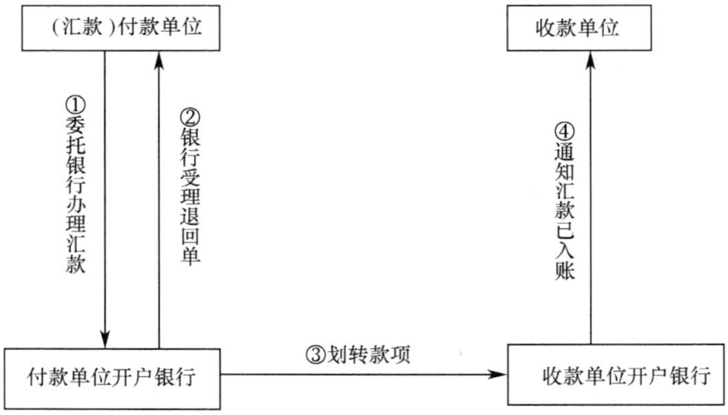

图 4-6　汇兑结算程序

建筑施工企业作为收款单位，接到银行的收款通知时，编制收款凭证，借记“银行存款”账户，贷记有关账户。

建筑施工企业作为付款单位，办理汇款手续后，根据汇款回单联编制付款凭证，借记有关账户，贷记“银行存款”账户。

7. 信用卡

信用卡是商业银行向个人或单位发行的，凭以向特约单位购物、消费和向银行存取现金，且具有消费信用的特制载体卡片，是银行卡的一种。

信用卡按使用对象可分为单位卡和个人卡；按信用等级可分为金卡和普通卡。凡在中国境内金融机构开设基本存款账户的单位均可申领单位卡，单位卡账户的资金一律从其基本存款账户转入，在使用过程中，需要向其账户续存资金，也一律从其基本存款账户转账存入，不得交存现金，不得将销售收入的款项存入其账户。单位卡一律不得用于 10 万元以上的商品交易、劳务供应款项的结算，不得支取现金。信用卡在规定的限额和期限内允许善意透支，透支期限最长 60 天。信用卡仅限于持卡人本人使用，不得出租或转借。信用卡丢失时可以挂失，但是挂失前如被冒领，由持卡人自己负责。信用卡结算程序如图 4-7 所示。

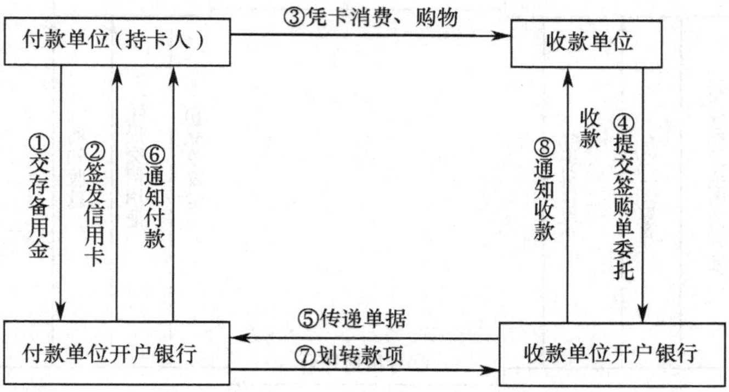

图 4-7　信用卡结算程序

企业申请信用卡，按照有关规定填制信用卡保证书，并按银行要求交存备用金。企业持信用卡在特约单位消费时，由特约单位在签购单上压卡，填写实际结算金额、用途、持卡人身份证号码、特约单位名称和编号等，并由持卡人签名确认。收款单位根据信用卡签购单，填写进账单，连同签购单一并送交银行办理转账。

信用卡结算业务，通过“其他货币资金——信用卡”账户核算。

8. 信用证

信用证是指开证银行应申请人要求并按其指示向第三方开立的载有一定金额的，在一定的期限内凭符合规定的单据保证付款的书面承诺。

信用证结算方式是国际贸易中常用的也是主要的支付方式。信用证结算方式其实是将进口方的付款责任，转为由银行来付款，这样既能保证销售方（即出口方）安全及时地收到货款，又能保证购买方（即进口方）按时收到货运单据。等同于银行为购销双方提供了信用担保，提升了进出口双方间的信任度。

信用证为不可撤销、不可转让的跟单信用证，只限于转账结算，不得支取现金。信用证结算程序如图 4-8 所示。

信用证与作为其依据的购销合同相互独立，只是单据，而不是与单据有关的货物及劳务。

开证申请人（购货方）按合同规定申请办理开证业务时，应当填写开证申请书、信用证申请人承诺书，并提交有关购销合同。开证行在决定受理信用证业务时，向申请人收取一定金额的保证金，开具信用证传递给收款人开户行，经收款人开户行提交给收款人（销货方）。

收款人收到信用证后，备货装运，签发有关发票账单，连同运输单据和信用证送交银行。同时根据银行的收款通知，编制银行存款收款凭证，借记“银行存款”账户，贷记“主营业务收入”或“其他业务收入”账户。

付款人通过“其他货币资金——信用证保证金”账户进行核算。

三、银行存款的核算

1. 银行存款的总分类核算

为了总括反映和监督企业银行存款的收支和结存情况，企业应当设置“银行存款”总

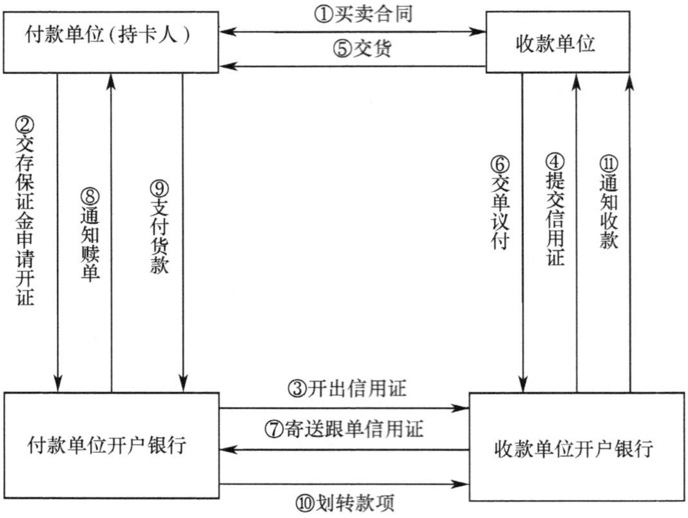

图 4-8 信用证结算程序

账，进行企业银行存款的总分类核算。该账户属于资产类账户，借方登记银行存款的增加，贷方登记银行存款的减少，期末余额在借方，反映银行存款的结存数额。

2. 银行存款的明细分类核算

为了全面、连续地反映和监督银行存款的收支和结存情况，企业还应当设置银行存款日记账，进行企业银行存款的明细分类核算。企业可按开户银行和其他金融机构等设置银行存款明细账户。

银行存款日记账采用订本式账簿，一般采用三栏式账页，设有借方、贷方、余额三栏，分别登记现金的增加、减少和余额。由出纳根据审核无误的记账凭证对银行存款业务按照发生的先后顺序进行逐日逐笔登记。每日终了，结出当天的余额。

【例 4-2】 甲建筑施工企业 2015 年 7 月发生以下银行存款收付业务：

（1）5 日，收到发包单位前欠的工程款 230 000 元，根据银行收款通知，编制如下会计分录：

借：银行存款　　230 000

　　贷：应收账款——发包单位　　230 000

（2）10 日，收到发包单位预付的备料款 120 000 元，根据开户银行收款通知，编制如下会计分录：

借：银行存款　　120 000

　　贷：预收账款——发包单位　　120 000

（3）12 日，签发转账支票一张，支付购买的办公用品价款 800 元。根据支票存根联和有关发票，编制如下会计分录：

借：管理费用——办公用品　　800

　　贷：银行存款　　800

（4）15 日，将超过限额的库存现金 5 000 元送存银行，根据银行盖章的现金存款回单，编制如下会计分录：

借：银行存款 5 000
　　贷：库存现金 5 000

（5）25日，签发转账支票一张85 000元，偿还前欠丙公司材料款。根据支票存根联和有关发票，编制如下会计分录：

借：应付账款——丙公司 85 000
　　贷：银行存款 85 000

四、银行存款的核对

为了防止银行存款账目发生差错，同时也为了准确掌握银行存款的实际数额，企业必须定期核对银行存款的有关账目，至少每月月末要核对一次，发现不符，及时查明原因，根据情况加以处理。

核对环节包括：一是银行存款日记账与银行存款收、付款凭证进行核对；二是银行存款日记账与银行存款总账进行核对；三是银行存款日记账与银行对账单进行核对。这里主要介绍银行存款日记账与银行对账单的核对。

企业应将银行存款日记账与银行对账单逐笔进行核对，如发现双方余额不一致，应及时查明原因，属于记账差错的，要立即进行更正。属于未达账项的，应编制银行存款余额调节表进行调整，经过调整银行存款日记账与银行对账单的余额应该一致。未达账项包括以下四种情况：

1）银行已收款入账，企业尚未收款入账。

2）银行已付款入账，企业尚未付款入账。

3）企业已收款入账，银行尚未收款入账。

4）企业已付款入账，银行尚未付款入账。

下面举例说明银行存款余额调节表的编制。

【例4-3】 甲建筑施工企业2015年8月31日，银行存款日记账的账面余额为144 600元，银行对账单余额为145 240元，经逐笔核对，查明有以下未达账项：

（1）8月28日，企业送存银行的转账支票7 400元，企业已入账，而银行尚未入账。

（2）8月30日，银行代付电费1 800元，企业尚未收到付款通知。

（3）8月31日，企业委托银行收款6 000元，银行已收到入账，而企业尚未收到通知。

（4）8月31日，企业开出3 840元的转账支票一张，已付款入账，持票单位尚未到银行办理结算。

根据上述资料，可编制该企业银行存款余额调节表如表4-1所示。

表4-1 银行存款余额调节表

2015年8月31日　　单位：元

项　目	金　额	项　目	金额
企业银行存款日记账余额	144 600	银行对账单余额	145 240
加：银行已收，而企业未收	6 000	加：企业已收，而银行未收	7 400
减：银行已付，而企业未付	1 800	减：企业已付，而银行未付	3 840
调整后的存款余额	148 800	调整后的存款余额	148 800

经调整后双方余额一致，说明企业与银行记账都没有错误，调整后的余额是企业银行存款的实际余额。银行存款余额调节表只是为了核对账目，不能作为调整银行存款账面余额的记账依据。

第三节　其他货币资金的内容与核算

一、其他货币资金的内容

其他货币资金是指企业除库存现金、银行存款以外的其他各种货币资金。其他货币资金同库存现金和银行存款一样，是企业可以作为支付手段的货币。但是，其他货币资金同库存现金和银行存款相比，具有其特殊的存在形式和支付方式，管理上也不同于库存现金和银行存款，应单独进行核算。

其他货币资金主要包括银行汇票存款、银行本票存款、信用卡存款、信用证保证金存款、外埠存款、存出投资款等。

1）银行汇票存款。银行汇票存款是指企业为取得银行汇票，按照规定存入银行的款项。

2）银行本票存款。银行本票存款是指企业为取得银行本票，按照规定存入银行的款项。

3）信用卡存款。信用卡存款是指企业为取得信用卡而存入银行信用卡专户的款项。

4）信用证保证金存款。信用证保证金存款是指企业采用信用证结算方式为开具信用证而存入银行信用证保证金专户的款项。

5）外埠存款。外埠存款是指企业到外地进行临时和零星采购时，汇往采购地银行开立采购专户（临时存款账户）的款项。该账户的存款不计利息、只付不收、付完清户，除了采购人员可从中提取少量现金外，一律采用转账结算。

6）存出投资款。存出投资款是指企业已存入第三方存管账户（即证券公司）但尚未进行投资的货币资金。

二、其他货币资金的核算

1. 银行汇票存款的核算

银行汇票存款核算的内容主要包括：

1）企业申请办理银行汇票，将款项交存银行。根据银行签章退回的委托书存根联，借记“其他货币资金——银行汇票”账户，贷记“银行存款”账户。

2）以汇票支付货款。根据发票账单及开户银行转来的银行汇票有关联次，借记“原材料”等账户，贷记“其他货币资金——银行汇票”账户，如有多余款项，还应按退回的余款借记“银行存款”账户。

【例 4-4】 甲建筑工程公司发生如下有关银行汇票的经济业务：

（1）申请办理银行汇票，将银行存款 50 000 元转为银行汇票存款，将汇票交给外地收款单位。企业应编制的会计分录如下：

借：其他货币资金——银行汇票　　　　50 000

　　贷：银行存款　　　　　　　　　　　　50 000

（2）企业持银行汇票购买设备，收到收款单位销货发票，标明总价款为46 800元。企业应编制的会计分录如下：

借：固定资产　　46 800

　　贷：其他货币资金——银行汇票　　46 800

（3）收到多余款项退回通知，余款已收妥入账。企业应编制的会计分录如下：

借：银行存款　　3 200

　　贷：其他货币资金——银行汇票　　3 200

2. 银行本票存款的核算

银行本票存款核算的内容主要包括：

1）企业申请办理银行本票，将款项交存银行。根据银行签章退回的委托书存根联，借记“其他货币资金——银行本票”账户，贷记“银行存款”账户。

2）以本票支付货款。根据发票账单及开户银行转来的银行本票有关联次，借记“原材料”等账户，贷记“其他货币资金——银行本票”账户。

【例4-5】 甲建筑施工企业发生如下有关银行本票的经济业务：

（1）企业填写“银行本票申请书”将款项100 000元交存银行。企业应编制如下会计分录：

借：其他货币资金——银行本票　　100 000

　　贷：银行存款　　100 000

（2）企业持银行本票购买材料，收到发票标明售价100 000元，材料已经验收入库。企业应编制如下会计分录：

借：原材料　　100 000

　　贷：其他货币资金——银行本票　　100 000

3. 信用卡存款的核算

信用卡存款核算的内容主要包括：

1）申请办理信用卡或续存资金。根据银行盖章退回的交存备用金或续存资金的进账单，借记“其他货币资金——信用卡”账户，贷记“银行存款”账户。

2）以信用卡支付有关费用。根据开户银行转来的信用卡付款凭证及所附发票账单，借记“管理费用”等账户，贷记“其他货币资金——信用卡”账户。

【例4-6】 甲建筑施工企业发生如下有关信用卡的经济业务：

（1）将银行存款50 000元存入信用卡。企业应编制的会计分录如下：

借：其他货币资金——信用卡　　50 000

　　贷：银行存款　　50 000

（2）以信用卡支付业务招待费1 800元。企业应编制的会计分录如下：

借：管理费用　　1 800

　　贷：其他货币资金——信用卡　　1 800

4. 信用证保证金存款的核算

信用证保证金存款核算的内容主要包括：

1）交纳保证金申请开证。根据银行退回的进账单等有关联次，借记“其他货币资金——信用证保证金”账户，贷记“银行存款”账户。

2）支付货款。根据开证行交来的信用证通知书及有关单据，借记“原材料”等账户，贷记“其他货币资金——信用证保证金”账户，不足的资金以银行存款支付，贷记“银行存款”账户。

3）将未用完的信用证保证金存款余额转回开户银行，借记“银行存款”账户，贷记“其他货币资金——信用证保证金”账户。

5. 外埠存款的核算

外埠存款核算的内容主要包括：

1）将款项委托银行汇往采购地开立专户。根据银行退回汇款单据，借记“其他货币资金——外埠存款”账户，贷记“银行存款”账户。

2）收到采购员以临时存款户资金付款的购货发票等报销凭证，应借记“原材料”等账户，贷记“其他货币资金——外埠存款”账户。

3）收到银行转回余款的通知，应借记“银行存款”账户，贷记“其他货币资金——外埠存款”账户。

【例 4-7】 甲建筑施工企业发生如下有关外埠存款的经济业务：

（1）委托银行将 300 000 元存款汇往外地建立临时采购账户。企业应编制的会计分录如下：

借：其他货币资金——外埠存款　　300 000

　　贷：银行存款　　300 000

（2）采购员以外埠存款购买材料，材料价款 234 000 元，材料已验收入库。企业应编制的会计分录如下：

借：原材料　　234 000

　　贷：其他货币资金——外埠存款　　234 000

（3）外埠采购结束，将外埠存款清户，收到银行转来收款通知，余款 66 000 元已收妥入账。企业应编制的会计分录如下：

借：银行存款　　66 000

　　贷：其他货币资金——外埠存款　　66 000

6. 存出投资款的核算

存出投资款核算的内容主要包括：

1）将资金划入第三方存管账户，借记“其他货币资金——存出投资款”账户，贷记“银行存款”账户。

2）以第三方存管账户资金购买证券。借记“交易性金融资产”等账户，贷记“其他货币资金——存出投资款”账户。

【例 4-8】 甲建筑施工企业发生如下短期股票投资业务：

（1）将银行存款 500 000 元划入某证券公司账户，准备进行股票投资。企业应编制的会计分录如下：

借：其他货币资金——存出投资款　　500 000
　　贷：银行存款　　500 000

（2）委托证券公司购买股票，已经成交，股票公允价值为300 000元，交易税费9 000元，实际支付资金309 000元，企业将该股票划为交易性金融资产。企业应编制的会计分录如下：

借：交易性金融资产——成本　　300 000
　　投资收益　　9 000
　　贷：其他货币资金——存出投资款　　309 000

思考题

1. 如何进行现金的管理？
2. 现金控制的基本内容包括哪些？
3. 企业在银行可以开立哪些账户？各有什么特点？
4. 银行结算方式有哪些？各种结算方式有何特点与适用性？
5. 什么是其他货币资金？其他货币资金包括哪些内容？
6. 银行存款余额调节表如何编制？

练习题

一、单项选择题

1. 库存现金限额由开户银行根据企业的实际需要和交通便利情况等进行核定，一般按照企业(　　)天日常零星开支需要量确定。

A. 1~2　　B. 3~5　　C. 5~10　　D. 10~15

2. 下列项目中，收支均通过“银行存款”账户核算的是(　　)。

A. 外埠存款　　B. 信用证保证金　　C. 银行本票　　D. 转账支票

3. 企业发生现金短缺属于无法查明原因，按照管理权限经批准处理时，应在(　　)账户核算。

A. “其他应收款”　　B. “财务费用”　　C. “管理费用”　　D. “销售费用”

4. 企业对无法查明原因的现金溢余，经批准后应转入(　　)账户。

A. “其他业务收入”　　B. “营业外收入”　　C. “管理费用”　　D. “其他应付款”

5. 支票为即期票据，自出票之日起(　　)天内提示付款。

A. 5　　B. 10　　C. 30　　D. 60

6. 企业在现金清查中，在未查明原因前，应记入的是(　　)账户。

A. “财务费用”　　B. “管理费用”　　C. “待处理财产损溢”　　D. “其他应收款”

7. 在企业的银行存款账户中，不能办理现金支取的账户是(　　)。

A. 基本存款账户　　B. 一般存款账户　　C. 临时存款账户　　D. 专用存款账户

二、多项选择题

1. 按照《现金管理暂行条例》的规定，下列(　　)允许使用现金结算。

A. 职工工资、津贴　　B. 个人劳务报酬

C. 出差人员必须随身携带的差旅费　　D. 向个人收购农副产品支付的价款

2. 企业应当按照《人民币银行结算账户管理办法》的规定开立、使用账户。银行存款账户分为(　　)。

A. 基本存款账户　　B. 一般存款账户　　C. 临时存款账户　　D. 专用存款账户

3. 现金短缺的核算可能涉及的会计账户有(　　)。

A. 其他应收款　B. 管理费用　C. 营业外收入　D. 其他应付款

4. 下列项目中属于其他货币资金的有(　　)。

A. 外埠存款　B. 银行本票存款　C. 银行承兑汇票　D. 信用卡存款

5. 企业月末在与银行对账时，产生未达账项的情况有(　　)。

A. 银行已收款入账，企业尚未收款入账　B. 银行已付款入账，企业尚未付款入账

C. 企业已收款入账，银行尚未收款入账　D. 企业已付款入账，银行尚未付款入账

6. 下列票据中，可以背书转让的有(　　)。

A. 转账支票　B. 现金支票　C. 银行汇票　D. 商业汇票

三、判断题

1. 开户单位支付现金，可以从本单位的现金收入中直接支付。(　　)
2. 现金是企业流动性最强的资产。(　　)
3. 为加强现金管理制度，支票的签发和付款应由一人单独处理。(　　)
4. 专用存款账户不得办理提取现金业务。(　　)
5. 银行存款余额调节表是专门用于调整银行存款日记账的凭证。(　　)
6. 现金清查的方法采用实地盘点法。(　　)

四、业务题

(一) 练习现金短缺业务的会计处理

资料：甲建筑施工企业在现金清查中，发现现金短缺 150 元，经查，其中 100 元为多付业务员张平的差旅费，其余 50 元无法查明原因，报经批准处理。

要求：根据上述经济业务，做现金短缺的会计处理。

(二) 练习银行存款余额调节表的编制

资料：甲建筑施工企业 2015 年 8 月 31 日基本存款账户银行存款日记账余额为 30 000 元，银行送来的对账单的当日余额为 34 000 元。经逐笔核对，发现以下未达账项：

(1) 8 月 26 日，企业销售预制板收到购货单位送来的转账支票一张 8 000 元，企业已登记银行存款增加，而银行尚未入账。

(2) 8 月 28 日，企业开出转账支票(金额为 7 500 元)支付购料款，持票人尚未到银行办理转账。

(3) 8 月 30 日，企业委托银行代收提供机械作业劳务款 10 000 元，银行已收到，但企业尚未收到进账通知，因此没有入账。

(4) 8 月 31 日，企业委托银行代付水电费 5 500 元，银行已付出款项并入账，企业尚未收到付款通知，因此没有入账。

要求：编制银行存款余额调节表对银行存款余额进行核对。

(三) 练习其他货币资金业务的会计处理

资料：某建筑施工企业 6 月份发生下列其他货币资金业务：

(1) 3 日，企业在外地采购一批钢材，通过银行汇出款项 150 000 元，建立采购专户。

(2) 10 日，收到 3 日采购钢材的发票账单，货款及外地运杂费计 120 000 元，材料已运到企业并验收入库。

(3) 13 日，收回上项采购材料专户余款 30 000 元存入银行结算账户。

(4) 15 日，企业去外地采购水泥一批，委托银行签发面额为 35 000 元的银行汇票。

(5) 20 日，上项购入的水泥已验收入库，货款及外地运杂费计 28 000 元，以银行汇票结算。

(6) 21 日，将上述银行汇票的余额转回银行结算账户。

要求：编制上述经济业务的会计分录。

第 5 章
往来结算业务核算

教学目的：

通过本章的学习，学生应当了解并掌握：

1. 应收账款、应收票据及预付账款的含义及核算
2. 其他应收款的核算
3. 应收款项减值测试及减值损失的核算
4. 应付账款、应付票据及预收账款的含义及核算
5. 其他应付款的核算
6. 应付利息与应付股利的核算
7. 内部往来业务的核算

第一节　外部往来结算业务核算

一、应收及预付款项的核算

应收及预付款项是指企业在日常生产经营活动过程中发生的各项债权，包括应收款项和预付款项。应收款项包括应收账款、应收票据、应收利息、应收股利和其他应收款等；预付款项是指企业按照合同规定预付的款项，如预付账款。

（一）应收账款的含义及核算

1. 应收账款的含义

应收账款是在市场经济条件下，企业为了扩大销售或更多地承揽工程任务，提高市场占有率，增强企业竞争力，或因为工程款项结算而形成的其他单位赊欠本单位的款项。应收账款属于商业信用性质。应收账款是指建筑施工企业由于工程结算、销售产品和材料、提供劳务和作业等应向发包单位、购货单位、接受劳务或作业的单位收取的款项，包括企业代垫的安装费和运杂费。

2. 应收账款的确认

建筑施工企业的应收账款主要包括应收工程款和应收销货款两部分。其中应收工程款是施工企业根据实际完成的工程量、预算单价及各项取费标准计算工程价款，与发包单位办理工程价款结算时，按照工程合同规定应收取的工程款及质量保证金。质量保证金也可以作为其他应收款核算。应收销货款是施工企业因销售材料物资、提供劳务等，应向购货单位或接受劳务单位收取的款项。

施工企业按照工程承包合同将已完工程点交给建设单位，或按照有关合同交付货物、提供劳务和作业等，并已取得索取款项权利时，确认应收账款，并按实际发生额记账。应收账款的确认时间与收入的确认时间一致，即应收账款应于收入实现时加以确认。

3. 应收账款的计价

应收账款的计价是指应收账款入账金额的确定。通常情况下，应收账款应按实际发生额计价。但是在工程结算或销售业务中，由于存在商业折扣和现金折扣等，从而影响了应收账款入账价值的确定。

（1）商业折扣　商业折扣是企业根据市场供需情况，或针对不同的顾客，而从销货价目单所列售价中给予的扣除。商业折扣是卖方基于多种原因对购买方的优惠，是企业为了扩大市场占有率，降低存货积压最常用的促销手段。

商业折扣在交易成立及实际付款之前就已经扣除，不需在买卖双方的账簿上单独体现商业折扣，所以对应收账款的入账价值没有实质性影响。即在有商业折扣的情况下，应收账款的入账金额按扣除商业折扣后的实际售价确认。

（2）现金折扣　现金折扣是指发生赊销业务时，销货企业为了鼓励顾客在规定的期限内早日偿还货款而给予的价格优惠，即向债务人提供的债务扣除，折扣多少由客户付款的时间决定。现金折扣与商业折扣不同，它发生于交易成立之后，随客户付款时间的不同而影响企业应收账款的实收数额。现金折扣通常用符号“折扣/折扣期限”来表示，如“2/10，1/20，*n*/30”，表示如果在10天内付款可享受2%的折扣，在11～20天内付款可享受1%的折扣，在21～30天内付款则不享受折扣。

对于销货方来说，提供现金折扣有利于提前收回货款，加速资金周转；而对于购货方来说，接受现金折扣无异于得到一笔可观的理财收益，获得免费信用。所以购货方除非资金非常紧张，一般都会接受现金折扣。在会计实务中，应收账款入账金额的确定有两种处理方法：一种是总价法，另一种是净价法。

总价法是在销售业务发生时，应收账款和销售收入按未扣减现金折扣前的实际售价作为入账价值，实际发生的现金折扣计入当期损益，视为加速资金周转的理财费用，在财务费用中列支。

净价法是将扣除现金折扣后的金额作为应收账款和销售收入的入账价值。这种方法是认为大多数购货方都会提前付款，把因购货方超过折扣期限付款而多收的款项，视为提供信贷获得的收入，于收到款项时入账，冲减财务费用。

《企业会计准则第14号—收入》规定，企业应收账款的入账价值，应当采用总价法计价。

4. 应收账款的核算

为了核算和监督应收账款的发生和收回情况，应设置“应收账款”账户核算。借方登记应收账款的增加数，贷方登记应收账款的收回数及确认坏账损失数，期末余额在借方，反映尚未收回的应收账款数额。“应收账款”账户应设置“应收工程款”和“应收销货款”两个明细账，并在“应收工程款”下设置“应收工程款”和“应收工程质量保证金”两个明细账户。在此基础上，进一步按发包单位和购货单位或接受劳务单位设置明细账户，进行明细核算。不单独设置“预收账款”账户的企业（一般在预收货款不多的情况下），为简化核算，可将预收货款业务直接记入“应收账款”账户。

施工企业赊销货物时，借记“应收账款”账户，贷记“主营业务收入”或“其他业务收入”账户，收回应收款时，借记“银行存款”账户，贷记“应收账款”账户。

施工企业工程结算，收到发包单位批复的验工计价单时，按办理结算的金额，借记“应收账款——应收工程款”（应收工程款、应收工程质量保证金）账户，贷记“工程结算”账户。收回应收账款时，借记“银行存款”账户，贷记“应收账款”账户。

（1）赊销货物在商业折扣下应收账款的核算

【例5-1】　甲建筑施工企业向丙公司销售结构件一批，不含税价为40 000元，由于批量销售，给予10%的商业折扣，折扣金额为4 000元，实际收入为36 000元，适用增值税税率为17%，款项尚未收到。编制会计分录如下：

借：应收账款——丙公司　42 120
　贷：其他业务收入　36 000
　　应交税费——应交增值税(销项税额)　6 120

【例5-2】　承【例5-1】，甲建筑施工企业收到丙公司支付的购货款42 120元，款项已存入银行。

借：银行存款　42 120
　贷：应收账款——丙公司　42 120

（2）赊销货物在现金折扣下应收账款的核算

【例5-3】　甲建筑施工企业向B公司销售产品，不含税价为10 000元，规定的现金折扣条件为"4/10，2/20，n/30"，适用的增值税税率为17%，产品交付并办妥委托收款手续。采用总价法处理，折扣不考虑增值税税额，企业应编制的会计分录如下：

借：应收账款——B公司　11 700
　贷：主营业务收入　10 000
　　应交税费——应交增值税(销项税额)　1 700

假设销售产品的款项在第15天收到，即B公司享受现金折扣200元(10 000×2%)，企业应编制的会计分录如下：

借：银行存款　11 500
　财务费用　200
　贷：应收账款——B公司　11 700

假设销售产品的款项在30天后收到，则B公司没有享受现金折扣，企业应编制的会计分录如下：

借：银行存款　11 700
　贷：应收账款——B公司　11 700

（3）工程结算时应收账款的核算

【例5-4】　甲建筑施工企业因承包建设单位B公司工程，按合同规定开出工程价款结算单，向B公司结算工程进度款850 000元，款项尚未收到。编制会计分录如下：

借：应收账款——应收工程款(B公司)　850 000
　贷：工程结算　850 000

【例5-5】　承【例5-4】，甲建筑施工企业按合同规定从上述应收账款中向B公司扣还预收的备料款250 000元、预收的工程款150 000元。编制会计分录如下：

借：预收账款——预收备料款(B公司)　250 000

——预收工程款（B 公司）　　150 000

贷：应收账款——应收工程款（B 公司）　　400 000

【例 5-6】 承【例 5-4】和【例 5-5】，甲建筑施工企业收到开户银行的收款通知，B 公司用转账方式结清上项工程进度款。编制会计分录如下：

借：银行存款　　450 000

贷：应收账款——应收工程款（B 公司）　　450 000

（二）应收票据的含义及核算

1. 应收票据的含义

应收票据是企业因结算工程价款、销售产品及材料、提供劳务等而收到的商业汇票。商业汇票是一种由出票人签发的，委托付款人在指定日期无条件支付确定金额给收款人或持票人的远期票据。应收票据作为商业信用的工具，无论在付款期限还是在金额上，都具有法律约束力，而且可以背书转让或向银行贴现，具有较强的流动性。

商业汇票的付款期限最长为 6 个月，商业汇票的提示付款期限为自汇票到期日起 10 日内。

2. 商业汇票的分类

（1） 按承兑人不同分类　商业汇票按其承兑人不同，分为银行承兑汇票和商业承兑汇票。

银行承兑汇票是指由在承兑银行开立存款账户的存款人（这里也是出票人）签发，由承兑银行承兑的票据。企业申请使用银行承兑汇票时，应向其承兑银行按票面金额的万分之五交纳手续费。银行承兑汇票的出票人应于汇票到期前将票款足额交存其开户银行。在汇票到期时，无论承兑申请人是否将票款足额缴存其开户银行，承兑银行都向收款人或贴现银行无条件履行付款责任，以保证收款人权益。如果出票人于汇票到期前未能足额交存票款，则承兑银行对出票人尚未支付的汇票金额按照每天万分之五计收利息。

商业承兑汇票是指由付款人签发并承兑，或由收款人签发交由付款人承兑的汇票。商业承兑汇票的付款人收到银行的付款通知，应在当日通知银行付款。如果三日内（遇法定休假日顺延）未通知银行付款，则视同付款人承诺付款。如果付款人银行存款余额不足，则银行不承担付款责任。

（2） 按是否带息分类　商业汇票按其是否带息，分为带息商业汇票和不带息商业汇票。

带息商业汇票是指除票面金额外还附有利息的商业汇票，其到期时，债权人除了按面值收回本金外，还根据票面规定的利率收取利息。带息票据的到期值等于其面值加上到期应计利息。

不带息商业汇票是指没有附带利息的商业汇票，这种商业汇票到期时，债权人只按票面金额收回本金，不收取利息。其票据到期值等于面值。

3. 应收票据的核算

为了核算和监督企业因结算工程价款、销售产品及材料、提供劳务等而收到的商业汇票的取得和款项收回情况，应设置“应收票据”账户进行应收票据的总分类核算，按开出商业汇票的单位进行明细核算。该账户借方登记收取的应收票据的面值以及带息票据期末计算的利息，贷方登记已经到期收回或已贴现或已背书转让的票据的账面余额。期末余额在借方，反映企业持有的商业汇票的票面价值和利息。

为强化各种票据的管理，企业还应设置应收票据备查簿，逐笔登记商业汇票的种类、号数、出票日期、票面金额、交易合同号、到期日、背书转让日、贴现日、贴现率、贴现净额和付款人、承兑人、背书人的姓名或单位名称以及收款日、收回金额、退票情况等详细资料，商业汇票到期结清票款或退票后，在备查簿中应予注销。

（1）取得应收票据　无论企业收到的商业汇票是带息的还是不带息的，均应于收到票据时以其票面金额入账。

【例5-7】　甲建筑施工企业于2015年8月31日向乙公司销售材料一批，增值税专用发票列明货款20 000元，增值税税额3 400元，当日收到乙公司签发并承兑的商业承兑汇票一张，期限为6个月，票面利率为3%，面值为23 400元。企业应编制的会计分录如下：

借：应收票据——乙公司　　23 400

　　贷：其他业务收入　　20 000

　　　　应交税费——应交增值税(销项税额)　　3 400

【例5-8】　甲建筑施工企业收到丙公司2015年9月10日签发并承兑的不带息商业承兑汇票，期限为2个月，面值为40 000元，用以抵付前期欠本企业的购料款。企业应编制的会计分录如下：

借：应收票据——丙公司　　40 000

　　贷：应收账款——丙公司　　40 000

（2）票据到期收款

1）不带息商业汇票。不带息票据的到期值就是其面值。

【例5-9】　2015年11月10日，【例5-8】中的2个月期不带息商业汇票到期，企业如期收回丙公司款项40 000元。企业应编制的会计分录如下：

借：银行存款　　40 000

　　贷：应收票据——丙公司　　40 000

2）带息商业汇票。带息商业汇票的到期值即票面价值加上票据到期利息。票据到期利息的计算公式为：

$$票据到期利息=应收票据面值\times票面利率\times时间$$

票面利率一般以年利率表示，实务中，需要将年利率换算为月利率或日利率时，每月统一按30天计算，全年按360天计算。

计算公式中的“时间”是指从票据生效之日起到票据到期之日止的时间间隔。常用的表示方法有两种：第一种以月表示，即按月计息。计算时以次月同一日为一个月；月末签发的票据，不论月份大小，以到期月份的月末为到期日。第二种以日数表示，即按日计息。计算时以实际日历天数计算到期日及利息，到期日和出票日只算一天，称为“算头不算尾”或“算尾不算头”。

带息应收票据，应计提自票据生效之日起至本会计期末带息票据的利息。计提的利息应计入“应收票据”账户，即借记“应收票据”账户，贷记“财务费用”账户。

【例5-10】　2015年12月31日，计提【例5-7】中收到的商业汇票的期末应计利息。

至2015年12月31日，该带息票据的利息＝23 400元×3%×4÷12＝234元

企业应编制的会计分录如下：

借：应收票据——乙公司　　234

　　贷：财务费用　　234

【例 5-11】 2016 年 2 月 28 日，【例 5-7】 中收到的商业汇票到期，企业如期收到票款，已存入银行。

该商业汇票到期值＝23 400 元×(1+3%×6÷12)＝23 751 元

企业应编制的会计分录如下：

借：银行存款　　23 751

　贷：应收票据——乙公司(23 400+234)　　23 634

　　财务费用(23 400×3%×2÷12)　　117

（3）应收票据到期退票　企业应收票据到期，承兑人无力兑付票款而退票，且付款人不再签发新票据时，应将票据面值与应计未收利息之和一并转为应收账款，借记“应收账款”账户，贷记“应收票据”“财务费用”等账户。

【例 5-12】 若【例 5-7】中的商业承兑汇票于 2016 年 2 月 28 日到期，但乙公司无力支付票款且未签发新票据，则企业应编制的会计分录如下：

借：应收账款——乙公司　　23 751

　贷：应收票据——乙公司　　23 634

　　财务费用　　117

（4）应收票据的转让　企业持有的商业汇票可以背书转让。背书是指在票据背面或者粘贴单上记载有关事项并签章的票据行为。背书人应当承担票据责任。

【例 5-13】 承【例 5-8】，假定甲建筑施工企业于 2015 年 9 月 28 日将应收票据背书转让给丁企业，以取得工程施工所需原材料，该材料价款为 40 950 元，差额以银行存款支付，材料已入库。企业应编制的会计分录如下：

借：原材料　　40 950

　贷：应收票据——丙公司　　40 000

　　银行存款　　950

（5）应收票据的贴现　企业资金短缺时，可将未到期的商业汇票向开户银行申请贴现。贴现是指票据持有人将未到期的票据在背书后送交银行，银行受理后，从票据到期值中扣除按银行贴现率计算的贴现利息，并将余额付给持票人，作为对企业的一种短期贷款。

1）贴现净额的计算。应收票据贴现时，银行以规定的贴现率计算银行所扣除的利息，这部分扣除利息称为贴现息。有关的计算公式如下：

票据到期值＝票据面值×(1+票据年利率÷360×票据到期天数)

＝票据面值×(1+票据年利率÷12×票据到期月数)

如果贴现票据为无息票据，则到期值即其面值。

贴现息＝票据到期值×贴现率×贴现期

贴现净额＝票据到期值－贴现息

2）应收票据贴现的核算。企业如果贴现的是不带息应收票据，则按实际收到的金额借记“银行存款”账户，按贴现利息金额借记“财务费用”账户，按应收票据的账面价值贷记“应收票据”账户。如果贴现的为带息应收票据，则要按实际收到的金额借记“银行存款”账户，按应收票据的账面余额贷记“应收票据”账户，按其差额借记或贷记“财务费用”账户。

【例 5-14】 甲建筑施工企业 2015 年 5 月 10 日收到一张不带息商业汇票，面值 250 000 元，期限 4 个月。6 月 10 日，企业因资金短缺向银行申请贴现。银行年贴现率为 6%。贴现净额计算及会计处理如下：

票据自贴现日至到期日尚有 3 个月，即贴现期为 3 个月。则

贴现息 = 250 000 元×6%×3÷12 = 3 750 元

贴现净额 = (250 000−3 750) 元 = 246 250 元

企业应编制的会计分录如下：

借：银行存款	246 250	
财务费用	3 750	
贷：应收票据		250 000

【例 5-15】 假设【例 5-14】中的应收票据为带息票据，票面利率为 3%，其他条件不变。计算贴现净额并做出会计处理。

票据到期值 = 250 000 元×(1+3%×4÷12) = 252 500 元

贴现息 = 252 500 元×6%×3÷12 = 3 787. 50 元

贴现净额 = 252 500 元−3787. 5 元 = 248 712. 50 元

企业应编制的会计分录如下：

借：银行存款	248 712. 50	
财务费用	3787. 50	
贷：应收票据	252 500	

3）贴现票据到期时的处理。已经贴现的商业汇票到期如果不能兑付，则贴现企业仍负有连带偿还责任。银行将把已贴现的票据退回申请贴现的企业，同时从贴现企业的账户中将票据款划回。银行承兑汇票是由承兑银行承兑的，所以一般不会出现到期无法兑付的情况。

【例 5-16】 若【例 5-15】中的带息商业汇票到期，承兑人未能支付票款，银行退回票据，且从企业银行存款账户中将款项划转。企业应编制的会计分录如下：

借：应收账款	252 500	
贷：银行存款		252 500

如果贴现企业的银行存款账户余额不足，则银行将作逾期贷款处理，企业应编制的会计分录如下：

借：应收账款	252 500	
贷：短期借款		252 500

（三）预付账款的含义及核算

1. 预付账款的含义

预付账款是指施工企业按照工程合同规定预付给分包单位的工程款和备料款以及按照购货合同规定预付给供应单位的购货款。预付账款与应收账款产生的时间不同，应收账款于工程结算或销货时产生，而预付账款于购货或预付工程款和备料款时发生，是预先支付给销售

方或分包单位的款项。

2. 预付账款的核算

为了加强对预付账款的管理，应设置“预付账款”账户进行核算。该账户属于资产类账户，借方登记企业预付给分包单位的工程款和备料款，拨付分包单位抵作备料款的材料，以及预付给供应单位的购货款；贷方登记企业与分包单位结算已完工程价款时从应付的工程款中扣回的预付工程款和备料款，以及收到所购材料物资的发票账单时结转的预付账款；期末借方余额反映企业尚未扣回的预付工程款和备料款，以及尚未结转的预付购货款。预付账款不多的企业，可以不单独设置“预付账款”账户，而将预付账款直接记入“应付账款”账户的借方。该账户应分别设置“预付分包单位款”和“预付供应单位款”两个二级明细账户，并在“预付分包单位款”账户基础上，进一步设置“预付工程款”和“预付备料款”两个三级明细账户，并分别按分包单位的名称和供应单位的名称设置明细账，进行明细核算。

【例 5-17】 甲建筑施工企业按合同规定向分包单位丁公司预付备料款 150 000 元，预付工程款 200 000 元，均以银行存款支付。编制会计分录如下：

借：预付账款——预付分包单位款——预付备料款（丁公司）　　150 000
　　　　　　——预付分包单位款——预付工程款（丁公司）　　200 000
　贷：银行存款　　350 000

【例 5-18】 甲建筑施工企业向丙公司订购某工程用水泥一批，按合同规定预付购货款 80 000 元，以银行存款支付。编制会计分录如下：

借：预付账款——预付供应单位款（丙公司）　　80 000
　贷：银行存款　　80 000

【例 5-19】 承【例 5-18】，甲建筑施工企业收到丙公司转来的发票账单和有关结算凭证，标明水泥买价及代垫运杂费共计 95 000 元，水泥已经运达企业并办理了验收入库手续。用预付账款结算货款，不足部分以银行存款补付。编制会计分录如下：

收到水泥结算货款时：

借：原材料——主要材料（水泥）　　95 000
　贷：预付账款——预付供应单位款（丙公司）　　95 000

补付货款时：

借：预付账款——预付供应单位款（丙公司）　　15 000
　贷：银行存款　　15 000

（四）其他应收款的内容及核算

1. 其他应收款的内容

其他应收款是指企业发生的除应收票据、应收账款、预付账款等以外的其他各种应收、暂付款项。其主要内容包括应收的各种赔款、罚款、存出保证金、应收出租包装物租金、向企业各部门拨出的备用金、应向职工收取的各种垫付款项等。

2. 其他应收款的核算

为了反映和监督其他应收款的增减变动及其结存情况，企业应设置“其他应收款”账户进行核算。该账户属于资产类账户，其借方登记其他应收款的增加，贷方登记其他应收款的收回和结转，期末余额一般在借方，反映企业尚未收回的其他应收款项。

在此仅介绍其他应收款中备用金的核算。

备用金是企业财会部门预付给非独立核算的内部有关部门(职能部门、施工单位、生产车间)或个人，用于支付零星的日常开支的备用款项，如购买办公用品、支付医药费或差旅费等。备用金本身也是现金，但由于它体现着企业与内部有关部门和人员的资金往来关系，因此，应对其单独管理和核算。为了反映备用金的设立、领用和报销情况，应在"其他应收款"账户下专设"备用金"明细账户进行核算。如果使用备用金的部门或人员较多，为了加强核算和管理，也可以单独设置"备用金"总账账户进行核算。

备用金的核算按其管理制度的不同分为非定额备用金制度和定额备用金制度两种。

（1）非定额备用金　非定额备用金制度是指施工企业对非经常使用备用金的内部各部门或工作人员，根据每次业务所需备用金的数额预支资金，使用后实行实报实销的一种管理制度。

【例 5-20】　企业职工李四经必要手续批准，向财会部门预借差旅费 2 000 元，以现金支付。企业应编制的会计分录如下：

借：其他应收款——李四	2 000	
贷：库存现金		2 000

【例 5-21】　李四出差回来，经批准报销差旅费 1 350 元，根据相关的车费、住宿费等报销凭证，交回剩余的现金 650 元，企业应编制的会计分录如下：

借：管理费用——差旅费	1 350	
库存现金	650	
贷：其他应收款——李四		2 000

（2）定额备用金　为了简化核算，对经常发生零星开支的部门或单位，如供应部门、行政科等，实行定额备用金制度。定额备用金制度是指施工企业财会部门对经常使用备用金的内部各部门或人员，根据实际情况核定、拨付一笔固定数额的现金，并指定备用金经管人员进行管理，按规定范围使用，备用金经管人员对已支付的备用金，凭有关凭证向财会部门报销，财会部门根据报销单据付给现金，补足备用金定额的管理制度。

【例 5-22】　甲建筑施工企业为供应部建立定额备用金制度，核定的定额备用金为 6 000 元，以现金支票一次性拨付给供应部。企业应编制的会计分录如下：

借：其他应收款——备用金(供应部)	6 000	
贷：银行存款		6 000

【例 5-23】　承【例 5-22】，供应部发生了 4 500 元的开支，备用金经管人员持有关报销单据报销时，财会部门以现金补足供应部定额备用金。企业应编制的会计分录如下：

借：管理费用	4 500	
贷：库存现金		4 500

（五）应收款项减值

1. 应收款项减值测试

应收款项减值也称坏账，是指企业无法收回或收回的可能性极小的应收款项。由于应收款项减值（即发生坏账）而产生的损失，称为坏账损失。企业工程结算或产品赊销情况形成的应收账款，往往会因为债务人不能付款，造成应收款项不能收回的信用风险。为了防止企业因为无法收回应收账款（即出现坏账）而发生坏账损失给企业带来不利影响，企业应在资产负债表日，对应收款项进行减值测试，分析、判断各种应收款项的可收回性，如果有客观证据表明应收款项发生减值，则应当计提减值准备。应收款项发生减值的客观证据包括下列各项：

1）债务人发生严重财务困难。

2）债务人违反了合同条款。

3）债权人出于经济或法律方面的考虑，对发生财务困难的债务人做出让步。

4）债务人很可能倒闭或进行其他财务重组。

5）其他表明应收款项发生减值的客观证据。

2. 应收款项减值损失的核算方法

应收款项发生减值时，应当将其账面价值减记至预计未来现金流量现值，按减值金额确认为资产减值损失，计提坏账准备。建筑施工企业采用备抵法确定应收款项的减值。

备抵法是指在坏账损失实际发生前采用一定的方法按期估计应收款项可能发生的坏账损失金额，并计提坏账准备，待坏账损失实际发生时再冲减坏账准备和应收款项的一种核算方法。

这里需要说明的是，应收款项中的应收票据（尤其是银行承兑汇票），由于发生坏账的风险比较小，因此，一般不对应收票据计提坏账准备，超过承兑期收不回的应收票据转作应收账款时，再计提坏账准备。对于应收未超过合同期限的履约保证金、投标保证金、其他各种存出保证金、应收职工款项、应收赔（罚）款等应收款项等也不计提坏账准备。

在会计实务中，坏账损失的估计方法有三种：应收款项余额百分比法、销货百分比法、账龄分析法。坏账准备的计提方法和计提比例由企业自行确定，所以要求企业根据以往的经验、债务单位的实际财务状况和现金流量的情况，以及其他相关信息进行合理的估计。应当注意的是，提取方法一旦确定，不能随意变更，如需变更，应在财务报表附注中加以说明。

下面以应收款项余额百分比法说明坏账准备的核算。

应收款项余额百分比法是以会计期末应收款项余额乘以根据历史经验估计的坏账计提比例估计坏账损失数额，并以此损失数额作为本期末坏账准备的月末余额，考虑计提前“坏账准备”账户的原有余额，确定本期应计提坏账准备金额的方法。其计算公式如下：

$$\begin{array}{c}\text{坏账准备当期}\\\text{提取数}\end{array}=\begin{array}{c}\text{当期应收及预付款项各}\\\text{账户期末余额}\end{array}\times\text{计提比例}-\begin{array}{c}\text{“坏账准备”账户计提前贷方}\\\text{余额（或+借方余额）}\end{array}$$

建筑施工企业为核算坏账准备，应设置“资产减值损失”和“坏账准备”账户。“资产减值损失”账户属于损益类账户，用于核算企业计提各项资产减值准备所形成的损失。借方登记应收账款、固定资产、在建工程、无形资产等资产发生的减值损失，贷方登记企业计提坏账准备等相关资产价值的恢复金额，期末，应将“资产减值损失”账户余额转入“本年利润”账户，结转后无余额。“坏账准备”账户是“应收账款”“其他应收款”等应收款项的备抵账户，贷方登记当期提取的坏账准备和已核销的坏账损失以后又收回的金额，借方登记实际发生的坏账损失金额和冲减的坏账准备金额，余额一般在贷方，反映企业已经计提但尚未转销的坏账准备。

计提坏账准备时，应借记“资产减值损失”账户，贷记“坏账准备”账户；冲回多提的坏账准备，做相反分录；转销坏账时，借记“坏账准备”账户，贷记“应收账款”等应收款项账户；收回已转销的坏账，借记“应收账款”账户，贷记“坏账准备”账户，同时借记“银行存款”账户，贷记“应收账款”账户；收回已转销的坏账，也可以直接借记“银行存款”账户，贷记“坏账准备”账户。

下面以应收账款余额百分比法为例，说明备抵法的会计处理。

【例 5-24】 甲建筑施工企业于2013年年底开始提取坏账准备，“应收账款”账户年末余额为1 500 000元，坏账准备的提取比例为5%。2014年年底，企业“应收账款”账户余额为2 500 000元。2015年3月1日，企业确认一笔坏账损失为30 000元，当年年末“应收账款”账户余额为1 000 000元。2016年6月10日，上年已核销的坏账30 000元经催收又被收回，当年年末“应收账款”账户余额为2 800 000元。企业应编制的会计分录如下：

（1）2013年年末，企业提取坏账准备75 000元(1 500 000×5%)。

借：资产减值损失——坏账损失　　75 000

　贷：坏账准备　　75 000

（2）2014年年末，企业应提取坏账准备50 000元(2 500 000×5%−75 000)。

借：资产减值损失——坏账损失　　50 000

　贷：坏账准备　　50 000

2014年年末“坏账准备”账户余额为125 000元(75 000+50 000)。

（3）2015年3月1日，企业冲销坏账时：

借：坏账准备　　30 000

　贷：应收账款——××公司　　30 000

（4）2015年年末，企业提取坏账准备−45 000元(1 000 000×5%−125 000+30 000)

借：坏账准备　　45 000

　贷：资产减值损失——坏账损失　　45 000

2015年年末“坏账准备”账户余额为50 000元(1 000 000×5%)。

（5）2016年6月10日，上年已核销的坏账30 000元经催收予以收回。

借：应收账款——××公司　　30 000

　贷：坏账准备　　30 000

同时：

借：银行存款　　30 000

　贷：应收账款——××公司　　30 000

（6）2016年年末，企业提取当年的坏账准备60 000元(2 800 000×5%−50 000−30 000)。

借：资产减值损失——坏账损失　　60 000

　贷：坏账准备　　60 000

二、应付及预收款项的核算

（一）应付账款的含义及核算

1. 应付账款的含义

应付账款是指建筑施工企业因购买材料、商品或接受劳务等应支付给供应单位的款项，以及因分包工程应付给分包单位的工程款。应付账款入账时间应以所购买物资的所有权相关的主要风险和报酬已经转移，或者所接受的劳务已经发生为标志。

2. 应付账款的计价

应付账款一般按应付金额入账。如果购货时享受了商业折扣，则应付账款应按扣减商业折扣后的金额入账。如果购入的货物在形成应付账款时附有现金折扣条件，则采用总价法核算，当企业在折扣期内进行付款时，按享受的折扣优惠金额，冲减财务费用。企业应付给分包单位的工程款，按与分包单位办理结算的工程价款结算账单上的金额计价入账。

3. 应付账款的核算

为了核算应付账款的形成及其偿还情况，应设置“应付账款”账户。贷方登记企业购买材料物资、接受劳务或分包工程等所形成的应付未付款项；借方登记偿还的应付账款，或开出商业汇票抵付应付账款的款项，或冲销无法支付的应付账款；余额一般在贷方，表示尚未偿还的应付账款。该账户下设置“应付购货款”和“应付工程款”两个二级明细账户，并按供应单位和分包单位设置三级明细账户进行核算。企业应付各种赔款、应付租金、应付存入保证金等，不在该账户核算，而在“其他应付款”账户中核算。

企业购入材料、商品等验收入库，但货款尚未支付，应根据有关凭证(发票账单、随货同行发票等)上记载的实际价款或暂估价值，借记“原材料”等账户，按应付的款项，贷记“应付账款”账户；企业接受供应单位提供劳务而发生的应付而未付款项，应根据供应单位的发票账单，借记“工程施工”等有关成本费用账户，贷记“应付账款”账户；企业与分包单位结算已完工程款时，根据应付的已完工程价款，借记“工程施工”等账户，贷记“应付账款”账户；企业支付应付账款时，借记“应付账款”账户，贷记“银行存款”等有关账户。

【例 5-25】 甲建筑施工企业 6 月末与丙公司(分包单位)结算已完工程款 450 000 元，月初已预付工程款 50 000 元，余款以银行存款支付。甲建筑施工企业应做如下会计处理：

(1) 月初预付工程款时：

借：预付账款——预付分包单位款——预付工程款(丙公司)　　50 000
　　贷：银行存款　　50 000

(2) 与分包单位结算已完工程款时：

借：工程施工　　450 000
　　贷：应付账款——应付工程款(丙公司)　　450 000

(3) 支付工程余款的同时，冲减预付账款：

借：应付账款——应付工程款(丙公司)　　450 000
　　贷：预付账款——预付分包单位款——预付工程款(丙公司)　　50 000
　　　　银行存款　　400 000

【例 5-26】 甲建筑施工企业购入建筑用钢材一批，增值税专用发票上列明，货款 60 万元，增值税税额 10.2 万元。材料已经运达企业并验收入库，款项尚未支付。根据销售合同规定，购买方享有“1/15，*n*/30”的现金折扣条件。甲建筑施工企业应做如下会计处理：

(1) 购进材料时：

借：原材料——钢材　　702 000
　　贷：应付账款——应付购货款　　702 000

(2) 15 天内支付货款时：

借：应付账款——应付购货款　　702 000

贷：银行存款　　694 980

财务费用　　7 020

（3）15天之后支付货款时：

借：应付账款——应付购货款　　702 000

贷：银行存款　　702 000

有些应付账款由于债权单位撤销或者其他原因，企业无法支付该笔应付的款项。对于确实无法支付的应付款项，经确认后企业应将其账面余额转入营业外收入，借记“应付账款”账户，贷记“营业外收入”账户。

【例5-27】 甲建筑施工企业确认一笔应付给C公司的分包工程款48 000元为无法支付的款项，应予转销。

借：应付账款——应付工程款(C公司)　　48 000

贷：营业外收入　　48 000

（二）应付票据的含义及核算

1. 应付票据的含义

应付票据是由出票人出票，承兑人承诺在指定日期无条件支付特定的金额给收款人或者持票人的票据。建筑施工企业主要是在购买材料物资和与分包单位办理工程价款结算时，开出并承兑商业汇票，形成应付票据。

2. 应付票据的入账价值

商业汇票按是否带息分为不带息应付票据和带息应付票据两种。

应付票据如果为带息票据，则其票据的面值就是票据的现值。期末(月末、季末和年末)，对于带息应付票据，通常应在期末对尚未支付的应付票据按票面价值和确定的利率计算应付利息，并相应在增加应付票据的账面价值的同时计入财务费用。

不带息应付票据，其票据的面值就是票据到期时的应付金额。

3. 应付票据的核算

建筑施工企业为了反映和监督工程价款结算和材料物资采购活动中开出并承兑的商业汇票的签发、承兑和支付情况，应设置“应付票据”账户。“应付票据”账户属于负债类账户，贷方登记企业开出、承兑的商业汇票的票面金额或以承兑商业汇票抵付货款、应付账款的金额；借方登记票据到期支付的金额或票据到期无力支付而转出的金额；期末贷方余额反映企业尚未到期的商业汇票的票面金额。应付票据的明细核算通过设置“应付票据备查簿”进行核算。

（1）不带息票据的核算　企业开出并承兑不带息商业汇票购货或抵付应付账款时，借记“原材料”“应付账款”等账户，贷记“应付票据”账户。票据到期支付票款时，借记“应付票据”账户，贷记“银行存款”账户。

【例5-28】 2015年9月1日，甲建筑施工企业从丙公司购入钢材一批，价款总计30 000元，签发并承兑了一张价值30 000元的无息商业承兑汇票，期限6个月，钢材已运达企业并验收入库。2016年3月1日，该应付票据到期，以银行存款支付票款。

（1）签发并承兑汇票时：

借：原材料——钢材　　30 000

贷：应付票据 30 000

（2）到期支付票据款时：

借：应付票据 30 000

贷：银行存款 30 000

（2）带息票据的核算 企业对于用带息商业汇票购货或抵付应付账款的核算与不带息票据的核算相同。带息应付票据，期末对尚未支付的应付票据计提利息时，借记“财务费用”账户，贷记“应付票据”账户。票据到期支付票款时，尚未计提的利息部分直接计入当期财务费用，按票据账面余额，借记“应付票据”账户，实际支付的金额，贷记“银行存款”账户。

【例 5-29】 承【例 5-28】，假设例中的商业汇票为带息的银行承兑汇票，票面利率为5%。甲建筑施工企业应做如下会计处理：

（1）签发并承兑汇票时：

借：原材料——钢材 30 000

贷：应付票据 30 000

（2）2015 年 12 月 31 日计息时：

借：财务费用（30 000×5%×4÷12） 500

贷：应付票据 500

（3）2016 年 3 月 1 日票据到期承付时：

借：应付票据（30 000+500） 30 500

财务费用（30 000×5%×2÷12） 250

贷：银行存款 30 750

（3）票据到期无力支付票款的核算 应付票据到期企业无力支付票款时，如果应付票据属于商业承兑汇票，则按应付票据账面余额将其转入“应付账款”账户。其中，到期不能支付票据如果是带息应付票据，则在转入“应付账款”账户后，期末不再计提利息。如果应付票据属于银行承兑汇票，由于银行已经支付了汇票的本息，此时企业无力支付票款，则作为企业向银行取得短期贷款处理，按应付票据账面余额，借记“应付票据”账户，贷记“短期借款”账户。

【例 5-30】 承【例 5-28】和【例 5-29】，如果票据到期时企业无力支付，则甲建筑施工企业应做如下会计处理：

【例 5-28】中不带息的商业承兑汇票到期，无力支付的处理如下：

借：应付票据 30 000

贷：应付账款 30 000

【例 5-29】中带息的银行承兑汇票到期，无力支付的处理如下：

借：应付票据 30 500

财务费用 250

贷：短期借款 30 750

（三）预收账款的含义及核算

1. 预收账款的含义

预收账款是指建筑施工企业按照合同规定，向发包单位预收的工程款和备料款，以及向购货单位、接受劳务单位预先收取的货款或定金。企业预收账款是企业的一项负债，该项负债不需要用货币偿付，而是要以货物或者提供劳务的方式进行偿付。

2. 预收账款的核算

企业应设置“预收账款”账户，该账户是负债类账户，用来核算企业按照合同规定向购货单位预收的款项。贷方登记预收货款的数额和购货单位补付货款的数额；借方登记企业向购货方发货后冲销的预收货款数额和退回购货方多付货款的数额；余额一般在贷方，表示已预收货款但尚未向购货方发货或者尚未提供劳务的数额。该账户应设置“预收工程款”“预收备料款”和“预收货款”明细账户，并分别按发包单位和购货单位设置明细账户，进行明细分类核算。

预收货款业务不多的企业，可以不设置“预收账款”账户，所发生的预收货款，可通过“应收账款”账户贷方核算。

企业按规定预收工程款和备料款时，借记“银行存款”账户，贷记“预收账款——预收工程款(或预收备料款)”账户。企业与发包单位结算已完工程价款时，应从应收工程款中扣还预收的工程款，借记“预收账款——预收工程款”账户，贷记“应收账款——应收工程款”账户。

企业按合同规定向购货单位预收货款时，借记“银行存款”账户，贷记“预收账款——预收货款”账户；将货物交给购货方结算销货款时，借记“预收账款——预收货款”账户，贷记“应收账款——应收货款”等账户；收到购货单位补付的货款时，借记“银行存款”账户，贷记“预收账款”账户；向购货单位退回其多付的款项时，借记“预收账款”账户，贷记“银行存款”账户。

【例 5-31】 甲建筑施工企业与丁建筑公司签订工程承建合同，工程价款合计为 200 万元，丁建筑公司在工程开工前，按全部工程款的 25%预付工程款给甲建筑施工企业。本期期末甲建筑施工企业开出工程价款结算账单，向丁建筑公司办理工程价款结算，本期完工价款 30 万元，本期业主按合同规定和工程结算价款的 5%扣质量保证金，并扣还预收工程款 250 000 元，其余款项于工程完工验收后一次付清。甲建筑施工企业应做如下会计处理：

(1) 预收 25%的工程款时：

借：银行存款 500 000
　　贷：预收账款——预收工程款(丁建筑公司) 500 000

(2) 按合同规定，本期期末办理工程价款结算时：

借：应收账款——应收工程款(丁建筑公司) 300 000
　　贷：工程结算 300 000

(3) 扣还预收的工程款及扣质量保证金时：

借：预收账款——预收工程款(丁建筑公司) 250 000
　　应收账款——应收质量保证金(丁建筑公司)(300 000×5%) 15 000
　　贷：应收账款——应收工程款(丁建筑公司)(250 000+15 000) 265 000

(4) 工程完工时，进行工程价款结算，并扣还预收工程款。

1) 工程价款结算时：

借：应收账款——应收工程款(丁建筑公司) 1 450 000
　　预收账款——预收工程款(丁建筑公司) 250 000
　　贷：工程结算 1 700 000

2）收到丁建筑公司补付的工程款时：

借：银行存款　　1 500 000

　　贷：应收账款——应收工程款（丁建筑公司）　　1 500 000

（四）其他应付款的含义及核算

1. 其他应付款的含义

其他应付款是指与企业购销业务没有直接关系的应付、暂收款项，包括应付租入包装物的租金、经营租入固定资产的应付租金、出租或出借包装物收取的押金、应付及暂收其他单位的款项等。

2. 其他应付款的核算

企业应设置“其他应付款”账户，该账户是负债类账户，贷方登记发生的各种应付、暂收款项，借方登记偿还或转销的各种应付、暂收款项，余额在贷方，表示应付而未付的款项。

企业发生各种应付、暂收款项时，借记“银行存款”等账户，贷记“其他应付款”账户；支付或退回有关款项时，借记“其他应付款”账户，贷记“银行存款”等账户。

【例 5-32】 甲建筑施工企业出租脚手架一批，收取押金 5 000 元，存入银行。出租期满收回该批脚手架，并退还原收取的押金，应做如下会计处理：

（1）收取脚手架押金时：

借：银行存款　　5 000

　　贷：其他应付款——存入保证金　　5 000

（2）收回脚手架，退还押金时：

借：其他应付款——存入保证金　　5 000

　　贷：银行存款　　5 000

（五）应付利息与应付股利的核算

1. 应付利息的含义及核算

（1）应付利息的含义　企业为了弥补企业资金短缺的问题，经常会向银行等债权人借入款项。由于借款期限不等，一般可以将其划分为短期借款和长期借款两类。而短期借款是指企业向银行或其他金融机构等借入的期限在 1 年（包括 1 年）以内的各种借款。长期借款是指企业向银行或其他金融机构借入的期限在 1 年以上的各种借款。无论是短期借款还是长期借款，企业都会因为占用借入资金而支付一定的利息。

应付利息是企业的一项流动负债，是指企业按合同的约定应付的利息，包括短期借款、分期付息到期还本的长期借款、企业债券等应支付的利息。在此仅介绍短期借款和分期付息到期还本的长期借款利息核算。

（2）短期借款利息的确认与计量　企业因借入资金而付出的代价，称为借款费用。由于企业的借款用途不同，其借款的期限也会不同，有短期借款和长期借款之分。

短期借款必须按期归还本金并按时支付利息。如果银行对企业的短期借款按月计收利息，或者在借款到期收回本金时一并收回利息，但利息数额不大，则企业可以在实际支付利息时，直接计入财务费用；如果银行采取按季、半年或到期一次性等较长期间计收利息，数额较大，则企业可以采取预提的方法按月计提借款利息，计入各期财务费用。

短期借款利息 = 借款本金×利率×计息期限

短期借款本金和利息通过设置“短期借款”和“应付利息”等账户核算。

“短期借款”账户是负债类账户，核算企业向银行或其他金融机构借入的期限在1年以内(含1年)的各种借款本金的增减变动及其结余情况。贷方登记借入短期借款本金的数额，借方登记到期偿还借款本金的数额，期末余额在贷方，反映企业尚未偿还的借款本金数额。该账户应按债权人、借款类别和币种设置明细账户，进行明细分类核算。

“应付利息”账户是负债类账户，核算企业按照合同约定应支付的利息，包括分期付息到期还本的长期借款、企业债券等应支付的利息。贷方登记按合同利率计算确定的应付未付利息，借方登记实际支付的利息，期末余额在贷方，反映企业尚未支付的利息。该账户按债权人设置明细账户，进行明细分类核算。

企业取得短期借款时，借记“银行存款”账户，贷记“短期借款”账户，在资产负债表日，按计算确定的短期借款利息费用，借记“财务费用”等账户，贷记“银行存款”或“应付利息”账户；偿还短期借款本金、支付利息时，借记“短期借款”“应付利息”账户，贷记“银行存款”账户。

【例5-33】 甲建筑施工企业因临时需要，于2015年1月1日向银行申请取得期限为6个月，借款利率为6%的借款100 000元，存入银行。该企业有关会计处理如下：

(1) 取得短期借款时：

借：银行存款　　100 000

　　贷：短期借款　　100 000

(2) 按月计提利息时：

应付利息＝100 000元×6%×1÷12＝500元

借：财务费用　　500

　　贷：应付利息　　500

各月支付利息的分录略。

(3) 2015年6月30日，到期还本和支付的最后一个月利息时：

借：短期借款　　100 000

　　应付利息　　500

　　贷：银行存款　　100 500

---

(3) 长期借款利息的确认与计量　企业举借长期借款，主要是为了增添机器设备、购置地产、建造厂房等。长期借款的利息费用等，应按照权责发生制基础，依据《企业会计准则第17号——借款费用》的要求按期计算、确认并计入所购建资产的成本(资本化)或直接计入当期损益(财务费用)。即企业发生的与购建或者生产符合资本化条件的资产有关的借款费用，按规定在购建或者生产的资产达到预定可使用或者可销售状态前应予以资本化的，计入相关资产的成本，视资产的不同，分别记入“在建工程”“研发支出”等账户。

购建或者生产符合资本化条件的资产达到预定可使用或者可销售状态后所发生的借款费用以及规定不能予以资本化的借款费用，计入财务费用。

借款费用必须同时满足以下三个条件，才能允许开始资本化，计入相关资产的成本：

1) 资产支出已经发生。资产支出包括为购建或生产符合资本化条件的资产而以支付现金、转移非现金资产和承担带息债务形式所发生的支出。

支付现金是指用货币资金支付符合资本化条件的资产的购建或者生产支出。

转移非现金资产是指企业将自己的非现金资产用于符合资本化条件的资产的购建或生产，如将自产产品用于固定资产建造，将自己生产的产品向其他企业换取用于固定资产建造所需的工程物资等。

承担带息债务是指企业为了购建或者生产符合资本化条件的资产所需用物资等而承担的带息应付款项(如带息应付票据)。即企业以带息票据购入工程物资，在赊购日即认为资产支出已经发生，如为不带息票据，则应在实际支付票款时作为资产支出的发生日。

2）借款费用已经发生。借款费用已经发生是指企业已经发生了因购建或生产符合资本化条件的资产而专门借入款项的借款费用或者所占用的一般借款的利息、溢折价的摊销、辅助费用以及因外币借款而发生的汇兑差额等借款费用。

3）为使资产达到预定可使用或者可销售状态所必要的购建或者生产活动已经开始。具体是指符合资本化条件的资产的实体建造或生产工作已经开始，如主体设备的安装、厂房的实际开工建造等；不包括仅仅持有资产但没有发生为改变资产形态而进行实质上的建造或者生产活动的情况，如只购置了建筑用地但未发生有关房屋建造活动等。

为了核算长期借款本金及分期付息到期还本情况下的利息，需要设置“长期借款”和“应付利息”账户。其中“长期借款”账户，属于负债类账户，用来核算企业向银行或其他金融机构借入的期限在1年(不包括1年)以上的各种借款的增减变动及其结余情况。其贷方登记长期借款的增加数；借方登记长期借款的减少数；期末余额在贷方，表示尚未偿还的长期借款数。该账户应按债权人、长期借款类别等设置明细账户，进行明细分类核算。

1）企业借入长期借款，应按实际收入的现金净额，借记“银行存款”账户，贷记“长期借款”账户。

2）资产负债表日，应按计算确定的长期借款利息，借记“在建工程”“财务费用”“研发支出”等账户，贷记“应付利息”账户。

3）实际支付利息时，借记“应付利息”账户，贷记“银行存款”账户。归还长期借款本金时，借记“长期借款”账户，贷记“银行存款”账户。

【例 5-34】 甲建筑施工企业借入5年期到期还本每年付息的长期借款500万元，存入银行。合同约定的年利率为5%。甲建筑施工企业应做会计分录如下：

(1) 取得借款时：

借：银行存款	5 000 000	
贷：长期借款		5 000 000

(2) 每年计算利息费用时：

企业每年应支付的利息=500万元×5%=25万元

借：财务费用	250 000	
贷：应付利息		250 000

(3) 每年实际支付利息时：

借：应付利息	250 000	
贷：银行存款		250 000

---

2. 应付股利的含义及核算

(1) 应付股利的含义 应付股利是指建筑施工企业经股东大会或类似机构审议批准分配的现金股利或利润。企业股东大会或类似机构审议批准的利润分配方案、宣告分派的现金股利或利润，在实际支付前，形成企业的负债。

企业董事会或类似机构通过的利润分配方案中拟分配的现金股利或利润，不应确认为负债，但应在附注中披露。

(2) 应付股利的核算 企业向投资者分派现金股利或利润时，分两个阶段：一是向投资者宣告分派；二是向投资者实际支付现金股利或利润。为了核算企业已宣告但尚未支付的现金股利或利润的增减变动情况，应设置"应付股利"账户，该账户是负债类账户，贷方登记应支付的现金股利或利润，借方登记实际支付的现金股利或利润，期末贷方余额反映企业应付未付的现金股利或利润。

企业宣告分派现金股利或利润时，借记"利润分配——应付现金股利或利润"账户，贷记"应付股利"账户；企业向投资者实际支付现金股利或利润时，借记"应付股利"账户，贷记"银行存款"账户。该账户应按照投资者设置明细账户，进行明细分类核算。

【例5-35】 甲建筑施工企业2015年度经董事会批准，向投资者宣告分派现金股利50 000元，以银行存款支付。甲建筑施工企业有关会计分录如下：

(1) 宣告分派现金股利时：

借：利润分配——应付现金股利	50 000	
贷：应付股利		50 000

(2) 支付股利时：

借：应付股利	50 000	
贷：银行存款		50 000

第二节 内部往来业务核算

一、内部往来的含义及核算内容

内部往来是指建筑施工企业与所属内部独立核算单位之间，或其他各内部独立核算单位之间，由于工程价款结算，产品、作业和材料销售，提供劳务等业务所发生的应收、应付、暂收、暂付的往来款项。

内部往来款项的核算内容，一是企业与所属内部独立核算单位之间的各种往来；二是内部各独立核算单位之间的相互往来。

二、内部往来业务的账务处理

1. 账户设置

建筑施工企业为了核算内部往来业务形成的债权和债务，应当设置"内部往来"账户进行总分类核算。该账户属于资产类账户，但其本质上是具有资产和负债双重性质的结算账户，其账户结构比较特殊。该账户借方登记企业与所属内部独立核算单位及各内部独立核算单位之间发生的各种债权（如应收、暂付款项）和转销的各种债务（如应付、暂收款项），贷方登记企业与所属内部独立核算单位及各内部独立核算单位之间的各种债务（如应付、暂收款项）和转销的各种债权（如应收、暂付款项）。该账户的期末余额，如果在借方，则表示内部债权大于内部债务的数额；如果在贷方，则表示内部债务大于内部债权的数额。

"内部往来"账户应按各内部独立核算单位设置明细账户，进行明细分类核算。该明细账户的期末借方余额合计反映应收内部单位的款项，贷方余额合计反映应付内部单位的款项。企业与所属单位之间、所属单位与所属单位之间对该账户的记录应相互一致。

需要加以说明的是：企业与所属内部独立核算单位之间有关生产周转资金的下拨、上缴业务，不属于"内部往来"账户核算内容，可以通过增设"拨付分公司经营资金"和"上级企业拨入资金"账户核算，有关生产周转资金的下拨、上缴业务在此不做介绍。

2. 企业与所属内部独立核算单位之间的往来核算

【例 5-36】 甲建筑施工企业委托运输队（内部独立核算单位）为企业总部承担工程施工运输作业，运输费用为 80 000 元。运输队填制内部往来记账通知单，其中一联自留，另一联连同所附单证交给企业总部。企业总部及运输队的会计业务处理如下：

（1）企业总部应根据运输队开来的内部往来记账通知单和所附单证等有关原始凭证，编制如下两笔会计分录：

一是企业总部确认支出时的会计分录：

借：工程施工	80 000	
贷：内部往来——运输队		80 000

二是企业总部实际支付款项时的会计分录：

借：内部往来——运输队	80 000	
贷：银行存款		80 000

（2）运输队应根据内部往来记账通知单存根联，编制如下两笔会计分录：

一是运输队确认收入时：

借：内部往来——企业总部	80 000	
贷：其他业务收入		80 000

二是运输队实际收到款项时：

借：银行存款	80 000	
贷：内部往来——企业总部		80 000

3. 企业内部各独立核算单位之间的往来核算

企业内部各独立核算单位之间的往来债权、债务结算业务，通常有两种结算形式：一是企业集中结算形式。企业集中结算形式是指各单位之间的往来结算，也要作为各单位与企业之间的往来结算，都必须通过企业集中办理结算手续。二是非集中结算形式。各单位之间的往来结算各单位可以直接办理结算，不需要全部集中到企业去结算，只要求定期（如月末）由企业组织各独立核算单位进行对账，对账后再转入企业的往来款项即可。

（1）企业集中结算形式

【例 5-37】 甲建筑施工企业所属的内部独立核算单位材料供应部，将一批水泥销售给内部独立核算的第一工程处(用于 A 工程)，水泥已运到第一工程处并办理了入库手续，水泥总价款为 120 000 元。材料供应部填制内部往来记账通知单一式三联，一联自留，其余两联连同所附单证送交企业总部财会部门。企业总部留下一联，另一联连同单证送交第一工程处。有关业务处理如下：

（1）材料供应部应编制如下会计分录：

借：内部往来——企业总部　　120 000

　　贷：其他业务收入　　120 000

（2）企业总部应编制如下会计分录：

借：内部往来——第一工程处　　120 000

　　贷：内部往来——材料供应部　　120 000

（3）第一工程处应编制如下会计分录：

借：工程施工——合同成本(A 工程)　　120 000

　　贷：内部往来——企业总部　　120 000

（2）非集中结算形式

【例 5-38】 仍以【例 5-37】为例，假定材料供应部直接与第一工程处办理结算，即采用非集中结算形式。企业内部各单位的账务处理如下：

（1）材料供应部应编制如下会计分录：

借：内部往来——第一工程处　　120 000

　　贷：其他业务收入　　120 000

（2）第一工程处应编制如下会计分录：

借：工程施工——合同成本(A 工程)　　120 000

　　贷：内部往来——材料供应部　　120 000

月末，企业总部财会部门组织内部独立核算单位集中对账，各方将往来结算款项核对无误后，根据各单位的内部往来款项的余额汇总编制内部转账凭证汇总表，各方据以转账。

（1）材料供应部应编制如下会计分录：

借：内部往来——企业总部　　120 000

　　贷：内部往来——第一工程处　　120 000

（2）第一工程处应编制如下会计分录：

借：内部往来——材料供应部　　120 000

　　贷：内部往来——企业总部　　120 000

（3）企业总部应编制如下会计分录：

借：内部往来——第一工程处　　120 000

　　贷：内部往来——材料供应部　　120 000

思考题

1. 应收账款核算的内容是什么？应收账款有什么特点？
2. 什么是应收票据？应收票据如何分类？
3. 什么是预付账款？它和应收账款的主要区别是什么？
4. 商业折扣和现金折扣有什么不同？

5. 什么是坏账损失？如何确认坏账损失？
6. 应收票据的贴现净额如何计算？
7. 什么是其他应收款？其他应收款的核算内容有哪些？
8. 什么是预收账款？它和应付账款的主要区别是什么？
9. 短期借款与长期借款如何划分？“应付利息”账户与“应付股利”账户分别用于核算什么内容？
10. 借款费用开始资本化的条件是什么？
11. 什么是内部往来？内部往来的核算内容是什么？

练 习 题

一、单项选择题

1. 预付账款不多的企业，可以不设“预付账款”账户，而将预付的款项记入(　　)。
A. “应收账款”账户的借方　B. “应收账款”账户的贷方
C. “应付账款”账户的借方　D. “应付账款”账户的贷方
2. 收到的带息商业汇票应于中期期末和年度终了计提利息时，冲减(　　)。
A. 管理费用　B. 财务费用　C. 销售费用　D. 营业外支出
3. 企业销售材料收到的商业承兑汇票，若到期时承兑人无力偿还票款，则应将其转入的账户是(　　)。
A. 应收账款　B. 应付账款　C. 应收票据　D. 应付票据
4. 下列项目中，属于应收账款核算范围的是(　　)。
A. 应收工程质量保证金　B. 应收保险公司的理赔款
C. 应收投标保证金　D. 为职工垫付的各种款项
5. 下列应通过“应收票据”账户核算的票据是(　　)。
A. 银行本票　B. 银行汇票　C. 支票　D. 商业汇票
6. 下列各项中，不通过“其他应收款”账户核算的是(　　)。
A. 为职工垫付的房租　B. 应收保险公司的赔款
C. 应向购货方收取的代垫运费　D. 存出保证金
7. 下列项目中，应通过“内部往来”核算的项目是(　　)。
A. 拨付给企业各职能部门的备用金　B. 应向职工收取的各种垫付款项
C. 拨付内部独立核算单位的生产经营资金　D. 内部独立核算单位之间的应收暂付款项
8. 企业的应付账款确实无法支付的，经确认后转作(　　)。
A. 营业外收入　B. 补贴收入　C. 其他业务收入　D. 资本公积

二、多项选择题

1. 商业汇票按其承兑人不同，可分为(　　)两种。
A. 商业承兑汇票　B. 银行汇票　C. 银行本票　D. 银行承兑汇票
2. 采用备抵法核算坏账损失时，估计坏账损失的主要方法有(　　)。
A. 应收账款余额百分比法　B. 账龄分析法
C. 销货百分比法　D. 先进先出法
3. 采用备抵法核算坏账损失的企业，下列各项中不计提坏账准备的项目有(　　)。
A. 应收账款　B. 履约保证金　C. 投标保证金　D. 应收票据
4. 计算带息商业汇票的到期值时，应考虑的因素是(　　)。
A. 票面利率　B. 票据面值　C. 票据期限　D. 贴现利率
5. 长期借款利息可能借记的账户有(　　)。
A. 在建工程　B. 财务费用　C. 长期待摊费用　D. 管理费用
6. 下列各项中，属于企业应付股利的内容有(　　)。

A. 应付国家投资利润　　　　　　　　　　B. 应付个人投资利润

C. 应付其他单位投资利润　　　　　　　　D. 应付投资者个人的现金股利

7. 企业内部各部门、各单位周转使用的备用金，可以通过(　　)账户核算。

A. “库存现金”　B. “其他应收款”　C. “备用金”　D. “银行存款”

三、判断题

1. 不带息的票据贴现所得等于票据面值减去贴现息的余额。(　　)

2. 企业一般采用应收账款余额百分比法按月计提坏账准备金。(　　)

3. 如果企业未设置“预付账款”账户，则表明该企业不存在预付账款的业务。(　　)

4. 应收及预付款项是企业的资产。(　　)

5. 企业长期借款所发生的利息支出，应在实际支付时计入有关资产的成本或计入当期损益。(　　)

6. 带有现金折扣的应付账款，其入账金额应按发票记载应付金额的总金额扣除现金折扣后的净额记账。(　　)

7. 企业向股东宣告分派的现金股利，在尚未支付给股东之前，是企业的一项负债。(　　)

8. 企业会计核算中，预收账款不多的，也可以不设置“预收账款”账户。企业预收客户货款时，直接将其记入“应付账款”账户的贷方。(　　)

9. 内部往来是指各内部独立核算单位之间，由于工程价款结算，产品、作业和材料销售，提供劳务等业务所发生的应收、应付、暂收、暂付的往来款项。(　　)

四、业务题

（一）练习应收及预付款项的会计处理

资料：某建筑施工企业 8 月份发生下列有关经济业务：

（1）收到业主的工程款结算单，结算金额 500 000 元，业主按合同规定扣 5%的工程质量保证金。

（2）向丙钢铁厂订购钢材一批，按合同规定以银行存款预付购货款 70 000 元。

（3）收到丙钢铁厂的发票账单和有关结算凭证，该批钢材的价款为 150 000 元（含增值税），代垫运杂费为 10 000 元，钢材按实际成本已验收入库。

（4）签发转账支票，向丙钢铁厂补付货款。

（5）以银行存款向分包单位预付备料款 50 000 元。

（6）向分包单位按协议价拨出 80 000 元的钢材一批，抵作预付备料款，该批钢材的实际成本为 82 000 元。

（7）签发转账支票，向分包单位预付工程款 30 000 元。

（8）月末，与分包单位结算工程进度款，计价金额 250 000 元。

（9）与分包单位办理结算时，按合同规定扣回已预付的工程款 30 000 元，预付备料款 20 000 元。

（10）签发转账支票，支付分包单位的工程余款。

要求：编制上述经济业务的会计分录。

（二）练习应收票据业务的会计处理

资料：某建筑施工企业 6 月份发生下列有关应收票据结算的经济业务：

（1）1 日，企业与建设单位乙家具厂结算工程价款，收到对方开来的面值 60 000 元、20 天到期的商业承兑汇票一张。

（2）1 日，假设该企业收到建设单位乙家具厂的商业承兑汇票后，立即交银行办理贴现，银行按月息 5‰收取贴现利息，款项已划入企业存款户。

（3）21 日，假设收到的建设单位乙家具厂的商业承兑汇票未贴现，到期后兑付全部票款 60 000 元存入企业账户。

（4）21 日，假设 1 日已贴现的商业承兑汇票到期，建设单位乙家具厂存款账户无余额，银行将汇票退回，并从建筑施工企业存款户中收取票款。

要求：编制上述经济业务的会计分录。

（三）练习坏账准备业务的会计处理

资料：某建筑施工企业坏账损失采用应收账款余额百分比法核算。2015 年年初“坏账准备”账户贷方余额为 4 800 元，坏账准备计提比例为 1%，2015 年发生下列经济业务：

（1）3 月 2 日，3 年前销售给 A 公司的预制件应收账款 80 000 元已无法收回，经批准做坏账损失处理。

（2）4 月 5 日，上月已确认为坏账的预制件货款又收回 30 000 元，存入银行。

（3）12 月 31 日，经查应收账款年末余额为 1 500 000 元，计提坏账准备。

要求：编制上述经济业务的会计分录。

（四）练习应付及预收款项的会计处理

资料：某建筑施工公司 2015 年与业主先锋公司签订总价为 8 500 000 元的工程施工合同，发生下列有关应付及预收账款的经济业务：

（1）5 月 5 日，预收业主先锋公司拨付的工程预付款 1 850 000 元，存入银行。

（2）5 月 20 日，收到业主先锋公司拨付钢材价款 900 000 元，水泥价款 500 000 元(按实际成本核算)。

（3）12 月 8 日，本年与业主先锋公司结算工程款 6 500 000 元。

（4）12 月 8 日，业主先锋公司根据合同规定，按结算工程款的 5%扣质量保证金，并扣回预付的全部工程款和全部预付的原材料款。在此不考虑代扣代缴税费业务。

（5）12 月 10 日，工程完工时，进行工程价款结算，并收到工程的全部余款。

要求：编制上述经济业务的会计分录。

（五）练习应付票据业务的会计处理

资料：某建筑工程公司 2015 年发生下列有关应付票据的经济业务：

（1）3 月 1 日，向某钢厂购入一批价值为 60 000 元，增值税为 10 200 元的螺纹钢，开具一张期限为 5 个月，年利率为 5%的银行承兑汇票。钢材已验收入库(按实际成本核算)。

（2）3 月 1 日，银行按货款价值的 1%收取手续费。

（3）3 月 31 日，计提银行承兑汇票利息。

（4）8 月 1 日，银行承兑汇票到期支付票款。

（5）假设 8 月 1 日到期的银行承兑汇票，因该公司资金不足仅能先偿还 40 000 元票款，其余票款银行转作短期借款处理。

（6）8 月 10 日，该公司归还短期借款，银行按每日票面额的 1‰计收罚息。

要求：编制上述经济业务的会计分录。

（六）练习短期借款业务的会计处理

资料：某建筑工程公司 2015 年发生下列有关短期借款的经济业务：

（1）2 月 1 日，向银行借入 60 万元，期限 9 个月，年利率 4%，该借款的利息按季度支付，本金到期归还。

（2）月末预提短期借款利息。

（3）4 月末支付本季度借款利息。

（4）11 月 1 日偿还借款本金。

要求：根据上述资料，做出有关短期借款的会计处理。

（七）练习内部往来业务的会计处理

资料：某建筑工程公司及其所属的内部独立核算单位，5 月份发生下列有关内部往来结算的经济业务：

（1）企业内部独立核算的运输队为企业机关运送办公设备，发生运输费 2 000 元。

（2）企业内部独立核算的材料供应站销售给内部独立核算的第一分公司钢材一批，价款为 300 000 元。

（3）企业内部独立核算的机械站为内部独立核算的第一分公司进行机械施工，应收土方运费 80 000 元。

要求：（1）分别编制企业与独立核算的运输队之间进行往来结算的会计分录。

（2）分别编制材料供应站与第一分公司之间进行直接结算的会计分录。

（3）分别编制机械站与第一分公司之间通过公司总部进行集中结算的会计分录。

第 6 章

存货业务核算

教学目的：

通过本章的学习，学生应当了解并掌握：

1. 存货的概念、分类及确认条件
2. 存货的初始计量方法
3. 存货发出计价方法
4. 存货的实际成本核算法和计划成本核算法
5. 周转材料的含义及分类
6. 周转材料的摊销方法及核算
7. 其他存货的内容及核算
8. 存货的期末计量
9. 存货清查的意义与方法

第一节 存货概述

一、存货的概念及分类

1. 存货的概念

存货是企业的一项重要流动资产。建筑施工企业的存货是指在施工过程中为施工耗用而储备的各种材料以及建筑施工企业附属工业企业的在产品、产成品。存货包括各种原材料、周转材料、委托加工中的存货、未完工程和已完工程，以及附属单位和辅助生产部门的在产品、自制半成品、产成品等。

2. 存货的分类

建筑施工企业为了保证企业施工生产连续不断地进行，必须不断地购入、耗用各种存货物资。尤其是用于施工项目的材料物资更是种类繁多、流动性大，其价值通常在工程总成本中占有较大的比重，因此，加强存货的核算和管理，对于保证工程施工生产的顺利进行、降低工程成本等均具有重要的现实意义。

为了满足企业存货核算与管理的需要，按照存货在施工生产中的用途及存放地点不同，存货可以分为原材料、周转材料、委托加工中的存货、未完工程和已完工程、在产品和产成品等几大类。

(1) 原材料　原材料是指建筑施工企业用于建筑安装工程而存放在仓库的各种材料，包括主要材料、结构件、机械配件和其他材料。

1）主要材料。主要材料是指用于工程施工或产品生产，并构成工程或产品实体的各种材料，如钢材、铝材、木材、水泥、砖、瓦、石灰、砂、石以及小五金材料、陶瓷材料、电器和化工材料等。

2）结构件。结构件是指经过吊装、拼砌和安装就能构成房屋、建筑物实体的各种结构件，如各种门窗、钢木屋架、钢筋混凝土预制件等。

3）机械配件。机械配件是指施工机械、生产设备、运输设备等各种机械设备替换、维修用的各种零件和配件，以及为机械设备准备的备品、备件等，如曲轴、轴承、齿轮、阀门等。

4）其他材料。其他材料是指不构成工程或产品实体，但有助于工程或产品实体形成，或便于进行施工生产的各种材料，如燃料、油料、氧气、速凝剂、冷冻剂、润滑油、防腐材料等。

（2）周转材料　周转材料是指建筑施工企业在施工生产过程中能够多次使用，可以基本保护原有实物形态不变，且逐渐转移其价值又不符合固定资产确认条件的材料和用具等。周转材料主要包括钢模板、木模板、脚手架、塔式起重机使用的轻轨、枕木等材料，以及各种工具、管理用具、劳保用品、玻璃器皿等低值易耗品。这里所说的钢模板，是指按流动资产管理的现场预制或现浇混凝土使用的组合钢模板，不包括按固定资产管理的固定钢模板和现场大型钢模板。

（3）委托加工中的存货　委托加工中的存货是指建筑施工企业委托外单位加工的各种材料和构件。

（4）未完工程和已完工程　未完工程是指属于建筑施工企业的在产品，是建筑施工企业正在施工中，尚未完成预算定额规定的全部工序和工作内容的分部分项工程。已完工程是指已经完成预算定额规定的全部工序和工作内容的分部分项工程。

（5）在产品和产成品　在产品是指建筑施工企业附属的工业企业和辅助生产部门正在加工而尚未全部完工的产品。产成品是指建筑施工企业附属的工业企业已经全部完工，可以对外销售的库存商品及各种建筑安装构件产品。

此外，存货按存放地点分类，还可以分为库存存货、在途存货和加工中存货三类。

（1）库存存货　库存存货是指已经购进或生产完工并已验收入库的各种材料、燃料、包装物、低值易耗品、半成品、产成品和商品。

（2）在途存货　在途存货是指已经取得所有权但存货尚在运输途中，或虽然已经运抵企业但尚未验收入库的各种材料物资及商品。

（3）加工中存货　加工中存货是指正处于本企业各生产工序加工制造过程中的在产品，以及委托外单位加工但尚未完成的材料物资。

二、存货的确认

企业的存货必须在符合其定义的前提下，同时满足下列两个条件，才能予以确认：

（1）与该存货有关的经济利益很可能流入企业　资产最重要的特征是预期会给企业带来经济利益，而存货是企业的一项重要资产，因此，存货确认的关键，是判断其是否很可能为企业带来经济利益。在实际工作中，存货的所有权是判断与该存货有关的经济利益很可能流入企业的一个重要标志，因此，不论其存放地点如何，只要其法定所有权属于企业，就应作为企业的存货加以核算和管理。

（2）该存货的成本能够可靠计量　成本能够可靠计量是资产确认的一项基本条件。因此，要对存货进行确认，也必须能够对其成本进行可靠计量。存货的成本能够可靠地计量必须以取得的确凿证据为依据，并具有可验证性。反之，如果存货成本不能可靠地计量，则不能确认为一项存货。

第二节　存货的初始计量

存货的初始计量，就是确定存货的入账价值。存货应当按照成本进行初始计量。《企业会计准则第 1 号——存货》规定：存货成本包括采购成本、加工成本和其他成本。

一、存货初始计量的有关规定

1. 存货的采购成本

存货的采购成本是指在存货采购过程中发生的可直接归属于存货采购的费用，一般包括购买价款、相关税费、运输费、装卸费、保险费以及其他可归属于存货采购成本的费用。

1）购买价款是指企业购入材料或商品的发票账单上列明的价款，但不包括按规定可以抵扣的增值税税额。

2）相关税费是指企业购买、自制或委托加工存货发生的进口关税、消费税、资源税和不能从销项税额中抵扣的增值税进项税额等。

3）其他成本是指采购成本中除上述各项以外的可归属于存货采购成本的费用，即存货采购过程中发生的仓储费、包装费、运输途中的合理损耗、入库前的挑选整理费用等。

2. 存货的加工成本

存货的加工成本包括直接人工和制造费用两部分。

直接人工是指企业在生产产品过程中，直接从事产品生产的工人工资和福利费。

制造费用是指企业为生产产品和提供劳务而发生的各项间接费用，包括工资和福利费、折旧费、修理费、办公费、机物料消耗、劳动保护费、季节性和修理期间的停工损失等。企业应当根据制造费用的性质，选择合理的分配方法将制造费用分配计入各产品的成本中。

3. 存货的其他成本

存货的其他成本是指除采购成本、加工成本以外的，使存货达到目前场所和状态所发生的其他支出，如为特定客户设计产品所发生的设计费用等。

根据企业会计准则的规定，下列费用应当在发生时确认为当期损益，不计入存货成本：

1）非正常消耗的直接材料、直接人工及制造费用。

2）仓储费用(不包括在生产过程中为达到下一个生产阶段所必需的费用)。仓储费用是指企业在采购入库后发生的(即在存货加工和销售环节发生的)仓储费用。

3）不能归属于存货达到目前场所和状态的其他支出。

二、存货实际成本的构成

企业存货的来源主要有外购的存货、加工形成的存货、投资者投入的存货、接受捐赠的存货、以非货币性资产交换取得的存货、债务重组取得的存货、盘盈的存货、发包单位拨入的材料物资等。由于存货来源的不同，其实际成本的构成也有所不同。

1. 外购的存货

企业外购的存货主要包括原材料和商品。外购存货的成本是指企业物资从采购到入库前所发生的全部支出，包括购买价款、相关税费、运杂费（如运输费、装卸费、保险费、运输途中的合理损耗、入库前的挑选整理费用等）和采购保管费等。

其中，运杂费能分清负担对象的，应直接计入有关材料物资的采购成本，不能分清负担对象的，可按材料物资的重量或买价的比例等分摊标准，分摊计入各有关材料物资的采购成本。

采购保管费是指企业的材料物资供应部门和仓库在组织材料物资的采购、供应和保管过程中所发生的各项费用。采购保管费一般包括采购和保管人员的职工薪酬、办公费、差旅费、折旧费、修理费、低值易耗品摊销、物料消耗、劳动保护费、财产保险费、检验试验费、材料整理及零星运费等。采购保管费一般应先归集，然后按一定的方法分配计入有关材料物资的采购成本。

计入成本的税金有建筑施工企业外购材料时支付的增值税、消费税、进口的关税等。

采购过程中，除发生途中合理损耗计入存货采购成本外，发生的其他物资毁损和短缺等区别以下情况进行处理：

1）从供货单位、外部运输机构等收回的物资短缺或其他赔款，应冲减所购物资的采购成本。

2）因遭受意外灾害发生的损失和尚待查明原因的途中损耗，暂作为待处理财产损溢进行核算，查明原因后再做处理。

2. 加工形成的存货

企业通过进一步加工形成的存货主要包括产成品、在产品、半成品、委托加工物资等，其成本由采购成本、加工成本构成。其中，采购成本是指由所使用或消耗的原材料采购成本转移而来的成本。加工成本是指加工过程中发生的直接人工和制造费用。

委托外单位加工的存货，以实际耗用的原材料或者半成品成本、加工成本、运输费、装卸费等费用以及按规定应计入成本的税金作为实际成本。

3. 投资者投入的存货

投资者投入存货的成本应当按照投资合同或协议约定的价值确定，但合同或协议约定价值不公允的除外。

4. 接受捐赠的存货

捐赠方提供了有关凭据的，按凭据上标明的金额加上应支付的相关税费确定存货的实际成本。捐赠方没有提供相关凭证的，应当参照同类或类似存货的市场价格估计的金额，加上应支付的相关税费确定。

5. 以非货币性资产交换取得的存货

以非货币性资产交换取得的存货，应当按照《企业会计准则第 7 号——非货币性资产交换》的规定执行，即以公允价值和应支付的相关税费作为换入存货的成本，或以换出资产的账面价值和应当支付的相关税费作为换入存货的成本。

6. 债务重组取得的存货

债务重组取得的存货，应当按照《企业会计准则第 12 号——债务重组》的规定执行，即按所接受存货的公允价值减去可抵扣的增值税进项税额后的差额作为实际成本。

7. 盘盈的存货

盘盈的存货，按照重置成本确定存货成本。

8. 发包单位拨入的材料物资

发包单位拨入的材料物资是指由发包单位采购，然后交付给施工单位用于工程使用的材料物资。该部分材料物资的成本应按合同约定的价值计价。一般的做法是按材料预算价格计价，并且材料预算价格中已经包括材料采购保管费。实际中，如果发包单位拨入的材料物资由建筑业企业负责保管，则在确定结算价格时，应从材料预算价格中扣除这部分保管费。

第三节　存货发出的计价

目前，我国企业会计准则规定，在采用实际成本法进行存货核算的情况下，企业存货发出的计价方法有个别计价法、先进先出法、加权平均法、移动平均法等。企业可根据各类存货的实物流转方式、企业管理的要求、存货的性质等实际情况，合理地选择存货发出的计价方法，以确定当期发出存货的实际成本。

一、个别计价法

个别计价法又称个别认定法、具体辨认法、分批实际法，是指按照某批入库存货的实际单位成本作为该批发出存货的单位成本，由此计算发出存货成本的一种方法。采用个别计价法要求企业按品种和批次设置详细的存货记录，按照各种存货逐一辨认各批发出存货和期末存货所属的购进批别或生产批别，分别按照其购入或生产时所确定的单位成本计算各批发出存货和期末存货的成本。

个别计价法保持了存货实物流转与成本流转的一致性，计算发出存货的成本和期末存货的成本符合实际情况、计算准确。但实务操作时，尤其是在进货批次和进货品种、规格较多时，工作量更为繁重。所以，个别计价法一般只适用于存货品种不多、单位成本较高、容易识别的贵重物品的发出计价。此外，对于不能替代使用的存货以及为特定项目专门购入或制造的存货，如珠宝、名画等也应当采用个别计价法。

二、先进先出法

先进先出法，是依据先购入的存货应先发出（销售或耗用）这样一种存货实物流转假设为前提，对发出存货进行计价的方法。采用这种方法，在确定发出存货和期末存货的成本时，先购入的存货视同先发出。

【例 6-1】　甲建筑施工企业 2015 年 4 月份采用先进先出法计算发出存货和期末存货的成本明细账如表 6-1 所示。

由表 6-1 可知，该企业当期发出甲材料的总成本为 3 230 000 元，期末结存甲材料的总成本为 480 000 元。

先进先出法的优点是使企业不能随意选择存货计价以调整当期损益，且使企业的期末存货成本比较接近现行的市场价值。缺点是工作量比较大，特别对于存货收发量频繁的企业更是如此。此外，当物价不断上涨时，会因发出存货成本较低而高估企业当期的利润。相反，当物价不断下跌时，则会因发出存货成本较高而低估企业当期利润。

表 6-1 原材料明细账

存货类别： 存货编号： 数量单位：t

最高储量： 最低储量： 金额单位：元

存货名称及规格：甲材料

2015 年		凭证编号	摘要	收入			发出			结存		
月	日			数量	单价	金额	数量	单价	金额	数量	单价	金额
4	1	略	期初余额							3 000	450	1 350 000
4	5		购入	2 000	460	920 000				3 000 2 000	450 460	1 350 000 920 000
4	15		领用				3 000 1 000	450 460	1 350 000 460 000	1 000	460	460 000
4	20		购入	3 000	480	1 440 000				1 000 3 000	460 480	460 000 1 440 000
4	25		领用				1 000 1 500	460 480	460 000 720 000	1 500	480	720 000
4	30		领用				500	480	240 000	1 000	480	480 000
4	30		本月合计	5 000	—	2 360 000	7 000	—	3 230 000	1 000	480	480 000

三、加权平均法

加权平均法又称一次加权平均法或月末一次加权平均法，是先以当月全部进货数量和月初存货数量作权数，对当月全部进货和月初存货的单位成本进行加权平均后计算加权平均单位成本，再用该加权平均单位成本计算出本月发出存货成本和期末存货成本的一种方法。具体计算公式如下：

$$\text{加权平均单位成本}=\frac{\sum \text{单位成本}\times\text{数量}}{\text{数量之和}}$$

$$=\frac{\text{月初存货实际成本}+\text{本月购进存货实际成本}}{\text{月初存货数量}+\text{本月购进存货数量}}$$

$$=\frac{\text{月初存货实际成本}+\sum(\text{本月某批进货的实际单位成本}\times\text{该批存货的数量})}{\text{月初存货数量}+\text{本月各批进货数量之和}}$$

$$\text{本月发出存货成本}=\text{本月发出存货的数量}\times\text{加权平均单位成本}$$

$$\text{本月月末存货成本}=\text{月末存货的数量}\times\text{加权平均单位成本}$$

$$=\text{月初存货实际成本}+\text{本月进货总成本}-\text{本月发出存货成本}$$

【例 6-2】 沿用【例 6-1】资料，采用加权平均法计算甲材料发出成本和期末结存成本，如表 6-2 所示。

表 6-2　原材料明细账

存货类别：　　　　　　　　　　存货编号：　　　　　　　　　　数量单位：t
最高储量：　　　　　　　　　　最低储量：　　　　　　　　　　金额单位：元
存货名称及规格：甲材料

2015 年		凭证编号	摘要	收入			发出			结存		
月	日			数量	单价	金额	数量	单价	金额	数量	单价	金额
4	1	略	期初余额							3 000	450	1 350 000
4	5		购入	2 000	460	920 000				5 000		
4	15		领用				4 000			1 000		
4	20		购入	3 000	480	1 440 000				4 000		
4	25		领用				2 500			1 500		
4	30		领用				500			1 000		
4	30		本月合计	5 000	—	2 360 000	7 000	463.75	3 246 250	1 000	463.75	463 750

本例中：

加权平均单位成本＝(1 350 000+920 000+1 440 000)元÷(3 000+2 000+3 000)t
＝3 710 000 元÷8 000t＝463.75 元/t

本月发出甲材料成本＝7 000t×463.75 元/t＝3 246 250 元

月末库存甲材料成本＝1 000t×463.75 元/t＝463 750 元

或　　　　　　　　＝(1 350 000+2 360 000−3 246 250)元＝463 750 元

采用加权平均法，平时收入存货时按数量、单价和金额登记，发出存货时只登记数量，在月末一次计算加权平均单位成本，并按照加权平均单位成本计算发出存货成本和期末存货成本，方法简单，而且在市场价值波动时，计算出的平均单位成本比较均衡。但是，加权平均法不能从账面上随时提供发出和结存存货的单价及金额，不利于存货的日常控制与管理。

四、移动平均法

移动平均法又称移动加权平均法，是指以每次进货的成本加上原有存货的成本，除以每次进货数量加上原有存货的数量，据以计算加权平均单位成本，作为对下次进货前计算各次发出存货成本依据的方法。移动平均法要求每购进一次存货就要计算一次平均单价。具体计算公式如下：

$$移动加权平均单位成本=\frac{原有存货的实际成本+本次进货的实际成本}{原有存货的数量+本次进货的数量}$$

本次发出存货的成本＝本次发出存货的数量×存货的加权平均单位成本

本月月末存货成本＝月末存货的数量×月末存货加权平均单位成本
＝月初存货的实际成本+本月进货总成本−本月发出存货成本

【例 6-3】　沿用【例 6-1】资料，采用移动平均法计算甲材料发出成本和期末结存成本，如表 6-3 所示。

本例中：

(1) 4 月 5 日购入材料后：

加权平均单位成本 =（1 350 000+920 000）元÷（3 000+2 000）t = 2 270 000 元÷5 000t = 454 元/t

表 6-3 原材料明细账

存货类别： 存货编号： 数量单位：t

最高储量： 最低储量： 金额单位：元

存货名称及规格：甲材料

2015 年		凭证编号	摘要	收入			发出			结存		
月	日			数量	单价	金额	数量	单价	金额	数量	单价	金额
4	1	略	期初余额							3 000	450	1 350 000
4	5		购入	2 000	460	920 000				5 000	454	2 270 000
4	15		领用				4 000	454	1 816 000	1 000	454	454 000
4	20		购入	3 000	480	1 440 000				4 000	473. 50	1 894 000
4	25		领用				2 500	473. 50	1 183 750	1 500	473. 50	710 250
4	30		领用				500	473. 50	236 750	1 000	473. 50	473 500
4	30		本月合计	5 000	—	2 360 000	7 000		3 236 500	1 000	473. 50	473 500

4 月 15 日发出材料的成本 = 4 000t×454 元/t = 1 816 000 元

4 月 15 日发出材料后结存材料成本 = 1 000t×454 元/t = 454 000 元

（2）4 月 20 日购入材料后：

加权平均单位成本 =（454 000+1 440 000）元÷（1 000+3 000）t = 1 894 000 元÷4 000t = 473. 50 元/t

4 月 25 日发出材料的成本 = 2 500t×473. 50 元/t = 1 183 750 元

4 月 30 日发出材料的成本 = 500t×473. 50 元/t = 236 750 元

4 月 30 日发出材料后结存材料成本 = 1 000t×473. 50 元/t = 473 500 元

或 =（1 350 000+2 360 000−3 236 500）元 = 473 500 元

移动平均法计算的加权平均单位成本比较客观，企业管理当局能够及时了解存货的发出与结存成本情况。但由于计算平均单位成本的次数多、工作量大，所以对收发货频繁的企业不适用。

对于采用计划成本法进行存货核算的情况，上述存货计价方法均不适用。计划成本法下的存货收入、发出和结存的日常核算是以计划单位成本加以核算的，并通过设置“材料成本差异”等账户，在月末将发出存货和结存存货的计划成本调整为实际成本。此内容将在本章第四节中介绍。

第四节 原材料的核算

一、原材料的收发凭证

原材料是指建筑施工企业用于建筑安装工程而存放在仓库的各种材料，包括主要材料、结构件、机械配件和其他材料。原材料在日常收发中以收料单、领料单、限额领料单等作为原始凭证，并由仓库管理人员定期送往财会部门进行业务核算。

（一）收料凭证

建筑施工企业的材料采购供应计划，一般是由材料供应部门根据施工生产计划、材料的消耗定额和储备定额，结合库存情况加以制定。材料采购供应计划一般要列明采购材料的名称、数量、单价、金额等。为了保证材料的及时供应，明确购销双方的经济责任，建筑施工企业还应与供应单位签订材料采购供应合同。材料采购供应合同一般要列明材料的名称、品种、规格、质量、数量、单价、总价、结算方式、交货方式、交货期限，以及违约应承担的经济责任等项内容。

建筑施工企业购入材料，除了要取得外来的结算凭证、供应单位的发票账单、运输单位的运单或供应单位的提货单之外，还要有内部自制的收料单、材料短缺毁损赔偿请求单等。材料运达后，材料供应部门应组织仓库保管人员及时办理验收入库手续，并填制收料单一式三联，在材料验收完成并经签章后分送有关部门。其中，一联由材料供应部门留存；一联送交财会部门作为材料收入的原始凭证入账；一联留存在仓库，用以登记原材料明细账。收料单一般采取一料一单的形式，其一般格式如表6-4所示。

表6-4 收料单

供应单位：　　　　　　　　　　　　　　　　　　　　凭证编号：

发票编号：　　　　　　　　年　月　日　　　　　　　收料仓库：

材料类别	材料编号	材料名称	计量单位	数量		金额			
				应收	实收	单价	买价	运杂费	合计

仓库保管员（签章）：　　　　　　　　　　　　　　　　制单人（签章）：

在材料验收入库时，如果发现数量不足、有毁损或质量与合同不符等问题，应填制数量质量不符通知单，通知材料供应部门，以便查明原因和进行责任处理。如果属于供应单位或运输单位责任，则应填制赔偿请求单，并办理相关索赔手续。

（二）发料凭证

施工现场或内部其他单位领用材料时，必须按规定填制领料凭证，严格领料手续。领料凭证一般有以下四种：

1. 领料单

领料单是指在领料业务发生后，填制手续一次完成的一种原始凭证。领料单一般采用一料一单形式，填制手续一次完成，即每领一次材料就应填制一次领料单。领料单必须经过领料单位负责人或用料管理人员审核合格后，方可作为领取材料的依据。审核的项目有：①请领材料的品种、规格和数量与计划是否相符；②是否为施工生产等需要。仓库保管员按照审核签字后的领料单进行发料，并由领发料的双方签章，以便明确责任。领料单一般适用于没有消耗定额的材料和临时需要或不经常领用的材料。领料单如表6-5所示。

领料单一般应填制一式三联。其中，一联由领料单位留存备查；一联由发料仓库留存，用以登记原材料明细账；一联送交财会部门，用以登记原材料总账和编制月末发料凭证汇总表。

对于已领出但尚未耗用或用后多余的材料，下月不再继续使用的，应填制退料单或用红字填制领料单，办理退料手续，将材料退回仓库；如下月仍需继续使用，则办理“假退料”，即同时办理本月退料手续和下月初的领料手续，而材料并不退回仓库。

表 6-5 领料单

领料单位：　　　　　　　　　　　　　　　　　　　　凭证编号：
用　　途：　　　　　　　　年　月　日　　　　　　　发料仓库：

材料类别	材料编号	材料名称	计量单位	数量		单价	金额
				请领	实发		

仓库保管员（签章）：　　发料（签章）：　　领料主管（签章）：　　领料（签章）：

2. 限额领料单

限额领料单是指在一定时期内连续多次使用有效（即填制手续多次完成），至期末止以其累积数额作为记账依据的一种原始凭证。限额领料单一般采取一单一料形式，可以在有效期和定额范围内多次连续使用。限额领料单一般适用于有消耗定额的材料和经常领用的材料。其有效期一般为一个月。

限额领料单一般在月初签发施工任务单的同时，由施工生产部门根据施工任务单所列的计划工程量，按照材料消耗定额核定各种材料的定额耗用总量后签发。限额领料单需要经生产计划和供应部门负责人签章后，才能据以办理领发料手续。限额领料单的一般格式如表 6-6 所示。

表 6-6 限额领料单

年　月　日

领料单位：　　　　　　用　　途：　　　　　　计划产量：
材料编号：　　　　　　名称规格：　　　　　　计量单位：
单　　价：　　　　　　消耗定额：　　　　　　领用限额：

年		请领		实发				
月	日	数量	领料单位负责人	数量	累计	发料人	领料人	限额结余
累计实发金额（大写）								

供应部门负责人（签章）：　　生产计划部门负责人（签章）：　　仓库负责人（签章）：

3. 大堆材料耗用计算单

大堆材料耗用计算单是一种主要适用于用料数量大、领用频繁、多个单位工程共同耗用，且不易清点数量又难以分清受益对象的大堆材料的耗料凭证。例如，施工现场露天堆放的砖、瓦、白灰、黄沙、碎石等的耗用可以采用大堆材料耗用计算单。大堆材料的日常领用不必办理领料手续，月末时运用实地盘存制确定月末结存数，再用月初结存数加本月进料数减月末结存数的方法，倒轧出本月耗用数。然后以各项工程的材料定额用量占完成工程量的比例作为分配率，分配大堆材料的实际用量。大堆材料耗用计算单如表 6-7 所示。

表 6-7　大堆材料耗用计算单

年　月

材料名称规格	砖	瓦	白灰	黄沙	碎石
单价					
期初余额					
加：本期收入					
减：本期结存					
本期耗用					

大堆材料耗用计算单一般填制一式两联，一联交仓库用于办理材料出库手续；一联送交财会部门用于核算工程成本。

4. 集中配料耗用计算单

集中配料耗用计算单是一种特殊的发料用原始凭证，主要适用于集中配料或统一下料的一次使用且一单多料的原始凭证，如玻璃、油漆、木材等的集中配料。

使用集中配料耗用计算单领发料时，先根据工程量和所用各种材料的配比，计算出各种材料的用量，并办理集中配料手续，月末材料管理人员或领料班组应根据用料的耗用数或消耗定额编制集中配料耗用计算单，并送交财会部门用以分配计入各成本核算对象。集中配料耗用计算单如表 6-8 所示。

表 6-8　集中配料耗用计算单

年　月

成本核算对象	砖		白　灰		碎　石	
	定额用量	实耗数量	定额用量	实耗数量	定额用量	实耗数量
××工程						
××工程						
××工程						
合计						

二、实际成本核算法

原材料的日常核算方法主要有实际成本核算法和计划成本核算法两种。原材料在日常核算时，采用实际成本核算法还是采用计划成本核算法，由企业根据实际情况自行确定，但核算方法一经确定，不能随意变更。

实际成本核算法简称实际成本法，是对原材料的收入、发出和期末结存（从存货收发凭证到明细账和总账）均按照其实际成本进行核算的方法。实际成本核算法一般适用于规模较小、存货品种简单、采购业务不多的企业。

（一）账户设置

1. “在途物资”账户

“在途物资”账户核算企业采用实际成本（或进价）进行材料日常核算，货款已付尚未验收入库的购入材料或商品的采购成本。

借方登记已付款或开出承兑商业汇票的材料物资实际采购成本，贷方登记验收入库材料物资的实际采购成本。该账户期末借方余额，反映企业已付款或已开出承兑商业汇票，但尚未到达或尚未验收入库的在途材料、商品的采购成本。该账户可以按照供应单位和物资品种进行明细核算。

2. “原材料”账户

“原材料”账户核算企业库存的各种材料的实际成本。借方登记外购、自制、委托加工、盘盈、接受投资等取得原材料的实际成本，贷方登记材料发出耗用、对外销售、盘亏、毁损及对外投资、捐赠原材料的实际成本。期末借方余额，反映企业库存材料的实际成本。该账户可以按照材料的保管地点（仓库）、材料的类别、品种和规格等进行明细核算。

企业收到来料加工装配业务的原料、零件等，应当设置备查簿进行登记。

（二）原材料取得时的核算

企业原材料取得的方式有很多，在此主要介绍企业外购、自制材料的核算方法。

1. 外购材料的核算

企业外购材料时，由于结算方式和采购地点的不同，材料入库和货款的支付在时间上也不一定完全同步，因此，其账务处理也有所不同。

1）货款已支付或开出承兑商业汇票，同时材料已验收入库。此种情况下，企业应根据发票账单等结算凭证确定材料成本，借记“原材料”账户，贷记“银行存款”“应付账款”“应付票据”等账户。

【例 6-4】 甲建筑施工企业于2015年5月3日向鞍山钢铁公司购入圆钢40t，每吨3 500元，价款140 000元，增值税税额为23 800元。材料已验收入库，货款及增值税税额通过银行转账付讫。根据有关材料购入凭证，该企业的相关会计处理如下：

借：原材料——圆钢　　163 800

　　贷：银行存款　　163 800

2）货款已支付或开出承兑商业汇票，材料尚未到达或尚未验收入库。此种情况下，企业应根据发票账单等结算凭证，借记“在途物资”账户，贷记“银行存款”“应付账款”“应付票据”等账户。材料到达、验收入库后，再根据收料单，借记“原材料”账户，贷记“在途物资”账户。

【例 6-5】 承【例 6-4】资料，假如甲建筑施工企业所购圆钢尚未验收入库，收到发票等结算单据，货款已经支付。5天后收到圆钢并验收入库。根据有关材料购入凭证，该企业的相关会计处理如下：

（1）支付货款时：

借：在途物资——圆钢　　163 800

　　贷：银行存款　　163 800

（2）材料验收入库时：

借：原材料——圆钢　　163 800

贷：在途物资——圆钢 163 800

3）材料已验收入库，货款尚未支付或尚未开出承兑商业汇票。此种情况下，包括以下两种具体情况：

第一，材料已验收入库，发票账单已到，尚未付款。这种材料采购方式属于赊购，赊购过程中如果应付账款附有现金折扣条件，则应付账款按实际交易金额入账；如果购货方在现金折扣期限内付款，则取得的现金折扣应冲减当期财务费用，即按总价法进行会计处理。

【例 6-6】 甲建筑施工企业 2015 年 5 月 8 日采用托收承付结算方式购入乙材料一批，增值税专用发票上注明的价款为 120 000 元，增值税税额为 20 400 元，对方代垫运杂费 600 元，银行转来的结算凭证已到，款项尚未支付，材料已验收入库。根据有关材料购入凭证，该企业的相关会计处理如下：

（1）购入材料时：

借：原材料——乙材料 141 000

　　贷：应付账款 141 000

（2）实际支付货款时：

借：应付账款 141 000

　　贷：银行存款 141 000

第二，材料已验收入库，但相关发票账单尚未到达。此种情况下，月份内可暂不进行会计处理，什么时候收到发票账单，什么时候再按正常购货业务处理。如果到了月末，仍未收到发票账单，则按材料的暂估价值入账，借记“原材料”账户，贷记“应付账款——暂估应付账款”账户。下月初用红字分录予以冲回。下月收到发票账单后，按正常程序，借记“原材料”账户，贷记“银行存款”“应付账款”“应付票据”等账户。

【例 6-7】 甲建筑施工企业 5 月 26 日购入水泥一批，按合同规定，货款共计 30 000 元，水泥已验收入库，但发票账单月末尚未收到，月末按暂估材料价值入账。6 月 8 日该批水泥的发票账单到达，增值税专用发票上注明货款 30 000 元，增值税税额为 5 100 元，款项已通过银行转账支付。根据有关凭证，该企业的会计处理如下：

（1）5 月末暂估入账：

借：原材料——水泥 30 000

　　贷：应付账款——暂估应付账款 30 000

（2）6 月初做红字会计分录予以冲回：

借：原材料——水泥 [30 000]㊀

　　贷：应付账款——暂估应付账款 [30 000]

（3）6 月 8 日收到发票账单时：

借：原材料——水泥 35 100

　　贷：银行存款 35 100

㊀ [30 000]代表红字。

4）货款已预付，材料尚未验收入库。此种情况下，企业应在预付材料款时，按照实际预付金额，借记“预付账款”账户，贷记“银行存款”账户。已经预付货款的材料验收入库时，借记“原材料”账户，贷记“预付账款”账户。预付款项不足，补付货款，按补付金额，借记“预付账款”账户，贷记“银行存款”账户。退回多付的款项，借记“银行存款”账户，贷记“预付账款”账户。

【例 6-8】 甲建筑施工企业按照购货合同约定，向 B 公司预付购买木材的货款 200 000 元。数日后收到 B 公司发来的木材和有关的结算单据，货款 250 000 元，增值税 42 500 元。甲建筑施工企业随即补付了相关款项。甲建筑施工企业的相关会计处理如下：

（1）预付款项时：

借：预付账款——B 公司　　200 000

　　贷：银行存款　　200 000

（2）收到材料时：

借：原材料——木材　　292 500

　　贷：预付账款——B 公司　　292 500

（3）补付货款时：

借：预付账款——B 公司　　92 500

　　贷：银行存款　　92 500

5）外购材料短缺及毁损的处理。企业购入材料验收入库时，如发现物资短缺或毁损，应查明原因，分清责任，并根据不同情况按照有关规定，做相应的会计处理。

第一，属于运输途中合理损耗的，应计入原材料采购成本。

第二，属于应由供应单位、运输机构、保险公司和过失人赔偿的部分，应列入“其他应收款”等账户。其中，如果是由供应单位责任造成的短缺或毁损，在货款尚未承付的情况下，应按短缺及毁损的数量和发票单价计算拒付金额，填写拒付理由书，向银行办理拒付手续。经银行同意后可根据收料单、发票账单、拒付理由书和银行结算凭证，按实际承付金额借记“原材料”等账户，贷记“银行存款”账户。如果上述货款已经支付，并已记入“在途物资”账户，则应填制赔偿请求单，并以实收材料金额借记“原材料”账户，以供应单位应赔偿的款项，借记“应付账款”账户，以原金额贷记“在途物资”账户。

第三，属于意外灾害造成的非常损失，在原因与责任未明确前，应根据有关毁损报告单等凭证，先记入“待处理财产损溢”账户，待查明原因后，按扣除残料价值和过失人、保险公司赔款后的净损失，借记“营业外支出——非常损失”账户，贷记“待处理财产损溢”账户。

【例 6-9】 甲建筑施工企业向 B 公司购入水泥 200t，每吨 400 元。增值税税率为 17%，运杂费为 2 000 元，价税款以银行存款支付。水泥运达企业，验收时发生短缺 20t，后经查明确认短缺的水泥中有 15t 为供货方发货时少付，经与供货方协商，由其补足少付的材料，其余 5t 属于运输部门责任应由运输部门赔偿。根据索赔单等有关凭证，甲建筑施工企业的相关会计处理如下：

（1）支付货款时：

借：在途物资——水泥（200×400×（1+17%）+2 000）　　95 600

贷：银行存款　　95 600

（2）验收入库时发现材料短缺，原因待查，其余水泥入库：

借：原材料——水泥（95 600−20×400×（1+17%））　　86 240

待处理财产损溢——待处理流动资产损溢（20×400×（1+17%））　　9 360

贷：在途物资——水泥　　95 600

（3）短缺原因查明，进行相应的会计处理：

借：其他应收款——运输部门　　2 340

应付账款——B 公司　　7 020

贷：待处理财产损溢——待处理流动资产损溢　　9 360

（4）收到供货方补发水泥，验收入库：

借：原材料——水泥　　7 020

贷：应付账款——B 公司　　7 020

6）外购材料采购保管费的处理。外购材料的采购保管费，一般先通过企业自行增设的“采购保管费”账户进行归集，然后按一定的方法分配计入有关材料的采购成本。

【例 6-10】　甲建筑施工企业本月发生采购保管费 5 000 元，其中应付采购保管人员工资 2 300 元，采购保管部门领用材料 1 000 元，以银行存款支付其他保管费 1 700 元。该企业编制如下会计分录：

借：采购保管费　　5 000

贷：应付职工薪酬　　2 300

原材料　　1 000

银行存款　　1 700

2. 自制材料的核算

企业自制材料过程中发生的费用与企业生产产品的成本费用处理方法相同，自制完成验收入库时，按照实际成本，借记“原材料”账户，贷记“生产成本”账户。

【例 6-11】　甲建筑施工企业的辅助生产车间自制一批预制板，预制板生产过程中发生的实际成本合计 30 000 元。预制板生产完工已验收入库。根据材料入库单等凭证，该企业的相关会计处理如下：

借：原材料——预制板　　30 000

贷：生产成本——辅助生产成本　　30 000

（三）原材料发出时的核算

采用实际成本进行材料日常核算的，发出材料的实际成本，可以采用先进先出法、加权平均法或个别计价法计算确定。另外，由于建筑施工企业材料发出业务频繁，各种领料凭证数量也多，因此为了简化核算，在平时发料时，除填制领料单、限额领料单和大堆材料耗用计算单等原始凭证外，一般只登记原材料明细账。月末才根据施工任务完成单、有关领料凭证及材料的类别和用途，编制发出材料汇总表，作为材料发出总分类核算的依据。

会计人员根据编制的发出材料汇总表和领料部门及材料用途填制记账凭证。其中：工程施工直接耗用材料记入“工程施工”账户，机械作业部门领用材料记入“机械作业”账户，辅助生产部门领用材料记入“生产成本——辅助生产成本”账户，管理部门领用材料记入“管理费用”账户，对外销售的各种材料实际成本记入“其他业务成本”账户，专项工程领用材料记入“在建工程”账户。

【例 6-12】 甲建筑施工企业 2015 年 5 月末，根据领料单等凭证，汇总编制发出材料汇总表，如表 6-9 所示。

表 6-9 发出材料汇总表

2015 年 5 月　　　　单位：元

材料类别 / 用途	主要材料				结构件	机械配件	其他材料	合计
	钢材	水泥	其他	小计				
工程施工	44 000	20 000	8 000	72 000	85 000		15 000	172 000
其中：A 工程	26 000	12 000	5 000	43 000	30 000		6 000	79 000
B 工程	18 000	8 000	3 000	29 000	55 000		9 000	93 000
机械作业						7 000	4 800	11 800
辅助生产	20 000		2 000	22 000			3 000	25 000
管理部门			3 000	3 000			2 000	5 000
合计	64 000	20 000	13 000	97 000	85 000	7 000	24 800	213 800

甲建筑施工企业根据发出材料汇总表，进行会计处理如下：

借：工程施工——A 工程　　79 000
　　　　　　——B 工程　　93 000
　　机械作业　　11 800
　　生产成本——辅助生产成本　　25 000
　　管理费用　　5 000
　　贷：原材料——主要材料　　97 000
　　　　　　——结构件　　85 000
　　　　　　——机械配件　　7 000
　　　　　　——其他材料　　24 800

在实际成本核算法下，“在途物资”和“原材料”账户一般只核算材料物资的买价和运杂费，不核算采购保管费。采购保管费的核算往往是先归集，月末再分配，即企业本月发出的材料，不仅要结转材料的买价和运杂费，还应将采购保管费分配给受益对象。

采购保管费分配率的计算公式如下：

$$本月采购保管费分配率=\frac{采购保管费月初余额+采购保管费本月发生额}{月初结存材料的买价和运杂费+本月购入材料的买价和运杂费}\times100\%$$

本月领用材料应分配的采购保管费=本月领用材料的买价和运杂费×本月采购保管费分配率

【例 6-13】 承【例 6-12】，如果本月“采购保管费”账户月初余额为 15 000 元，本月采购保管费发生额为 5 000 元。月初结存材料的买价和运杂费为 300 000 元，本月购入材料的买价及运杂费为 200 000 元，则采购保管费分配表如表 6-10 所示。

表 6-10　采购保管费分配表　　单位：元

受益对象	材料发出金额（买价和运杂费）	分配率	采购保管费分配额
工程施工	172 000	4%	6 880
其中：A 工程	79 000	4%	3 160
B 工程	93 000	4%	3 720
机械作业	11 800	4%	472
辅助生产	25 000	4%	1 000
管理部门	5 000	4%	200
合计	213 800	4%	8 552

本月采购保管费分配率 = (15 000+5 000) ÷ (300 000+200 000) × 100% = 4%

月末企业根据采购保管费分配表，应编制如下会计分录：

借：工程施工——A 工程　　3 160
　　　　　　——B 工程　　3 720
　　机械作业　　472
　　生产成本——辅助生产成本　　1 000
　　管理费用　　200
　　贷：采购保管费　　8 552

这里所使用的“采购保管费”账户，企业根据需要可以自行增设。

三、计划成本核算法

（一）计划成本核算法的含义

计划成本核算法简称计划成本法，是指存货的收入、发出和结存都按企业预先制定的计划成本计价，同时设置“材料成本差异”（或“产品成本差异”）账户，用以登记实际成本与计划成本的差额，期末，将发出存货和期末存货由计划成本调整为实际成本的存货核算方法。计划成本核算法一般适用于存货品种繁多、收发频繁的单位。

存货按计划成本核算时，要求存货的总分类核算和明细分类核算均按计划成本计价。

材料的计划成本所包含的内容应与其实际成本相一致，计划成本应当尽可能地接近实际。计划成本除特殊情况外，在年度内一般不做变动。

（二）计划成本核算法的核算程序

1）制定科学合理的计划单位成本。企业应先制定各种存货的计划成本目录，规定存货的分类，各种存货的名称、规格、编号、计量单位和计划单位成本等。除特殊情况外，计划单位成本在年度内一般不做调整。

2）平时收到存货时，应按计划单位成本计算其计划成本填入收料单内，并按实际成本与计划成本的差额，作为“材料成本差异”进行分类登记。

3）平时领用、发出的存货，都按计划成本计算，月份终了，再将本月发出存货应负担的成本差异进行分摊，将发出存货的计划成本调整为实际成本。需要注意的是发出存货应负担的成本差异必须按月分摊，不得在季末或年末一次计算。

（三）账户设置

1.“材料采购”账户

“材料采购”账户核算企业采用计划成本进行材料日常核算而购入材料的采购成本。借方登记采购材料物资支付的价款、增值税、发生的运杂费，以及发包单位拨入抵作备料款的材料价值的实际成本，贷方登记验收入库材料的计划成本。贷方大于借方的差额表示节约，借方大于贷方的差额表示超支。月末，将该账户的超支或节约差额分别转入“材料成本差异”账户的借方或贷方。“材料采购”账户的借方余额表示已付款或已承兑商业汇票，但尚未验收入库的在途材料的实际采购成本。该账户可以按照供应单位和材料品种进行明细核算。

2.“原材料”账户

“原材料”账户核算企业原材料收、发、存的计划成本。借方登记已验收入库的原材料的计划成本，贷方登记发出原材料的计划成本，期末借方余额，反映企业库存原材料的计划成本。

3.“材料成本差异”账户

“材料成本差异”账户属于资产类账户，是“原材料”账户的备抵账户。该账户核算企业各种材料的实际成本与计划成本的差异。借方登记购入材料实际成本大于计划成本的数额（超支差异）以及发出材料应分摊的成本节约差异的结转数，贷方登记购入材料实际成本小于计划成本的数额（节约差异）以及发出材料应分摊的成本超支的结转数。期末如果为借方余额，则反映企业库存材料的实际成本大于计划成本的超支差异，期末如果为贷方余额，则反映企业库存材料的实际成本小于计划成本的节约差异。

该账户应当分别“原材料”“周转材料”等按照类别或品种进行明细核算。

（四）原材料取得时的核算

1. 外购材料的核算

计划成本核算法下外购材料的核算与实际成本核算法下外购材料的核算不同之处，在于购入材料时，无论是否验收入库，一律先按实际成本借记“材料采购”账户，贷记“银行存款”等账户。然后再按验收入库材料的计划成本，借记“原材料”账户，按实际成本，贷记“材料采购”账户，此时借、贷方账户之差即计划成本与实际成本的差，按该差额记入“材料成本差异”账户的借方或贷方。材料成本差异的计算公式如下：

材料成本差异＝该批材料的实际成本－计划成本

当实际成本>计划成本时，材料成本差异为超支差。

当实际成本<计划成本时，材料成本差异为节约差。

【例 6-14】 甲建筑施工企业本月购入圆钢一批，增值税专用发票上注明价款 100 000 元，增值税税额 17 000 元，圆钢的计划成本共计 102 000 元。购入木材一批，增值税专用发票上注明价款 80 000 元，增值税税额 13 600 元，木材的计划成本共计 76 000 元。两种材料的价税款均以银行存款支付，且均已验收入库。该公司的相关会计处理如下：

（1）购入圆钢支付货款时：

借：材料采购　　117 000

　　贷：银行存款　　117 000

（2）圆钢验收入库时：

借：原材料　　102 000

　　贷：材料采购　　102 000

（3）购入木材支付货款时：

借：材料采购　　93 600

　　贷：银行存款　　93 600

（4）木材验收入库时：

借：原材料　　76 000

　　贷：材料采购　　76 000

（5）月末结转材料成本差异时：

本月入库材料的实际成本=(117 000+93 600)元=210 600元

本月入库材料的计划成本=(102 000+76 000)元=178 000元

材料成本差异=(210 600−178 000)元=32 600元

借：材料成本差异　　32 600

　　贷：材料采购　　32 600

2. 自制材料的核算

企业自制的材料不通过“材料采购”账户确定材料的成本差异，而是直接按完工入库材料的计划成本，借记“原材料”账户，按实际生产成本，贷记“生产成本”账户，按实际成本与计划成本之间的差额，借记或贷记“材料成本差异”账户。

【例6-15】 甲建筑施工企业辅助生产车间自制预制板一批，生产成本为14 000元，材料验收入库时入账的计划成本为14 200元，根据有关凭证，该公司的会计处理如下：

借：原材料——预制板　　14 200

　　贷：生产成本——辅助生产成本　　14 000

　　　　材料成本差异　　200

（五）原材料发出时的核算

在计划成本核算法下，企业原材料的发出成本也应按计划成本核算，并且在月末根据领料单、退料单等编制发出材料汇总表，结转发出材料的成本差异，即材料成本差异随着材料的发出而转出。根据所发出材料的用途按计划成本分别记入“工程施工”“机械作业”“生产成本——辅助生产成本”“管理费用”等账户，结转的发出材料的成本差异也按材料用途，记入相关成本或费用账户，从而将发出材料的计划成本调整为实际成本。

发出材料应负担的成本差异，除委托外部加工发出材料可按月初材料成本差异率计算外，应使用当月的实际差异率；月初材料成本差异率与本月材料成本差异率相差不大的，也可按月初材料成本差异率计算。计算方法一经确定，不得随意变更。材料成本差异率的计算公式如下：

$$本月材料成本差异率=\frac{月初结存材料的成本差异+本月收入材料的成本差异}{月初结存材料的计划成本+本月收入材料的计划成本}\times 100\%$$

上述公式中，超支用“+”表示，节约用“-”表示，并且本月收入原材料的计划成本中不包括暂估入账的原材料的计划成本。

月初材料成本差异率=月初结存材料的成本差异÷月初结存材料的计划成本×100%

发出材料应负担的成本差异=发出材料的计划成本×材料成本差异率

建筑施工企业采用计划成本核算法进行材料日常核算时，月份终了，财会部门根据领用材料的计划成本和应分摊的材料成本差异，合并编制发出材料汇总表，据以进行相应的账务处理。

【例 6-16】 丙建筑公司 2015 年 6 月末，根据领料单等凭证，汇总编制发出材料汇总表，如表 6-11 所示。

表 6-11 发出材料汇总表

2015 年 6 月 单位：元

材料类别 / 用途	主要材料		结构件		机械配件		其他材料		合计	
	计划成本	差异率 1%	计划成本	差异率 2%	计划成本	差异率-1.5%	计划成本	差异率 1%	计划成本	差异额
工程施工	60 000	600	82 000	1 640	26 000	-390	13 000	130	181 000	1 980
其中：A 工程	40 000	400	32 000	640	18 000	-270	5 000	50	95 000	820
B 工程	20 000	200	50 000	1 000	8 000	-120	8 000	80	86 000	1 160
机械作业					8 000	-120	5 000	50	13 000	-70
辅助生产	24 000	240					4 000	40	28 000	280
管理部门	5 000	50					2 000	20	7 000	70
合计	89 000	890	82 000	1 640	34 000	-510	24 000	240	229 000	2 260

丙建筑公司根据发出材料汇总表，进行会计处理如下：

(1) 结转发出材料计划成本。

借：工程施工——A 工程　　95 000
　　　　　　——B 工程　　86 000
　　机械作业　　13 000
　　生产成本——辅助生产成本　　28 000
　　管理费用　　7 000
　　贷：原材料——主要材料　　89 000
　　　　　　　——结构件　　82 000
　　　　　　　——机械配件　　34 000
　　　　　　　——其他材料　　24 000

(2) 结转发出材料的成本差异。

借：工程施工——A 工程　　820
　　　　　　——B 工程　　1 160
　　生产成本——辅助生产成本　　280

管理费用　　70

材料成本差异——机械配件　　510

贷：机械作业　　70

材料成本差异——主要材料　　890

——结构件　　1 640

——其他材料　　240

【例 6-17】 甲建筑施工企业采用计划成本核算法对原材料进行核算。2015 年 8 月初库存原材料的计划成本为 320 000 元，成本差异为超支差异 1 800 元。本月收入原材料的计划成本为 460 000 元，成本差异为节约差异 4 296 元。根据本月领料单(均为计划数)等，编制发出材料汇总表，本月发出材料的计划成本共计 440 000 元，具体情况如表 6-12 所示。

表 6-12　发出材料汇总表

2015 年 8 月　　单位：元

用途＼类别	主要材料	结构件	机械配件	其他材料	合计
工程施工——A 工程	420 000				420 000
机械作业		10 000	2 000	1 000	13 000
管理部门		3 000		4 000	7 000
合计	420 000	13 000	2 000	5 000	440 000

根据发出材料汇总表等有关凭证，进行会计处理如下：

借：工程施工——A 工程　　420 000

机械作业　　13 000

管理费用　　7 000

贷：原材料　　440 000

材料成本差异＝(1 800−4 296)元÷(320 000+460 000)元×100%＝−0. 32%

发出材料应负担的成本差异＝440 000 元×(−0. 32%)＝−1 408 元

期末库存原材料的实际成本＝(320 000+460 000−440 000)元+[1800+(−4 296)−(−1 408)]元＝338 912 元

借：材料成本差异　　1 408

贷：工程施工——A 工程(420 000×0. 32%)　　1 344

机械作业(13 000×0. 32%)　　41. 60

管理费用(7 000×0. 32%)　　22. 40

需要注意的是：当企业采用计划成本核算法核算采购材料成本时，月末应将采购保管费按分配率计算分配后，直接计入各类材料采购成本中。其中采购保管费的分配可以按实际分配率分配，也可以按计划分配率分配。但是分配率的计算方法一经确定，一般不得随意变更。

1）实际分配率分配法下的计算公式。计算公式如下：

采购保管费实际分配率＝本月发生的采购保管费÷本月购入存货的买价和运杂费×100%

本月采购存货应分配的采购保管费＝该月采购存货的买价和运杂费×采购保管费实际分配率

2）计划分配率分配法下的计算公式。计算公式如下：

采赃保管费计划分配率=预计采购保管费总额÷预计采购存货的计划成本总额×100%

本月采购存货应分配的采购保管费=该月采购存货的计划成本×采购保管费计划分配率

【例 6-18】 甲建筑施工企业按计划分配率分配采购保管费，假设本月预计采购保管费总额 5 000 元，预计采购材料的总成本为 62 500 元，其中预计采购 A 材料的计划成本为 40 000元，预计采购 B 材料的计划成本为 22 500 元。采购保管费分配表如表 6-13 所示。

表 6-13 采购保管费分配表 单位：元

材料名称	购入材料的计划成本	分配率	采购保管费分配额
A 材料	40 000	8%	3 200
B 材料	22 500	8%	1 800
合计	62 500	8%	5 000

本月采购保管费分配率=5 000÷62 500×100%=8%

月末企业根据采购保管费分配表，应编制如下会计分录：

借：材料采购——主要材料(A 材料)　　3 200

　　　　　　——主要材料(B 材料)　　1 800

　贷：采购保管费　　5 000

第五节　周转材料的核算

一、周转材料的含义及分类

1. 周转材料的含义

周转材料是指企业在正常生产经营过程中多次使用、逐渐转移其价值但仍然保持原有形态不确认为固定资产的材料。周转材料主要包括包装物、低值易耗品，以及建造承包商的模板及脚手架等。

2. 周转材料的分类

周转材料按其在施工生产过程中的用途不同，可以分为以下几类：

1）包装物。包装物是指为包装本企业商品而储备的各种包装容器，如桶、箱、瓶、坛、袋等。

2）低值易耗品。低值易耗品是指劳动材料中单位价值较低、使用时间较短、不能作为固定资产处理的各种用具和物品，如工具、管理用具、玻璃器皿以及在经营过程中周转使月的包装容器等。低值易耗品一般不需要继续安装就能直接使用并发挥作用。

3）模板。模板是指浇灌混凝土用的木模板、组合钢模板以及配合模板使用的支撑材料、滑模材料、构件等。但按固定资产管理的固定钢模板和现场固定大型钢模板不在此项内容中核算。

4）挡板。挡板是指土方工程使用的挡土板及支撑材料。

5）架料。架料是指搭设脚手架用的竹竿、木杆、跳板、钢管及其附件等。

钢模板、木模板、脚手架等与低值易耗品不同的是，它们都需要进行安装后才能发挥作用，如脚手架需要用卡扣安装搭建后才能使用。

6）除以上种类之外，作为流动资产管理的其他周转材料，如塔吊使用的轻轨、枕木（不包括附属于塔吊的钢轨）以及施工过程中使用的安全网等。

周转材料按其存放地点和使用情况不同，可以分为在库周转材料和在用周转材料。

周转材料按其摊销方法不同，可以分为一次摊销的周转材料和分次摊销的周转材料。

二、周转材料的摊销方法

企业购入、自制、委托加工完成并已验收入库的周转材料，以及周转材料的清查盘点，与原材料的核算方法相同，可以比照原材料的相关核算方法进行核算。但周转材料的消耗与一次性消耗的原材料等却不相同，根据《〈企业会计准则第 1 号——存货〉应用指南》的规定，包装物和低值易耗品应当采用一次转销法或者五五摊销法进行摊销；企业（建造承包商）的组合钢模板、木模板、脚手架和其他周转材料等，可以采用一次摊销法、五五摊销法或者分次摊销法。周转材料摊销方法可以根据企业的具体情况选择使用。

1. 一次摊销法

一次摊销法是指周转材料一经领用，就将其账面价值一次计入工程成本或有关费用的一种方法。一次摊销法适用于数量不多、金额较小，短期内会报废的周转材料，如安全网、玻璃器皿等。

2. 五五摊销法

五五摊销法是指周转材料在领用时，先摊销其账面价值的 50%，报废时再摊销其账面价值 50%的一种摊销方法。五五摊销法适用于数量较多、金额较大，且发出业务频繁的周转材料的摊销。其实五五摊销法可以算做是分次摊销法的特例，即分摊次数为两次的摊销。

3. 分次摊销法

分次摊销法是指根据周转材料的预计使用次数计算出每次的摊销额，再根据期内实际使用次数计算某期摊销额的方法。分次摊销法一般适用于不经常使用的周转材料的价值摊销，如挡板、模板等的摊销。其计算公式为：

$$\text{周转材料每次摊销额}=\frac{\text{周转材料原价}-(1-\text{预计净残值率})}{\text{预计使用次数}}$$

$$\text{本月摊销额}=\text{本期使用次数}\times\text{每次摊销额}$$

三、周转材料的账务处理

（一）账户设置

为了总括反映周转材料的增、减变动及其结存情况，建筑施工企业应设置“周转材料”账户，该账户属于资产类账户。该账户的借方登记周转材料的增加及企业库存、在用周转材料的计划成本或实际成本，贷方登记周转材料的减少，即周转材料盘亏、毁损、短缺等原因导致的减少及周转材料的摊销额。期末借方余额反映库存未用周转材料的成本和已用周转材料的摊余价值。

根据周转材料的核算需要，还应在“周转材料”账户基础上，设置“在库”“在用”

和“摊销”三个明细账户，进行明细分类核算。

如果企业的周转材料用量大，并需要单独核算和管理，也可以不设置“周转材料”账户，直接设置“包装物”“低值易耗品”等一级账户进行核算。

需要说明的是：周转材料的日常核算如果采用计划成本核算法，则在发出周转材料时还应结转应分摊的成本差异。发出一次转销的周转材料时，周转材料的计划成本和成本差异也将一次性结转给受益对象。发出分次摊销的周转材料时，在将“周转材料——在库”转为“周转材料——在用”的同时，将周转材料的计划成本和实际成本差异结转给受益对象。

（二）周转材料自用业务的核算

1. 购入周转材料

企业购入、委托外单位加工完成验收入库的周转材料的核算，与原材料入库的核算相同，可以比照原材料的核算方法进行会计处理。

【例 6-19】 甲建筑施工企业的周转材料采用实际成本核算法核算。企业以银行存款购进全新木模板一批已经验收入库。增值税专用发票上注明的价款为 30 000 元，增值税税额为 5 100元。分别按一次摊销法和五五摊销法核算。购入时根据有关凭证，分别进行会计处理如下：

（1）如果企业采用一次摊销法核算，则购入木模板时编制如下会计分录：

借：周转材料	35 100	
贷：银行存款		35 100

（2）如果企业采用五五摊销法核算，则购入木模板时编制如下会计分录：

借：周转材料——在库	35 100	
贷：银行存款		35 100

2. 领用周转材料

采用一次摊销法核算，领用周转材料时，按周转材料的全部账面价值和领用部门，借记“工程施工”等账户，贷记“周转材料”账户。如果采用其他摊销法核算，则领用周转材料时，将“周转材料——在库”转为“周转材料——在用”核算，摊销时，按摊销额借记“工程施工”等账户，贷记“周转材料——摊销”账户，退库时，按其全部价值将“周转材料——在用”转为“周转材料——在库”核算。

【例 6-20】 承【例 6-19】，甲建筑施工企业购入的周转材料被第一工程处领用 20 000 元，用于建造合同施工，被企业管理部门领用 10 000 元。根据有关周转材料领用凭证，分别就一次摊销法和五五摊销法对业务进行会计处理如下：

（1）一次摊销法领用时的会计处理。

借：工程施工——合同成本	20 000	
管理费用	10 000	
贷：周转材料		30 000

（2）五五摊销法领用时的会计处理。

借：周转材料——在用	30 000	
贷：周转材料——在库		30 000

同时

借：工程施工——合同成本	10 000	
管理费用	5 000	
贷：周转材料——摊销		15 000

3. 报废周转材料

采用一次摊销法核算，由于已经在领用时一次性地将所有账面价值都转给了受益对象，因此，其账面价值已经注销，不存在报废时的业务处理。采用其他摊销法核算的，则存在着报废时的会计业务处理问题。报废周转材料时，首先对最后一期的摊销进行业务处理，借记“工程施工”“管理费用”等账户，贷记“周转材料——摊销”账户。其次，按照收回残料的价值借记“原材料”账户，贷记“工程施工”“管理费用”等账户，冲减有关成本费用。最后，将“周转材料在用”明细账上的周转材料转入“周转材料——摊销”明细账中，即借记”周转材料——摊销”账户，贷记“周转材料——在用”账户。

需要注意的是：采用计划成本核算法核算周转材料时，月末还应结转当月领用周转材料应分摊的成本差异。

【例 6-21】　承【例 6-19】和【例 6-20】，甲建筑施工企业采用五五摊销法，报废时收回残料价值 600 元。根据有关凭证进行如下会计业务处理：

借：工程施工——合同成本	10 000	
管理费用	5 000	
贷：周转材料——摊销		15 000
借：原材料	600	
贷：管理费用		200
工程施工——合同成本		400
借：周转材料——摊销	30 000	
贷：周转材料——在用		30 000

（三）周转材料出租业务的核算

企业的周转材料在闲置不用时，可以对外出租。为了保证客户按时归还，一般会收取一定数额的押金。企业收取的押金通过“其他应付款”账户核算。如果周转材料按期归还，则如数退回押金，如果周转材料逾期未退，则没收押金。没收的押金视为销售周转材料取得的收入，计入其他业务收入，并计算相应的增值税销项税额。

出租周转材料收取的租金收入，应作为其他业务收入并计算缴纳增值税，相应的出租周转材料的成本，计入其他业务成本。

出租的周转材料应采用适当的方法进行摊销。摊销方法主要有一次摊销法和五五摊销法两种。采用五五摊销法，应设置“周转材料”账户，且分别“在库”“在用”“摊销”进行明细核算。

企业在摊销建造承包商使用的组合钢模板、木模板、脚手架和其他周转材料时，其账面价值应记入“工程施工”账户。

出租的周转材料收回后不能继续使用而做报废处理时，所取得的残料应作为当期周转材料摊销的减少，分别冲减当期的“工程施工”“管理费用”“其他业务成本”等账户。

【例 6-22】 甲建筑施工企业 9 月 15 日出租脚手架一批，价值 20 000 元。约定租期 1 个月，已收取租金 2 340(含增值税)，收取押金 12 000 元，款项均存入银行，采用一次摊销法。根据周转材料出租、收取押金等有关凭证，进行会计处理如下：

(1) 9 月 15 日，结转周转材料的实际成本。

借：其他业务成本	20 000	
贷：周转材料		20 000

(2) 收取押金时：

借：银行存款	12 000	
贷：其他应付款——存入保证金		12 000

(3) 收取租金时：

借：银行存款	2 340	
贷：其他业务收入		2 000
应交税费——应交增值税(销项税额)		340

(4) 1 个月到期，收回出租的周转材料，将押金通过银行转账退还。

借：其他应付款——存入保证金	12 000	
贷：银行存款		12 000

(5) 若 1 个月期满，周转材料未退回，则没收押金。

借：其他应付款——存入保证金	12 000	
贷：其他业务收入[12 000÷(1+17%)]		10 256.41
应交税费——应交增值税(销项税额)		1 743.59

建筑施工企业的周转材料日常核算，也可以采用计划成本核算法，月度终了，也应分配当月发出周转材料应负担的成本差异。对周转材料日常采用何种方法核算，由企业根据实际情况自行确定，但核算方法一经确定，不能随意变更。

第六节 其他存货的核算

其他存货是指除原材料、周转材料以外的存货，如委托加工中的存货、未完工程和已完工程、在产品和产成品、发包单位拨入的材料物资等。

一、委托加工中的存货

委托加工中的存货是指建筑施工企业委托外单位加工的各种材料和构件，也称委托加工中的物资。

委托加工业务一般由材料供应部门与受托加工单位签订加工合同。企业委托外单位加工的物资的实际成本包括：实际耗用的原材料或者半成品、加工费、运输费、装卸费等费用以及按照规定应计入成本的税金。在会计处理上，主要包括拨付加工物资、支付加工费用和税金、收回加工物资和剩余物资等几个环节。

1. 账户设置

设置“委托加工物资”账户，核算企业委托外单位加工的各种材料等物资的实际成本。

该账户的借方登记发出材料的实际成本以及支付的加工费、运杂费、税金等，贷方登记加工完成并验收入库材料的实际成本，期末余额在借方，反映尚在加工中的各种材料的实际成本。该账户可按加工合同、受托加工单位以及加工物资的品种进行明细核算。

2. 委托加工物资的会计核算

1）拨付加工物资。企业拨付给外单位加工的物资，按实际成本，借记“委托加工物资”账户，贷记“原材料”等账户；按计划成本或售价核算的，还应同时结转材料成本差异。

2）支付加工费、运杂费等，借记“委托加工物资”账户，贷记“银行存款”等账户；需要缴纳消费税的委托加工物资，由受托方代收代交的消费税，借记“委托加工物资”账户（收回后用于直接销售的）或“应交税费——应交消费税”账户（收回后用于继续加工的），贷记“应付账款”“银行存款”等账户。

3）加工完成验收入库的物资和剩余的物资，按加工收回物资的实际成本和剩余物资的实际成本，借记“原材料”“周转材料”等账户，贷记“委托加工物资”账户。

采用计划成本核算的，按计划成本，借记“原材料”“周转材料”等账户，按实际成本，贷记“委托加工物资”，按实际成本与计划成本之间的差额，借记或贷记“材料成本差异”账户。

采用计划成本核算的，也可以采用上期材料成本差异率计算分摊本期应分摊的材料成本差异。

【例 6-23】 甲建筑施工企业委托丙公司加工材料一批（不属于应税消费品），原材料成本为 20 000 元，支付的加工费为 7 000 元，材料加工完成验收入库，加工费用等已经支付。甲建筑施工企业按照实际成本对原材料进行日常核算，甲建筑施工企业相关会计处理如下：

（1）发出委托加工材料时：

借：委托加工物资	20 000	
贷：原材料		20 000

（2）支付加工费时：

借：委托加工物资	7 000	
贷：银行存款		7 000

（3）收回委托加工物资时：

借：原材料	27 000	
贷：委托加工物资		27 000

二、未完工程和已完工程

（一）未完工程和已完工程的含义

未完工程是指属于建筑施工企业的在产品，是建筑施工企业正在施工中，尚未完成预算定额规定的全部工序和工作内容的分部分项工程。

已完工程是指已经完成预算定额规定的全部工序和工作内容的分部分项工程。

要想了解其中的分部分项工程，还需要了解建筑工程的级次划分情况。建筑工程一般划分为建设项目、单项工程、单位工程、分部工程和分项工程五个级次。

1. 建设项目

建设项目一般是指建设投资兴建的工程项目的总和。凡是属于一个总体设计中的主体工程和相应的附属配套工程、综合利用工程、环境保护工程、供水供电工程以及水库的干渠配套工程等的，统一称为一项建设项目。凡是不属于一个总体设计，工艺流程没有直接联系，且各自独立核算的工程，就不能视为一个建设项目，而应分列为多个独立的建设项目。例如，新创办企业的工程建造，一般以一个企业为一个建设项目。又如，一个住宅小区、一所学校、一家医院的建造，可分别作为独立的建设项目。

2. 单项工程

单项工程又称工程项目，是建设项目的组成部分，是指具有独立的设计文件，建成后可以独立发挥生产能力或效益的一组配套齐全的工程项目。一个建设项目可以是一个单项工程，也可能包括多个单项工程。例如，一个住宅小区的建设项目，可以划分为多个结构、面积、层高不同的单项工程。

3. 单位工程

单位工程是单项工程的组成部分，是指具有独立的设计文件，可以独立组织施工和单项核算，但不能独立发挥其生产能力和使用效益的工程项目。单位工程的特点是具有独立设计的施工图和相应的概(预)算书，有独立的施工生产条件(可单独发包)，能够单独施工，并且只有在多个相互联系、配套的单位工程全部竣工后方可投入使用和发挥作用。例如，住宅小区的一个建设项目中的土建、给水排水、采暖、通风、照明等，各为一个单位工程。

4. 分部工程

分部工程是单位工程的组成部分，是指建筑物按单位工程的部位、结构形式等不同划分的工程项目。例如，一项民用建筑工程划分为地基与基础工程、主体工程、地面与楼面工程、装修工程、屋面工程等分部工程。

5. 分项工程

分项工程是分部工程的组成部分，是指根据工种、构件类型、使用材料不同划分的工程项目。分项工程构成了计量工程用工用料和机械台班消耗的基本单元，是工程计价最基本的要素。

（二）未完工程和已完工程的核算

建筑施工企业要想计算本月已完工程的实际成本，必须先计算出月末未完工程的实际成本。因为只有计算出月末未完工程的实际成本，才能运用下列公式计算出本月已完工程的实际成本：

本月已完工程实际成本=月初未完工程成本+本月发生的工程实际成本-月末未完工程成本

其中，月末未完工程成本在建筑施工企业的会计实务中，一般也难以直接确认，而是采用“工程施工”账户的借方余额减去“工程结算”账户的贷方余额后的差额予以确认，并将该差额反映在资产负债表的“存货”项目中。未完工程与已完工程的会计处理，由于涉及“工程施工”和“工程结算”的业务处理和核算，所以该业务的核算不在此处介绍，具体内容将在后续章节介绍。

三、在产品和产成品

在产品是指建筑施工企业附属的工业企业和辅助生产部门正在加工尚未全部完工的产品。产成品是指建筑施工企业附属的工业企业已经全部完工，可以对外销售的库存商品以及各种建筑安装构件产品。

四、发包单位拨入的材料物资

建筑施工企业所需的部分材料物资是由发包单位(包括建设单位和总包单位)提供的。

当建筑施工企业收到发包单位拨入的自行采购的材料物资时，主要是用于抵作预收的备料款或工程价款，一般按合同约定价款结算。

建筑施工企业收到发包单位拨来的材料物资时，材料供应部门应填制收料单，办理材料物资验收入库手续。财会部门按照结算价格借记"在途物资"等账户，贷记"预收账款"账户。按其成本借记"原材料"账户，贷记"在途物资"账户。

【例 6-24】　甲建筑施工企业收到发包单位拨入的水泥一批，抵作备料款，其结算价格为 5 万元。编制如下会计分录。

借：在途物资——水泥	50 000	
贷：预收账款——预收工程款(发包单位)		50 000
验收入库后：		
借：原材料——水泥	50 000	
贷：在途物资——水泥		50 000

第七节　存货的期末计量

《企业会计准则第 1 号——存货》规定，在资产负债表日，存货应当按照成本与可变现净值孰低计量。

一、成本与可变现净值孰低法的含义

成本与可变现净值孰低法是指按照存货的成本与可变现净值二者之中的较低者对期末存货进行计量的一种方法。采用这种方法，在资产负债表日，当存货成本低于存货可变现净值时，存货按实际成本计价；当存货可变现净值低于存货成本时，存货按可变现净值计价，应当计提存货跌价准备，计入当期损益。

成本是指期末存货的历史成本，即按照先进先出法、加权平均法、移动平均法等存货计价方法计算的期末存货的实际成本。如果企业在存货日常核算中采用计划成本核算法，则成本就为调整后的实际成本。

可变现净值是指存货的预计未来净现金流入量，而不是指存货的估计售价或合同价。

运用成本与可变现净值孰低法对存货进行期末计价体现了谨慎性原则。当存货的可变现净值下跌至成本以下时，表明该存货给企业带来的未来经济利益低于其账面成本，因此应将这部分差额确认为存货跌价损失，并将其从存货价值中扣除，计入当期损益，以防虚计利润和存货价值。反之，当存货的可变现净值高于成本时，企业也不能按可变现净值与成本的差额确认为存货的增值收益，因为一旦确认该差额为增值收益，也会虚计利润和存货价值。

二、存货减值迹象的判断

存货存在下列情况之一的，表明存货的可变现净值低于成本：

1）该存货的市场价格持续下跌，并且在可预见的未来无回升的希望。

2）企业使用该项原材料生产的产品的成本大于产品的销售价格。

3）企业因产品更新换代，原有库存原材料已不适应新产品的需要，而该原材料的市场

价格又低于其账面成本。

4）因企业所提供的商品或劳务过时或消费者偏好改变而使市场的需求发生变化，导致市场价格逐渐下跌。

5）其他足以证明该项存货实质上已经发生减值的情形。

存货存在下列情形之一的，表明存货的可变现净值为零：

1）已霉烂变质的存货。

2）已过期且无转让价值的存货。

3）生产中已不再需要，并且已无使用价值和转让价值的存货。

4）其他足以证明已无使用价值和转让价值的存货。

三、存货跌价准备的核算

1. 存货跌价准备的计提

企业应于期末计算存货可变现净值，将存货可变现净值与成本进行比较，如果有迹象表明存货发生减值，则应该计提存货跌价准备。

企业通常按照单个存货项目计提存货跌价准备（按单个存货项目计提存货跌价准备的方法称为单项比较法）。但对于数量繁多、单价较低的存货，可以按照存货类别计提存货跌价准备（按存货类别计提存货跌价准备的方法称为分类比较法）。在同一地区具有相同或类似最终用途或目的，且难以与其他项目分开计量的存货，可以合并计提存货跌价准备。

在资产负债表日，将存货可变现净值与存货成本进行比较，如果存货可变现净值低于成本，则按其差额部分计提存货跌价准备。但在计提存货跌价准备时，不是按其差额直接冲减有关存货的账面价值，而是另设"存货跌价准备"账户进行核算。

"存货跌价准备"账户可按存货项目或类别进行明细核算，"存货跌价准备"账户期末贷方余额，反映企业已计提但尚未转销的存货跌价准备。

确定本期应计提的存货跌价准备金额时，应按下列公式计算：

$$\text{本期应计提的存货跌价准备} = \text{当期可变现净值低于成本的差额} - \text{“存货跌价准备”账户原有贷方余额}$$

根据上列公式，如果计提存货跌价准备前，"存货跌价准备"账户无余额，则应按本期存货可变现净值低于存货成本的差额计提存货跌价准备，借记"资产减值损失"账户，贷记"存货跌价准备"账户；如果本期存货可变现净值低于成本的差额大于"存货跌价准备"账户原有贷方余额，则应按二者之差补提存货跌价准备，借记"资产减值损失"账户，贷记"存货跌价准备"账户；如果本期存货可变现净值低于成本的差额与"存货跌价准备"账户原有贷方余额相等，则不需要计提存货跌价准备；如果本期存货可变现净值低于成本的差额小于"存货跌价准备"账户原有贷方余额，则表明以前引起存货减值的影响因素已经部分消失，存货的价值又得以恢复，企业应当相应地恢复存货的账面价值，即按二者之差冲减已计提的存货跌价准备，借记"存货跌价准备"账户，贷记"资产减值损失"账户。如果本期存货可变现净值高于成本，则表明以前引起存货减值的影响因素已经完全消失，存货的价值全部得以恢复，应在原已计提的存货跌价准备金额内，按恢复增加的金额，借记"存货跌价准备"账户，贷记"资产减值损失"账户。

需要注意的是：符合存货跌价转回条件的，应在原已计提的存货跌价准备的金额内转回，即以“存货跌价准备”账户的余额冲减至零为限。

【例6-25】 甲建筑施工企业对期末存货按成本与可变现净值孰低计量。当年12月31日，A存货的账面成本为300 000元，可变现净值为280 000元。B存货的账面成本为80 000元，可变现净值为90 000元。该企业A、B两种存货此前“存货跌价准备”账户的余额均为0。

A存货可变现净值低于成本的差额=(300 000−280 000)元=20 000元

借：资产减值损失 20 000

　　贷：存货跌价准备——A存货 20 000

B存货可变现净值大于成本，不提存货跌价准备。

在当年12月31日的资产负债表中，A存货按可变现净值280 000元列示，B存货按成本80 000元列示。

如果B存货以前“存货跌价准备”账户的余额不是0的话，则应在“存货跌价准备”账户的金额内转回。

2. 存货跌价准备的结转

企业已经计提了跌价准备的存货，用于工程施工等发出时，在结转发出存货成本时，应同时结转已经对其计提的存货跌价准备。

发出存货结转存货跌价准备时，借记“存货跌价准备”账户，贷记“工程施工”“其他业务成本”等账户。

【例6-26】 甲建筑施工企业2014年年末库存A材料20件，每件成本5 000元，已计提存货跌价准备15 000元。2015年，该企业将库存A材料20件全部出售，每件售价6 500元，增值税销项税额共计22 100元，价款已收，存入银行。假设不考虑预计发生的销售费用及相关税费。该企业根据有关凭证，结转存货成本的会计处理如下：

借：银行存款 152 100

　　贷：其他业务收入 130 000

　　　　应交税费——应交增值税(销项税额) 22 100

借：其他业务成本 100 000

　　贷：原材料——A材料 100 000

借：存货跌价准备——A材料 15 000

　　贷：其他业务成本 15 000

【例6-27】 甲建筑施工企业本月工程施工领用价值20 000元的A材料，该部分材料已计提存货跌价准备1 000元。企业在领用材料时需要同时结转存货跌价准备。

借：工程施工 20 000

　　贷：原材料——A材料 20 000

借：存货跌价准备——A材料 1 000

　　贷：工程施工 10 000

3. 存货跌价准备核算的综合举例

【例6-28】 甲建筑施工企业从2014年开始，对期末存货按成本与可变现净值孰低计量。2014~2016 年，有关 A 材料期末计量的资料如下：

（1）2014 年 12 月 31 日，A 材料的账面成本为 90 000 元，可变现净值为 82 000 元。

（2）2015 年 12 月 31 日，A 材料的账面成本为 98 000 元，可变现净值为 85 000 元。

（3）2016 年度，在结转已售 A 材料成本时，结转存货跌价准备 7 000 元。2016 年 12 月 31 日，A 材料的账面成本为 62 000 元，可变现净值为 58 000 元。

该企业相关的会计处理如下：

（1）2014 年 12 月 31 日时：

可变现净值低于成本的差额＝(90 000−82 000)元＝8 000 元

借：资产减值损失	8 000	
贷：存货跌价准备——A 材料		8 000

本年计提存货跌价准备之后，“存货跌价准备”账户贷方余额为 8 000 元。

2014 年 12 月 31 日的资产负债表日，A 材料应按可变现净值 82 000 元列示。

（2）2015 年 12 月 31 日时：

可变现净值低于成本的差额＝(98 000−85 000)元＝13 000 元

本年应计提存货跌价准备＝(13 000−8 000)元＝5 000 元

借：资产减值损失	5 000	
贷：存货跌价准备——A 材料		5 000

本年计提存货跌价准备之后，“存货跌价准备”账户贷方余额为 13 000 元，在 2015 年 12 月 31 日的资产负债表中，A 材料按可变现净值 85 000 元列示。

（3）2016 年计提存货跌价准备之前，“存货跌价准备”账户贷方余额为 6 000 元（13 000−7 000）。

2016 年 12 月 31 日时：

可变现净值低于成本的差额＝(62 000−58 000)元＝4 000 元

本年应计提存货跌价准备＝(4 000−6 000)元＝−2 000 元

借：存货跌价准备——A 材料	2 000	
贷：资产减值损失		2 000

本年计提存货跌价准备之后，“存货跌价准备”账户贷方余额为 4 000 元，在 2016 年 12 月 31 日的资产负债表中，A 材料应按可变现净值 58 000 元列示。

第八节　存货清查

一、存货清查的意义与方法

存货清查是指通过对存货的实地盘点，确定存货的实有数量，并与账面结存数核对，从而确定存货实存数与账面结存数是否相符的一种专门方法。

存货是企业资产的重要组成部分，不但种类繁多、收发频繁，而且在日常收发过程中可能发生计量差错、计算错误、自然损耗等情况，导致存货的实际结存数与账面结存数不符。为了加强对存货的控制，维护存货的安全完整，企业应当定期或不定期对存货的实物进行盘点和抽查，以确定存货的实际结存数，并与账面结存数核对，如账实不符，则应查明原因，分清经济责任进行处理，达到存货账实相符。

企业至少应当在编制年度财务报告之前，对存货进行一次全面的清查盘点。

企业常用的存货数量盘存方法主要有实地盘存制和永续盘存制两种(详见第二章第五节)。

二、存货盘盈、盘亏及其会计核算

为了核算和监督财产清查中的盘盈、盘亏和毁损情况，企业应设置“待处理财产损溢”账户，借方登记存货的盘亏、毁损金额及盘盈的转销金额，贷方登记存货盘盈金额及盘亏的转销金额。“待处理财产损溢”账户下应设置“待处理流动资产损溢”和“待处理固定资产损溢”两个明细账户进行明细核算。这里需要说明的是，物资在运输途中发生的非正常短缺与损耗，也通过“待处理财产损溢”账户核算。

存货盘盈、盘亏的具体核算在此省略，详见第二章第五节。

思 考 题

1. 什么是存货？存货可分为哪几类？
2. 存货的确认条件有哪些？
3. 存货发出的计价方法有哪些？各种方法的含义及优缺点是什么？
4. 什么是实际成本核算法？原材料按实际成本核算法计价如何进行日常核算？
5. 什么是计划成本核算法？原材料按计划成本核算法计价如何进行日常核算？
6. 什么是周转材料？周转材料如何分类？
7. 周转材料的摊销方法有哪些？周转材料如何核算？
8. 其他存货包括哪些内容？都如何核算？.
9. 什么是成本与可变现净值孰低法？
10. 存货减值迹象如何判断？如何计提存货跌价准备？
11. 如何进行存货盘盈、盘亏及毁损的会计处理？

练 习 题

一、单项选择题

1. 建筑施工企业外购存货发生的各种支出中，通常不应计入存货成本的是(　　)。

A. 购买存货发生的保险费　　B. 购买存货发生的包装费

C. 购买存货发生的运输途中的合理损耗　　D. 购买途中发生的非常损失

2. 建筑施工企业出租周转材料收取的租金收入，应作为(　　)核算。

A. 主营业务收入　　B. 其他业务收入　　C. 劳务收入　　D. 营业外收入

3. 材料采购途中发生的合理损耗，应当(　　)。

A. 计入管理费用　　B. 向保险公司索赔　　C. 由运输部门赔偿　　D. 计入材料采购成本

4. 下列项目中，不属于建筑施工企业周转材料的是(　　)。

A. 木模板　　B. 挡板　　C. 脚手架　　D. 生产工具

5. “材料成本差异”账户在原材料核算的(　　)下使用。

A. 实际成本核算法　　B. 计划成本核算法　　C. 加权平均法　　D. 先进先出法

6. 某建筑施工企业在存货清查中盘盈存货5 000元。会计上在调整存货账面价值的同时，还应通过(　　)账户处理。

A. “待处理财产损溢” B. “在建工程” C. “工程施工” D. “营业外收入”

7. 企业购进存货发生短缺，经查，属于意外事故造成的存货毁损，扣除保险公司及相关责任人赔款后的净损失应记入(　　)账户。

A. “制造费用” B. “管理费用” C. “营业外支出” D. “生产成本”

8. 一次摊销的周转材料，其价值是在周转材料(　　)时计入成本中的。

A. 购买 B. 领用 C. 报废 D. 消耗

9. 成本与可变现净值孰低法是指按成本与可变现净值二者之中较低者对(　　)计价的方法。

A. 购进存货 B. 发出存货 C. 销售存货 D. 期末存货

二、多项选择题

1. 下列各项中，属于建筑施工企业存货的有(　　)。

A. 原材料 B. 周转材料

C. 未完工程和已完工程 D. 委托加工中的存货

2. 原材料是指建筑施工企业用于建筑安装工程而存放在仓库的各种材料，包括(　　)和其他材料。

A. 主要材料 B. 结构件 C. 机械配件 D. 低值易耗品

3. 下列各项中，属于建筑施工企业周转材料的有(　　)。

A. 包装物 B. 低值易耗品 C. 组合钢模板 D. 挡板

4. 下列各项与存货相关的费用中，应计入存货成本的有(　　)。

A. 材料采购过程中发生的保险费 B. 材料入库前发生的挑选整理费

C. 材料入库后发生的储存费用 D. 材料采购过程中发生的装卸费用

5. 根据企业会计准则的规定，发出存货的计价方法可以是(　　)。

A. 个别计价法 B. 先进先出法 C. 加权平均法 D. 移动平均法

6. 原材料的日常核算方法主要有(　　)两种。

A. 实际成本核算法 B. 先进先出法 C. 计划成本核算法 D. 个别计价法

7. 根据《〈企业会计准则第1号——存货〉应用指南》的规定，企业周转材料的摊销方法一般有(　　)。

A. 一次摊销法 B. 五五摊销法 C. 分次摊销法 D. 分期摊销法

8. 建筑工程一般划分为(　　)和分项工程几个级次。

A. 建设项目 B. 单项工程 C. 单位工程 D. 分部工程

9. 下列情形中，表明存货的可变现净值为零的情况有(　　)。

A. 已霉烂变质的存货

B. 已过期但是有转让价值的存货

C. 生产中已不再需要，并且已无使用价值和转让价值的存货

D. 其他足以证明已无使用价值和转让价值的存货

10. 下列(　　)应该计入委托加工物资的实际成本中。

A. 实际耗用的原材料 B. 加工费 C. 运输费 D. 剩余物资

三、判断题

1. 企业已发出的原材料，均不属于企业的存货。(　　)

2. 建筑施工企业在采购材料过程中发生的运输费、装卸费、保险费以及其他可归属于存货采购成本的费用等，应当计入存货的采购成本。(　　)

3. 按照企业会计准则的规定，存货跌价准备只能按单个存货项目的成本与可变现净值计量。(　　)

4. 企业用于出租的周转材料，收取的租金应当作为其他业务收入核算。(　　)

5. 未完工程不属于建筑施工企业的存货。(　　)

6. 个别计价法一般只适用于存货品种不多、单位成本不高的一般物品的发出计价。(　　)

7. 限额领料单是指在一定时期内连续多次使用有效(即填制手续多次完成)，至期末止以其累积数额作

为记账依据的一种原始凭证。　（　）

8. 大堆材料耗用计算单是一种主要适用于用料数量大、领用频繁、多个单位工程共同耗用，且不易清点数量又难以分清受益对象的大堆材料的耗料凭证。　（　）

9. 建筑施工企业所需的部分材料物资是由发包单位提供的。当建筑施工企业收到发包单位拨入的自行采购的材料物资时，主要是用于抵作预收的备料款或工程价款，一般按合同约定价款结算。　（　）

四、业务题

（一）练习材料发出的计价

资料：某建筑施工企业存货发出的计价采用先进先出法。2015 年 1 月 1 日甲材料的账面价值为 15 200 元，结存数量为 4 000 件，1 月份有关甲材料的购入与发出情况如下：5 日购入 1 000 件存货，每件单价 4 元；10 日发出存货 3 000 件；20 日购入存货 1 500 件，每件单价 4.1 元；23 日发出 1 800 件；28 日发出 900 件。

要求：（1）根据上述资料，登记甲材料明细账。

（2）计算该企业 1 月份发出存货的总成本以及月末结存存货的账面金额。

（二）练习材料按实际成本计价的核算

资料：某建筑施工企业材料按实际成本计价核算，2015 年 8 月发生下列有关材料采购和发出的经济业务：

（1）8 月 1 日，向钢铁厂购入 200t 钢材，单价 2 500 元/t，计 500 000 元，增值税 85 000 元，款项通过银行支付，钢材已经验收入库。

（2）8 月 3 日，上月购入尚未运达的木材价款 120 000 元，增值税 20 400 元，现已收到并验收入库。

（3）8 月 6 日，上月预付款购入的水泥 150 000 元，增值税 25 500 元，经验收无误入库，并补付货款 30 000 元。

（4）8 月 9 日，购入机械配件一批，价款 50 000 元，增值税 8 500 元，款项通过银行支付，材料已验收入库。

（5）8 月 15 日，购入施工用的电缆一批，价款 60 000 元，增值税 10 200 元，货款通过银行存款支付。材料验收入库。

（6）8 月 16 日，购入预制构件一批，价款 180 000 元，增值税 30 600 元，款项通过银行支付。

（7）8 月 18 日，购入钢材 20t，单价为 5 000 元/t，价款 100 000 元，增值税 17 000 元，代垫运杂费 2 000 元，货款已通过银行支付，材料尚未收到。

（8）8 月 25 日，本月 18 日购入的钢材已运到，验收时发现短缺 0.5t，经查明原因属于运输部门责任，由运输部门赔偿，其余钢材验收入库。

（9）8 月 31 日，根据本月各种领料凭证，按受益对象编制发出材料汇总表，如表 6-14 所示。

表 6-14　发出材料汇总表

2015 年 8 月 31 日　　单位：元

受益对象	主要材料	结构件	机械配件	其他材料	小计
A 工程	80 000	50 000			130 000
机械作业			30 000	6 000	36 000
辅助生产	10 000		8 000	1 000	19 000
建造临时设施	15 000				15 000
施工管理			2 000	600	2 600
企业管理部门			3 000	1 500	4 500
合计	105 000	50 000	43 000	9 100	207 100

要求：根据上述资料，编制材料采购和发出的会计分录。

（三）练习材料按计划成本计价的核算

资料：某建筑施工企业采用计划成本核算法进行原材料核算。2015 年 5 月初结存原材料计划成本为 216 500 元，材料成本差异为 3 000 元（贷方）。5 月份发生下列经济业务：

（1）购入原材料一批，增值税专用发票上注明实际买价为 36 000 元，增值税税额为 6 120 元，货款已通过银行支付，材料验收入库，该批材料计划成本为 38 000 元。

（2）购入原材料一批，增值税专用发票上注明实际买价为 46 000 元，增值税税额为 7 820 元，货款未付，材料已验收入库，计划成本为 45 500 元。

（3）本月工程 A 领用材料 28 000 元，工程 B 领用材料 8 500 元，委托加工材料发出 8 000 元，企业管理部门领用材料 3 000 元。

要求：（1）根据上述资料做出相关会计处理。

（2）计算材料成本差异率、发出材料应结转的成本差异和发出材料的实际成本，并进行会计处理。

（四）练习周转材料五五摊销法的核算

资料：某建筑施工企业周转材料采用实际成本核算法核算，周转材料的价值摊销采用五五摊销法。

（1）3 月 1 日，A 工程施工领取周转材料 50 件，每件实际成本 15 元。

（2）5 月 31 日，A 工程领用的上述周转材料报废 30 件，每件残值 2 元，作为原材料入库。

要求：根据上述资料做出相关会计处理。

（五）练习周转材料分次摊销法的核算

资料：某建筑施工企业 6 月份发生下列有关周转材料领用、摊销、退库的经济业务：

（1）施工生产领用分次摊销的模板 200 块，单价 15 元，计 3 000 元。

（2）上述模板预计使用 5 次，残值率为 10%，本期实际使用 3 次，摊销模板的价值。

（3）工程完工，经清点，报废模板 100 块，残料作为其他材料作价 100 元验收入库。

（4）经鉴定，其余 100 块模板成色为 50%，将其点收入库。

要求：编制上述经济业务的会计分录。

（六）练习存货清查的核算

资料：某建筑施工企业在财产清查中发现以下问题：

（1）盘盈甲材料 80 件，实际单位成本为 60 元，经查属于材料收发计量错误。报经批准后，做冲减管理费用处理。

（2）盘亏乙材料 100 件，实际单位成本 90 元，经查属于一般经营损失。

（3）毁损丙材料 1 000kg，实际单位成本 50 元，增值税进项税额为 8 500 元。经查属于水灾造成的损失，根据保险合同规定，应由保险公司赔偿 35 000 元。

要求：根据上述业务进行会计处理。

（七）练习存货减值准备的核算

资料：某建筑施工企业期末存货采用成本与可变现净值孰低法计价，该企业甲类存货期末资料如表 6-15 所示。

表 6-15 某建筑施工企业甲类存货期末资料

项目	数量/件	成本单价/元	单位可变现净值/元
甲类：			
A	30	80	75
B	20	150	155

要求：（1）根据上述资料分别采用单项比较法和分类比较法对期末存货进行计价。

（2）计提存货跌价准备，做出单项比较法下的会计处理。

第 7 章

固定资产和临时设施的核算

教学目的：

通过本章的学习，学生应当了解并掌握：

1. 固定资产的性质、分类及确认
2. 固定资产的初始计量
3. 固定资产折旧的性质、范围、计算方法及账务处理
4. 固定资产的后续支出核算
5. 固定资产的处置
6. 固定资产减值准备的计提
7. 临时设施的核算

第一节 固定资产的性质、分类及确认

一、固定资产的性质

固定资产是企业所拥有的使用期限较长、单位价值较高、多次周转使用仍保持原有实物形态的资产，是企业重要的劳动手段。《企业会计准则第 4 号——固定资产》中对固定资产做了如下定义：固定资产是指同时具有下列特征的有形资产：①为生产商品、提供劳务、出租或经营管理而持有的；②使用寿命超过一个会计年度。

从上述固定资产的定义中可以看出，固定资产具有以下三个特征：

1）固定资产是为生产商品、提供劳务、出租或经营管理而持有的。

企业持有固定资产的目的是为了生产商品、提供劳务、出租或经营管理，而不是直接用于出售，这与流动资产存在着较为明显的区别。其中，“出租”的固定资产是指用以经营租赁方式出租的机器设备类固定资产，不包括以经营租赁方式出租的建筑物，后者属于企业的投资性房地产，不属于固定资产。

2）固定资产使用寿命超过一个会计年度。

固定资产的使用寿命是指企业使用固定资产的预计使用期间。固定资产使用寿命要求超过一个会计年度，说明固定资产属于长期资产。固定资产的价值会随着其使用和磨损，通过计提折旧方式逐渐减少账面价值。对于固定资产使用寿命的估计，会因固定资产的种类及性质不同而采取不同的方法。例如，某些机器设备或运输设备等固定资产，往往以该固定资产所能生产产品或提供劳务的数量来表示其使用寿命。

3）固定资产为有形资产。

固定资产为有形资产这一特征主要是用于区分无形资产。因为有些无形资产可能同时符合以下两个特征：①为生产商品、提供劳务而持有；②使用寿命超过一个会计年度。但是，由于其没有实物形态，所以不属于固定资产。

对于建筑施工企业所持有的组合钢模板、木模板、挡板、架料等周转材料，以及地质勘探企业所持有的管材等资产，尽管具有固定资产的某些特征，但由于数量多、单价低，考虑到成本效益原则，在实务中通常确认为存货。

二、固定资产的分类

建筑施工企业的固定资产种类繁多，型号、规格各异，企业应根据不同的管理需要和核算要求，对固定资产按不同的分类标准进行分类。固定资产主要有以下几种分类方法：

（一）按固定资产的经济用途分类

按固定资产的经济用途，可将固定资产分为生产经营用固定资产和非生产经营用固定资产两类。

1. 生产经营用固定资产

生产经营用固定资产是指直接服务于企业生产经营过程的各种固定资产。具体又分为以下各类：

1）房屋。房屋是指企业所属各施工单位、生产单位和行政管理部门等所使用的各种房屋，如厂房、仓库、办公楼、配电室等。作为固定资产管理的可以搬迁移动的钢、木架活动房屋，也包括在此类当中。活动房屋多的企业也可以不列入此类中，可以单独设为“活动房屋”类。

2）建筑物。建筑物是指除房屋以外的各种建筑物，如烟囱、水塔、蓄水池、储油罐、企业的道路、铁路、停车场、围墙等。

3）施工机械。施工机械是指施工用的各种机械，如起重机械、挖掘机械、土方铲运机械、凿岩机械、基础及凿井机械、钢筋混凝土机械、筑路机械、架梁机械、胶带螺旋运输机、盾构机械及各种泵类等。随机的附属设备以及装置在机械上的发动机等，均应包括在该机械的价值中。

4）钢模板。钢模板是指按固定资产管理的固定钢模板和现场大型钢模板。需要注意的是，现场预制或现浇混凝土使用的组合钢模板应作为周转材料核算，不在固定资产中核算。

5）运输设备。运输设备是指运送物资用的各种运输工具，如机车、罐车、船舶、汽车、拖车、兽力车等。

6）生产设备。生产设备是指加工、维修用的各种机器设备，如木工加工设备、金属切削设备、锻压设备、焊接及切割设备、铸造及热处理设备、动力设备、传导设备等用于加工、维修等各类生产设备。机器设备的基座，以及与机器设备连成一体而不具有独立用途的附属设备，均应包括在该机器设备的价值之内。

7）仪器及试验设备。仪器及试验设备是指对材料、工艺、产品进行研究试验用的各类仪器及设备，如计量用的精密天平，测绘用的经纬仪、水准仪，探伤用的探伤机、裂痕测探仪，分析测定用的渗透仪、显微镜、温度测定仪，以及材料试验用的各种试验机、铂金坩埚、高压釜等。

8）其他生产经营用固定资产。其他生产经营用固定资产是指不属于以上各类的其他生产经营用固定资产，包括各类计算机、电子设备、打印机、复印机、扫描仪等办公用具，计量用具（如地磅等）、消防用具、炊事用具、医疗器具以及行政管理用的汽车、电话机等。

2. 非生产经营用固定资产

非生产经营用固定资产是指不直接服务于施工生产经营过程的各种固定资产，如职工宿舍、食堂、浴室等使用的房屋、设备和其他固定资产等。

（二）按固定资产的使用状况分类

按固定资产的使用状况可将固定资产分为使用中固定资产、未使用固定资产和不需用固定资产三类。

1. 使用中固定资产

使用中固定资产是指正在使用中的生产经营性和非生产经营性固定资产。由于季节性经营或大修理等原因暂时停用的固定资产仍属于企业使用中的固定资产，企业以经营租赁方式出租给其他单位使用的固定资产和内部替换使用的固定资产也属于使用中的固定资产。

2. 未使用固定资产

未使用固定资产是指完工或已购建的尚未正式交付使用的新增固定资产，以及因改建、扩建等原因暂停使用的固定资产。

3. 不需用固定资产

不需用固定资产是指因本企业多余不用或不再适用的固定资产。

（三）按固定资产的所有权分类

按固定资产的所有权，可将固定资产分为自有固定资产和租入固定资产两类。

1）自有固定资产是指企业拥有的可供企业自由支配使用的固定资产。

2）租入固定资产是指企业采用租赁方式从其他单位租入的固定资产。企业依照租赁合同，对租入固定资产拥有使用权，同时负有支付租金的义务，而资产的所有权属于出租方。租入固定资产可进一步分为经营租入固定资产和融资租入固定资产。

（四）按固定资产的经济用途和使用情况综合分类

按照固定资产的综合分类方法，可将固定资产分为以下七大类：

1）生产经营用固定资产。

2）非生产经营用固定资产。

3）租出固定资产。仅指在经营租赁方式下出租给外单位使用的固定资产。

4）未使用固定资产。

5）不需用固定资产。

6）土地。指过去已经估价单独入账的土地。因征地而支付的补偿费应计入与土地有关的房屋、建筑物的价值内，不单独作为土地价值入账。企业取得的土地使用权不能作为固定资产管理而应作为无形资产入账。

7）融资租入固定资产。融资租入固定资产是指建筑施工企业以融资租赁方式租入的固定资产。在租赁期内，融资租入的固定资产应视同自有固定资产管理。

由于建筑施工企业的经营性质不同，经营规模各异，对固定资产的分类不可能完全一致，也没有必要强求统一，企业可以根据各自的具体情况和经营管理、会计核算的需要对固定资产进行必要的分类。

三、固定资产的确认条件

固定资产在符合定义的前提下，应当同时满足以下两个条件才能加以确认：

1. 与该固定资产有关的经济利益很可能流入企业

判断与固定资产有关的经济利益是否很可能流入企业，主要判断与该固定资产所有权相关的风险和报酬是否转移到了企业。与固定资产所有权相关的风险是指由于经营情况变化造成的相关收益的变动，以及由于资产闲置、技术陈旧等原因造成的损失。与固定资产所有权相关的报酬是指在固定资产使用寿命内使用该资产而获得的收入，以及处置该资产所实现的利得等。

通常，取得固定资产的所有权是判断与固定资产所有权相关的风险和报酬转移到企业的一个重要标志。但是，所有权是否转移，不是判断与固定资产所有权相关的风险和报酬转移到企业的唯一标志。在有些情况下，某项固定资产的所有权虽然不属于企业，但是企业能够控制与该项固定资产有关的经济利益流入企业，这就意味着与该固定资产所有权相关的风险和报酬实质上已转移到企业，在这种情况下，企业应将该项固定资产予以确认。

2. 该固定资产的成本能够可靠地计量

在确定固定资产成本时必须取得确凿证据。但是，有时需要根据所获得的最新资料，对固定资产的成本进行合理的估计。例如，企业对于已达到预定可使用状态但尚未办理竣工决算的固定资产，需要根据工程预算、工程造价或者工程实际发生的成本等资料，按估计价值确定其成本；办理竣工决算后，再按照实际成本调整原来的暂估价值。

第二节　固定资产的初始计量

一、固定资产的计价基础

为了正确反映固定资产的增减变动，应按一定的标准对固定资产进行计价。固定资产的计价基础主要有：历史成本、重置完全价值和净值。

1. 历史成本

固定资产的历史成本也称固定资产的原始成本、原始价值，是指固定资产达到预定可使用状态以前发生的一切合理的、必要的支出。

历史成本具有客观性和可验证性的特点。固定资产按取得时的历史成本计价，可使固定资产成本的系统、合理分摊有据可依。在我国的会计实务中，固定资产的计价均采用历史成本。历史成本在应用时也存在一定的不足，如在物价水平发生变化或由于货币时间价值的作用，使其原始价值与现时价值产生差异，固定资产的价值不真实，因此，按历史成本计价也有其局限性。

2. 重置完全价值

重置完全价值又称重置价值，是指企业在当前的生产技术条件和市场价格水平下，重新购置或建造同样的固定资产所需的全部支出。当企业取得无法确定原值的固定资产时，如盘盈的固定资产或接受捐赠的固定资产，以及根据国家规定对固定资产进行重新估价时，可以按重置完全价值计价。

3. 净值

固定资产的净值是指固定资产原始价值或重置完全价值减去已提折旧后的净额，也称折余价值。

固定资产净值可以反映企业实际占用在固定资产上的资金数额，也可以体现固定资产的新旧程度。会计实务中，根据“固定资产”和“累计折旧”两个账户的期末余额加以确定固定资产的净值。

二、固定资产初始计量概述

固定资产的初始计量是指确定固定资产的取得成本。固定资产应当按照成本进行初始计量。这里所说的成本，是指企业为购建某项固定资产达到预定可使用状态前所发生的一切合理的、必要的支出。这些支出既包括直接发生的费用（如购置固定资产的价款、运杂费、包装费和安装费等），也包括间接发生的费用（如应分摊的借款利息、外币借款折算差额及应分摊的其他间接费用）。

企业固定资产的取得方式不同，其成本的确定方法也各不相同。

1. 外购的固定资产

《企业会计准则第 4 号——固定资产》规定，外购固定资产的成本，包括购买价款、进口关税和其他税费，使固定资产达到预定可使用状态前所发生的可归属于该项资产的场地整理费、运输费、装卸费、安装费和专业人员服务费等。

外购的固定资产是否达到预定可使用状态，需要根据具体情况进行分析判断。如果购入不需要安装的固定资产，购入后即可发挥作用，则购入后即可达到预定可使用状态。如果购入需要安装的固定资产，只有安装调试后达到设计要求或合同规定的标准，该项固定资产才可发挥作用，则安装调试后才达到预定可使用状态。

以一笔款项购入多项没有单独标价的固定资产，应当按照各项固定资产公允价值的比例对总成本进行分配，分别确定各项固定资产的成本。

2. 自行建造的固定资产

自行建造的固定资产也称在建工程，是指企业自行建造房屋、建筑物、各种设施以及进行大型机器设备的安装工程等，包括固定资产新建工程、改扩建工程等。自行建造固定资产的成本，按建造该项资产达到预定可使用状态前所发生的必要支出，作为入账价值。

3. 投资者投入的固定资产

投资者投入的固定资产，按投资合同或协议约定的价值（即按投资各方确认价值），作为入账价值。但合同或协议约定价值不公允的除外。

4. 盘盈的固定资产

企业应定期或者至少于每年年末对固定资产进行清查盘点，以保证固定资产核算的真实性和完整性。如果清查过程中发现盘盈的固定资产，则应填制固定资产盘盈报告表，并及时查明原因，在期末结账处理完毕。

盘盈的固定资产，作为前期差错处理。盘盈的固定资产报经批准处理后，应通过“以前年度损益调整”账户核算。

5. 接受捐赠的固定资产

接受捐赠的固定资产，应按其公允价值及相关税费入账。实际业务核算时，确定其入账价值一般有以下两种情况：

1）捐赠方提供了有关凭据的，按凭据上标明的金额加上应支付的相关税费，作为入账价值。

2）捐赠方没有提供有关凭据的，按如下顺序确定其入账价值：

① 同类或类似固定资产存在活跃市场的，按同类或类似固定资产的市场价格估计的金额，加上应支付的相关税费，作为入账价值。

② 同类或类似固定资产不存在活跃市场的，按该接受捐赠的固定资产预计未来现金流量的现值，加上应支付的相关税费，作为入账价值。

企业接受捐赠的固定资产在按照上述会计规定确定入账价值以后，按接受捐赠金额，计入营业外收入。

6. 存在弃置费用的固定资产

对于这些特殊行业的特定固定资产，确定其初始入账成本时，应当考虑弃置费用。弃置费用通常是根据国家法律和行政法规、国际公约等规定，企业承担的环境保护和生态恢复等义务所确定的支出，如核电站核设施等的弃置和恢复环境义务。《企业会计准则第 13 号——或有事项》规定，按照现值计算确定应计入固定资产成本的金额和相应的预计负债，因为弃置费用的金额与其现值比较通常较大，需要考虑货币时间价值。在固定资产的使用寿命内按照预计负债的摊余成本和实际利率计算确定的利息费用，应当在发生时计入财务费用。

7. 其他方式取得的固定资产

企业以非货币性资产交换、债务重组、企业合并、融资租赁等方式取得的固定资产的成本，应当分别按照《企业会计准则第 7 号——非货币性资产交换》《企业会计准则第 12 号——债务重组》《企业会计准则第 20 号——企业合并》和《企业会计准则第 21 号——租赁》等的相关规定确定其初始成本，在此不做详细介绍。

三、固定资产取得的会计处理

（一）账户设置

为了反映建筑施工企业取得固定资产的原值及增减变动情况，应设置“固定资产”“累计折旧”和“在建工程”等账户。

1. “固定资产”账户

“固定资产”账户属于资产类账户，用来核算企业所有固定资产的原值。其借方登记企业取得的固定资产的成本，贷方登记企业处置、报废等减少的固定资产的账面原值，期末借方余额反映企业的固定资产原值。

为了加强对固定资产的管理，反映和监督各类固定资产和每项不同性质、不同用途的固定资产的增减变化情况，除应进行总分类核算外，企业还应设置固定资产登记簿和固定资产卡片，按固定资产类别、使用部门和每项固定资产进行明细核算。

其中，固定资产登记簿是固定资产核算的二级账，按照固定资产类别开设账页，并按照使用和保管单位开设专栏。月末，各类固定资产登记簿的余额之和，应与“固定资产”总账科目余额核对相符。固定资产卡片应按照每一项独立的固定资产设置，登记固定资产原值、预计净残值、预计使用年限、折旧方法、月折旧率、开始使用时间、使用期间内的停用记录、大修理记录以及与该固定资产相关的其他记录。月末，各类固定资产卡片的原值合计，应与相应的固定资产登记簿余额核对相符。

需要注意的是，企业融资租赁的固定资产也在此账户中核算，但企业经营性租入的固定资产不在此账户中核算。

2. “累计折旧”账户

“累计折旧”账户是“固定资产”账户的抵减账户。其贷方登记提取的固定资产折旧额，借方登记随固定资产转出或处置而转销的折旧额，期末余额在贷方，反映全部固定资产已提折旧的累计数。该账户一般只进行总分类核算，不进行明细分类核算。如需查询明细资料，可根据固定资产卡片有关资料计算取得。

3. “在建工程”账户

“在建工程”账户属于资产类账户，用于核算企业进行基建工程、安装工程、技术改造工程等发生的各项实际支出，包括需要安装设备的价值。该账户借方登记各项工程支出的发生数额，贷方登记完工转入固定资产的数额，期末借方余额反映企业尚未完工基建工程发生的各项实际支出。该账户应按工程项目设置“建筑工程”“安装工程”“技术改造工程”“大修理工程”等明细账户，进行明细核算。

（二）固定资产取得的核算

1. 外购固定资产的核算

（1）购入不需要安装的固定资产　购入不需要安装的固定资产是指购入的固定资产不需要安装就可以直接交付使用，即购入后就达到了预定可使用状态。按购入固定资产的入账价值借记“固定资产”账户，如购入的是准予从销项税额中抵扣进项税的固定资产，则借方还应按其进项税额借记“应交税费——应交增值税(进项税额)”账户，根据付款方式的不同，贷记“银行存款”“应付账款”“应付票据”“长期应付款”等账户。

【例7-1】　甲建筑施工企业购入一台不需要安装的全新塔式起重机，价款450 000元，增值税税额76 500元，发生保险及运杂费共计14 200元，款项全部以银行存款付清。其相关会计处理如下：

借：固定资产——生产经营用固定资产(塔式起重机)　540 700
　　贷：银行存款　540 700

（2）购入需要安装的固定资产　购入需要安装的固定资产是指购入的固定资产需要经过安装后才能交付使用。在会计核算上，企业购入的固定资产以及发生的安装费用等均通过“在建工程”账户核算，待安装完毕后，由“在建工程”账户转入“固定资产”账户。

【例7-2】　甲建筑施工企业购入一台需要安装的用于集体福利的医疗设备，价款160 000元，增值税税额27 200元，发生运杂费6 000元，款项以银行存款支付。设备运回企业后，发生安装调试费5 000元，以银行存款支付。其相关会计处理如下：

（1）购入该设备时：

借：在建工程(160 000+27 200+6 000)　193 200
　　贷：银行存款　193 200

（2）支付安装调试费时：

借：在建工程　5 000
　　贷：银行存款　5 000

（3）交付使用时：

借：固定资产　198 200
　　贷：在建工程　198 200

（3）特殊情形购入的固定资产　以一笔款项购入多项没有单独标价的固定资产，应当按照各项固定资产公允价值的比例对总成本进行分配，分别确定各项固定资产的成本。

【例 7-3】 甲建筑施工企业一次性购入 3 台不需要安装的不同类型不同功能的设备 A、B、C，共支付设备价款 920 000 元，增值税税额 156 400 元，3 台设备的运输费、装卸费、包装费合计 8 000 元，全部以银行存款转账支付。3 台设备均符合固定资产的定义及确认条件，3 台设备的公允价值分别为 400 000 元、250 000 元、350 000 元，不考虑其他相关税费。该企业相关会计处理如下：

（1） 确定各项设备的价值比例。

A 设备的价值比例 = 400 000÷(400 000+250 000+350 000)×100% = 40%

B 设备的价值比例 = 250 000÷(400 000+250 000+350 000)×100% = 25%

C 设备的价值比例 = 350 000÷(400 000+250 000+350 000)×100% = 35%

（2） 确定应计入固定资产成本的总金额(包括买价、不得抵扣的增值税进项税额、运输费、装卸费、安装费等)。

固定资产成本的总金额 = (920 000+156 400+8 000)元 = 1 084 400 元

（3） 确定各项设备的入账价值。

A 设备的入账价值 = 1 084 400 元×40% = 433 760 元

B 设备的入账价值 = 1 084 400 元×25% = 271 100 元

C 设备的入账价值 = 1 084 400 元×35% = 379 540 元

（4） 固定资产入账。

借：固定资产——A 设备	433 760	
——B 设备	271 100	
——C 设备	379 540	
贷：银行存款(920 000+156 400+8000)		1 084 400

2. 自行建造固定资产的核算

自行建造固定资产的成本，按建造该项资产达到预定可使用状态前所发生的必要支出，作为入账价值。建造该项资产达到预定可使用状态前所发生的必要支出，包括工程用物资成本、人工成本、应予以资本化的借款费用、缴纳的相关税金以及应分摊的其他间接费用等，其中，应分摊的其他间接费用是指在建设期间发生的，不能直接计入某项固定资产价值，而应由所建造的各项固定资产共同负担的相关费用，如为建筑工程发生的管理费、征地费、监理费，为工程借款所发生的资本化利息支出及应负担的税金等。在建工程按其实施的方式不同可分为自营工程和出包工程两种。

（1） 自营工程　企业自营工程主要通过“工程物资”和“在建工程”账户进行核算。其中，“工程物资”账户属于资产类账户，用于核算企业为在建工程准备的各种物资的价值，包括工程用材料、尚未安装的设备以及为生产准备的工器具等。购入工程物资时，借记“工程物资”，贷记“银行存款”“其他应付款”等账户；工程施工领用工程物资时，借记“在建工程”账户，贷记“工程物资”账户。工程完工后将领出的剩余物资退库时，做相反的会计分录。工程完工后剩余的工程物资转做本企业存货的，借记“原材料”等账户，贷记“工程物资”账户。采用计划成本核算法的，还应同时结转材料成本差异。工程完工后剩余的工程物资对外出售的，应确认其他业务收入并结转相应成本。资产负债表日，工程物资发生减值的，按减记金额借记“资产减值损失”账户，贷记“工程物资减值准备”账户。

“工程物资”账户期末借方余额，反映企业为在建工程准备的各种物资的价值。

【例 7-4】 甲建筑施工企业自行建造仓库一座，购入工程用物资价款 150 000 元，增值税税额 25 500 元，工程实际领用工程物资总价 140 400 元(其中价款 120 000 元,增值税 20 400 元)，剩余物资转做企业存货。此外，领用了企业生产用原材料一批，实际价款 11 700 元。分配工程人员工资 25 000 元；企业辅助生产车间为工程提供有关劳务支出 10 000 元，为工程借款发生的符合资本化条件的利息支出为 11 000 元，支付其他费用 8 000 元。工程完工，验收并交付使用。其相关会计处理如下：

(1) 购入工程物资。

借：工程物资——专用材料	175 500	
贷：银行存款		175 500

(2) 工程领用物资。

借：在建工程——建筑工程(仓库)	140 400	
贷：工程物资——专用材料		140 400

(3) 工程领用原材料。

借：在建工程——建筑工程(仓库)	11 700	
贷：原材料		11 700

(4) 分配工程人员工资。

借：在建工程——建筑工程(仓库)	25 000	
贷：应付职工薪酬		25 000

(5) 辅助生产车间为工程提供劳务支出。

借：在建工程——建筑工程(仓库)	10 000	
贷：生产成本——辅助生产成本		10 000

(6) 工程借款而发生利息支出。

借：在建工程——建筑工程(仓库)	11 000	
贷：长期借款		11 000

(7) 支付工程发生的其他费用。

借：在建工程——建筑工程(仓库)	8 000	
贷：银行存款		8 000

(8) 工程完工交付使用，按其实际造价结转固定资产，剩余工程物资转做企业存货。

工程实际造价=(140 400+11 700+25 000+10 000+11 000+8 000)元=206 100 元

借：固定资产	206 100	
贷：在建工程——建筑工程(仓库)		206 100
借：原材料	35 100	
贷：工程物资——专用材料(175 500−140 400)		35 100

(2) 出包工程　出包工程是指企业通过招标等方式将工程项目发包给建造商，由建造商组织施工的建筑工程和安装工程。采用出包方式进行的固定资产建造工程，工程的具体支出由承包单位核算。企业按照与承包单位结算的工程价款作为工程成本，通过“在建工程”账户核算，此时，“在建工程”账户为企业与承包单位的结算账户。在“在建工程”账户下，

应分别设置“建筑工程”“安装工程”和“其他间接费用”等明细账户，进行明细核算。

【例 7-5】 甲建筑施工企业以出包方式建造一座厂房，按合同规定预付工程款 800 000 元，工程达到预定可使用状态后收到承包单位完工决算单，需补付工程价款 600 000 元。假定该工程未发生其他间接费用。该企业的相关会计处理如下：

(1) 预付工程价款时：

借：预付账款　　800 000

　　贷：银行存款　　800 000

(2) 工程完工办理工程价款结算时：

借：在建工程——建筑工程(厂房)　　1 400 000

　　贷：预付账款　　1 400 000

(3) 补付剩余工程价款时：

借：预付账款　　600 000

　　贷：银行存款　　600 000

(4) 工程完工交付使用时：

借：固定资产　　1 400 000

　　贷：在建工程——建筑工程(厂房)　　1 400 000

3. 投资者投入的固定资产

企业接受投资者投入的固定资产，一方面反映本企业固定资产的增加，另一方面反映投资者投资额的增加。投入的固定资产按投资各方确认价作为入账价值。

【例 7-6】 甲建筑施工企业接受乙公司投入的设备一台。该设备在乙公司的账面原值为 250 000 元，已提折旧 50 000 元。投资双方确认的该设备的价值为 180 000 元。甲建筑施工企业的相关会计处理如下：

借：固定资产　　180 000

　　贷：实收资本　　180 000

4. 盘盈的固定资产

盘盈的固定资产，按照重置完全价值借记“固定资产”账户，按估计的折旧额贷记“累计折旧”账户，按其差额贷记“待处理财产损溢——待处理固定资产损溢”账户。报经领导批准准予转销时，再转入“以前年度损益调整”账户。同时要调整以前年度的应交所得税、盈余公积等。

【例 7-7】 甲建筑施工企业在进行财产清查时，发现一台使用中的设备未入账，该设备九成新，同样新旧程度的同类设备市场价格为 250 000 元，估计折旧 20 000 元。甲建筑施工企业适用 25%的所得税税率，按净利润的 10%提取法定盈余公积。甲建筑施工企业的相关会计处理如下：

(1) 发生盘盈时：

借：固定资产　　250 000

　　贷：待处理财产损溢——待处理固定资产损溢　　230 000

　　　　累计折旧　　20 000

(2) 经批准后转入以前年度损益调整时：

借：待处理财产损溢——待处理固定资产损溢　　230 000

　　贷：以前年度损益调整　　230 000

(3) 确定应缴纳的所得税时：

借：以前年度损益调整　　57 500

　　贷：应交税费——应交所得税　　57 500

(4) 补提法定盈余公积时：

借：以前年度损益调整((230 000−57 500)×10%)　　17 250

　　贷：盈余公积——法定盈余公积　　17 250

(5) 结转留存收益时：

借：以前年度损益调整(230 000−57 500−17 250)　　155 250

　　贷：利润分配——未分配利润　　155 250

5. 接受捐赠的固定资产

接受捐赠的固定资产，按其公允价值及相关税费入账。

【例 7-8】 甲建筑施工企业接受某企业捐赠不需要安装的设备一台，根据捐赠设备的发票等有关单据确定其价值为 40 000 元，甲建筑施工企业在接受捐赠过程中支付运输费、包装费等 2 000 元。相关会计处理如下：

借：固定资产　　42 000

　　贷：营业外收入　　40 000

　　　　银行存款　　2 000

第三节　固定资产折旧

一、固定资产折旧的性质和范围

1. 固定资产折旧的性质

固定资产折旧是指在固定资产的使用寿命期内，按照确定的方法对应计折旧额进行的系统分摊。其中，应计折旧额是指应当计提折旧的固定资产的原值扣除其预计净残值后的金额；如果已经对固定资产计提了减值准备，还应当扣除已计提的固定资产减值准备累计金额。预计净残值是指假定固定资产预计使用寿命已满并处于使用寿命终了时的预期状态，企业从该项资产处置中所获得的扣除预计处置费用后的金额。

固定资产的价值转移方式与原材料等存货的价值转移方式不同，不是一次性转移，而是在其使用过程中，通过折旧的方式逐渐转移到企业相关资产成本中，或形成当期费用，并在使用过程中不改变其原有的实物形态。

2. 影响固定资产折旧的因素

影响固定资产折旧的因素主要有以下几方面：

1）固定资产原值，即固定资产的成本。

2）固定资产预计净残值，即固定资产预计使用寿命已满并处于使用寿命终了时的预期状态，也即固定资产报废时的预计残值收入扣除预计清理费用后的净额。

3）固定资产减值准备，即固定资产已计提的固定资产减值准备累计金额。

4）固定资产的使用寿命，即企业使用固定资产的预计期间，或者该固定资产所能生产产品或提供劳务的数量。

企业在确定固定资产使用寿命时，应当考虑下列因素：

1）该项资产预计生产能力或实物产量。

2）该项资产预计有形损耗和无形损耗。有形损耗是指固定资产在使用过程中，由于正常使用和自然力的作用而引起的使用价值和价值的损失，如设备使用中发生磨损、房屋建筑物受到自然侵蚀等。无形损耗是指由于科学技术的进步和劳动生产率的提高而带来的固定资产价值上的损失，如因新技术的出现而使现有的资产技术水平相对陈旧、市场需求变化使资产过时等。

3）法律或者类似规定对该项资产使用的限制。

总之，企业应当根据固定资产的性质和使用情况，合理确定固定资产的使用寿命和预计净残值。固定资产的使用寿命、预计净残值一经确定，不得随意变更。

3. 固定资产折旧的范围

《企业会计准则第 4 号——固定资产》规定，除以下情况外，企业应对所有固定资产计提折旧：

1）已提足折旧仍继续使用的固定资产。

2）按规定单独估价作为固定资产入账的土地。

在确定固定资产折旧范围时，应注意以下几点：

1）固定资产应当按月计提折旧，并根据用途分别计入相关资产的成本或当期费用。

2）企业在实际计提固定资产折旧时，当月增加的固定资产，当月不提折旧，从下月起计提折旧；当月减少的固定资产，当月仍计提折旧，从下月起停止计提折旧。

3）固定资产提足折旧后，不论能否继续使用，均不再提取折旧；提前报废的固定资产，也不再补提折旧。

4）已达到预定可使用状态但尚未办理竣工决算的固定资产，应当按照估计价值确定其成本，并计提折旧；待办理竣工决算后，再按实际成本调整原来的暂估价值，但不需要调整原已计提的折旧额。

5）处于更新改造过程中而停止使用的固定资产，应将其账面价值转入在建工程，不再计提折旧，待更新改造项目达到预定可使用状态转为固定资产后，再按照重新确定的折旧方法和尚可使用年限计提折旧。

6）因大修理而停用的固定资产，应当照提折旧，计提的折旧额应计入相关资产成本或当期损益。

二、固定资产折旧计算方法

按照《企业会计准则第 4 号——固定资产》的规定，企业可以根据固定资产所含经济利益预期实现方式合理选择折旧方法，可选择的折旧方法包括年限平均法、工作量法、双倍余额递减法和年数总和法。折旧方法一经选定，不得随意变更。如需变更，应当在会计报表附注中予以说明。

1. 年限平均法

年限平均法也称直线法，是将固定资产的应计折旧额在固定资产整个预计使用年限内平均分摊的折旧方法。其计算公式如下：

$$固定资产年折旧额=\frac{固定资产原值-预计净残值}{预计使用年限}$$

其中，固定资产原值是月初应提折旧的固定资产原始价值；预计净残值等于预计残值收入减去预计清理费用。

$$固定资产月折旧额=固定资产年折旧额\div 12$$

固定资产折旧额的计算，在实务中，一般是用固定资产原值乘以月折旧率确定的。

固定资产折旧率是指一定时期内固定资产应提折旧额与固定资产原值的比率。折旧率的计算公式如下：

$$年折旧率=\frac{1-预计净残值率}{预计使用年限}$$

其中：

$$预计净残值率=\frac{预计净残值}{固定资产原值}$$

$$月折旧率=年折旧率\div 12$$

$$月折旧额=固定资产原值\times 月折旧率$$

折旧率按计算对象不同，分为个别折旧率、分类折旧率和综合折旧率三种。个别折旧率是按单项固定资产计算的折旧率；分类折旧率是按各类固定资产分别计算的折旧率；综合折旧率则是按全部固定资产计算的折旧率。企业在会计实践中采用较多的是分类折旧率。因为按个别折旧率计算折旧工作量大，按综合折旧率计算折旧会影响折旧费的合理分摊。

年限平均法计算简便，但也有其局限性，其局限性在于，既没有考虑固定资产在不同使用期间使用强度的不均衡性，也没有考虑固定资产不同使用期间的有形损耗及维修费用的不均衡性。

【例7-9】 甲建筑施工企业有一厂房，原值200万元，预计使用寿命为20年，预计净残值率为5%。则该厂房的折旧率和折旧额计算如下：

年折旧率 $=(1-5\%)\div 20=4.75\%$

月折旧率 $=4.75\%\div 12=0.4\%$

月折旧额 $=2\ 000\ 000$ 元 $\times 0.4\%=8\ 000$ 元

---

2. 工作量法

工作量法是按固定资产预计完成工作总量进行平均计算折旧的一种方法。其计算公式如下：

$$单位工作量折旧额=\frac{固定资产原值\times(1-预计净残值率)}{预计总工作量}$$

其中，预计总工作量可以用小时数、产量数、行驶里程数、工作台班数等表示。

$$某项固定资产月折旧额=该项固定资产当月工作量\times 单位工作量折旧额$$

工作量法计算简便、实用，又弥补了年限平均法只重使用时间，不考虑使用强度的缺点。但也存在着不能反映固定资产无形损耗的折旧情况。工作量法主要适用于采矿设备、运输工具等固定资产的折旧计算。

【例 7-10】 甲建筑施工企业的一辆运输用货车，原值 20 万元，预计总行驶里程为 20 万 km，预计净残值率为 5%，本月份行驶 600km。则该货车本月折旧额计算如下：

每千米折旧额 = 200 000 元×(1−5%)÷200 000km = 0.95 元/km

本月折旧额 = 0.95 元/km×600km = 570 元

3. 双倍余额递减法

双倍余额递减法是加速折旧法的一种，是指在不考虑固定资产预计净残值的情况下，根据每期期初固定资产账面余额和双倍年限平均法折旧率计算固定资产折旧的一种方法。计算公式如下：

年折旧率 = 2÷预计使用年限×100%

年折旧额 = 期初固定资产账面净值×年折旧率

月折旧率 = 年折旧率÷12

月折旧额 = 每月月初固定资产账面净值×月折旧率

由于折旧率中不考虑预计净残值，因此，在应用这种方法计算折旧额时必须注意不能使固定资产的账面净值降低到其预计净残值以下。如果用双倍余额递减法计算的年折旧额小于本年尾固定资产账面净值与预计净残值之差在剩余年限内按年限平均法计算的折旧额时，从这一年起，改按年限平均法计提折旧。在我国，为了简化核算手续，在固定资产预计使用年限到期前两年内，将固定资产账面净值与预计净残值之差在最后两年内平均摊销。

【例 7-11】 甲建筑施工企业一项固定资产的原值为 20 000 元，预计使用年限为 5 年，预计净残值为 200 元。按双倍余额递减法计算折旧，每年的折旧额计算如表 7-1 所示。

年折旧率 = 2/5×100% = 40%

表 7-1 固定资产折旧额计算 单位：元

年 份	年折旧额	累计折旧额	期末账面净值
第 1 年	20 000×40% = 8 000	8 000	12 000
第 2 年	(20 000−8 000)×40% = 4 800	12 800	7 200
第 3 年	(20 000−8 000−4 800)×40% = 2 880	15 680	4 320
第 4 年	(20 000−8 000−4 800−2 880−200)÷2 = 2 060	17 740	2 260
第 5 年	(20 000−8 000−4 800−2 880−200)÷2 = 2 060	19 800	200

4. 年数总和法

年数总和法也是加速折旧法的一种，又称年限积数法，是将固定资产的原值减去预计净残值后的余额，乘以一个逐年递减的分数(即年折旧率)计算每年折旧额的方法。其中的分数是以固定资产尚可使用年限做分子、以使用年数的逐年数字总和做分母进行计算的。计算公式如下：

年折旧率 = 尚可使用年限÷预计使用年限的年数总和×100%

年折旧额 = (固定资产原值−预计净残值)×年折旧率

月折旧率 = 年折旧率÷12

月折旧额 = (固定资产原值−预计净残值)×月折旧率

【例 7-12】 承【例 7-11】，采用年数总和法计算的各年折旧额如表 7-2 所示。

表 7-2 固定资产折旧额 单位：元

年 份	尚可使用年限/年	原值-预计净残值(应计折旧额)	年折旧率	年折旧额	累计折旧
第1年	5	19 800	5/15	6 600	6 600
第2年	4	19 800	4/15	5 280	11 880
第3年	3	19 800	3/15	3 960	15 840
第4年	2	19 800	2/15	2 640	18 480
第5年	1	19 800	1/15	1 320	19 800

双倍余额递减法和年数总和法都属于加速折旧法。加速折旧法的最大特点是在固定资产使用的早期多提折旧，后期少提折旧，相对而言加快了折旧的速度，目的是使固定资产成本在预计使用年限内快速得到补偿。

三、固定资产折旧的账务处理

企业应设置“累计折旧”账户，用来核算企业固定资产累计提取的折旧数额。“累计折旧”账户属于“固定资产”账户的备抵调整账户，其贷方反映企业计提的折旧，借方反映企业出售、盘亏、毁损以及其他原因减少的固定资产折旧，期末贷方余额反映企业现有固定资产已提折旧的累计数。

建筑施工企业计提的固定资产折旧，应根据固定资产的使用地点和用途，记入有关成本费用账户。企业自行建造固定资产过程中使用的固定资产提取的折旧，记入“在建工程”账户；施工部门所使用的固定资产计提的折旧，记入“工程施工——间接费用”或“机械作业”账户；工业生产或辅助生产部门所使用的固定资产提取的折旧，应记入“制造费用”账户，最终转入产品成本中；经营性租出的固定资产提取的折旧，应记入“其他业务成本”账户；管理部门使用的固定资产提取的折旧记入“管理费用”账户；专设销售机构使用的固定资产提取的折旧记入“销售费用”账户。

总之，计提固定资产折旧时，借记“工程施工”“机械作业”“制造费用”“管理费用”“销售费用”“在建工程”和“其他业务成本”等账户，贷记“累计折旧”账户。

在实际工作中，各月计提折旧额的计算一般是通过编制固定资产折旧计算表完成的，计算提取折旧时，可以在上月计提折旧的基础上，对当月固定资产的增减情况进行调整后计算当月应计提的折旧额。

当月固定资产应提折旧额=上月固定资产计提折旧额+上月增加固定资产应提折旧额−上月减少固定资产应提折旧额

【例 7-13】 甲建筑施工企业 2015 年 3 月份固定资产折旧计算如表 7-3 所示。

表 7-3 固定资产折旧计算 单位：元

固定资产类别	月折旧额	按使用对象分配				
		工程施工	机械作业	辅助生产	管理费用	合 计
房屋、建筑物		20 000		16 000	30 000	66 000
施工机械			14 400			14 400

（续）

固定资产类别	月折旧额	按使用对象分配				
		工程施工	机械作业	辅助生产	管理费用	合　计
生产设备				600	3 000	3 600
办公设备		200			200	400
合　　计		20 200	14 400	16 600	33 200	84 400

根据上述固定资产折旧计算表编制如下会计分录：

借：工程施工　　20 200
　　机械作业　　14 400
　　生产成本——辅助生产成本　　16 600
　　管理费用　　33 200
　　贷：累计折旧　　84 400

第四节　固定资产的后续支出

固定资产投入使用后，为了充分发挥其使用效能，往往需要对现有固定资产进行维护、改建、扩建或者改良。在固定资产的使用过程中对其进行维护、改建、扩建或者改良所发生的这些支出，就是固定资产的后续支出。企业发生固定资产后续支出时，应该按照以下原则进行确认处理：符合固定资产确认的两个条件（该固定资产包含的经济利益很可能流入企业、该固定资产的成本能够可靠地计量）的，应当计入固定资产成本（即资本化）；不符合固定资产确认条件的，应当于发生时计入当期损益（即费用化）。

一、资本化的后续支出

与固定资产有关的后续支出，符合固定资产的确认条件的，应当计入固定资产成本，但其增加计入的金额不应超过该固定资产的可收回金额。

在固定资产发生可资本化的后续支出时，企业应将该固定资产的原值、已计提的折旧和减值准备转销，将固定资产账面价值转入在建工程。固定资产发生的可资本化的后续支出，通过“在建工程”账户核算。在固定资产发生的后续支出完成并达到预定可使用状态时，从“在建工程”账户转入“固定资产”账户，并按重新确定的使用寿命、预计净残值和折旧方法计提折旧。

【例 7-14】 甲建筑施工企业将原有一塑钢窗生产线进行改、扩建，该生产线的账面原值为 500 000 元，已提折旧 220 000 元，改、扩建发生全部支出共计 150 000 元，均以银行存款支付。改、扩建过程中回收的残料作价 20 000 元入库。改、扩建的生产线达到预定可使用状态，并在预期能够给企业带来经济利益 420 000 元。该企业相关会计处理如下：

（1）将原生产线转入在建工程。

借：在建工程　　280 000
　　累计折旧　　220 000
　　贷：固定资产——生产线　　500 000

(2) 发生后续支出。

借：在建工程　150 000

　　贷：银行存款　150 000

(3) 回收残料。

借：原材料　20 000

　　贷：在建工程　20 000

(4) 生产线达到预定可使用状态。

生产线的总价值=(280 000+150 000-20 000)元=410 000元

由于生产线改、扩建后的总价值410 000元未超过生产线改、扩建达到预计可使用状态后的可回收金额420 000元，所以，可将410 000元全部资本化。

借：固定资产　410 000

　　贷：在建工程　410 000

二、费用化的后续支出

与固定资产有关的后续支出，如果不满足固定资产确认条件的，应在发生时确认为费用，直接计入当期损益。例如，固定资产使用中，由于各组成部分的耐用程度不同，可能导致固定资产的局部损坏。为了维护固定资产的正常运转和使用，充分发挥其使用效能，企业对固定资产进行必要的日常维护和修理，一般不产生未来的经济利益，即不符合固定资产的确认条件，其维修费用发生时应直接计入当期损益。

《企业会计准则——应用指南》的附录“会计科目和主要账务处理”中明确指出：企业发生的与专设销售机构相关的固定资产修理费用等后续支出，在“销售费用”账户核算；企业生产车间(部门)和行政管理部门等发生的固定资产修理费用等后续支出，在“管理费用”账户核算。

【例7-15】 甲建筑施工企业对施工生产用的一台设备进行日常维修，以银行存款支付维修费用共计1 800元。该企业进行如下会计处理：

借：管理费用　1 800

　　贷：银行存款　1 800

第五节　固定资产的处置

一、固定资产终止确认的条件

固定资产满足下列条件之一的，应当予以终止确认：

1）该固定资产处于处置状态。

2）该固定资产预期通过使用或处置不能产生经济利益。

固定资产终止确认两个条件的性质有所不同。企业处于处置状态的固定资产，在尚未处置完毕前仍属于企业资产的范畴，其终止确认的原因是该项固定资产因需退出企业而终止了现有工作状态；企业预期通过使用或处置不能产生经济利益的固定资产，因已不符合资产的特征，不能再作为企业资产予以披露，因而应终止确认。

二、固定资产处置的会计处理

固定资产处置包括固定资产出售、转让、报废或毁损、对外投资、非货币性资产交换、债务重组等。

企业发生固定资产出售、转让、报废或毁损时，应当将处置收入扣除其账面价值和相关税费后的金额计入当期损益。其中，固定资产账面价值是固定资产原值扣减累计折旧和固定资产减值准备后的金额。固定资产盘亏造成的损失，也应当计入当期损益。

企业处置固定资产，一般应通过“固定资产清理”账户核算。该账户借方反映转入清理的固定资产的价值和发生的清理费用、承担的相关税费等，贷方反映清理固定资产的卖价或变价收入和应由保险公司或过失人承担的损失等；期末余额反映尚未清理完毕固定资产的净值以及清理净收入(清理收入减去清理费用)。

固定资产清理的净损益，应区别情况处理，属于筹集期间的，计入长期待摊费用；属于生产经营期间的，计入当期损益。

1. 投资转出的固定资产

投资转出的固定资产，属于放弃非货币性资产而取得的长期股权投资，根据企业会计准则的规定，其初始投资成本应按《企业会计准则第 7 号——非货币性资产交换》的规定确定。

2. 出售、报废和毁损的固定资产

企业在生产经营过程中，对不适用或不需用的固定资产可以出售转让，对于那些由于使用而不断磨损直至最终报废或由于遭受自然灾害等非常损失发生毁损的固定资产应及时进行清理。其会计核算一般经过以下几个步骤：

第一，固定资产转入清理。企业将出售、报废和毁损的固定资产转入清理时，按固定资产的账面价值借记“固定资产清理”账户，按已提折旧借记“累计折旧”账户，按已计提的减值准备借记“固定资产减值准备”账户，按固定资产原值贷记“固定资产”账户。

第二，发生的清理费用。固定资产清理过程中发生相关税费和其他费用时，按实际发生的清理费用和应列支的相关税费借记“固定资产清理”账户，贷记“银行存款”“应交税费”等账户。

第三，出售收入和残料等的处理。企业收回出售固定资产的价款、报废固定资产的残料价值和变价收入等，应冲减清理支出。按实际收到的出售价款及残料变价收入等，借记“银行存款”“原材料”等账户，贷记“固定资产清理”账户。

第四，保险赔偿的处理。企业计算或收到的应由保险公司或过失人赔偿的损失，应冲减清理支出，借记“其他应收款”等账户，贷记“固定资产清理”账户。

第五，清理净损益的处理。固定资产清理工作结束时，应结转清理净损益。具体分以下情况处理：

1）企业发生清理净损益，如果属于筹建期间的，则计入长期待摊费用。

2）企业发生的清理净损失，如果是正常原因造成的，且工程项目尚未达到预定可使用状态，则按资产清理净损失借记“在建工程”账户，贷记“固定资产清理”账户；如果工程项目已经达到预定可使用状态，不属于筹建期间的，则直接借记“营业外支出——非流动资产处置损失”账户，贷记“固定资产清理”账户。如果是非正常原因造成，且不属于筹建期间的，则直接借记“营业外支出——非常损失”账户，贷记“固定资产清理”账户。

3）企业发生的清理净收益，如果是正常原因造成的，且工程项目尚未达到预定可使用状态，则按清理净收益借记“固定资产清理”账户，贷记“在建工程”账户；如果工程项目已经达到预定可使用状态，不属于筹建期间的，则直接借记“固定资产清理”账户，贷记“营业外收入——非流动资产处置利得”账户。如果是非正常原因造成，且不属于筹建期间的，则直接借记“固定资产清理”账户，贷记“营业外收入——非流动资产处置利得”账户。

【例 7-16】 甲建筑施工企业有一台工程施工用机器设备，账面原值 200 000 元，已提折旧 120 000 元，该设备因火灾而意外毁损，经批准报废转入清理。该设备清理过程中发生清理费 1 200 元，以银行存款支付，取得保险公司赔款 50 000 元，残料 1 800 元作为材料验收入库。该企业的相关会计处理如下：

（1）固定资产报废转清理。

借：固定资产清理	80 000	
累计折旧	120 000	
贷：固定资产		200 000

（2）支付清理费。

借：固定资产清理	1 200	
贷：银行存款		1 200

（3）残料入库。

借：原材料	1 800	
贷：固定资产清理		1 800

（4）收到保险公司赔款。

借：银行存款	50 000	
贷：固定资产清理		50 000

（5）结转清理净损失。

“固定资产清理”账户借方余额=(80 000+1 200−1 800−50 000)元=29 400 元，即发生固定资产清理损失 29 400 元。

借：营业外支出——非常损失	29 400	
贷：固定资产清理		29 400

3. 捐赠转出的固定资产

企业固定资产对外捐赠时，先将固定资产账面价值、发生的清理费用及相关税费等通过“固定资产清理”账户核算，再将“固定资产清理”账户的余额转入“营业外支出——捐赠支出”账户。

【例 7-17】 甲建筑施工企业将一台工程施工用机器设备对外捐赠，该设备账面原值 180 000元，已提折旧 80 000 元，该设备捐赠过程中发生清理费 2 000 元，以银行存款支付，该企业的相关会计处理如下：

（1）固定资产转清理。

借：固定资产清理	100 000	
累计折旧		80 000

贷：固定资产　　180 000

（2）支付清理费。

借：固定资产清理　　2 000

贷：银行存款　　2 000

（3）“固定资产清理”账户余额转出。

借：营业外支出——捐赠支出　　102 000

贷：固定资产清理　　102 000

4. 盘亏的固定资产

企业应当定期对固定资产清查盘点，每年至少实地清查盘点一次，以保证固定资产核算的真实性，充分挖掘企业现有固定资产的潜力。对于盘亏的固定资产，企业应及时办理固定资产注销手续，报经审批前，按盘亏固定资产的账面价值，借记“待处理财产损溢——待处理固定资产损溢”账户，按已提折旧，借记“累计折旧”账户，按该项固定资产已计提减值准备，借记“固定资产减值准备”账户，按固定资产的原值，贷记“固定资产”账户。盘亏的固定资产经批准转销时，借记“营业外支出——固定资产盘亏”账户，贷记“待处理财产损溢——待处理固定资产损溢”账户。

【例 7-18】 甲建筑施工企业在财产清查中，盘亏一台设备，其账面原值 60 000 元，累计折旧 45 000 元。其相关会计处理如下：

（1）盘亏时：

借：待处理财产损溢——待处理固定资产损溢　　15 000

累计折旧　　45 000

贷：固定资产　　60 000

（2）经批准转销时：

借：营业外支出——固定资产盘亏　　15 000

贷：待处理财产损溢——待处理固定资产损溢　　15 000

第六节　固定资产减值

一、固定资产减值的概念及其认定

固定资产减值是指固定资产由于市价持续下跌，或技术陈旧、损坏、长期闲置等原因，导致其可收回金额低于其账面价值。

企业的固定资产在使用过程中，由于受有形损耗和无形损耗等多方面原因的影响，会发生减值。对于已经发生的资产减值，从客观性原则和稳健性原则角度出发，企业应对已经发生的固定资产减值及时予以确认，如果不予确认，则会使企业资产价值虚增或不实。

企业应该按照《企业会计准则第 8 号——资产减值》的规定，在资产负债表日如果企业固定资产存在减值迹象，则应进行减值测试。如果固定资产发生了减值损失，则应计提相应的减值准备。固定资产减值一经确认，在以后会计期间不得转回。

二、固定资产减值迹象判断

《企业会计准则第 4 号——固定资产》规定，企业应当在期末或者至少在每年的年度终了，对固定资产逐项进行检查，如发现存在下列迹象之一，则表明资产可能发生了减值：

1）资产市价大幅度下跌，其跌幅明显高于因时间推移或正常使用而预计的下跌，并且预计在近期内不可能恢复。

2）企业所处经营环境，如技术、市场、经济或法律环境，或者产品营销市场，在当期或在近期发生重大变化，并对企业产生不利影响。

3）同期市场利率等大幅度提高，进而很可能影响企业计算固定资产可收回金额的折现率，并导致固定资产可收回金额大幅度降低。

4）有证据表明资产已经陈旧过时或者其实体已经损坏。

5）资产已经或者将被闲置、终止使用或者计划提前处置。

6）其他有可能表明资产已发生减值的情况。

在实际工作中出现上述迹象，并不表明该固定资产已经发生减值，企业应在综合考虑各方面因素的基础上，计算固定资产的可收回金额，确定固定资产是否已经发生减值。

如果固定资产的可收回金额低于其账面价值，企业应当按可收回金额低于账面价值的差额计提固定资产减值准备，并计入当期损益。

其中，可收回金额的确定，应当根据其公允价值减去处置费用后的净额与资产预计未来现金流量的现值二者之间较高者确定。需要说明的是，公允价值减去处置费用后的净额与资产预计未来现金流量的现值这二者中的任一项超过了资产的账面价值，就表明资产没有发生减值。

此外，当存在下列情况之一时，应当按照该项固定资产的账面价值全额计提固定资产减值准备：

1）长期闲置不用，在可预见的未来不会再使用，且已无转让价值的固定资产。

2）由于技术进步等原因，已不可使用的固定资产。

3）虽然尚可使用，但使用后产生大量不合格品的固定资产。

4）已遭毁损，以至于不再具有使用价值和转让价值的固定资产。

5）其他实质上已经不能再给企业带来经济利益的固定资产。

三、计提固定资产减值准备的账务处理

如果固定资产发生减值，则企业应计提固定资产减值准备。计提固定资产减值准备的步骤如下：

1）考虑固定资产发生减值的迹象。

2）计算确定固定资产可收回金额。

3）比较固定资产账面价值和可收回金额。

4）如可收回金额小于账面价值，则按其差额计提固定资产减值准备，并进行账务处理。

固定资产减值准备的计提，通过“资产减值损失”账户核算，按确认的资产减值数，借记“资产减值损失”账户，贷记“固定资产减值准备”账户。

【例 7-19】　甲建筑施工企业 2015 年 12 月 20 日购入一辆汽车用于企业管理。该汽车原

值 300 000 元，预计使用 10 年，预计净残值 2 000 元，按年限平均法计提折旧。2016 年年末根据测试和计算，该汽车预计可收回金额为 250 000 元。2017 年年末根据测试和计算，该汽车预计可收回金额为 240 000 元。该企业相关会计处理如下：

（1）2016 年计提折旧。

年折旧额 =（300 000−2 000）元÷10 = 29 800 元

借：管理费用　　29 800

　　贷：累计折旧　　29 800

（2）2016 年年末计提汽车减值准备。

应计提减值准备 =（300 000−29 800−250 000）元 = 20 200 元

借：资产减值损失——固定资产减值损失　　20 200

　　贷：固定资产减值准备　　20 200

（3）2017 年计提折旧

2016 年年末计提减值准备后，该汽车的账面价值为 250 000 元，假定预计使用年限不变，即预计使用年限还剩 9 年，预计净残值仍为 2 000 元，则

2017 年的年折旧额 =（250 000−2 000）元÷9 = 27 555. 56 元

借：管理费用　　27 555. 56

　　贷：累计折旧　　27 555. 56

（4）2017 年年末。

2017 年年末该汽车的账面价值 =（250 000−27 555. 56）元 = 222 444. 44 元

尽管 2017 年年末该汽车的可收回金额 240 000 元高于账面价值，根据我国企业会计准则的规定，已确认的固定资产减值损失在以后期间也不得转回，所以，此时的账面价值仍为 222 444. 44 元。

需要注意的是：

1）计提减值准备的固定资产其账面价值已经发生了改变，应当按照该固定资产的账面价值以及尚可使用年限重新计算确定折旧率和折旧额。

2）已全额计提减值准备的固定资产，不再计提折旧。

3）固定资产减值一经确认，在以后会计期间不得转回。

4）固定资产减值准备应按单项资产计提。

四、资产组的认定及减值处理

《企业会计准则第 8 号——资产减值》规定：有迹象表明一项资产可能发生减值的，企业应当以单项资产为基础估计其可收回金额。企业难以对单项资产的可收回金额进行估计的，应当以该资产所属的资产组为基础确定资产组的可收回金额。

【例 7-20】 甲建筑施工企业 2015 年 12 月 31 日在对资产进行减值测试时，发现某资产组很可能发生了减值。已知该资产组包括固定资产甲和乙，其中固定资产甲的账面价值为 200 万元、固定资产乙的账面价值为 300 万元。该企业经调研分析后，确定该资产组的公允价值减去处置费用后的净额为 470 万元，未来现金流量现值为 460 万元，即该资产组的可收回金额为 470 万元。因资产组的可收回金额 470 万元低于其账面价值 500 万元，应计提固定资产减值准备总计 30 万元。30 万元的资产减值损失按照固定资产账面价值在组内所占的比

重，分摊给甲、乙两项资产。具体分摊过程如表 7-4 所示。

表 7-4　资产减值损失分摊表　　单位：万元

资产组合	分摊减值损失前账面价值	分摊比例	分摊的减值损失	分摊减值损失后账面价值
固定资产甲	200	200÷(200+300)=40%	30×40%=12	200−12=188
固定资产乙	300	300÷(200+300)=60%	30×60%=18	300−18=282
合　计	500		30	470

根据上述分摊结果，该企业账务处理如下：

借：资产减值损失　　300 000

　贷：固定资产减值准备——甲　　120 000

　　　　　　　　　　——乙　　180 000

第七节　临时设施的核算

一、临时设施概述

1. 临时设施的概念及特点

临时设施是建筑施工企业为保证建筑施工和管理的进行而建造的各种简易设施。由于建筑安装工程是在某地固定的，施工队伍是因施工地点的变动而流动的，每当施工队伍转移到新工地施工时，建筑施工单位就需要搭设临时设施。当工程完工施工队伍转移时，临时设施也必须报废清理。

临时设施属于施工过程中的劳动资料，其物质形态在施工中逐渐发生损耗，价值也在不断地发生转移，报废时也会有残值存在，因此与固定资产的核算相似，但也存在着与固定资产核算不同之处。临时设施的基本特点有：①临时设施一般为临时性或半永久性，不可能长期或永久使用，因为临时设施一般采用临时的简易结构，且只用于一个工地的工程；②临时设施的使用期限不是自然寿命，而是所在工地的工程施工期限。

2. 临时设施的内容

建筑施工企业的临时设施主要包括以下内容：

1）施工现场临时作业棚、机具棚、材料库、办公室、休息室、茶炉棚、厕所、化灰池、储水池、沥青锅灶等设施。

2）临时铁路专用线、轻便铁道。

3）临时道路、围墙、护栏、铁丝网等。

4）临时给水排水、供电、供热等管线。

5）现场预制构件、加工材料等所需的临时性建筑物。

6）临时性简易周转房。

7）现场临时搭建的职工宿舍、食堂、医务室、浴室、理发室、托儿所等临时性福利设施。

3. 临时设施的来源

建筑施工企业在施工现场所使用的临时设施的来源一般有以下两种情况：

1）由建设单位或总包单位提供。这种情况下的临时设施，不属于建筑施工企业的临时设施核算范围。

2）由建筑施工企业向建设单位或总包单位收取临时设施包干费，负责搭建施工所需的临时设施。收取的临时设施包干费，由建筑施工企业包干使用，超支不补，节约归己。

二、临时设施增加的核算

企业会计准则将建筑施工企业的临时设施并入“固定资产”账户中核算，建筑施工企业为了核算临时设施的成本情况，需在“固定资产”账户下设置“临时设施”明细账户。“固定资产——临时设施”账户核算建筑施工企业购建的各种临时设施的实际成本。建筑施工企业购置临时设施发生的各项支出，借记“固定资产——临时设施”账户，贷记“银行存款”等账户。自行建造临时设施或需要通过建筑安装才能完成的临时设施，发生的各项费用，先通过“在建工程”账户核算，工程达到预定可使用状态时，再从“在建工程”账户转入“固定资产——临时设施”账户。

【例 7-21】 甲建筑施工企业为方便施工，在施工现场搭建一临时的职工宿舍，发生的实际搭建成本为 10 万元，其中：领用材料的实际成本为 5 万元，应付搭建人员工资为 4 万元，以银行存款支付其他费用 1 万元。宿舍搭建完工后随即交付使用。相关会计处理如下：

（1）搭建过程中发生的各项费用。

借：在建工程——临时宿舍	100 000	
贷：原材料		50 000
应付职工薪酬		40 000
银行存款		10 000

（2）临时设施搭建完工并交付使用。

借：固定资产——临时设施(临时宿舍)	100 000	
贷：在建工程——临时宿舍		100 000

三、临时设施摊销的核算

（一）临时设施摊销方法

建筑施工企业的各种临时设施在使用过程中与固定资产一样会发生损耗，应当比照固定资产折旧计提方法进行临时设施的摊销。临时设施在工程建设期间内按月进行摊销，摊销方法常用的有工作量法和工期法。当月增加的临时设施，当月不摊销，从下月起开始摊销；当月减少的临时设施，当月继续摊销，从下月起停止摊销。

1. 工作量法

工作量法是根据实际工作量计算摊销额的一种方法。该方法考虑了临时设施的使用强度。计算公式如下：

$$每一工作量摊销额=临时设施成本\times(1-预计净残值率)\div预计总工作量$$

$$临时设施月摊销额=临时设施当月工作量\times每一工作量摊销额$$

2. 工期法

工期法是将临时设施的成本平均分摊到各期的一种方法。该方法不考虑临时设施的使用强度。计算公式如下：

临时设施摊销额 = 临时设施原值×(1-预计净残值率)÷预计使用年限(月)

在实际工作中，对于价值相对较低的临时设施，也可采用一次摊销法，直接将临时设施的成本计入受益的工程成本。如果临时设施为两个以上的工程成本核算对象服务，则应按一定的分配标准，将其价值在受益的各个工程成本核算对象之间进行分配。

（二）临时设施摊销的会计处理

为了核算临时设施摊销情况，需在“累计折旧”账户下设置“临时设施摊销”明细账户。“累计折旧——临时设施摊销”账户是“固定资产——临时设施”的备抵调整账户，用来核算建筑施工企业临时设施价值的摊销情况。其贷方登记企业按月计提摊入工程成本的临时设施摊销额；借方登记企业出售、拆除、报废、毁损和盘亏临时设施的已提摊销额；期末贷方余额反映企业在用临时设施的已提摊销额。

建筑施工企业按月计提的临时设施摊销额计入施工工程的成本，借记“工程施工——其他直接费”等账户，贷记“累计折旧——临时设施摊销”账户。

【例 7-22】　承【例 7-21】，假定甲建筑施工企业的临时宿舍预计净残值率为 4%，预计其受益期限为 2.5 年(即 30 个月)，按工期法计提摊销。该临时宿舍按月计提摊销的会计处理如下：

临时生活设施的月摊销额 = 100 000 元×(1-4%)÷30 = 3 200 元

借：工程施工——其他直接费	3 200	
贷：累计折旧——临时设施摊销		3 200

四、临时设施处置的核算

为了核算建筑施工企业因出售、拆除、报废和毁损等原因转入清理的临时设施价值以及在清理过程中发生的清理费用和清理收入等，需在“固定资产清理”账户下设置“临时设施清理”明细账户。“固定资产清理——临时设施清理”账户，用来核算企业因出售、拆除、报废及毁损等原因而转入清理的临时设施净值以及发生的清理费用和取得的清理收入。其核算操作的要点如下：

1）出售、拆除、报废和毁损不需用或者不能继续使用的临时设施，按临时设施账面价值，借记“固定资产清理——临时设施清理”账户，按已提摊销额，借记“累计折旧——临时设施摊销”账户，按其账面原值，贷记“固定资产——临时设施”账户。

2）取得的变价收入和收回的残料价值，借记“银行存款”“原材料”等账户，贷记“固定资产清理——临时设施清理”账户。

3）发生的清理费用，借记“固定资产清理——临时设施清理”账户，贷记“银行存款”等账户。

4）临时设施清理完毕后，如为清理净损失，则借记“营业外支出”账户，贷记“固定资产清理——临时设施清理”账户；如为清理净收益，则借记“固定资产清理——临时设施清理”账户，贷记“营业外收入”账户。结转后，本账户应无余额。

【例 7-23】　承【例 7-21】和【例 7-22】，假定甲建筑施工企业的临时宿舍使用两年后，因工程提前完工而实施拆除，拆除时发生清理费用 1 000 元，其中：人工费 800 元，以银行存款支付的其他费用 200 元。残料作价 5 000 元出售，款项收存银行。其会计处理如下：

(1) 转销该临时宿舍的账面原值、累计已提摊销额和账面净值。

累计已提摊销=3 200 元×24=76 800 元

借：固定资产清理——临时设施清理(临时宿舍)　　23 200

　　累计折旧——临时设施摊销　　76 800

　　贷：固定资产——临时设施(临时宿舍)　　100 000

(2) 发生清理费用。

借：固定资产清理——临时设施清理(临时宿舍)　　1 000

　　贷：应付职工薪酬　　800

　　　　银行存款　　200

(3) 残料出售收入。

借：银行存款　　5 000

　　贷：固定资产清理——临时设施清理(临时宿舍)　　5 000

(4) 结转净损益。

净损失=(23 200+1 000-5 000)元=19 200 元

借：营业外支出——处理临时设施净损失　　19 200

　　贷：固定资产清理——临时设施清理(临时宿舍)　　19 200

思　考　题

1. 什么是固定资产？固定资产如何分类？
2. 固定资产如何确认？固定资产有哪些计价基础？
3. 不同来源的固定资产其入账价值如何确定？
4. 什么是固定资产折旧？固定资产折旧的计算方法有哪几种？
5. 固定资产处置如何核算？
6. 后续支出符合哪些条件才能资本化？
7. 什么是固定资产减值？固定资产减值如何进行会计核算？
8. 什么是临时设施？临时设施有何特点？
9. 临时设施的内容包括哪些？临时设施如何核算？

练　习　题

一、单项选择题

1. 下列不应在“固定资产”账户核算的是(　　)。

A. 购入不需要安装的设备　　B. 经营租入的设备

C. 融资租入的设备　　D. 接受捐赠的设备

2. 采用出包方式建造固定资产时，对于按合同规定预付的工程价款应借记(　　)账户。

A. “预付账款”　　B. “工程物资”　　C. “在建工程”　　D. “固定资产”

3. 对于各月使用程度相差较大的设备采用(　　)计提折旧最合理。

A. 年限平均法　　B. 工作量法

C. 年数总和法　　D. 双倍余额递减法

4. 下列各项固定资产，应计提折旧的是(　　)。

A. 未提足折旧提前报废的设备　　B. 闲置的设备

C. 已提足折旧继续使用的设备　　D. 经营租赁租入的设备

5. 下列固定资产不能计提折旧的是(　　)。

A. 过去已经估价单独入账的土地　　B. 因大修理停用的固定资产

C. 季节性停产的固定资产　　D. 未使用的固定资产

6. 企业接受投资者投入的一项固定资产，应按(　)作为入账价值。

A. 重置完全价值　　B. 投资者的账面原值

C. 投资合同或协议约定的价值(公允)　　D. 投资者的账面净值

7. 一般应在固定资产折旧年限到期前两年内，将固定资产的净值扣除预计净残值后的净额平均摊销的折旧方法属于(　　)。

A. 年限平均法　B. 工作量法　C. 年数总和法　D. 双倍余额递减法

8. 某企业本期出售设备一台，出售价格为28万元。该设备的原值为30万元，已提折旧5万元。假设不考虑相关税费，本期出售该设备影响当期损益的金额为(　　)万元。

A. 28　B. 3　C. 31　D. 33

9. 下列各项中不应记入“固定资产清理”账户借方的是(　　)。

A. 发生固定资产清理人员工资　　B. 因自然灾害损失的固定资产取得的赔款

C. 因出售厂房而缴纳的税款　　D. 因自然灾害损失的固定资产账面净值

二、多项选择题

1. 固定资产按其经济用途可以分为(　　)。

A. 生产经营用固定资产　　B. 租出的固定资产

C. 融资租入的固定资产　　D. 非生产经营用固定资产

2. 下列项目中，属于建筑施工企业固定资产的有(　)。

A. 房屋　B. 施工机械　C. 钢模板　D. 运输设备

3. 影响固定资产折旧的因素包括固定资产的(　　)。

A. 原值　B. 预计净残值　C. 减值准备　D. 使用寿命

4. 下列项目中，应计入外购固定资产入账价值的有(　　)。

A. 购买设备发生的运杂费　　B. 购买设备发生的保险费

C. 购买设备发生的包装费　　D. 购入固定资产的安装费

5. 临时设施包括临时办公室、临时职工宿舍、临时职工食堂及(　　)等。

A. 临时材料库　　B. 临时道路

C. 临时铁路专用线　　D. 临时给水排水、供电、供热等管线

三、判断题

1. 企业接受投资者投入的一项固定资产，按照投资合同或者协议约定的价值入账。(　　)

2. 企业报废的固定资产，应通过“固定资产清理”账户予以核算。(　　)

3. 企业一般应当按月提取折旧，当月增加的固定资产，当月计提折旧；当月减少的固定资产，当月不提折旧。(　　)

4. 固定资产减值一经确认，在以后会计期间不得转回。(　　)

5. 固定资产报废时，如果清理收入大于清理费用，则其差额应转入“营业外收入”账户。(　　)

6. 建筑施工企业建造临时设施发生的各项支出，应借记“固定资产——临时设施”账户。(　　)

四、业务题

(一) 练习固定资产取得的核算

资料：某建筑施工企业当年发生如下经济业务：

(1) 2月，购入不需要安装的全新专用设备一台，增值税专用发票上注明价款180 000元、增值税30 600元，支付运杂费等2 000元，款项均以银行存款支付。

(2) 4月，购入需要安装的全新生产设备一台，增值税专用发票上注明价款100 000元、增值税税额

17 000元，支付运杂费、途中保险费等共 1 000 元；该设备在安装过程中发生职工薪酬 2 000 元，领用原材料 1 500 元(购入时的增值税税额为 255 元)。该设备当月安装完毕并交付使用。

（3）6 月，接受投资者投入一台原始价值为 80 000 元、已提折旧 25 000 元的旧设备，双方协商确认价为 51 000 元，作为企业实收资本入账。

要求：编制上述经济业务的会计分录。

（二）练习固定资产折旧的核算

资料：其建筑施工企业当年 12 月购入 A 工程施工用设备一台，设备原值为 625 000 元，预计使用年限 5 年，预计净残值为 25 000 元。预计工作总量 30 000 工时，第一个月的工作量是 480 工时。

要求：分别采用年限平均法、工作量法、双倍余额递减法和年数总和法计算各年、各月应计提的折旧额，并编制第一个月计提折旧的会计分录。

（三）练习固定资产后续支出的核算

资料：某建筑施工企业 8 月初，对一座仓库进行扩建。该仓库的原始价值为 2 800 000 元，已提折旧 600 000 元；扩建工程采用出包方式，承包单位中标价为 500 000 元。按合同规定预付工程款 300 000 元，其余款项在工程完工时补付。扩建前有关清理、拆除等由企业自行完成，企业在清理、拆除中发生职工薪酬 9 000 元，耗用材料 800 元，领用低值易耗品 300 元，同时出售残料价值 1 000 元。8 月末该仓库扩建完工，达到预定可使用状态。预计该仓库扩建后的可收回金额为 3 000 000 元。

要求：编制上述经济业务的会计分录。

（四）练习固定资产处置的核算

资料：某建筑施工企业当年发生下列经济业务：

（1）将一台使用期满已提足折旧的设备报废，该设备原始价值 60 000 元，预计净残值 2 000 元，预计使用年限 10 年。该设备报废过程中，用现金支付清理费用 200 元，回收残料价值 800 元，已验收入库。

（2）将一台闲置不用的设备对外出售，该设备的原始价值为 120 000 元，已提折旧 60 000 元，取得出售价款 78 00C 元存入银行。

（3）因火灾毁损一栋厂房，原始价值 1 200 000 元，已提折旧 350 000 元；保险公司保险理赔 450 000 元，款项尚未收到；用银行存款支付清理费用 3 000 元，该毁损厂房清理完毕。

（4）财产清查中发现短缺一台计算机，原始价值 5 000 元，已提折旧 2 000 元；短缺原因已查明，是使用部门李某的失职导致该计算机丢失，领导批示由李某个人赔偿。

要求：根据上述资料，进行相关的会计处理。

（五）练习固定资产减值的核算

资料：某建筑施工企业当年 2 月购进一台不需要安装的 A 工程施工用设备，价款100 000元，增值税税额 17 000 元，款项均以银行存款支付，预计使用年限为 6 年，预计净残值率为零，采用年限平均法计提折旧。当年年末，该设备的市价大幅度下跌，有迹象表明资产可能发生了减值，企业对资产回收金额进行了估计，估计其可收回金额为 80 000 元。

要求：根据上述资料，进行相关计算，并进行相关会计处理。

（六）练习临时设施的核算

资料：某建筑施工企业发生下列经济业务：

（1）6 月在施工现场搭建一栋临时工人宿舍，发生的实际搭建成本为 72 800 元，其中：领用材料的成本为 12 800元，应付搭建人员的工资为 35 000 元，以银行存款支付其他费用为 25 000 元，月底搭建完工后立即交付使用。

（2）7 月摊销该项临时设施(预计净残值率为 5%，预计承包工程的工期为 20 个月)。

（3）承包工程已竣工(实际工期为 18 个月)，将其临时宿舍拆除，其账面累计已摊销额为 62 244 元，支付拆除人员二资 3 000 元，收回残料 2 000 元，已验收入库，清理工作结束。

（4）假定承包工程提前 2 个月竣工后，将上述临时宿舍出售，收到款项 16 000 元存入银行。

要求：根据上述经济业务进行相关的会计处理。

第 8 章

职工薪酬业务核算

教学目的：

通过本章的学习，学生应当了解并掌握：

1. 职工薪酬的含义及其内容
2. 职工薪酬的计算
3. 应付职工薪酬的确认和计量
4. 应付职工薪酬的账务处理

第一节　职工薪酬的含义及其内容

一、职工薪酬的含义

职工薪酬是企业为获取职工提供的服务而给予各种形式的劳动报酬以及其他相关支出。职工为企业提供劳动和服务，企业就应该按照分配制度为职工支付薪酬。分配制度是促进共同富裕的基础性制度。坚持按劳分配为主体、多种分配方式并存，构建初次分配、再分配、第三次分配协调配套的制度体系。努力提高劳动报酬在初次分配中的比重。坚持多劳多得，鼓励勤劳致富，促进机会公平。

二、职工薪酬的内容

职工薪酬的内容包括：

1）职工工资、奖金、津贴和补贴。

2）职工福利费。职工福利费是指企业负担职工福利方面的义务而发生的支出。

3）社会保险费。社会保险费是指企业为职工交纳的医疗保险费、养老保险费、失业保险费、工伤保险费和生育保险费等社会保险费。

4）住房公积金。住房公积金是指企业在职工工作年限内，为职工按月交存、长期储蓄、归职工个人所有、专项用于职工住房支出的资金。

5）工会经费和职工教育经费。工会经费和职工教育经费是指企业根据《中华人民共和国工会法》等有关规定，按每月全部职工工资总额的一定比例计提，向工会拨缴的经费和用于职工教育培训的经费。

6）非货币性福利。非货币性福利是指企业给予职工的非货币性薪酬，包括企业以自产产品发放给职工作为福利、将企业拥有或租赁的资产无偿提供给职工使用、为职工无偿提供医疗保健服务等。

7）辞退福利，即因解除与职工的劳动关系而给予的补偿，是指企业在职工劳动合同到期前解除与职工的劳动关系，或者为鼓励职工自愿接受裁减而给予职工的补偿。

8）其他与获得职工提供的服务相关的支出。企业以商业保险形式提供给职工的各种保险待遇、以现金结算的股份支付属于职工薪酬；以权益工具结算的股份支付也属于职工薪酬。

第二节　职工薪酬的计算

一、工资的构成

工资是指用人单位依据法律规定或行业规定或根据与员工之间的约定，以货币形式对职工的劳动所支付的报酬。国家统计局发布的《关于工资总额组成的规定》中明确了“工资总额”包括：计时工资、计件工资、奖金、津贴和补贴、加班加点工资以及特殊情况下支付的工资。

1）计时工资。计时工资是指按照职工的计时工资标准和工作时间支付给职工的劳动报酬。

2）计件工资。计件工资是指按照职工的计件工资标准和职工完成工作的数量支付给职工的劳动报酬。

3）奖金。奖金是指按照职工的超额劳动工作量和增收节支业绩支付给职工的劳动报酬，如综合奖、节约奖等。

4）津贴和补贴。津贴是指为了补偿职工特殊或额外的劳动消耗和其他特殊原因支付给职工的劳动报酬，如保健津贴等。补贴是指为了保证职工的工资水平不受物价变动的影响支付给职工的劳动报酬，如物价补贴等。

5）加班加点工资。加班加点工资是指按照规定的标准和职工加班加点的时间支付给职工的劳动报酬，如节日加班工资等。

6）特殊情况下支付的工资，如病假、产假、探亲假工资等。

二、工资计算的原始凭证

为了准确计算和发放工资，企业必须在日常工作中做好工资计算的原始记录。建筑施工企业工资计算的原始记录主要有考勤表、工程任务单、工资卡、扣款通知单等。

1）考勤表。考勤表是登记职工出勤及缺勤情况的原始记录，由班组考勤员根据职工出勤情况逐日登记，以正确反映每一职工的出勤、缺勤和迟到、早退等情况，月末将统计结果送企业劳资部门据以计算工资。

2）工程任务单。工程任务单用来登记施工生产工人耗用的工日及完成的实物数量的原始记录，是计算计件工资和生产成本的依据。工程任务单一般由施工单位在施工前根据施工作业计划开出，用以通知各生产班组或个人具体工作任务。各生产班组或个人根据工程任务单所列的施工内容进行作业，工程完工后按工程任务单上的内容进行验收。

3）工资卡。工资卡是企业为每个职工建立的，用以详细记录职工工作时间、工种、工资级别、标准工资、工资变动情况、津贴、职务等基本信息的卡片。工资卡是每月计算职工工资的基本依据之一。

4）扣款通知单。扣款通知单是在每月计算和发放工资前，由各有关部门填写并送交财会部门，作为财会部门从职工工资总额中代扣应由职工支付的各种款项的依据，如住房公积金和水电费等的代扣款通知。

三、工资的计算方法

1. 计时工资的计算

计时工资的计算有月薪制和日薪制两种。目前我国多数企业采用月薪制。

（1）月薪制　月薪制也称月工资制，企业管理人员、服务人员的工资一般采用月工资制。其特点有：①只要职工当月全勤，无论大、小月，都可以得到固定的月标准工资；②如果在月份内有缺勤，则从月标准工资中扣除缺勤时间的工资。其计算公式如下：

$$应付月工资=月工资标准-缺勤日数\times日工资$$

公式中的日工资，指的是每日平均工资额。实际工作中，一般有以下两种计算方法：

1）按全年每月法定工作日计算。

$$日工资=\frac{月标准工资}{每月平均法定工作天数}$$

每月平均法定工作天数是按每月固定 20.83 天计算的。即全年 365 天减去 104 个双休日和 11 个法定节假日，再除以 12 个月（(365-104-11)÷12=20.83）计算的。这种方法在应用时，双休日和节假日不计算出勤天数，不发工资，若节假日上班，则应计入加班加点工资。

2）按全年平均每月日历天数计算。

$$日工资=\frac{月标准工资}{每月平均日历天数}$$

无论月份大小，每月平均日历天数均按 30 天计算，即 360 天÷12=30 天。这种方法在应用时，双休日和节假日计入出勤天数，若双休日和节假日不上班，则按缺勤计算。

（2）日薪制　日薪制是按职工出勤天数和日平均工资计算应付工资。其特点是既计算出勤工资又计算缺勤工资。其计算公式如下：

$$出勤工资=出勤天数\times日平均工资$$

缺勤工资以病假应付工资为例，计算如下：

$$病假应付工资=病假天数\times日平均工资\times病假应付工资比率$$

2. 计件工资的计算

计件工资是根据职工实际完成的工程量或产品数量和规定的计件单价计算的工资。计件工资有个人计件工资和集体计件工资两种。

（1）个人计件工资　个人计件工资是按照每个职工验收合格工程量乘以规定的计件工资单价计算的。其计算公式如下：

$$应付计件工资=\sum(验收合格工程量\times计件工资单价)$$

（2）集体计件工资　集体计件工资是以班组为单位，先按班组实际完成的合格工程量乘以计件单价计算出全班组计件工资总额，然后再按一定的方法在班组成员间进行分配。一般以按每个工人的工资标准和实际工作日数计算的计时工资总额为分配标准进行分配，计算出每个职工应得的计件工资。

$$全班组计件工资总额=该班组实际完成的合格工程量\times计件工资单价$$

$$分配系数=\frac{全班组计件工资总额}{按每个工人的工资标准和实际工作日数计算的计时工资总额}$$

$$某工人应得的计件工资=该工人按计时工资标准和实际工作时间计算的计时工资额\times分配系数$$

上述计算得出的工资总额，属于应付工资。财会部门在应付工资基础上，根据扣款通知单计算并扣除有关代扣款项，再计算出每个职工的实发工资。实发工资的计算公式如下：

实发工资=应付工资-各种代扣款项

工资总额中，企业按规定支付职工的奖金、津贴以及特殊情况下支付的工资等，应根据国家有关规定和企业制定的标准计算支付。

第三节　应付职工薪酬的确认和计量

一、应付职工薪酬的确认

企业应当在职工为其提供服务的会计期间，根据职工提供服务的受益对象，将确认的职工薪酬(包括货币性薪酬和非货币性福利)计入相关资产成本或当期损益，同时确认为应付职工薪酬，但解除劳动关系补偿(即辞退福利)全部计入当期损益。

具体应分别下列情况处理：

1）应由工程成本或劳务成本负担的职工薪酬，计入工程成本或劳务成本。

2）应由在建工程、无形资产负担的职工薪酬，计入建造固定资产或无形资产成本。

3）上述两项以外的其他职工薪酬，计入当期损益。

二、应付职工薪酬的计量

计量应付职工薪酬时，国家规定了计提基础和计提比例的，应当按照国家规定的标准计提。国家没有规定计提基础和计提比例的，企业应当根据历史经验数据和实际情况，合理预计当期应付职工薪酬。当期实际发生金额大于预计金额的，应当补提应付职工薪酬；当期实际发生金额小于预计金额的，应当冲回多提的应付职工薪酬。

按照2007年1月1日起施行的《企业财务通则》和《关于实施修订后的<企业财务通则>有关问题的通知》(财企[2007]48号)的规定，企业不再按照工资总额的14%计提职工福利费。企业负担职工福利方面的义务而发生的支出，所需费用直接作为成本(费用)列支。

第四节　应付职工薪酬的账务处理

一、账户设置

为了核算企业根据有关规定应付给职工的各种薪酬，应设置“应付职工薪酬”账户。企业确认的应付职工薪酬，记入该账户贷方；企业发放给职工的工资、奖金、津贴和补贴及福利费，按规定交纳社会保险费和住房公积金，支付工会经费和职工教育经费用于职工培训等，记入该账户借方；期末余额在贷方，表示企业应付而未付的职工薪酬。该账户按职工薪酬的内容设置“工资”“职工福利”“社会保险费”“住房公积金”“工会经费”“职工教育经费”等明细账户，进行明细分类核算。

二、职工薪酬分配的账务处理

企业应当根据职工提供服务的受益对象，确认应付职工薪酬。工业生产活动发生的生产工人的薪酬，借记“生产成本——基本生产成本”等账户，贷记“应付职工薪酬”账户；工程施工人员的职工薪酬，借记“工程施工”账户，机械作业人员的职工薪酬借记“机械作业”等账户，贷记“应付职工薪酬”账户；应由在建工程、研发支出负担的职工薪酬，借记“在建工程”“研发支出”等账户，贷记“应付职工薪酬”账户；管理部门人员、销售人员的职工薪酬，借记“管理费用”或“销售费用”账户，贷记“应付职工薪酬”账户。

为了清晰可见和便于理解，职工薪酬分配的有关账务处理，直接用会计分录表述如下：

（一）工资分配

借：生产成本——基本生产成本
　　　　　　——辅助生产成本
　　管理费用
　　销售费用
　　在建工程
　　机械作业
　　工程施工——合同成本(某工程)
　　　　　　——间接费用
　　贷：应付职工薪酬——工资

（二）职工福利费分配

借：生产成本——基本生产成本
　　　　　　——辅助生产成本
　　管理费用
　　销售费用
　　在建工程
　　机械作业
　　工程施工——合同成本(某工程)
　　　　　　——间接费用
　　贷：应付职工薪酬——职工福利

（三）非货币性职工福利费分配

1. 将自制的产品发放给职工

企业以其自产产品作为非货币性福利发放给职工的，应当根据受益对象，按照该产品的公允价值，计入相关资产成本或当期损益，同时确认应付职工薪酬。

借：生产成本——基本生产成本
　　　　　　——辅助生产成本
　　管理费用
　　销售费用
　　在建工程
　　机械作业
　　工程施工——合同成本(某工程)
　　　　　　——间接费用
　　贷：应付职工薪酬——非货币性福利

2. 将拥有的资产或租赁资产无偿提供给职工使用

企业如将拥有的房屋等资产无偿提供给职工使用的，应当根据受益对象，将该住房每期应计提的折旧计入相关资产成本或当期损益，同时确认应付职工薪酬。

借：管理费用——折旧

　　贷：应付职工薪酬——非货币性福利

同时计提折旧：

借：应付职工薪酬——非货币性福利

　　贷：累计折旧（或其他应付款）

3. 以外购的商品作为职工福利发放给职工

借：生产成本——基本生产成本

　　　　　　——辅助生产成本

　　管理费用

　　销售费用

　　在建工程

　　机械作业

　　工程施工——合同成本（某工程）

　　　　　　——间接费用

　　贷：应付职工薪酬——非货币性福利

（四）其他职工薪酬的账务处理

1. 工会经费和职工教育经费

（1）提取时

借：生产成本——基本生产成本

　　　　　　——辅助生产成本

　　管理费用

　　销售费用

　　在建工程

　　机械作业

　　工程施工——合同成本（某工程）

　　　　　　——间接费用

　　贷：应付职工薪酬——工会经费

　　　　　　　　　　——职工教育经费

（2）使用时

借：应付职工薪酬——工会经费

　　　　　　　　——职工教育经费

　　贷：银行存款

2. 社会保险费和住房公积金

（1）提取时

借：生产成本——基本生产成本

　　　　　　——辅助生产成本

管理费用
销售费用
在建工程
机械作业
工程施工——合同成本(某工程)
——间接费用
贷：应付职工薪酬——社会保险费
——住房公积金

（2）先交纳后代扣社会保险费和住房公积金

借：应付职工薪酬——社会保险费(医疗保险)
——社会保险费(养老保险)
——社会保险费(失业保险)
——社会保险费(工伤保险)
——社会保险费(生育保险)
——住房公积金
（以上为企业负担部分）

其他应收款——社会保险费(医疗保险)
——社会保险费(养老保险)
——社会保险费(失业保险)
——社会保险费(工伤保险)
——社会保险费(生育保险)
——住房公积金
（以上为个人负担部分）

贷：银行存款

发放工资时收回代交部分：

借：应付职工薪酬
贷：其他应收款——社会保险费(医疗保险)
——社会保险费(养老保险)
——社会保险费(失业保险)
——社会保险费(工伤保险)
——社会保险费(生育保险)
——住房公积金
（以上为个人负担部分）

（3）先代扣后交纳社会保险费和住房公积金

借：应付职工薪酬——社会保险费(医疗保险)
——社会保险费(养老保险)
——社会保险费(失业保险)
——社会保险费(工伤保险)
——社会保险费(生育保险)
——住房公积金
（以上为企业负担部分）

贷：其他应付款——社会保险费（医疗保险）
——社会保险费（养老保险）
——社会保险费（失业保险）
——社会保险费（工伤保险）
——社会保险费（生育保险）
——住房公积金

发放工资时扣除代扣部分：

借：应付职工薪酬
贷：其他应付款——社会保险费（医疗保险）
——社会保险费（养老保险）
——社会保险费（失业保险）
——社会保险费（工伤保险）
——社会保险费（生育保险）
——住房公积金
（以上为个人负担部分）

向社保机构交纳社会保险费和住房公积金：

借：其他应付款——社会保险费（医疗保险）
——社会保险费（养老保险）
——社会保险费（失业保险）
——社会保险费（工伤保险）
——社会保险费（生育保险）
——住房公积金
（以上为企业和个人负担部分）
贷：银行存款

3. 提取辞退福利

借：管理费用
贷：应付职工薪酬——辞退福利

三、发放职工薪酬的账务处理

1. 发放职工工资

企业发放职工工资时，应借记“应付职工薪酬——工资”账户，贷记“银行存款”等账户。

2. 发放职工福利

企业发放职工福利费时，应借记“应付职工薪酬——职工福利”账户，贷记“银行存款”等账户。

3. 发放非货币性福利

（1）将自制的产品发放给职工　将自制的产品发放给职工时，应借记“应付职工薪酬——非货币性福利”账户，贷记“其他业务收入”和“应交税费——应交增值税（销项税额）”等账户。

（2）将外购的商品发放给职工　企业将外购的商品发放给职工时，应借记“应付职工薪酬——非货币性福利”账户，贷记“库存商品”账户。

4. 不能按时发放职工工资

企业在规定的发放工资日期内不能发放工资时，应将应付职工薪酬转至其他应付款中，借记“应付职工薪酬——工资”账户，贷记“其他应付款——应付职工薪酬”账户。等实际发放时，再借记“其他应付款——应付职工薪酬”账户，贷记“银行存款”等账户。

5. 发放临时工工资

临时工工资通过管理费用核算，所以发放时，应借记“管理费用”账户，贷记“银行存款”等账户。

6. 发放辞退福利

因解除与职工的劳动关系给予的补偿即辞退福利，在发放时应借记“应付职工薪酬——辞退福利”账户，贷记“银行存款”等账户。

四、应付职工薪酬的账务处理案例

【例 8-1】 2015 年 3 月，甲建筑施工企业当月发放工资 2 680 000 元，其中：工程施工部门人员工资 1 800 000 元；机械作业人员工资 250 000 元；企业管理部门人员工资 300 000 元；辅助生产部门人员工资 200 000 元；从事建造企业厂房人员工资 130 000 元。

根据所在地政府规定，企业分别按照职工工资总额的 10%、12%、2% 和 10.5% 计提医疗保险费、养老保险费、失业保险费和住房公积金。交纳给当地社会保险经办机构和住房公积金管理机构。企业本月实际发生的职工福利费金额为职工工资总额的 2%，职工福利的受益对象为上述所有人员。企业分别按照职工工资总额的 2% 和 2.5% 计提工会经费和职工教育经费。

应计入工程施工的职工薪酬＝[1 800 000+1 800 000×(10%+12%+2%+10.5%+2%+2%+2.5%)]元＝2 538 000 元

应计入机械作业的职工薪酬＝[250 000+250 000×(10%+12%+2%+10.5%+2%+2%+2.5%)]元＝352 500 元

应计入管理费用的职工薪酬＝[300 000+300 000×(10%+12%+2%+10.5%+2%+2%+2.5%)]元＝423 000 元

应计入辅助生产成本的职工薪酬＝[200 000+200 000×(10%+12%+2%+10.5%+2%+2%+2.5%)]元＝282 000 元

应计入在建工程成本的职工薪酬＝[130 000+130 000×(10%+12%+2%+10.5%+2%+2%+2.5%)]元＝183 300 元

应付职工福利费＝2 680 000 元×2%＝53 600 元

应付社会保险费＝2 680 000 元×(10%+12%+2%)＝643 200 元

应付住房公积金＝2 680 000 元×10.5%＝281 400 元

应付工会经费＝2 680 000 元×2%＝53 600 元

应付职工教育经费＝2 680 000 元×2.5%＝67 000 元

企业在分配、确认应付职工薪酬时，应做如下会计分录：

借：工程施工	2 538 000
机械作业	352 500

管理费用　　423 000
生产成本——辅助生产成本　　282 000
在建工程　　183 300
贷：应付职工薪酬——工资　　2 680 000
——职工福利　　53 600
——社会保险费　　643 200
——住房公积金　　281 400
——工会经费　　53 600
——职工教育经费　　67 000

【例 8-2】 甲建筑施工企业 2015 年 6 月以外购空调机作为福利发放给职工。企业职工每人一台空调机。企业共有职工 200 人，其中工程施工人员 150 人，机械作业人员 20 人，企业管理人员 30 人。该空调机的购入价格为每台 5 800 元。该企业会计处理如下：

（1）企业分配非货币性福利时

计入工程施工的职工薪酬金额 = (150×5 800) 元 = 870 000 元

计入机械作业的职工薪酬金额 = (20×5 800) 元 = 116 000 元

计入管理费用的职工薪酬金额 = (30×5 800) 元 = 174 000 元

借：工程施工　　870 000
机械作业　　116 000
管理费用　　174 000
贷：应付职工薪酬——非货币性福利　　1 160 000

（2）实际发放非货币性福利时：

借：应付职工薪酬——非货币性福利　　1 160 000
贷：库存商品　　1 160 000

【例 8-3】 甲建筑施工企业为各部门经理及以上职务的职工，每人提供一辆免费汽车使用。该企业共有部门经理以上职务的职工 20 人，假定每辆汽车的月折旧额为 600 元，则该企业每月的会计处理如下：

借：管理费用 (20×600)　　12 000
贷：应付职工薪酬——非货币性福利　　12 000
借：应付职工薪酬——非货币性福利　　12 000
贷：累计折旧　　12 000

【例 8-4】 甲建筑施工企业为副总裁及以上高级管理人员每人租赁一套住房。副总裁及以上职务的职工有 5 人，每套住房的月租金为 5 000 元。则该企业每月的会计处理如下：

借：管理费用 (5×5 000)　　25 000
贷：应付职工薪酬——非货币性福利　　25 000
借：应付职工薪酬——非货币性福利　　25 000
贷：其他应付款　　25 000

思　考　题

1. 什么是职工薪酬？职工薪酬包括哪些内容？
2. 工资总额由哪些项目构成？
3. 工资计算的原始凭证一般有哪些？
4. 什么是月薪制？月薪制有何特点？
5. 应付职工薪酬应如何确认和计量？
6. 应付职工薪酬如何核算？

练　习　题

一、单项选择题

1. 企业计算的职工薪酬在没有支付给职工之前，形成企业对职工个人的一项(　　)。

A. 资产　　B. 负债　　C. 所有者权益　　D. 费用

2. 由施工产品负担的职工薪酬，应记入(　　)账户。

A. “工程施工”　　B. “固定资产”　　C. “在建工程”　　D. “无形资产”

3. 非货币性福利不包括(　　)。

A. 以自产产品发放给职工作为福利　　B. 将企业拥有的资产无偿提供给职工使用
C. 用外购的商品作为职工福利发放给职工　　D. 工会经费和职工教育经费

4. 企业以其自产产品作为非货币性福利发放给职工的，应当按照该产品的(　　)，计入相关资产成本或当期损益。

A. 净值　　B. 重置完全价值　　C. 历史成本　　D. 公允价值

5. 下列不属于职工薪酬的项目是(　　)。

A. 社会保险费　　B. 住房公积金　　C. 代扣的个人所得税　　D. 货币性福利

6. 下列(　　)不应当根据职工提供服务的受益对象计入成本费用。

A. 工资、奖金和津贴　　B. 社会保险费用
C. 工会经费和职工教育经费　　D. 与职工解除劳动关系而给予的补偿

7. 辞退福利提取时，应借记的会计账户是(　　)。

A. 管理费用　　B. 财务费用　　C. 营业外支出　　D. 销售费用

二、多项选择题

1. 下列各项属于职工薪酬范围的有(　　)。

A. 工资和奖金　　B. 非货币性福利　　C. 社会保险费　　D. 职工教育经费

2. 下列款项支付时，通过“应付职工薪酬”账户核算有(　　)。

A. 职工工资和奖金　　B. 货币性福利　　C. 物价补贴　　D. 工会经费

3. 计时工资的计算有(　　)两种工资制度。

A. 计时工资制　　B. 计件工资制　　C. 月薪制　　D. 日薪制

4. 建筑施工企业在进行职工薪酬分配核算时，贷记“应付职工薪酬——工资”账户，则借记的账户可能有(　　)。

A. 工程施工　　B. 机械作业　　C. 合同成本　　D. 管理费用

三、判断题

1. 所有企业都应该按照工资总额的14%计提职工福利费，并且不得在发生时作为成本(费用)直接列支。(　　)

2. 分配本月工程施工人员的工资时，应借记“工程施工”账户。(　　)

3. 发放工程施工人员本月工资时，应借记“工程施工”账户。(　　)

4. 发放辞退福利时，不通过“应付职工薪酬——辞退福利”账户核算。(　　)

5. 计提应付职工薪酬时，国家规定了计提基础和计提比例的，应当按照国家规定的标准计提。国家没有规定计提基础和计提比例的，企业不得预计当期应付职工薪酬。(　　)

6. 企业管理人员、服务人员的工资一般采用月薪制。(　　)

四、业务题

练习职工薪酬的核算

资料：某建筑施工企业本月应付工资总额为 90 000 元，用银行存款实发工资 85 000 元，代扣房租 3 000元，水电费 1 000 元，个人所得税 1 000 元。月末分配工资费用 90 000 元，其中工程 A 施工人员工资 35 000 元，施工现场管理人员工资 25 000 元，行政管理人员工资 20 000 元，机械作业人员工资 10 000 元。假定该企业实际发生的职工福利是该企业工资总额的 15%。按照企业所在地政府规定，按工资总额的 10%计提医疗保险费、按 20%计提养老保险费、按 2%计提失业保险费、按 10%计提住房公积金、按 2%计提工会经费、按 1.5%计提职工教育经费。

要求：编制上述经济业务的相关会计分录。

第 9 章

证券投资业务核算

教学目的：

通过本章的学习，学生应当了解及掌握：

1. 证券投资的分类
2. 交易性金融资产的确认、计量和会计处理
3. 持有至到期投资的确认、计量和会计处理
4. 可供出售金融资产的确认、计量和会计处理
5. 投资企业与被投资企业的关系
6. 长期股权投资的初始计量
7. 长期股权投资核算成本法
8. 长期股权投资核算权益法
9. 长期股权投资的减值及处置

第一节　证券投资的分类

证券投资是指企业以购买股票、债券、基金的方式对证券市场进行的直接投资。证券投资在为企业带来高额投资回报的同时，也存在着较大的投资风险。企业证券投资的目的和种类不同，其会计业务处理中的确认、计量和信息披露要求等也会不同。

一、证券投资按投资品种分类

证券投资按投资品种分类，可以分为股票投资、债券投资和基金投资三大类。

1. 股票投资

股票投资是指企业以购买股票的方式进行的对外投资。企业购买股票后即将资金投资给了被投资企业，并拥有了被投资企业的股份，股票持有者成为被投资企业的投资者(即股东)。股票投资是无限期的，除非公司破产、进入清算，投资者不得从企业收回投资，如要收回，只能在证券交易市场上按市场价格变现。企业购入的股票有优先股和普通股之分，企业购入的是优先股，则优先享有股利分配的权利；企业购入的股票如果是普通股，则有权参与被投资企业的经营管理和决策，享有权利及承担义务的大小与持股比例成正比。普通股股票的收益是不确定的。

2. 债券投资

债券投资是指企业从证券市场以购买债券的方式进行的对外投资。企业购买债券后与被投资者形成的是债权债务关系，债券的持有人是债权人，享有到期收回本息的权利。债券投资的风险比股票投资风险小，投资收益稳定。

3. 基金投资

基金投资是企业以购买基金的方式将资金投资于证券市场。与股票、债券的投资者不同，基金投资是一种间接的证券投资方式，基金的投资者不再直接参与有价证券的买卖活动，不再直接承担投资风险，而是由专家具体负责投资方向的确定、投资对象的选择，基金单位的持有人是基金的受益人，体现的是信托关系。基金投资因所持有的基金形态不同又有所区别：封闭型基金有一定的期限，期满后，投资者可按持有的份额分得相应的剩余资产，在封闭期内还可以在交易市场上变现；开放型基金一般没有期限，但投资者可随时向基金管理人要求赎回。一般情况下，基金投资的风险比股票投资低，基金投资的收益比债券投资高。但基金投资的收益是不确定的。

二、证券投资按管理意图分类

证券投资的管理意图指的是证券投资的目的。证券投资按管理意图在初始确认时分类，可分为以下四类：

（一）以公允价值计量且其变动计入当期损益的金融资产

以公允价值计量且其变动计入当期损益的金融资产是指满足某些特定条件（如购入该金融资产的目的是为了近期出售而获利），应将其按公允价值计量，并将其公允价值计入当期损益的金融资产。以公允价值计量且其变动计入当期损益的金融资产，可以进一步分为交易性金融资产和直接指定为以公允价值计量且其变动计入当期损益的金融资产两类。

1. 交易性金融资产

交易性金融资产是指为近期内出售而购入和持有的金融资产，如企业以赚取差价为目的从二级市场购入并打算在近期出售的股票、债券、基金等。交易性金融资产投资的目的是在保证资金流动性的前提下获取短期的价差收益，属于短期投资，在资产负债表中归为流动资产类。

2. 直接指定为以公允价值计量且其变动计入当期损益的金融资产

直接指定为以公允价值计量且其变动计入当期损益的金融资产是指企业基于风险管理、战略投资需要等而将其直接指定为以公允价值计量且其变动计入当期损益的金融资产。通常是指该金融资产不满足确认为交易性金融资产条件，但企业直接指定以公允价值计量，同交易性金融资产的确认和计量一致，下面不再单独介绍。

（二）持有至到期投资

持有至到期投资是指到期日固定、回收金额固定或可确定，且企业有明确意图和能力持有至到期的非衍生金融资产。通常情况下，股权投资因其没有固定的到期日，因而不能划分为持有至到期投资。能够划分为持有至到期投资的金融资产，主要是债权性投资，如企业购入准备持有至到期的固定利率的国债、企业债券等。持有至到期投资通常具有长期性质，属于非流动资产，在资产负债表中归为非流动资产类。

（三）可供出售金融资产

可供出售金融资产是指购入后持有意图不明确、持有时间不确定的那部分金融资产。也就是说，管理当局在购入某项金融资产时并没有明确是持有至到期还是为了获取短期差价收益或是为了参股和控股。既然持有意图不明确，就将购入的该项金融资产按可供出售金融资产进行确认和计量，视时机和市场的变化进行出售或转让。由于可供出售金融资产没有明确的持有期，所以在报表中将其归为非流动资产类。

（四）长期股权投资

长期股权投资是企业准备长期持有的权益性投资。企业进行长期股权投资其目的是不打算在短期内出售，不是为了获取股票投资的短期收益，而是在较长时期内取得股利收益或对被投资方实施控制，使被投资方能够为本企业总体经营目标的实现提供服务。投资方与被投资方之间的关系，可以根据投资方投资额占被投资方有表决权资本总额的比例以及对被投资方的影响程度，分为控制、共同控制、重大影响和无重大影响四种情况。由于投资方与被投资方间的关系不同，企业长期股权投资在后续计量时所选用的会计核算方法也有所区别，详细内容见本章第五节。

第二节　交易性金融资产的核算

一、交易性金融资产的确认与计量

金融资产满足下列条件之一的，应当划分为交易性金融资产：

1）取得该金融资产的目的，主要是为了近期内出售或回购。例如，企业以赚取差价为目的从二级市场购入的股票、债券、基金等。

2）属于进行集中管理的可辨认金融工具组合的一部分，且有客观证据表明企业近期采用短期获利方式对该组合进行管理。例如，企业基于其投资策略和风险管理的需要，将某些金融资产进行组合从事短期获利活动，对于组合中的金融资产，应采用公允价值计量，并将其相关公允价值变动计入当期损益。

3）属于衍生金融工具。衍生金融工具是与传统金融工具相对应的一个概念，它是在传统金融工具如即期交易的商品合约、债券、股票、外汇等基础上派生出来的新型金融工具，如国债期货、远期合同、股指期货等。衍生金融工具公允价值变动大于零时，应将其相关变动金额确认为交易性金融资产，同时计入当期损益。

交易性金融资产应当按照取得时的公允价值作为初始确认金额，相关的交易费用在发生时直接计入当期损益。如果企业购入的各种股票、债券、基金等，实际支付的价款中包含已宣告但尚未发放的现金股利或已到付息期但尚未领取的债券利息，则应当单独确认为应收项目。

交易费用包括支付给代理机构、咨询公司、券商等的手续费和佣金及其他必要支出，不包括债券溢价、折价、融资费用、内部管理成本及其他与交易不直接相关的费用。

资产负债表日，交易性金融资产按资产负债表日的公允价值计量，公允价值与账面价值的差额计入当期损益。

二、交易性金融资产的会计处理

1. 账户设置

交易性金融资产的会计处理应设置“交易性金融资产”“应收股利(利息)”“公允价值变动损益”“投资收益”等账户。

1）“交易性金融资产”账户，用于核算企业交易性金融资产的购买、持有和出售的公允价值。企业持有的直接指定为以公允价值计量且其变动计入当期损益的金融资产也在“交易性金融资产”账户中核算。该账户应当按照金融资产的类别和品种，分别设置“成本”“公允价值变动”明细账户进行核算。借方登记交易性金融资产取得的成本、资产负债表日其公允价值高于账面余额的差额等，贷方登记资产负债表日其公允价值低于账面余额的差额、企业出售交易性金融资产时结转的成本等。

2）“应收股利”或“应收利息”账户，核算企业购买交易性金融资产获得的应收股利或利息。借方登记应收未收的应收股利或利息，贷方登记收到或转出的应收股利或利息。

3）“公允价值变动损益”账户，核算企业交易性金融资产等公允价值变动而形成的应计入当期损益的利得或损失。借方登记资产负债表日其公允价值低于账面余额的差额，贷方登记资产负债表日其公允价值高于账面余额的差额。

4）“投资收益”账户，核算企业持有交易性金融资产期间取得的投资收益以及处置交易性金融资产等实现的投资收益或损失。借方登记企业购买交易性金融资产的交易费用、处置交易性金融资产发生的投资损失，贷方登记处置交易性金融资产实现的投资收益。

2. 交易性金融资产的初始确认

企业取得交易性金融资产时，应当按照该金融资产取得时的公允价值作为其初始确认金额，借记“交易性金融资产——成本”账户；取得交易性金融资产所支付的价款中如果包含了已宣告但尚未发放的现金股利或已到付息期但尚未领取的债券利息的，应当借记“应收股利”或“应收利息”账户；取得交易性金融资产发生的相关交易费用，借记“投资收益”账户。按实际支付的价款贷记“银行存款”或“其他货币资金——存出投资款”等账户。

【例 9-1】 2015 年 5 月 10 日，甲建筑施工企业通过证券公司从二级市场购入乙公司发行的股票 100 000 股，每股价格 10.30 元(含已宣告但尚未发放的现金股利 0.30 元)，另支付交易费用 4 000 元。甲建筑施工企业将持有的乙公司股权划分为交易性金融资产，且持有乙公司股权后对其无重大影响。甲建筑施工企业取得该项交易性金融资产时应编制的会计分录如下：

借：交易性金融资产——成本　　1 000 000
　　应收股利　　30 000
　　投资收益　　4 000
　　贷：其他货币资金——存出投资款　　1 034 000

3. 交易性金融资产持有期间应收股利或利息的会计处理

企业在持有交易性金融资产期间获得股票股利时，不需要做会计处理，只需要在备查簿中登记股票数量的增加；获得的现金股利和债券利息，应当确认为投资收益。被投资方宣告发放现金股利时，投资方按应享有的份额，借记“应收股利”账户，贷记“投资收益”账户；资产负债表日，投资方按分期付息、一次还本债券投资的票面利率计提利息时，借记“应收利息”账户，贷记“投资收益”账户。收到现金股利或债券利息时，借记“银行存款”等账户，贷记“应收股利”或“应收利息”账户。

【例 9-2】 承【例 9-1】，2015 年 5 月 20 日，甲建筑施工企业收到乙公司发放的现金股利 30 000 元。甲企业编制会计分录如下：

借：银行存款　　30 000
　　贷：应收股利　　30 000

4. 交易性金融资产的期末计量

资产负债表日，交易性金融资产应当按照该资产在资产负债表日的公允价值计量。按公允价值高于账面余额之间的差额，借记"交易性金融资产——公允价值变动"账户，贷记"公允价值变动损益"账户；如果公允价值低于账面余额，则按差额做相反分录。

【例9-3】 承【例9-2】，2015年6月30日，甲建筑施工企业持有的乙公司股票价格为每股13.5元。2015年12月31日，甲建筑施工企业持有的乙公司股票价格为每股12.5元。甲企业编制会计分录如下：

（1）2015年6月30日，确认股票价格变动。

借：交易性金融资产——公允价值变动　　350 000
　　贷：公允价值变动损益　　350 000

（2）2015年12月31日，确认股票价格变动。

借：公允价值变动损益　　100 000
　　贷：交易性金融资产——公允价值变动　　100 000

5. 处置交易性金融资产

企业处置以公允价值计量且其变动计入当期损益的金融资产时，其处置收到的价款与账面余额之间的差额应确认为投资收益，同时将相应的公允价值变动损益结转至投资收益。企业按实际收到的金额，借记"银行存款"等账户；按该金融资产的账面余额，贷记"交易性金融资产——成本"账户，借记或贷记"交易性金融资产——公允价值变动"账户；按实际收到的金额与该金融资产的账面余额之间的差额，借记或贷记"投资收益"账户。同时，将该资产已记入公允价值变动损益的金额转出，借记或贷记"公允价值变动损益"账户，贷记或借记"投资收益"账户。

【例9-4】 承【例9-3】，2016年1月15日，甲建筑施工企业将乙公司股票全部售出，每股售价14元，支付交易费用5 000元。

借：银行存款　　1 395 000
　　贷：交易性金融资产——成本　　1 000 000
　　　　　　　　　　——公允价值变动　　250 000
　　　　投资收益　　145 000
借：公允价值变动损益　　250 000
　　贷：投资收益　　250 000

第三节　持有至到期投资的核算

一、持有至到期投资的确认和计量

持有至到期投资是指到期日固定、回收金额固定或可确定，且企业有明确意图和能力持有至到期的非衍生金融资产。

企业在将金融资产确认为持有至到期投资时，应当注意把握以下特征：

1）该金融资产到期日固定、回收金额固定或可确定。到期日固定、回收金额固定或可确定是指相关合同明确了投资者在确定的期间内获得或应收取现金流量（如投资利息和本金等）的金额和时间。

2）企业有明确意图将该金融资产持有至到期。有明确意图持有至到期是指投资者在取得投资时意图就是明确的，除非遇到一些企业所不能控制、预期不会重复发生且难以合理预计的独立事项，否则将持有至到期。

3）企业有能力将该金融资产持有至到期。有能力持有至到期是指企业有足够的财力资源，并不受外部因素影响将投资持有至到期。

企业持有至到期投资在取得时，应按取得时的公允价值和相关交易费用之和作为初始投资成本。相关交易费用包括税金、手续费等费用。取得的债权，其实际支付的价款中含有已到期但尚未领取的利息，作为应收项目单独核算；实际支付的价款中含有尚未到期的利息，构成投资成本，在持有至到期投资中单独核算。

二、持有至到期投资的会计处理

（一）账户设置

为了核算持有至到期投资的取得、收取利息、处置、减值等业务，企业应设置“持有至到期投资”“持有至到期投资减值准备”等账户进行核算。在“持有至到期投资”总账账户下，分别设置“成本”“利息调整”“应计利息”明细账户进行明细核算。

1）“持有至到期投资——成本”账户，核算持有至到期投资的面值，借方登记取得持有至到期投资资产的面值，贷方登记处置持有至到期投资资产时成本的转出。

2）“持有至到期投资——利息调整”账户，核算持有至到期投资取得时实际支付的价款与面值之间的差额以及持有期间该差额的摊销。借方登记取得时实际支付的价款高于面值的差额以及计息时债券折价的摊销，贷方登记取得时实际支付的价款低于面值的差额以及计息时债券溢价的摊销。

3）“持有至到期投资——应计利息”账户，核算持有至到期投资到期一次还本付息的利息。借方登记计提应收未收的利息，贷方登记收到的利息。持有至到期投资的利息如果采取分次付息的方式，则应收未收的利息属于流动资产，记入“应收利息”账户；如果采取到期一次还本付息的方式，则应收未收的利息属于非流动资产，记入“持有至到期投资——应计利息”账户。

4）“持有至到期投资减值准备”账户，核算持有至到期投资发生的减值，借方登记减值的恢复或冲销，贷方登记减值的计提。

（二）持有至到期投资的初始计量

持有至到期投资初始确认时，按投资面值，借记“持有至到期投资——成本”账户；如果实际支付的价款中包含已到付息期但尚未领取的债券利息，则应借记“应收利息”账户；按实际支付的价款，贷记“银行存款”账户；借贷方的差额，借记或贷记“持有至到期投资——利息调整”账户。

【例 9-5】 2015 年 1 月 1 日，甲建筑施工企业以 528 000 元的价格（包含买价和交易费用）购入乙公司当日发行的面值为 500 000 元，5 年期，年利率为 6%的公司债券，准备持有至到期。该债券每年 12 月 31 日付息。根据有关的凭证，进行会计处理如下：

借：持有至到期投资——成本　500 000

——利息调整　28 000

贷：银行存款　528 000

持有至到期投资初始确认时，应当计算确定其实际利率，并在该持有至到期投资预期存续期间或适用的更短期间内保持不变。

实际利率是指将金融资产或金融负债在预期存续期间或适用的更短期间内的未来现金流量，折现为该金融资产或金融负债当前账面价值所使用的利率。

【例 9-6】 确定【例 9-5】的实际利率。

该债券票面利率为 6%，购入成本 528 000 元高于债券面值 500 000 元，因此，实际利率一定低于票面利率。设该债券的实际利率为 r，则可列出如下等式：

$$\text{债券年票面利息额} = 500\,000\ \text{元} \times 6\% = 30\,000\ \text{元}$$

$$[30\,000\times(1+r)^{-1}+30\,000\times(1+r)^{-2}+30\,000\times(1+r)^{-3}+30\,000\times(1+r)^{-4}+30\,000\times(1+r)^{-5}+500\,000\times(1+r)^{-5}]\ \text{元}=528\,000\ \text{元}$$

根据复利现值系数表和年金现值系数表可知：5 年期、折现率 5%的复利现值系数、年金现值系数分别是 0.783 5、4.329 5，5 年期、折现率 4%的复利现值系数、年金现值系数分别是 0.821 9、4.451 8。

利息和本金现值(5%)＝(500 000×0.783 5+30 000×4.329 5)元＝521 635 元

利息和本金现值(4%)＝(500 000×0.821 9+30 000×4.451 8)元＝544 504 元

所以，实际利率在 4%和 5%之间，采用插值法计算实际利率：

$$\text{实际利率} = 4\% + (5\%-4\%) = \frac{544\,504-528\,000}{544\,504-521\,635} = 4.72\%$$

（三）持有至到期投资的后续计量

1. 实际利率法

企业应当采用实际利率法，按摊余成本对持有至到期投资进行后续计量。

实际利率法是指按照金融资产或金融负债（含一组金融资产或金融负债）的实际利率计算其摊余成本及各期利息收入或利息费用的方法。

摊余成本是指该金融资产的初始确认金额经下列调整后的结果①扣除已偿还的本金；②加上或减去采用实际利率法将该初始确认金额与到期日金额之间的差额进行摊销形成的累计摊销额；③扣除已发生的减值损失。

企业持有至到期投资在持有期间实际获得的投资收益为利息收入。利息收入按照摊余成本和实际利率计算确认，并计入投资收益。计算公式如下：

利息收入＝应收利息+利息调整摊销额

＝持有至到期投资摊余成本×实际利率

其中：

应收利息＝债券票面金额×票面利率

摊余成本＝债券票面金额+利息调整摊销额

会计实务中，实际利率与票面利率差别较小时，可按票面利率计算利息收入，计入投资收益。

2. 利息收入的计算及其会计处理

资产负债表日，持有至到期投资应按票面利率计算确定的应收未收利息，借记“应收利息”账户(分期付息、一次还本债券投资)或“持有至到期投资——应计利息”账户(一次还本付息债券投资)，按持有至到期投资摊余成本和实际利率计算确定的利息收入，贷记“投资收益”账户，按其差额，借记或贷记“持有至到期投资——利息调整”账户。收到利息时，借记“银行存款”账户，贷记“应收利息”账户。

【例 9-7】 承【例 9-5】和【例 9-6】，甲建筑施工企业对持有至到期投资采用实际利率法确认利息收入，用摊余成本对持有至到期投资后续计量。该企业的有关会计处理如下：

(1) 采用实际利率法计算利息收入情况，如表 9-1 所示。

表 9-1 利息收入确认表 单位：元

计息日期	应收利息① (1)	实际利率 (2)	利息收入② (3)	利息调整③ (4)	摊余成本④ (5)
2015. 1. 1					528 000
2015. 12. 31	30 000	4. 72%	24 922	5 078	522 922
2016. 12. 31	30 000	4. 72%	24 682	5 318	517 604
2017. 12. 31	30 000	4. 72%	24 431	5 569	512 035
2018. 12. 31	30 000	4. 72%	24 168	5 832	506 203
2019. 12. 31	30 000	4. 72%	23 797⑤	6 203	500 000
合　计	150 000		122 000	28 000	

① 应收利息=500 000 元×6%。

② 利息收入=年初(5)×4. 72%。

③ 利息调整=(1)-(3)。

④ 摊余成本=年初(5)-(4)。

⑤ 由于计算过程中存在尾差，最后一年的数字采用倒挤的方法得出。

(2) 根据表 9-1 的计算结果，每年应进行的会计处理如下：

1) 2015 年 12 月 31 日，确认本年利息收入。

借：应收利息　　30 000

　贷：投资收益　　24 922

　　持有至到期投资——利息调整　　5 078

2) 收到利息。

借：银行存款　　30 000

　贷：应收利息　　30 000

3) 2016 年 12 月 31 日，确认本年利息收入。

借：应收利息　　30 000

　贷：投资收益　　24 682

　　持有至到期投资——利息调整　　5 318

收到利息的业务处理同上。

4）2017 年 12 月 31 日，确认本年利息收入。

借：应收利息 30 000

　贷：投资收益 24 431

　　持有至到期投资——利息调整 5 569

收到利息的业务处理同上。

5）2018 年 12 月 31 日，确认本年利息收入。

借：应收利息 30 000

　贷：投资收益 24 168

　　持有至到期投资——利息调整 5 832

收到利息的业务处理同上。

6）2019 年 12 月 31 日，确认本年利息收入。

借：应收利息 30 000

　贷：投资收益 23 797

　　持有至到期投资——利息调整 6 203

7）收到本息。

借：银行存款 530 000

　贷：应收利息 30 000

　　持有至到期投资——成本 500 000

（四）持有至到期投资的减值

资产负债表日，企业应当对持有至到期投资的账面价值进行减值测试，如有客观证据表明该项资产发生了减值，则应当将该金融资产的账面价值与预计未来现金流量现值之间的差额，确认为减值损失，计入当期损益，同时，计提持有至到期投资减值准备。即借记“资产减值损失”账户，贷记“持有至到期投资减值准备”账户。

如有客观证据表明已计提减值准备的持有至到期投资的价值以后又得以恢复，则应在原计提的减值准备金额内，按恢复的金额，做计提时的相反分录。

【例 9-8】 甲建筑施工企业于 2015 年 1 月 1 日购入了作为持有至到期投资的丙企业债券。2015 年 12 月 31 日，企业对该债券进行减值测试时发现，因丙企业发生财务困难，预计所持有的债券发生减值损失 13 000 元。

2015 年 12 月 31 日，会计处理如下：

借：资产减值损失 13 000

　贷：持有至到期投资减值准备 13 000

（五）持有至到期投资的出售

出售持有至到期投资时，应将取得的价款与该投资账面价值之间的差额计入投资收益。按照实际收到的金额，借记“银行存款”等账户，按持有至到期投资各明细账户的余额，贷记“持有至到期投资——成本”和“持有至到期投资——应计利息”账户，借记或贷记“持有至到期投资——利息调整”账户，按其差额，借记或贷记“投资收益”账户。

【例 9-9】 承【例 9-7】，假定甲建筑施工企业于 2017 年 4 月将 2015 年 1 月 1 日以 528 000 元的价格(包含买价和交易费用)购入的面值为 500 000 元、5 年期，年利率为 6%的乙公司债券提前出售，取得转让收入 530 000 元。转让日，该持有至到期投资账面价值为 517 604 元，其中：成本 500 000 元，利息调整(借方)17 604 元。企业应编制如下会计分录：

借：银行存款　　530 000

　贷：持有至到期投资——成本　　500 000

　　　　——利息调整　　17 604

　　投资收益　　12 396

第四节　可供出售金融资产的核算

一、可供出售金融资产的确认和计量

对于管理当局没有明确持有期限的股票、债券和基金投资，会计上应确认为可供出售金融资产。在计量方面，可供出售金融资产与交易性金融资产的相同之处是：初始计量和资产负债表日的计量，都按公允价值计量。可供出售金融资产与交易性金融资产的不同之处是：①交易费用的处理不同。取得交易性金融资产发生的交易费用计入当期损益，取得可供出售金融资产发生的交易费用直接计入可供出售金融资产的入账价值。②公允价值变动差额的处理不同。交易性金融资产的公允价值变动差额计入当期损益，可供出售金融资产公允价值变动差额作为利得直接计入资本公积。

二、可供出售金融资产的会计处理

（一）账户设置

为了核算可供出售金融资产的取得、收取现金股利或利息、处置等业务，企业应当设置“可供出售金融资产”总账账户。在总账账户下，分别设置“成本”“公允价值变动”“利息调整”“应计利息”明细账户进行明细核算。

1）“可供出售金融资产——成本”账户，借方登记取得可供出售金融资产时的公允价值与交易费用之和(权益性资产)或面值(债券类资产)，贷方登记处置可供出售金融资产时成本的转出。

2）“可供出售金融资产——公允价值变动”账户，借方登记资产负债表日可供出售金融资产公允价值高于其账面价值的差额及处置时该账户贷方余额的转出，贷方登记资产负债表日可供出售金融资产公允价值低于其账面价值的差额及处置时该账户借方余额的转出。

3）“可供出售金融资产——利息调整”账户，借方登记取得时实际支付的价款高于面值的差额、计息时债券折价的摊销、处置时该账户贷方余额的转出，贷方登记取得时实际支付的价款低于面值的差额、计息时债券溢价的摊销、处置时该账户借方余额的转出。

4）“可供出售金融资产——应计利息”账户，核算可供出售金融资产(债券类资产)到期一次还本付息的利息。借方登记计提应收未收的利息，贷方登记收到的利息。可供出售金融资产的利息如果采取分次付息的方式，则应收未收的利息属于流动资产，记入“应收利息”账户。

（二）可供出售金融资产的取得

企业取得可供出售金融资产，按照其公允价值与交易费用之和，借记“可供出售金融资产——成本”账户，按实际支付的价款中包含的已到付息期但尚未领取的利息或已宣告但尚未发放的现金股利，借记“应收利息”或“应收股利”账户，按实际支付的金额，贷记“银行存款”账户。对于购入的债券，如果实际支付的价款与债券的面值加上应收利息之和有差额，则按差额借记或贷记“可供出售金融资产——利息调整”账户。

【例 9-10】 甲建筑施工企业于 2015 年 7 月 10 日从二级市场购入股票 100 000 股，每股市价 12.3 元，手续费 5 000 元，其中，已宣告但尚未发放的现金股利为每股 0.3 元，初始确认时，该股票划分为可供出售金融资产。假定不考虑其他因素，全部款项以银行存款支付。企业的账务处理如下：

借：可供出售金融资产——成本　　1 205 000
　　应收股利　　30 000
　　贷：银行存款　　1 235 000

【例 9-11】 2015 年 1 月 1 日，甲建筑施工企业以 205 551 元从二级市场上购入面值为 200 000 元、票面利率为 5%、3 年期的丙公司企业债券，利息每年支付。企业将其划分为可供出售金融资产。假定不考虑其他因素，企业的账务处理如下：

借：可供出售金融资产——成本　　200 000
　　　　　　　　　　——利息调整　　5 551
　　贷：银行存款　　205 551

该项可供出售金融资产的实际利率为 4%(计算过程略)。

（三）可供出售金融资产持有期间收益的确认

在持有期间被投资方宣告发放现金股利时，投资方按应享有份额借记“应收股利”账户，贷记“投资收益”账户。收到股利时，借记“银行存款”账户，贷记“应收股利”账户。

【例 9-12】 承【例 9-10】，2015 年 7 月 20 日，甲建筑施工企业收到现金股利 30 000 元。账务处理如下：

借：银行存款　　30 000
　　贷：应收股利　　30 000

资产负债表日按票面利率计算确定的应收未收利息，借记“应收利息”（分期付息、一次还本债券投资）或“可供出售金融资产——应计利息”账户(一次还本付息债券投资)，按摊余成本和实际利率计算的利息收入，贷记“投资收益”账户，按其差额，借记或贷记“可供出售金融资产——利息调整”账户。

【例 9-13】 承【例 9-11】，2015 年 12 月 31 日确认应收利息及投资收益，2016 年 1 月 5 日收到债券利息，账务处理如下：

（1）确认应收利息及投资收益。

2015 年应收利息 = 200 000 元×5% = 10 000 元

2015 年应确认的利息收入 = 205 551 元×4% = 8 222.04 元

借：应收利息　　10 000

　　贷：投资收益　　8 222.04

　　　　可供出售金融资产——利息调整　　1 777.96

（2）收到债券利息。

借：银行存款　　10 000

　　贷：应收利息　　10 000

（四）可供出售金融资产的期末计量

1. 可供出售金融资产的公允价值变动

资产负债表日，可供出售金融资产应以公允价值计量，公允价值变动形成的利得或损失，计入所有者权益。资产负债表日公允价值高于其账面余额的差额，借记“可供出售金融资产——公允价值变动”账户，贷记“资本公积——其他资本公积”账户。若公允价值低于其账面余额，则做相反会计分录。

【例 9-14】 承【例 9-10】，2015 年 12 月 31 日，该股票当日的市价为 15 元。2016 年 12 月 31 日，该股票当日的市价为 14 元。假定企业一直持有该股票，则企业的账务处理如下：

（1）2015 年 12 月 31 日，确认可供出售金融资产的公允价值变动。

公允价值高于其账面余额的差额 =（100 000×15-1 205 000）元 = 295 000 元

借：可供出售金融资产——公允价值变动　　295 000

　　贷：资本公积——其他资本公积　　295 000

（2）2016 年 12 月 31 日，确认可供出售金融资产的公允价值变动。

公允价值低于其账面余额的差额 =（100 000×15-100 000×14）元 = 100 000 元

借：资本公积——其他资本公积　　100 000

　　贷：可供出售金融资产——公允价值变动　　100 000

【例 9-15】 承【例 9-13】，2015 年 12 月 31 日，该债券的市场价格为 201 773.04 元。企业账务处理如下：

2015 年 12 月 31 日，确认可供出售金融资产的公允价值变动。

公允价值变动 =（200 000+5 551-1 777.96）元-201 773.04 元 = 2 000 元

借：资本公积——其他资本公积　　2 000

　　贷：可供出售金融资产——公允价值变动　　2 000

2. 可供出售金融资产减值

如果可供出售金融资产的公允价值非暂时性地大幅度或持续下降，则可认定该金融资产发生了减值，确认资产减值损失。按减记金额，借记“资产减值损失”账户，按应从所有者权益中转出原计入资本公积的金额，借记或贷记“资本公积——其他资本公积”账户，按其差额，贷记“可供出售金融资产——公允价值变动”账户。

已确认减值损失的可供出售金融资产，在以后会计期间内公允价值回升，应对已确认的减值损失进行恢复，编制计提减值准备时的相反会计分录。

【例 9-16】 承【例 9-14】，2017 年，企业持有的股票因系统性风险导致价格发生大幅度持续下跌。至 2017 年 12 月 31 日，该股票的市场价格下跌到每股 8 元。2018 年，市场宏观面好转，股票价格有所回升，至2018年12月31日，该股票的市场价格上升到每股10元。企业账务处理如下：

(1) 2017年12月31日，确认减值。

借：资产减值损失(1 205 000-100 000×8)　　405 000
　　资本公积——其他资本公积　　195 000
　　贷：可供出售金融资产——公允价值变动(100 000×14-100 000×8) 600 000

(2) 2018年12月31日确认股票价格上涨。

借：可供出售金融资产——公允价值变动(100 000×10-100 000×8)200 000
　　贷：资本公积——其他资本公积　　200 000

(五) 可供出售金融资产的处置

出售可供出售金融资产时，应将取得的价款与该金融资产账面价值之间的差额，计入投资损益；同时，将原直接计入所有者权益的公允价值变动累计额对应处置部分的金额转出，计入投资损益。出售可供出售金融资产时，应按实际收到的金额，借记"银行存款"账户，按其账面余额，贷记"可供出售金融资产——成本"和"可供出售金融资产——应计利息"账户，借记或贷记"可供出售金融资产——公允价值变动"账户，按应从所有者权益中转出的公允价值累计变动额，借记或贷记"资本公积——其他资本公积"账户，按其差额，借记或贷记"投资收益"账户。

【例9-17】 承【例9-16】，2019年2月1日，企业将该股票售出，售价为每股13元，另支付交易费用20 000元。企业账务处理如下：

出售前"可供出售金融资产——公允价值变动"明细账贷方余额=(−295 000+100 000+600 000−200 000)元=205 000元

出售前"资本公积——其他资本公积"明细账贷方余额=(295 000−100 000−195 000+200 000)元=200 000元

借：银行存款(100 000×13−20 000)　　1280 000
　　资本公积——其他资本公积　　200 000
　　可供出售金融资产—公允价值变动　　205 000
　　贷：可供出售金融资产——成本　　1 205 000
　　　　投资收益　　480 000

第五节　长期股权投资的核算

一、长期股权投资概述

(一) 投资方与被投资方的关系

长期股权投资是企业准备长期持有的权益性投资。投资方与被投资方间的关系不同，长期股权投资后续计量的核算方法也不同。因此，正确判断投资方与被投资方间的关系，是长期股权投资核算方法选择的依据。根据投资方投资额占被投资方有表决权资本总额的比例以及对被投资方的影响程度，投资方与被投资方之间的关系，分为控制、共同控制、重大影响和无重大影响四种情况。

1. 控制

控制是指一个企业有权决定另一个企业的财务和经营政策，并能据以从该企业的经营活动中获取利益。控制包括以下两种情形：

（1）投资方拥有被投资方半数以上的表决权资本　投资方拥有被投资方半数以上的表决权资本，包括投资方直接拥有被投资方半数以上的表决权资本，也包括投资方间接拥有被投资方半数以上的表决权资本，或投资方直接和间接合计拥有被投资方半数以上的表决权资本。

（2）投资方对被投资方具有实质控制权　投资方虽然未取得被投资方半数以上表决权资本，但具备下列条件之一的，也表明投资方对被投资方具有实质控制权：

1）通过与其他投资者协议，投资方拥有被投资方半数以上表决权。

2）根据章程或协议，投资方有权控制被投资方的财务和经营政策。

3）有权任免被投资方董事会等类似权力机构的多数成员。

4）在董事会或类似权力机构会议上有半数以上投票权。

投资方能够对被投资方实施控制的，被投资方为其子公司。

2. 共同控制

共同控制是指按合同约定由投资双方或若干方共同决定被投资方的财务和经营决策，任何一方都不能独自控制。

共同控制的实质，是通过合同约定建立起来的、合营各方对合营企业实施共同控制。现实中，由两个或两个以上企业共同投资设立一个经济实体时，投资各方持股比例相同，任何一方均不能单独控制该实体的重要财务和经营决策，必须由投资各方共同决定。

3. 重大影响

重大影响是指对一个企业的财务和经营政策有参与决策的权力，但没有控制或共同控制的权力。

通常情况下，投资方直接或通过子公司间接拥有被投资方20%或以上表决权的资本，但未形成控制或共同控制的，可以认为对被投资方具有重大影响，除非有确凿的证据表明投资方不能参与被投资方的生产经营决策，不能对被投资方形成重大影响。投资方拥有被投资方的表决权资本不足20%，一般认为对被投资方不具有重大影响，但符合下列条件之一的，可以认为投资方对被投资方具有重大影响：

1）投资方直接或通过子公司间接地拥有被投资方有表决权资本总额的20%以上。

2）投资方拥有被投资方的股权比例在所有投资者中居最高。

3）投资方与被投资方之间有重要的交易。

4）投资方按联营契约的规定拥有经营权。

4. 无重大影响

无重大影响是指对被投资方不具有控制、共同控制或重大影响，并且在活跃市场中没有报价、公允价值不能可靠计量的情形。一般情况下，投资方拥有被投资方的表决权资本不足20%，则认为对被投资方不具有重大影响。

（二）长期股权投资核算方法的选择

长期股权投资核算方法指的是长期股权投资后续计量的方法，有成本法和权益法两种。依据投资方与被投资方的关系类型确定长期股权投资的核算方法。具体如下：

1）投资方能够对被投资方实施控制，采用成本法核算。

2）投资方对被投资方具有共同控制或重大影响，采用权益法核算。

3）投资方对被投资方不具有控制、共同控制或重大影响，并且在活跃市场中没有报价、公允价值不能可靠计量，即无重大影响时，采用成本法核算。

（三）账户设置

为了反映企业长期股权投资的取得、处置、投资额增减变动、投资损益及长期股权投资减值等情况，企业应设置“长期股权投资”“投资收益”和“长期股权投资减值准备”等账户。

1.“长期股权投资”账户

“长期股权投资”账户属于资产类账户，用来核算企业持有的采用成本法和权益法核算的长期股权投资的增减变动及投资收回情况。借方登记投资的实际成本，贷方登记收回投资金额。投资期内该账户的登记内容因核算方法不同而不同，具体核算在本节后续内容中介绍。

“长期股权投资”账户按被投资方进行明细核算。长期股权投资采用权益法核算的，还应当分别“成本”“损益调整”“其他权益变动”进行明细核算。

2.“投资收益”账户

“投资收益”账户属于损益类账户，用来核算企业确认的投资收益或投资损失。具体核算内容因长期股权投资的核算方法不同而有所区别。

1）长期股权投资采用成本法核算的，无论是属于投资前还是投资后被投资方实现的净利润，只要是被投资方宣告分派现金股利，投资方就应将被投资方宣告分派的现金股利或利润中，按享有份额的部分确认投资收益，借记“应收股利”账户，贷记“投资收益”账户。

2）长期股权投资采用权益法核算的，应按被投资方实现的净利润或经调整的净利润计算应享有的份额，借记“长期股权投资——损益调整”账户，贷记“投资收益”账户。被投资方发生净亏损的，比照“长期股权投资”账户的相关规定进行处理。

3）处置长期股权投资时，应按实际收到的金额，借记“银行存款”等账户，按其账面余额，贷记“长期股权投资”账户，按尚未领取的现金股利或利润，贷记“应收股利”账户，按其差额，贷记或借记“投资收益”账户。已计提减值准备的，还应同时结转减值准备。

4）处置采用权益法核算的长期股权投资，除上述规定外，还应结转原记入资本公积的相关金额，借记或贷记“资本公积——其他资本公积”账户，贷记或借记“投资收益”账户。

“投资收益”账户可按投资项目进行明细核算。

3.“长期股权投资减值准备”账户

“长期股权投资减值准备”账户属于资产类账户，是“长期股权投资”账户的备抵账户，用来核算企业长期股权投资的减值准备。在资产负债表日，长期股权投资发生减值的，按应减记的金额，借记“资产减值损失”账户，贷记“长期股权投资减值准备”账户。处置长期股权投资时，应同时结转已计提的长期股权投资减值准备。“长期股权投资减值准备”账户的期末贷方余额，反映企业已计提但尚未转销的长期股权投资减值准备。“长期股权投资减值准备”账户可按被投资方进行明细核算。

二、长期股权投资的初始计量

（一）长期股权投资初始计量的原则

1）企业在取得长期股权投资时，应按初始投资成本入账。长期股权投资可以通过企业合并形成，也可以通过非合并方式取得。长期股权投资取得方式不同，初始投资成本的确定方法也不相同。

2）企业取得长期股权投资时支付的已宣告但尚未发放的现金股利或利润，不计入初始投资成本，应作为应收项目单独入账，不构成长期股权投资的初始投资成本。

（二）企业合并形成的长期股权投资

企业合并是指将两个或者两个以上单独的企业合并形成一个报告主体的交易或事项。企业合并可分为同一控制下的企业合并和非同一控制下的企业合并。

1. 同一控制下企业合并形成的长期股权投资

同一控制下的企业合并是指参与合并的企业在合并前后均受同一方或相同的多方最终控制，且该控制并非暂时性的。在这种合并方式下，在合并日取得对其他参与合并企业控制权的一方为合并方，参与合并的其他企业为被合并方。其中：合并日是指合并方实际取得对被合并方控制权的日期。

同一控制下的企业合并形成的长期股权投资，在确定其长期股权投资入账价值时，应当按照被合并方的账面价值进行计量，也就是以取得被合并方所有者权益账面价值的份额作为长期股权投资的入账价值。

（1）合并方以支付现金等方式作为合并对价　合并方以支付现金、转让非现金资产或承担债务方式作为合并对价的，应当在合并日以取得的被合并方所有者权益账面价值的份额作为长期股权投资的初始投资成本。长期股权投资初始投资成本与支付的现金、转让的非现金资产以及所承担债务账面价值之间的差额，应当调整资本公积（资本溢价或股本溢价），资本公积（资本溢价或股本溢价）的余额不足冲减的，调整减少留存收益。

合并方为进行企业合并发生的审计费用、评估费用、法律服务费用等各项直接相关费用，应当于发生时计入当期损益。

合并方为进行企业合并发行的债券或承担其他债务支付的手续费、佣金等费用，应当计入所发行债券或其他债务的初始计量金额，即构成有关债务的入账价值的组成部分。

【例 9-18】 甲建筑施工企业和乙公司在合并前均受 A 公司控制，即同为 A 公司所控制的两个子公司。2015 年 3 月 18 日，甲建筑施工企业和乙公司达成合并协议，约定甲建筑施工企业以固定资产和银行存款作为合并对价，取得乙公司 80%的股权。甲建筑施工企业投入固定资产的账面原值为 1 200 万元，已计提折旧 500 万元，已计提固定资产减值准备 200 万元；支付银行存款 3 000 万元。2015 年 4 月 1 日，甲建筑施工企业实际取得对乙公司的控制权。此时乙公司所有者权益账面价值总额为 3 600 万元；甲建筑施工企业“资本公积——资本溢价”账户余额 250 万元。在合并中，甲建筑施工企业以银行存款支付审计费用、评估费用等共计 30 万元。甲建筑施工企业的会计业务处理依据分析及相关会计处理如下：

由于甲建筑施工企业、乙公司在合并前后均受同一公司控制，且合并后甲建筑施工企业取得了对乙公司的控制权，所以该合并为同一控制下的企业合并。甲建筑施工企业为合并方，乙公司为被合并方，2015 年 4 月 1 日为合并日。

（1）转销固定资产账面价值。

借：固定资产清理	5 000 000
固定资产减值准备	2 000 000

累计折旧　　5 000 000
贷：固定资产　　12 000 000

（2）确认长期股权投资。

初始投资成本 = 3 600 万元×80% = 2 880 万元

借：长期股权投资——乙公司（成本）　　28 800 000
资本公积——股本溢价　　2 500 000
盈余公积　　3 700 000
贷：固定资产清理　　5 000 000
银行存款　　30 000 000

（3）支付合并费用。

借：管理费用　　300 000
贷：银行存款　　300 000

（2）合并方以发行权益性证券作为合并对价　合并方以发行权益性证券作为合并对价的，应当在合并日以取得的被合并方所有者权益账面价值的份额作为长期股权投资的初始投资成本，以发行权益性证券的面值总额作为股本。长期股权投资初始投资成本与所发行股份面值总额之间的差额，应当调整资本公积（仅限于资本溢价或股本溢价），资本公积不足冲减的，调整留存收益。

合并方为进行企业合并发行权益性证券发生的手续费、佣金等费用，应当抵减权益性证券溢价收入，溢价收入不足冲减的，冲减留存收益。

【例 9-19】　承【例 9-18】，如果甲建筑施工企业和乙公司达成合并协议，约定甲建筑施工企业以增发权益性证券作为合并对价，取得乙公司 80%的股权。甲建筑施工企业增发的权益性证券为每股面值 1 元的普通股股票，共增发 2 000 万股，支付手续费及佣金等发行费用 40 万元。2015 年 4 月 1 日，甲建筑施工企业实际取得对乙公司的控股权。此时乙公司所有者权益账面价值总额为 3 600 万元。甲建筑施工企业的会计业务处理依据分析及相关会计处理如下：

由于甲建筑施工企业、乙公司在合并前后均受同一公司控制，且合并后甲建筑施工企业取得了对乙公司的控制权，所以该合并为同一控制下的控股合并。甲建筑施工企业为合并方，乙公司为被合并方，2015 年 4 月 1 日为合并日。

（1）确认长期股权投资。

初始投资成本 = 3 600 万元×80% = 2 880 万元

借：长期股权投资——乙公司（成本）　　28 800 000
贷：股本　　20 000 000
资本公积——股本溢价　　8 800 000

（2）支付手续费及佣金。

借：资本公积——股本溢价　　400 000
贷：银行存款　　400 000

2. 非同一控制下企业合并形成的长期股权投资

非同一控制下的企业合并是指参与合并的各方在合并前后不受同一方或相同的多方的最

终控制。在这种合并方式下，在购买日取得对其他参与合并企业控制权的一方为购买方，参与合并的其他企业为被购买方。其中：购买日是指购买方实际取得对被购买方控制权的日期。

非同一控制下的企业合并形成的长期股权投资，以支付的资产、形成的负债或形成的权益资本的公允价值作为长期股权投资的入账价值。

（1）购买方以支付现金等方式作为合并对价

【例 9-20】 甲建筑施工企业和丙公司是两个不存在关联方关系的相互独立的法人企业。2015 年 3 月 1 日甲建筑施工企业和丙公司达成合并协议，约定甲建筑施工企业以原材料和银行存款作为合并对价，取得丙公司 80%的股权。甲建筑施工企业作为合并对价的原材料的账面价值为 1 000 万元，公允价值为 1 200 万元，增值税税额为 204 万元；支付银行存款 2 000万元。2015 年 4 月 1 日，甲建筑施工企业实际取得对丙公司的控制权。合并中，甲建筑施工企业以银行存款支付审计费用、评估费用、法律服务费用等共计 35 万元。甲建筑施工企业的会计业务处理依据分析及相关会计处理如下：

由于甲建筑施工企业、丙公司在合并前不存在关联方关系，且均为独立法人企业，合并后甲建筑施工企业取得了对丙公司的控制权，所以该合并为非同一控制下的企业合并。甲建筑施工企业为购买方，丙公司为被购买方，2015 年 4 月 1 日为购买日。

（1）确认长期股权投资。

初始投资成本 =（1 200+204+2 000）万元 = 3 404 万元

借：长期股权投资——丙公司（成本）	34 040 000	
贷：其他业务收入		12 000 000
应交税费——应交增值税（销项税额）		2 040 000
银行存款		20 000 000

（2）结转原材料成本。

借：其他业务成本	10 000 000	
贷：原材料		10 000 000

（3）支付合并费用。

借：管理费用	350 000	
贷：银行存款		350 000

（2）购买方以发行权益性证券作为合并对价

【例 9-21】 承【例 9-20】，如果甲建筑施工企业和丙公司达成合并协议，约定甲建筑施工企业以增发权益性证券作为合并对价，取得丙公司 80%的股权。甲建筑施工企业增发的权益性证券为每股面值 1 元的普通股股票，共增发 2 000 万股，每股公允价值 3 元，支付手续费及佣金等发行费用 40 万元。2015 年 4 月 1 日，甲建筑施工企业实际取得对丙公司的控股权。合并中甲建筑施工企业以银行存款支付审计费用、评估费用、法律服务费用等共计 30 万元。甲建筑施工企业的会计业务处理依据分析及相关会计处理如下：

由于甲建筑施工企业、丙公司在合并前后不受同一公司控制，且合并后甲建筑施工企业取得了对丙公司的控制权，所以该合并为非同一控制下的控股合并。甲建筑施工企业为购买方，丙公司为被购买方，2015年4月1日为购买日。

（1）确认长期股权投资。

初始投资成本=2 000万股×3元/股=6 000万元

借：长期股权投资——丙公司（成本）	60 000 000	
贷：股本（20 000 000×1）		20 000 000
资本公积——股本溢价		40 000 000

（2）支付手续费及佣金。

借：资本公积——股本溢价	400 000	
贷：银行存款		400 000

（3）支付合并费用。

借：管理费用	300 000	
贷：银行存款		300 000

（三）非合并方式形成的长期股权投资

非合并方式形成的长期股权投资是指以支付现金、发行权益证券、投资者投入、非货币性资产交换、债务重组等方式形成的长期股权投资。在此仅介绍前三种方式形成的长期股权投资的核算，后两种方式形成的长期股权投资分别按《企业会计准则第7号——非货币性资产交换》和《企业会计准则第12号——债务重组》的规定核算。

1. 以支付现金取得的长期股权投资

以支付现金取得的长期股权投资，应当以实际支付的价款作为初始投资成本。初始投资成本包括买价和取得长期股权投资直接相关的费用、税金及其他必要支出。企业取得长期股权投资时，实际支付的价款中包含的已宣告但尚未发放的现金股利或利润，作为应收项目处理。

【例9-22】 甲建筑施工企业以支付现金方式取得A公司5%的股权作为长期股权投资，实际支付价款260万元，在购买过程中另支付手续费等相关费用3万元。股权购买价款中包含甲建筑施工企业应享有的A公司已宣告发放但尚未支付的现金股利6万元。甲建筑施工企业的相关会计处理如下：

（1）确认长期股权投资。

初始投资成本=（260+3−6）万元=257万元

借：长期股权投资——A公司（成本）	2 570 000	
应收股利	60 000	
贷：银行存款		2 630 000

（2）收到现金股利。

借：银行存款	60 000	
贷：应收股利		60 000

2. 以发行权益性证券取得的长期股权投资

以发行权益性证券取得的长期股权投资，应当以发行权益性证券的公允价值作为初始投资成本。发行权益性证券所支付的手续费、佣金等，应从权益性证券的溢价发行收入中扣除，溢价不足以扣除的，应依次冲减盈余公积和未分配利润。

【例 9-23】 乙公司和丙公司达成协议，约定乙公司以增发权益性证券作为对价向丙公司投资，取得丙公司 10%的股权。乙公司增发的权益性证券为每股面值 1 元的普通股股票，共增发 100 万股，每股发行价格 3 元，支付手续费及佣金等直接相关费用 10 万元。乙公司的会计处理如下：

初始投资成本 =（100×3）万元 = 300 万元

借：长期股权投资——丙公司（成本）	3 000 000	
贷：股本（1 000 000×1）		1 000 000
资本公积——股本溢价		1 900 000
银行存款		100 000

3. 投资者投入的长期股权投资

投资者投入的长期股权投资是指投资者以其持有的对第三方的投资作为出资投入本企业。此种情况下，接受投资的企业在确定所取得的长期股权投资的成本时，应当以投资合同或协议约定的价值作为初始投资成本，但合同或协议约定价值不公允的除外。

投资者合同或协议中约定的价值不公允情况下，应当以取得长期股权投资的公允价值作为其初始投资成本。

【例 9-24】 甲建筑施工企业的 A 股东以其持有的乙公司每股面值 1 元的普通股股票 200 万股作为资本金投入企业，投资协议约定的股权投资价值为 500 万元，可折换甲建筑施工企业每股面值 1 元的普通股股票 200 万股。甲建筑施工企业的会计处理如下：

借：长期股权投资——乙公司（成本）	5 000 000	
贷：股本——A 股东		2 000 000
资本公积——股本溢价		3 000 000

三、长期股权投资的后续计量

（一）成本法

1. 成本法的含义

成本法是指长期股权投资的价值通常按初始投资成本计量，除追加或收回投资一般不对长期股权投资的账面价值进行调整的一种会计处理方法。

2. 账户设置及基本核算程序

1）设置“长期股权投资——成本”账户，用来核算长期股权投资的初始投资成本。在企业持有长期股权投资期间，无论被投资方的净资产是否增减，一般都不调整长期股权投资的账面价值。

2）当发生追加投资、将应分得的现金股利或利润转为投资、收回投资等情况，应按照追加或收回投资的成本增加或减少长期股权投资的账面价值。

3）被投资方宣告分派现金股利或利润时，投资方按应享有的部分确认为当期投资收益。

4）被投资方宣告分派股票股利的，投资方只做备忘记录；被投资方未分派股利，则投资方不做任何会计处理。

【例9-25】　甲建筑施工企业2015年3月1日，以375 000元的价款（包括相关税费）取得乙公司普通股股票150 000股作为长期股权投资，该项投资占乙公司普通股股份的2%，甲建筑施工企业采用成本法核算。乙公司2017年5月6日宣告2016年度每股分派现金股利0.25元，2017年7月6日甲建筑施工企业收到5月6日分派的现金股利。甲建筑施工企业的有关账务处理如下：

（1）2015年3月1日，甲建筑施工企业取得乙公司普通股股票。

借：长期股权投资——乙公司（成本）　375 000
　贷：银行存款　375 000

（2）2017年5月6日，乙公司宣告分派现金股利。

现金股利=（150 000×0.25）元=37 500元

借：应收股利　37 500
　贷：投资收益　37 500

（3）2017年7月6日，甲建筑施工企业收到现金股利。

借：银行存款　37 500
　贷：应收股利　37 500

3. 成本法下投资收益份额的确认

我国《企业会计准则解释第3号》规定，采用成本法核算的长期股权投资，除取得投资时实际支付的价款或对价中包含的已宣告但尚未发放的现金股利或利润外，投资方应当按照享有被投资方宣告发放的现金股利或利润确认投资收益，不再划分是否属于投资前和投资后被投资方实现的净利润。

（二）权益法

1. 权益法的含义

权益法是指在取得长期股权投资时以投资成本计量，在投资持有期间要根据投资方应享有被投资方所有者权益份额的变动，对长期股权投资的账面价值进行相应调整的一种会计处理方法。

2. 账户设置及基本核算程序

在“长期股权投资”账户下设置“成本”“损益调整”“其他权益变动”三个明细账户分别进行明细核算。其中：

1）“成本”反映长期股权投资的初始投资成本，以及在长期股权投资的初始投资成本小于投资时应享有被投资方可辨认净资产公允价值份额的情况下，按其差额调整初始投资成本后形成的新的投资成本。

2）“损益调整”反映投资方应享有或应分担的被投资方实现的净损益的份额，以及被投资方分派的现金股利或利润中投资方应获得的份额。

3）“其他权益变动”反映被投资方除净损益以外所有者权益的其他变动中，投资方应享有或承担的份额。

权益法的一般核算程序为：

1）初始投资或追加投资时，按照初始投资成本或追加投资成本增加长期股权投资的账面价值。

2）投资后，被投资方所有者权益变动时，投资方按所持表决权资本比例相应调整长期股权投资的账面价值。

3. 取得长期股权投资的会计处理

企业采用权益法核算长期股权投资，在取得长期股权投资时，按照确定的初始投资成本入账，但初始投资成本与应享有被投资方可辨认净资产公允价值份额之间会产生一定的差额，这部分差额根据我国企业会计准则进行如下处理：

长期股权投资的初始投资成本大于投资时应享有被投资方可辨认净资产公允价值份额的，不调整已确认的初始投资成本。长期股权投资的初始投资成本小于投资时应享有被投资方可辨认净资产公允价值份额的，调整已确认的初始投资成本，应按其差额，借记“长期股权投资——成本”账户，贷记“营业外收入”账户。

投资方应享有被投资方可辨认净资产公允价值的份额，按下列公式计算：

应享有被投资方可辨认净资产公允价值的份额=投资时被投资方可辨认净资产公允价值总额×投资方持股比例

【例 9-26】 2015 年 1 月 1 日甲建筑施工企业以现金 600 万元(包括交易税费)购买了乙公司持有的丙公司 30%的股权(具有重大影响)。

(1) 初始投资成本>应享有被投资方可辨认净资产公允价值份额。购买该股权时丙公司的可辨认净资产公允价值为 1 800 万元。则甲建筑施工企业会计处理如下：

初始投资成本=实际支付的购买价款+支付的直接相关费用、税金及其他必要支出=600 万元

应享有被投资方可辨认净资产公允价值份额=1 800 万元×30%=540 万元

由于初始投资成本>应享有被投资方可辨认净资产公允价值份额，因此，不调整长期股权投资的初始投资成本。

借：长期股权投资——丙公司(成本)	6 000 000	
贷：银行存款		6 000 000

(2) 初始投资成本<应享有被投资方可辨认净资产公允价值份额。若购买股权时丙公司的可辨认净资产公允价值为 2 100 万元。则甲建筑施工企业会计处理如下：

初始投资成本=实际支付的购买价款+支付的直接相关费用、税金及其他必要支出=600 万元

应享有被投资方可辨认净资产公允价值份额=2 100 万元×30%=630 万元

由于初始投资成本<应享有被投资方可辨认净资产公允价值份额，因此，应按其差额调整长期股权投资的成本，同时计入当期损益。

借：长斯股权投资——丙公司(成本)	6 000 000	
贷：银行存款		6 000 000
借：长期股权投资——丙公司(成本)	300 000	
贷：营业外收入		300 000

4. 被投资方实现净损益时投资方投资收益的确认

被投资方当年实现净利润或发生净亏损，都会导致其所有者权益的变动，因此，投资方的长期股权投资账面价值也应随之进行相应的调整。

权益法下，投资方的长期股权投资账面余额随着被投资方所有者权益变动而变动。当被投资方所有者权益增加时，投资方的长期股权投资随之增加；当被投资方所有者权益减少时，投资方的长期股权投资也随之减少，但减少的金额以零为限。在不考虑股权投资差额的情况

下，投资方的长期股权投资账面余额始终与其在被投资方所有者权益中所占份额部分相等。

当被投资方实现净利润时，按被投资方实现的净利润或经调整的净利润计算应享有的份额与账面余额的差，调整账面余额，借记“长期股权投资——损益调整”账户，贷记“投资收益”账户。被投资方发生净亏损则做相反的会计分录，但以“长期股权投资”账户的账面价值减记至零为限，这里的投资账面价值是指该项股权投资的账面余额减去该项投资已提的减值准备。

被投资方以后宣告发放现金股利或利润时，企业计算应分得的部分，借记“应收股利”账户，贷记“长期股权投资——损益调整”账户。

【例9-27】 承【例9-26】，丙公司2015年1月1日至2017年实现的净利润（净亏损）、现金股利的分派情况以及甲建筑施工企业长期股权投资的相关资料如表9-2所示。假定丙公司与甲建筑施工企业的会计政策及会计期间一致。

表9-2　投资方与被投资方利润（或亏损）、投资收益情况表　　单位：万元

年　份	丙公司（被投资方）		甲建筑施工企业（投资方）		
	净利润（净亏损）	分派现金股利	长期股权投资损益调整数	投资收益	应收股利
2015年	500		150（500×30%）	150	
		200	（60）（200×30%）		60
2016年	（150）		（45）（150×30%）	（45）	
2017年	120		36（120×30%）	36	
		50	（15）（50×30%）		15

甲建筑施工企业的相关会计处理如下：

（1）2015年会计处理如下：

借：长期股权投资——丙公司（损益调整）　　1 500 000

　　贷：投资收益——股权投资收益　　1 500 000

借：应收股利——丙公司　　600 000

　　贷：长期股权投资——丙公司（损益调整）　　600 000

借：银行存款　　600 000

　　贷：应收股利——丙公司　　600 000

（2）2016年会计处理如下：

借：投资收益——股权投资收益　　450 000

　　贷：长期股权投资——丙公司（损益调整）　　450 000

（3）2017年会计处理如下：

借：长期股权投资——丙公司（损益调整）　　360 000

　　贷：投资收益——股权投资收益　　360 000

借：应收股利——丙公司　　150 000

　　贷：长期股权投资——丙公司（损益调整）　　150 000

借：银行存款　　150 000

　　贷：应收股利——丙公司　　150 000

5. 其他权益变动的确认

在持股比例不变的情况下，被投资方除净损益以外所有者权益的其他变动，也会导致投资方的所有者权益发生变动。投资方应该按照持股比例计算应享有或承担的部分，调整长期股权投资的账面价值，同时增加或减少资本公积(其他资本公积)。投资方按持股比例计算应享有或承担的份额，借记或贷记“长期股权投资——其他权益变动”账户，贷记或借记“资本公积——其他资本公积”账户。

【例 9-28】 2015 年甲建筑施工企业持有被投资方丙公司 30%的股份，采用权益法核算。丙公司持有丁公司的一项股票作为可供出售金融资产核算，丙公司的该项可供出售金融资产的公允价值增加了 30 000 元，丙公司调增该项可供出售金融资产的账面价值 30 000 元，并计入资本公积，从而导致丙公司所有者权益增加了 30 000 元。甲建筑施工企业按其在丙公司的持股比例计算应享有的部分，调整长期股权投资的账面价值，同时按持股比例确认相应的资本公积 9 000 元，则甲建筑施工企业的相关会计处理如下：

借：长期股权投资——其他权益变动　　9 000

　　贷：资本公积——其他资本公积　　9 000

四、长期股权投资的减值及处置

1. 长期股权投资的减值

按照成本法核算的、在活跃市场中没有报价、公允价值不能可靠计量的长期股权投资的减值，应当按照《企业会计准则第 22 号——金融工具确认和计量》的规定处理；其他长期股权投资的减值应当按照《企业会计准则第 8 号——资产减值》的规定处理。

资产负债表日，长期股权投资发生减值的，按应减记的金额，借记“资产减值损失”账户，贷记“长期股权投资减值准备”账户。

处置长期股权投资时，应同时结转已计提的长期股权投资减值准备。

资产减值损失一经确认，在以后会计期间不得转回。

2. 长期股权投资的处置

处置长期股权投资时，应按实际收到的金额，借记“银行存款”等账户，按其账面余额，贷记“长期股权投资”账户，按尚未领取的现金股利或利润，贷记“应收股利”账户，按其差额，贷记或借记“投资收益”账户。已计提减值准备的，还应同时结转减值准备。

采用权益法核算长期股权投资的处置，除上述规定外，还应结转原记入资本公积的相关金额，借记或贷记“资本公积——其他资本公积”账户，贷记或借记“投资收益”账户。

【例 9-29】 甲建筑施工企业对持有乙公司股份采用权益法核算。2015 年 5 月 8 日，甲建筑施工企业将其持有的乙公司股份全部转让，收到转让价款 300 万元，其中包括甲建筑施工企业应收乙公司已宣告但尚未发放的现金股利 20 万元。转让日，该项股权投资的账面价值为 250 万元，其中，成本 180 万元，损益调整(借方)60 万元，其他权益变动(借方)10 万元。甲建筑施工企业对该项股权投资计提减值准备 5 万元。甲建筑施工企业会计业务处理如下：

转让损益=(300−250−20+5)万元=35 万元

借：银行存款　　3 000 000

长期股权投资减值准备 50 000
贷：长期股权投资——乙公司(成本) 1 800 000
——乙公司(损益调整) 600 000
——乙公司(其他权益变动) 100 000
应收股利 200 000
投资收益 350 000

由于“长期股权投资——其他权益变动”的借方余额10万元，对应的账户，就是原记入“资本公积——其他资本公积”账户的贷方余额，所以在权益法下，长期股权投资的处置，还应将“资本公积——其他资本公积”账户余额转入“投资收益”账户。

借：资本公积——其他资本公积 100 000
贷：投资收益 100 000

思考题

1. 什么是证券投资？证券投资如何分类？
2. 金融资产在满足什么条件时，应当划分为交易性金融资产？
3. 什么是持有至到期投资？持有至到期投资有何特点？
4. 可供出售金融资产与交易性金融资产的区别有哪些？
5. 投资企业与被投资企业之间的关系有哪几种情况？
6. 什么是长期股权投资的成本法和权益法？各自的使用范围是什么？
7. 长期股权投资成本法下如何确认投资收益？
8. 长期股权投资权益法下如何确认投资收益？
9. 成本法与权益法会计处理的主要区别有哪些？

练习题

一、单项选择题

1. 下列金融资产中，应按公允价值进行初始计量，且交易费用计入当期损益的是(　　)。
A. 交易性金融资产　　B. 持有至到期投资
C. 可供出售金融资产　　D. 应收款项

2. 企业取得交易性金融资产，按其(　　)记入“交易性金融资产——成本”账户。
A. 购买价格　　B. 公允价值　　C. 公允价值+交易费用　　D. 以上都不正确

3. 企业以每股3.60元的价格购入乙公司股票20 000股作为交易性金融资产，并交付交易税费300元。股票的买价中包括了每股0.20元已宣告但尚未派发的现金股利。该交易性金融资产的初始确认金额为(　　)。
A. 68 000元　　B. 68 300元　　C. 72 000元　　D. 72 300元

4. 企业于2015年1月1日，支付53 250元(含债券利息)购入面值50 000元、2014年1月1日发行、票面利率5%、期限4年、每年12月31日付息的债券作为持有至到期投资。应记入“持有至到期投资——利息调整”账户的金额为(　　)。
A. 50 000元　　B. 750元　　C. 2 500元　　D. 3 250元

5. 企业购入债券作为持有至到期投资，该债券的投资成本应为(　　)。
A. 债券面值　　B. 债券面值加相关交易费用
C. 债券公允价值　　D. 债券公允价值加相关交易费用

6. 下列各项中，不应计入相关金融资产初始入账价值的是(　　)。

A. 取得交易性金融资产发生的交易费用
B. 取得持有至到期投资发生的交易费用
C. 取得可供出售金融资产发生的交易费用
D. 取得持有至到期投资溢价或折价
7. 同一控制下企业合并取得的长期股权投资，初始投资成本是指(　　)。
A. 股权投资的公允价值　　B. 支付合并对价的账面价值
C. 支付合并对价的公允价值　　D. 占被投资方净资产的份额
8. 非同一控制下企业合并取得的长期股权投资，初始投资成本应当是支付合并对价的(　　)。
A. 账面价值　　B. 公允价值
C. 账面价值加直接合并费用　　D. 公允价值加直接合并费用
9. 企业以固定资产换入股票作为长期股权投资，固定资产公允价值低于账面价值的差额，应当计入(　　)。
A. 投资收益　B. 财务费用　C. 管理费用　D. 营业外支出
10. 企业购入股票作为长期股权投资，股票的初始投资成本应为实际支付的全部价款扣除(　　)。
A. 股票面值　　B. 相关税费
C. 已宣告但尚未发放的现金股利　　D. 相关税费和已宣告的现金股利
11. 长期股权投资采用成本法核算，如果被投资单位发生亏损且未分配股利，则投资企业应当(　　)。
A. 冲减投资收益　B. 冲减投资成本　C. 冲减资本公积　D. 不做会计处理
12. 下列情况下的长期股权投资中，应当采用成本法核算的是具有(　　)。
A. 控制或共同控制　　B. 控制或重大影响
C. 共同控制或重大影响　　D. 控制或无重大影响

二、多项选择题

1. 下列各项中，应作为交易性金融资产的有(　　)。
A. 企业以赚取差价为目的从二级市场购入的股票
B. 企业以赚取差价为目的从二级市场购入的债券
C. 企业以赚取差价为目的从二级市场购入的基金
D. 企业赊销商品确认的应收款项
2. 企业对交易性金融资产进行有关会计处理时，会直接涉及“投资收益”账户的情况有(　　)。
A. 取得投资时支付的相关税费　　B. 取得投资时支付的价款中包含的现金股利
C. 持有期间获得的现金股利　　D. 持有期间获得的股票股利
3. “持有至到期投资”账户下应设置的明细账户有(　　)。
A. 成本　B. 公允价值变动　C. 利息调整　D. 应计利息
4. 关于可供出售金融资产，下列说法中正确的有(　　)。
A. 购买价款中包含的已宣告但尚未发放的现金股利应确认为应收项目
B. 可供出售金融资产的公允价值变动应计入资本公积
C. 可供出售金融资产的投资对象既可以是股票也可以是债券
D. 处置可供出售金融资产时原计入所有者权益的公允价值变动应转入投资收益
5. 企业不得将下列(　　)划分为持有至到期投资。
A. 初始确认时即被指定为以公允价值计量且其变动计入当期损益的非衍生金融资产
B. 初始确认时即被指定为可供出售的非衍生金融资产
C. 企业购买的某公司的股票
D. 企业购入的准备持有至到期并有能力持有至到期的债券
6. “可供出售金融资产”账户下应设置的明细账户有(　　)。
A. 成本　B. 公允价值变动　C. 利息调整　D. 应计利息

7. 在非同一控制下的企业合并中，购买方以支付的现金、非现金资产和发行的股票作为合并对价取得长期股权投资，构成合并成本的有(　　)。

A. 支付的现金　　B. 所发行股票的公允价值

C. 付出非现金资产的公允价值　　D. 支付的直接合并费用

8. 长期股权投资采用权益法核算，“长期股权投资”账户下应设置的明细账户有(　　)。

A. 成本　　B. 损益调整　　C. 其他权益变动　　D. 应计利息

9. 企业持有的下列长期股权投资中，应当采用权益法核算的有(　　)。

A. 具有控制　　B. 具有共同控制

C. 具有重大影响　　D. 以上三种情况以外

三、判断题

1. 企业在持有交易性金融资产期间所获得的现金股利或债券利息，应当冲减交易性金融资产的初始确认金额。(　　)

2. 持有至到期投资在持有期间应当按照面值和票面利率计算确认利息收入，计入投资收益。(　　)

3. 交易性金融资产与可供出售金融资产均按公允价值计量，但公允价值的变动前者计入当期损益，后者计入所有者权益。(　　)

4. 交易性金融资产不需要计提资产减值准备。(　　)

5. 已计提减值准备的持有至到期投资价值以后又得到恢复的，应在原已计提的减值准备金额内恢复其账面价值。(　　)

6. 企业对被投资单位不具有控制、共同控制或重大影响的权益性投资，也应划分为长期股权投资。(　　)

7. 企业购入长期股权投资的股票时，所支付的价款中包含的已宣告但尚未领取的现金股利应计入初始投资成本。(　　)

8. 企业取得长期股权投资时，支付的手续费、佣金等相关税费，应计入初始投资成本。(　　)

9. 长期股权投资采用成本法核算时，应按被投资单位实现的净利润中投资企业应当享有的份额确认投资收益。(　　)

10. 投资企业能够对被投资单位实施控制、共同控制或重大影响的长期股权投资，应当采用权益法核算。(　　)

11. 长期股权投资如果已经计提了减值准备，则其账面价值是指长期股权投资的账面余额减相应的减值准备。(　　)

12. 持有至到期投资、可供出售金融资产和长期股权投资都可以计提减值准备，但只有长期股权投资计提的减值准备不允许转回。(　　)

四、业务题

（一）练习交易性金融资产的核算

资料：某建筑施工企业2015年有关交易性金融资产的业务如下：

（1）3月1日，以银行存款购入A公司股票30 000股，并准备随时变现，每股买价10元，同时支付相关税费2 000元。

（2）4月10日，A公司宣告发放现金股利每股0.2元。

（3）4月20日，收到A公司发放的现金股利6 000元。

（4）6月30日，A公司股票市价为每股12.4元。

（5）7月15日，企业将A公司股票全部售出，每股售价12.8元，支付交易费用2 000元，实得金额存入银行。

要求：编制上述经济业务的会计分录。

（二）练习持有至到期投资的核算

资料：某建筑施工企业 2015 年 1 月 1 日，支付价款 197 300 元(含 2014 年度已到付息期但尚未支付的债券利息和相关税费)，购入 2014 年 1 月 1 日发行、面值 200 000 元、期限 4 年、票面利率 4%、每年 12 月 31 日付息、到期还本的 B 公司债券作为持有至到期投资。该建筑施工企业在取得债券时确定的实际利率为 6%。

要求：(1) 编制购入债券的会计分录。

(2) 采用实际利率法计算各年年末应确认的债券利息收益并编制会计分录。

(3) 编制债券到期收回本金和最后一期利息的会计分录。

(三) 练习可供出售金融资产的核算

资料：某建筑施工企业 2015 年 1 月 1 日，支付价款 526 730 元(包括相关税费)，购入当日发行的面值 500 000 元、期限 3 年、票面利率 8%、每年 12 月 31 日付息、到期还本的 A 公司债券作为可供出售金融资产。该建筑施工企业在取得债券时确定的实际利率为 6%。2015 年 12 月 31 日，A 公司债券的公允价值为 520 000 元；2016 年 9 月 1 日，该建筑施工企业将 A 公司债券出售，取得转让收入 546 000 元。

要求：编制上述可供出售金融资产的有关会计分录。

(四) 练习长期股权投资取得时的核算

资料：某建筑施工企业发生下列有关长期股权投资的经济业务：

(1) 2015 年 3 月 15 日，企业以 20 万元的价款(包括相关税费)取得丁公司每股面值 1 元的普通股 9 万股作为长期股权投资。股票的购买价款中包括每股 0.10 元已宣告但尚未支付的现金股利。

(2) 2015 年 4 月 20 日收到现金股利。

要求：(1) 编制 2015 年 3 月 15 日购入股票时的会计分录。

(2) 编制 2015 年 4 月 20 日收到现金股利时的会计分录。

(五) 练习长期股权投资成本法的核算

资料：某建筑施工企业 2015 年 1 月 1 日，以 305 000 元的价款(包括相关税费)取得乙公司普通股股票 100 000 股作为长期股权投资，该项投资占乙公司普通股股份的 2%，该建筑施工企业采用成本法核算。乙公司 2016 年 4 月 1 日宣告 2015 年度每股分派现金股利0.20元，2016 年 7 月 1 日某建筑施工企业收到 4 月 1 日分派的现金股利。

要求：编制上述经济业务的有关会计分录。

(六) 练习长期股权投资权益法的核算

资料：甲建筑施工企业发生下列经济业务：

(1) 2015 年 1 月 1 日以现金 500 万元(包括交易税费)购买了乙公司持有的丙公司 25% 的股权(具有重大影响)，购买该股权时丙公司的可辨认净资产公允价值为 1 600 万元。

(2) 丙公司 2015 年 1 月 1 日至 2017 年实现的净利润(净亏损)、现金股利的分派情况以及甲建筑施工企业长期股权投资的相关资料如表 9-3 所示。假定丙公司与甲建筑施工企业的会计政策及会计期间一致。

表 9-3 投资企业与被投资企业利润(或亏损)、投资收益情况表 单位：万元

年份	丙公司(被投资方)		甲建筑施工企业(投资方)		
	净利润(净亏损)	分派现金股利	长期股权投资损益调整数	投资收益	应收股利
2015 年	400		100(400×25%)	100	
		200	(50)(200×25%)		50
2016 年	(100)		(25)(100×25%)	(25)	
2017 年	120		30(120×25%)	30	
		50	(12.5)(50×25%)		12.5

要求：编制甲建筑施工企业的相关会计分录。

第 10 章 成本费用的核算

教学目的：

通过本章的学习，学生应当了解并掌握：

1. 成本和费用的概念
2. 工程成本项目的内容和工程成本核算的基本要求
3. 工程成本核算对象的确定
4. 工程成本核算的程序
5. 材料费的核算
6. 人工费的核算
7. 机械使用费的核算
8. 其他直接费用的核算
9. 辅助生产费用的核算
10. 间接费用的核算
11. 工程成本结算
12. 期间费用的核算

第一节　成本费用概述

一、成本和费用的概念

费用是与收入相配比的会计要素。费用有广义和狭义之分。广义的费用泛指企业在生产经营活动中的各种耗费，包括成本和期间费用。狭义的费用是指企业为销售商品、提供劳务等日常活动所发生的经济利益流出，即仅指期间费用。

成本是指企业为生产一定种类和数量的产品所发生的生产费用。一般企业也称为生产成本。建筑施工企业从事建筑安装工程施工生产活动发生的生产费用称为工程成本。此外，建筑施工企业还有从事其他多种经营活动发生的成本，如企业所属辅助生产部门和附属工业企业所生产的产品成本和对外提供机械作业成本和劳务成本等。

期间费用是与一定的会计期间相联系的，与生产的产品品种无关。成本是按照成本计算对象对当期发生的费用进行归集而形成的，是对象化了的费用，它仅与一定种类和数量的产品相联系。

工程成本是指建筑施工企业为完成特定的建筑安装工程任务，在工程施工过程中发生的，按一定的工程成本核算对象和成本项目归集的生产费用总和，包括直接费用和间接费用两部分。其中：直接费用是指直接耗用于施工过程，构成工程实体或有助于工程形成的各项支出，包括人工费、材料费、机械使用费和其他直接费用等。间接费用是指建筑施工企业所属各直接从事施工生产的单位（分公司、工区、施工队、项目部等）为组织和管理施工生产活动所发生的各项费用，包括临时设施摊销费、施工单位管理人员工资及福利费、管理用固定资产的折旧费及修理费、物料消耗、低值易耗品摊销、水电费、办公费、差旅费、保险费、工程修理费、劳动保护费及其他费用等。

二、工程成本项目

应计入工程成本的施工生产费用，按其在施工生产过程中的具体经济用途，可以进一步划分为若干个费用项目，即成本项目。成本项目可以分类反映工程施工过程中的资金耗费情况，为企业进行成本分析提供依据。建筑施工企业的工程成本项目包括以下内容：

1. 材料费

材料费是指建筑施工企业在施工生产过程中耗用的构成工程实体以及有助于形成工程实体的主要材料、辅助材料、构配件、零件、半成品的成本以及周转材料的摊销额等。

2. 人工费

人工费是指建筑施工企业从事建筑安装工程施工人员（不包括机械施工人员）的工资、奖金、职工福利费、津贴补贴等。

3. 机械使用费

机械使用费是指建筑施工企业在施工生产过程中使用施工机械和运输设备发生的各种费用，包括自有施工机械和运输设备发生的作业费用，租用外单位施工机械或运输设备支付的租赁费用，以及施工机械的安装、拆卸和进出场费等。

4. 其他直接费用

其他直接费用是指建筑施工企业在施工生产过程中发生的除了材料费、人工费、机械使用费以外的可以直接计入成本核算对象的各种费用，主要包括有关的设计和技术援助费用、施工现场材料二次搬运费、生产工具和用具使用费、检验试验费、工程定位复测费、工程点交费用、场地清理费用、流动施工津贴、特殊地区施工增加费和水电费等。

5. 间接费用

间接费用是指建筑施工企业下属的各施工单位（分公司、工区、施工队、项目部等）或生产单位为组织和管理施工生产活动所发生的各项费用，包括临时设施摊销费、施工单位管理人员工资、奖金、职工福利费、劳动保护费、固定资产的折旧费及修理费、物料消耗、低值易耗品摊销、取暖费、水电费、办公费、差旅费、财产保险费、工程修理费、排污费等。

上述的材料费、人工费、机械使用费、其他直接费用都属于工程成本中的直接费用。

在会计实务中，建筑施工企业在工程施工过程中发生的各项施工费用，首先应按照确定的工程成本核算对象和成本项目进行归集，凡是能够直接计入有关工程成本核算对象的，直接计入各工程成本核算对象的成本项目；不能直接计入有关工程成本核算对象的，应采用一定的分配方法，分配计入各工程成本核算对象的成本项目，最后计算出各工程的实际成本。

三、工程成本核算的基本要求

（一）正确确定工程成本核算的对象

工程成本核算对象是指在计算工程成本时，归集和分配施工费用的具体对象，即承担施工费用的客体。工程成本核算对象的确定，是设置工程成本明细分类账、正确计算工程实际成本的前提。

一般情况下，企业应以所订立的单项合同为成本核算对象，分别计量和确认各单项合同的收入、费用和利润。如果一项合同包括建造多项资产，或为建造一项或数项资产而签订一组合同，则企业应按合同分立和合并的原则，正确确定建造合同的成本核算对象。

（二）严格确定成本开支范围，正确划分各种成本、费用的界限

按照企业会计准则的要求，一切与生产经营有关的各项耗费，都应计入成本费用。凡不属于成本开支范围的，均不得计入成本。因此，建筑施工企业为了准确核算施工生产过程中发生的各项费用，应按规定的成本项目，严格执行国家规定的成本开支范围，正确划分各种成本、费用的界限和计算工程成本。企业应该正确划分以下各种费用的界限：

1. 正确划分收益性支出与资本性支出的界限

凡支出的效益仅涉及本年度的，应当作为收益性支出，计入本年有关的直接费用、间接费用或期间费用中；凡支出的效益涉及几个会计年度的，应作为资本性支出，计入有关资产（如固定资产、无形资产等）的成本中。

2. 正确划分生产费用（成本）与期间费用的界限

按照成本核算的要求，生产费用计入产品的生产经营成本，期间费用不能计入产品成本，只能列入当期损益。多计生产费用和少计生产费用，都会导致成本不实，不利于企业成本管理。多计期间费用会减少企业利润和国家财政收入，少计期间费用会虚增企业利润，超额分配，使企业生产成本得不到补偿，影响企业再生产的顺利进行。因此，为了正确核算成本，企业应遵守国家成本费用开支范围的规定，正确划分生产费用与期间费用的界限。

3. 正确划分当期成本与下期成本的界限

按照权责发生制原则，计入产品成本或工程成本的费用，还应划分为应由本期产品或工程负担的费用和应由其他各项产品或工程负担的费用。应由本期产品或工程负担的费用，应全部计入本期产品或工程成本。不应由本期产品或工程负担的费用，不能计入本期产品或工程的成本。对于本期发生应由以后各项产品或工程成本负担的费用，应分期摊入产品或工程成本中。而本期虽然尚未发生，但应由本期产品或工程成本负担的费用，应预先提取计入本期产品或工程成本中。不得以任何方式多计或少计本期成本的方法调节各月产品或工程成本。

4. 正确划分不同成本核算对象之间的成本界限

凡是能够分清应由某种产品或工程成本负担的费用，应直接计入这种产品或工程成本；不能分清应由哪种产品或工程成本负担的费用，应采用适当的方法，分配计入有关产品或工程的成本中。

5. 正确划分已完工程成本和未完工程成本的界限

月末，如果某产品或工程已经全部完工（竣工），则各项费用之和，就是该产品或工程本月完成部分的成本。如果工程尚未完工（竣工），还必须将计入该产品或工程的生产费用，

在本月已完产品或已完工程（即已完成预算定额规定的工序、可向客户办理结算的分部分项工程）和未完工程（又称未完施工）之间进行分配，以便计算本月已完产品或工程和月末未完产品或工程成本。

上述各种费用界限的划分过程，就是成本核算的过程。正确划分各种费用的界限，才能正确地计算产品或工程的成本。

（三）建立和完善成本核算组织体系和日常管理制度

为了有效地组织工程成本的核算，建筑施工企业应当根据工程成本管理的内容和内部经济责任制的要求，建立和完善相应的工程成本核算组织体系。目前我国的建筑施工企业一般是实行公司、工程处（分公司、工区）和施工队（项目经理部）三级管理体制，或公司、施工队两级管理体制。工程成本核算的组织应与企业的管理体制相适应。

在公司、工程处（分公司、工区）和施工队（项目经理部）三级管理体制的企业，一般是由工程处计算工程成本，公司只负责生产成本的汇总工作。实际核算时的分工情况是：施工队负责签发工程任务单和定额领料单，计算材料、人工、机械使用等直接费用的消耗，进行材料、人工、机械使用等消耗情况分析；工程处负责计算工程成本，编制成本报表，进行工程成本分析；公司负责生产成本的汇总，指导所属单位建立健全成本管理制度，进行生产成本的整体情况分析。对于那些远离工程处或编制较大的施工队，以及实行项目经理负责制的项目经理部，也可扩大核算范围，计算工程成本。

实行公司、施工队两级管理体制的企业，一般是施工队同时负责三级管理体制中的工程处和施工队两级的成本核算职责，公司依然负责生产成本的汇总，指导所属单位建立健全成本管理制度，进行生产成本的整体情况分析。

会计实务核算中，对于小型的建筑施工企业，可以实行公司集中核算工程成本、产品成本、机械作业和劳务成本，施工队只负责按时向公司提供成本核算资料，不进行成本核算。

除了建立和完善成本核算组织体系外，为了保证成本核算的质量，便于对成本实施有效的监督和控制，企业还必须建立健全各种日常成本管理制度，明确成本核算的原始记录和工程量统计制度、工时和材料等的内部消耗定额标准制度、物资进出手续制度、计量检验制度及部门、岗位责任权限责任制等。

四、工程成本核算对象的确定

为了正确核算工程成本，必须合理确定工程成本的核算对象。在实际工程中，一个建筑施工企业往往同时承包多个建设项目，而每个建设项目的建设规模、建设工期及结构类型又不完全相同，因此，工程成本核算对象的确定就必须考虑多种因素的影响，既要考虑本企业施工组织特点、所承包工程实际情况和工程价款结算办法，又要考虑与施工图预算相适应等因素，经过综合分析后加以合理确定。具体来讲，工程成本核算对象的确定主要有以下几种情况：

1. 一项建造合同包括一项工程情况下的成本核算对象确定

建造合同仅包括一项工程情况下的成本核算对象确定，又分为以下两种情况：

1）工程工序简单。这种情况下，应当将整个合同作为一个成本核算对象。例如，一项仅包括土方开挖工程的建造合同、一段路基工程合同等。这样不仅有利于分析工程概（预）算和施工合同的完成情况，也有利于准确地核算施工合同的成本和损益。

2）工程工序比较复杂。这种情况下，可按照主要工序设置成本核算对象。例如，仅包括一座隧道的建造合同，可以设置开挖和支护两个成本核算对象。

2. 一项建造合同包括多个单项工程或资产情况下的成本对象确定

一项建造合同包括多个单项工程或资产情况下的成本对象确定，也分为两种情况。《企业会计准则第15号——建造合同》中规定如下：

1）一项包括建造数项资产的建造合同，同时满足下列条件的，每项资产应当分立为单项合同，即每个单项资产应单独作为成本核算对象进行工程成本核算：

① 每项资产均有独立的建造计划。

② 与客户就每项资产单独进行谈判，双方能够接受或拒绝与每项资产有关的合同条款。

③ 每项资产的收入和成本可以单独辨认。

例如，某建筑施工企业签订的一项建造合同是：承建高速公路的部分标段，其中包括三个单项工程，分别为一座隧道、一座大桥和10km的路基，且这三个单项工程同时具备上述的三个条件，因此，应当分别按照隧道、大桥、路基设置成本核算对象。

2）一项建造合同包括多个单项工程，不同时具备上面所列条件的情况下，只能将该项建造合同作为一个成本核算对象进行核算，不能将建造合同拆分按每个单项工程单独作为成本核算对象核算。

如果上述承建高速公路的建造合同不同时具备上述三个条件，则不能将建造合同分立，仍将其作为一个合同，设置一个成本核算对象进行会计核算。

3. 一项或数项资产签订一组合同情况下的成本核算对象的确定

《企业会计准则第15号——建造合同》第七条规定，一组合同无论对应单个客户还是多个客户，同时满足下列条件的，应当合并为单项合同：

1）该组合同按一揽子交易签订。

2）该组合同密切相关，每项合同实际上已构成一项综合利润率工程的组成部分。

3）该组合同同时或依次履行。

同时具备上列条件的情况下，应将该组建造合同合并作为一个工程成本核算对象。

例如，某建筑施工企业与一工业生产企业签订了一揽子合同，承包建造该工业生产企业的生产用房，具体包括第一生产车间、第二生产车间和一个工业污水处理系统三项建造合同。合同规定：三项建造合同要求在同一区域同时施工，并且根据整个项目的施工进度办理工程价款结算。对于该工业生产企业而言，三项建造合同全部完工时，才能投产使用。根据该项合同的签订和合同中所载明的内容判断：该项合同是一揽子签订的，符合上述条件1）；只有第一生产车间、第二生产车间和一个工业污水处理系统三项合同全部完工才能交付使用，且由于这三项建造合同是在同一施工区域同时施工，各项合同的完工进度均会影响工程价款结算，因此，该组合同密切相关，已构成一项综合利润率工程项目，符合上述条件2）；该组合同同时履行，符合上述条件3）。因此，这三项建造合同符合合同合并的三个条件，该建筑施工企业应将该组合同合并为一个合同，设置一个成本核算对象进行会计处理。

4. 追加资产的建造

追加资产的建造，满足下列条件之一的，应当作为单项合同，单独作为一个成本核算对象：

1）该追加资产在设计、技术或功能上与原合同包括的一项或数项资产存在重大差异。

2）认定该追加资产的造价时，不需要考虑原合同价款。

5. 工程承包

可将承包单位所承包范围内的工程作为一个成本核算对象。建筑施工企业的成本核算对象应在开工前确定，且一经确定，不得随意变更。

五、账户设置

建筑施工企业为总括核算和监督企业施工过程中各项施工费用的发生、归集和分配，正确计算工程成本，应设置如下会计账户，进行成本的总分类核算和相应的明细核算：

1. “工程施工”账户

“工程施工”账户属于成本类账户，用于核算建筑施工企业实际发生的工程施工的合同成本和合同毛利。借方登记施工过程中实际发生的合同成本和按规定确认的工程合同收入大于合同费用的合同毛利；贷方登记按规定确认的工程合同收入小于合同费用的合同亏损和合同完成后结转的已完工程实际成本。该账户期末借方余额表示尚未完工工程累计的施工合同成本和合同毛利。合同完成后(即工程竣工后)，该账户应与“工程结算”账户对冲，对冲后“工程施工”账户应无余额。该账户应设置“合同成本”“合同毛利”和“间接费用”三个明细账户。“合同成本”明细账下再设置“材料费”“人工费”“机械使用费”“其他直接费用”“间接费用”等项目进行明细核算。

2. “机械作业”账户

“机械作业”账户属于成本类账户，用于核算建筑施工企业及其内部独立核算的施工单位、机械站和运输队使用自有施工机械和运输设备进行机械作业所发生的各项费用。借方登记使用自有施工机械或运输设备所发生的各项费用，贷方登记本月末按受益对象分配结转的机械使用费。期末结转后，该账户一般无余额。该账户应设置“承包工程”“机械出租”两个明细账户，在明细账户下再按施工机械种类和施工机械使用项目分别设置明细账户，并按规定的成本项目分设专栏，进行明细分类核算。

企业及其内部独立核算的施工单位，从外单位或本企业其他内部独立核算的机械站租入施工机械时支付的机械租赁费，应直接记入受益对象的“工程施工——机械使用费”账户中，不通过“机械作业”账户核算。

3. “生产成本——辅助生产成本”账户

“生产成本——辅助生产成本”账户属于成本类账户，用于核算建筑施工企业非独立核算的辅助生产部门(如机修车间、混凝土车间、木工车间、供水站、供电站、运输队)为工程施工、机械作业、专项工程等生产材料和提供劳务(如设备维修,构件现场制作,铁木件加工,固定资产清理,供应水、电、风、气、施工机械的安装、拆卸和辅助设施的搭建工程等)所发生的费用。该账户应按车间、单位或部门和成本核算对象(如生产的材料和提供的劳务类别等)设置明细账，并按规定的成本项目分设专栏，进行明细分类核算。发生辅助生产费用时，记入该账户及所属明细账的借方；月份终了，应按一定的分配标准分配给各受益对象，按实际成本记入该账户及所属明细账的贷方；该账户如有借方期末余额，则反映辅助生产部门尚未完成的各项在产品的实际成本。

企业下属的生产车间、单位或部门，如机修车间、木工车间、混凝土车间、供水站、运输队等，如果实行内部独立核算，则所发生的生产费用，应在“生产成本——基本生产成本”“机械作业”账户核算，不在“生产成本——辅助生产成本”账户核算。

4. “工程结算”账户

“工程结算”账户属于成本类账户，用于核算根据合同完工进度已向客户开出工程价款结算账单办理结算的价款。该账户是“工程施工”或“生产成本”账户的备抵账户，已向客户开出工程价款结算账单办理结算的款项记入该账户的贷方，合同完成后，该账户与“工程施工”或“生产成本”账户对冲后结平。

六、工程成本核算程序

工程成本核算程序是指建筑施工企业及其所属的各施工单位在进行工程成本核算时一般应采取的步骤和顺序。工程成本核算一般按以下基本程序进行：

1）确定工程成本对象。

2）根据工程成本核算对象开设“工程施工”总账和有关工程施工成本明细账。

3）确定工程成本计算期。工程成本计算期一般与工程价款结算期一致，以便于收入与费用的合理配比。

4）按费用的用途和发生地点归集各项生产费用。将应由本期负担的各项生产费用，按其用途和发生地点，归集到有关成本、费用账户如“工程施工”“机械作业”“生产成本——辅助生产成本”等账户的借方。

5）分配辅助生产费用。期末，将归集在“生产成本——辅助生产成本”账户的费用按各受益对象分配，分别记入“机械作业”“工程施工”等账户。

6）分配机械作业费用。期末，将归集在“机械作业”账户的费用按各受益对象分配，记入“工程施工”等账户。

7）分配施工间接费用。期末，将归集在“工程施工——间接费用”账户的费用按受益对象分配，记入“工程施工”等账户。

8）计算和结转工程成本。期末，计算本期已完工程或竣工工程的实际成本，并将竣工工程的实际成本从“工程施工”账户的贷方结转到“工程结算”账户的借方。尚未竣工工程的实际成本仍然保留在“工程施工”账户，不予结转。

第二节 材料费的核算

材料费是指建筑施工企业在施工生产过程中耗用的构成工程实体以及有助于形成工程实体的主要材料、辅助材料、构配件、零件、半成品的成本以及周转材料的摊销额等。

施工现场储存的材料，除了用于工程施工外，还可能用于搭建临时设施，或者用于其他非生产方面。企业必须根据发出材料的用途，严格划分工程用料和其他用料的界限，分别计入有关成本对象中。直接用于工程施工的材料记入“工程施工——合同成本(材料费)”账户借方，同时记入“材料费”项目中；用于所属辅助生产的材料记入“生产成本——辅助生产成本”账户的借方；用于所属自有机械施工的材料记入“机械作业”账户所属的明细账中；施工生产中用于组织和管理生产活动的各种原材料，记入“工程施工——间接费用”账户及其所属的明细账借方。

由于施工生产中耗用的材料品种多、数量大、领用频繁，因此，企业应根据发出材料的有关原始凭证进行整理、汇总，并区分以下情况进行材料的归集和分配：

1）能点清数量和分清用料对象的（如钢材、木材、水泥），应在有关领料凭证（领料单、限额领料单）上注明领料对象，直接计入各成本核算对象的材料费项目中。

2）能点清数量，但属于集中配料或统一下料的材料（如油漆、玻璃等），应在领料凭证上注明“工程集中配料”字样，月末根据耗用情况，结合材料定额，编制集中配料耗用分配表，分配计入各成本核算对象。

3）不能点清数量，也难以分清用料对象的一些大堆材料（如砖、瓦、灰、砂、石等），可根据具体情况，由材料员或施工现场保管员验收保管，月末通过实地盘点结存数量，然后根据月初结存数量与本月进料数量，倒轧本月实际耗用数量。再采用一定的方法将实际耗用数量在各受益对象之间进行分配。一般采用定额耗用量法进行分配。计算公式如下：

$$\text{某受益对象某种材料定额耗用数量}=\text{该受益对象该种材料消耗定额}\times\text{该受益对象实际产量}$$

$$\text{某种材料定额耗用量分配率}=\frac{\text{当期实际耗用该种材料的数量总额}}{\text{所有受益对象当期该种材料定额耗用量之和}}$$

$$\text{某受益对象应负担的某种材料费}=\text{该受益对象该种材料定额耗用数}\times\text{该种材料定额耗用量分配率}\times\text{该种材料单价}$$

4）其他不能点清数量，用于辅助生产部门、机械作业部门的各种材料，应分别记入“生产成本——辅助生产成本”“机械作业”账户的借方。

5）周转材料（如模板、脚手架等），应根据各受益对象的在用数量和规定的摊销方法计提当月的摊销额，并编制周转材料摊销分配表，据以计入各成本核算对象。对租用的周转材料，则应按实际支付的租赁费直接计入各成本核算对象。

6）施工中的残次材料和包装物等，应尽量回收利用，填制废料交库单，估价入账，并冲减工程材料费。

7）月末对已经办理领料手续，但尚未耗用而下月份仍需继续使用的材料，应进行盘点，办理“假退库”手续，以冲减本期工程成本。

8）工程竣工后的剩余材料，应填写退料单或用红字填写领料单，据以办理材料退库手续，以冲减工程成本。

月末，财会部门必须根据严格审核的各种领退料凭证，编制材料费分配表，作为各二程成本中材料费核算的依据。

【例 10-1】 甲建筑施工企业承建 A、B 两项工程，月末，根据审核无误的各种领料凭证，大堆材料耗用量计算单、集中配料耗用分配表、周转材料摊销分配表等，汇总编制发出材料汇总表，如表 10-1 所示。

表 10-1 发出材料汇总表

2015 年 5 月　　　　单位：元

材料类别 / 用途	钢材	水泥	木材	结构件	其他材料	合计
工程施工	800 000	700 000	300 000	200 000	200 000	2 200 000
其中：A 工程	500 000	400 000	200 000	150 000	120 000	1 370 000
B 工程	300 000	300 000	100 000	50 000	80 000	830 000
合计	800 000	700 000	300 000	200 000	200 000	2 200 000

甲建筑施工企业根据发出材料汇总表，进行会计处理如下：

借：工程施工——合同成本——A 工程(材料费)　　1 370 000
　　　　　　——合同成本——B 工程(材料费)　　830 000
　贷：原材料——钢材　　800 000
　　　　　　——水泥　　700 000
　　　　　　——木材　　300 000
　　　　　　——结构件　　200 000
　　　　　　——其他材料　　200 000

按计划成本核算法核算的企业，还应当按月分摊材料成本差异。

第三节　人工费的核算

人工费是指建筑施工企业从事建筑安装工程施工人员(不包括机械施工人员)的工资、奖金、职工福利费、津贴补贴等。

在工程成本核算中，对于施工过程中发生的人工费，应根据服务对象分别在“工程施工”“机械作业”“生产成本——辅助生产成本”等账户中归集。属于直接进行工程施工的生产人员的人工费，应单独记入“工程施工——合同成本(人工费)”账户的借方及所属明细账的“人工费”成本项目；属于直接进行辅助生产的人工费，应记入“生产成本——辅助生产成本(人工费)”账户的借方和所属明细账的“人工费”成本项目；以自有机械进行施工并独立核算的，应单独记入“机械作业”账户的借方和所属成本明细账“人工费”成本项目；工程项目管理人员的人工费，应记入“工程施工——间接费用(人工费)”账户的借方和所属明细账的“人工费”成本项目；同时，记入“应付职工薪酬”账户的贷方。

在有多个成本核算对象的情况下，应采用适当的分配方法，在各项工程之间进行分配，分别计入各项工程的“人工费”项目。为了简化核算手续，可按实际耗用工日数求出每工日的平均薪酬(即薪酬分配率)，然后再按受益对象耗用的实际工日数进行分配。计算公式如下：

$$\text{工人的日平均薪酬}=\frac{\text{工人当月计时薪酬总额}}{\text{各工程当月实耗工日总数}}$$

$$\text{某项工程应分配的薪酬费用}=\text{该工程当月实耗工日数}\times\text{工人的日平均薪酬}$$

【例 10-2】　承【例 10-1】，2015 年 5 月，甲建筑施工企业发生职工薪酬费用 900 000 元，其中 A 工程人工费 290 000 元、B 工程人工费 280 000 元、在建工程人员的人工费 150 000 元、企业行政管理人员人工费 180 000 元。

甲建筑施工企业进行会计处理如下：

借：工程施工——合同成本——A 工程(人工费)　　290 000
　　　　　　——合同成本——B 工程(人工费)　　280 000
　　在建工程　　150 000
　　管理费用　　180 000
　贷：应付职工薪酬　　900 000

第四节　机械使用费的核算

机械使用费是指建筑施工企业在施工生产过程中使用施工机械和运输设备发生的各种费用，包括自有施工机械和运输设备发生的作业费用，租用外单位施工机械或运输设备支付的租赁费用，以及施工机械的安装、拆卸和进出场费等。建筑施工企业使用的机械和运输设备有两种来源：自有和租入。

一、自有施工机械使用费的核算

企业使用自有施工机械或运输设备进行机械作业所发生的各种费用，由以下成本项目构成：

1）人工费。人工费是指驾驶和操作施工机械人员的薪酬。

2）燃料及动力费。燃料及动力费是指施工机械或运输设备进行机械作业所耗用的燃料和电力等费用。

3）折旧及修理费。折旧及修理费是指按规定对施工机械、运输设备计提的折旧费用、替换工具和部件（如轮胎、钢丝绳等）的摊销费和维修费等。

4）其他直接费用。其他直接费用是指除上述各项费用以外的其他直接费用，包括施工机械、运输设备所耗用润滑和擦拭材料费、养路费，施工机械的搬运、安装、拆卸和辅助设施费，以及预算定额所规定的其他费用。

5）间接费用。间接费用是指建筑施工企业所属内部独立核算的机械站和运输队等为组织和管理机械施工或运输作业所发生的各项费用，包括管理人员的薪酬、办公费以及管理用固定资产折旧费、修理费等。

企业自有施工机械在使用过程中发生上述各项费用先按机组或单机归集，计算每台班的实际成本，然后根据各个成本核算对象使用台班数，确定应计入各成本核算对象的机械使用费。

【例 10-3】 甲建筑施工企业自有的挖掘机 5 月份实际发生的费用及有关会计处理如下：

（1）领用燃油 4 000 元。

借：机械作业——挖掘机（燃料及动力费）	4 000	
贷：原材料——燃油		4 000

（2）分配本月挖掘机操作工人工资 8 000 元，职工福利费 1 000 元。

借：机械作业——挖掘机（人工费）	9 000	
贷：应付职工薪酬——工资		8 000
——职工福利		1 000

（3）以银行存款支付挖掘机的维修费 6 000 元。

借：机械作业——挖掘（折旧及修理费）	6 000	
贷：银行存款		6 000

（4）本月计提挖掘机折旧 4 000 元。

借：机械作业——挖掘机（折旧及修理费）	4 000	
贷：累计折旧		4 000

根据以上会计分录登记机械作业明细账，如表 10-2 所示。

表 10-2　机械作业明细账（挖掘机）　　单位：元

2015 年		凭证编号	摘要	贷方						借方	余额
月	日			人工费	燃料及动力费	折旧及修理费	其他直接费用	间接费用	小计		
略	略	略	领用燃料		4 000				4 000		4 000
			分配工资	8 000					8 000		12 000
			分配职工福利	1 000					1 000		13 000
			支付修理费			6 000			6 000		19 000
			计提折旧			4 000			4 000		23 000
			结转成本							23 000	平
			本月合计	9 000	4 000	10 000			23 000		平

如果施工机械只用于一个工程成本核算对象，则只设置一个机械作业明细账，月末时，将该明细账归集的各种施工机械发生的费用全部直接转入该工程成本的“机械使用费”中，结转时，借记“工程施工”账户，贷记“机械作业”账户，结转后，“机械作业”账户没有余额。

如果施工机械用于两个或两个以上的工程成本核算对象，则需要按机组、单机或机械设备的类别分别设置明细账，并按成本项目进行机械作业费用归集。月末根据各类机械明细账归集的借方发生额按有关分配方法，编制机械使用费分配表，并据以分配计入各有关受益对象，如借记“工程施工——合同成本（机械使用费）”等账户，贷记“机械作业”账户，月末的“机械作业”账户中的费用经过分配结转后没有余额。

机械作业成本的分配方法常用的有：台班分配法、作业量分配法和预算成本分配法。

1. 台班分配法

台班分配法是指以机械实际使用的工作台班数为标准在各受益对象间分配机械使用费的一种方法。该方法适用于各成本计算对象在使用某种机械设备作业时，设备台班的原始记录规范、完整的情况。计算公式如下：

$$某机械设备台班分配率=\frac{该种机械设备发生费用总额}{该种机械设备实际作业台班数}$$

$$某受益对象应负担的机械作业费用=该受益对象本期使用机械设备台班数\times 该机械设备台班分配率$$

【例 10-4】　甲建筑施工企业 5 月份实际发生的塔式起重机费用为 5 000 元，实际工作 25 个台班，其中为 A 工程工作 15 个台班，为 B 工程工作 10 个台班，塔式起重机的机械作业费分配计算如下：

$$塔式起重机台班分配率=\left(\frac{5\ 000}{25}\right)元/台班=200\ 元/台班$$

A 工程应负担的塔式起重机作业费用 =（15×200）元 = 3 000 元

B 工程应负担的塔式起重机作业费用 =（10×200）元 = 2 000 元

2. 作业量分配法

作业量分配法是以各受益对象完成的工程量为标准分配机械使用费的一种方法。这种方法适用于便于计算完成作业量的各种机械作业成本的分配。计算公式如下：

$$某种机械设备单位作业量分配率=\frac{该种机械设备发生费用总额}{该种机械设备实际完成的作业总量}$$

$$某受益对象应负担的某种机械作业费用=该受益对象使用该种机械的作业量\times 该种机械设备单位作业量分配率$$

【例 10-5】 甲建筑施工企业 5 月份实际发生的挖掘机费用为 23 000 元，实际挖掘土方 500m^3，其中为 A 工程挖掘 300m^3，为 B 工程挖掘 200m^3，挖掘机作业费分配计算如下：

$$挖掘机单位作业量分配率=\frac{23\ 000\ 元}{500\text{m}^3}=46\ 元/\text{m}^3$$

A 工程应负担的挖掘机作业费用=(300×46)元=13 800 元

B 工程应负担的挖掘机作业费用=(200×46)元=9 200 元

3. 预算成本分配法

预算成本分配法是以各受益对象的机械使用费的预算成本为标准分配机械使用费的一种分配方法。这种方法适用于已知发生的机械使用费，但不便或不能确定台班或完成作业量的机械作业费用的分配。计算公式如下：

$$本期机械使用费分配率=\frac{本期发生的机械使用费总额}{本期各受益对象的机械使用费预算成本之和}$$

$$某受益对象当期应负担的机械使用费=某受益对象的机械使用费预算成本\times 本期机械使用费分配率$$

【例 10-6】 甲建筑施工企业 5 月份实际发生运输用货车的作业费用为 8 000 元，由于无法分清也难以分清各受益对象的作业量，但知道各受益对象的机械使用费预算成本总计为 10 000 元，其中 A 工程为 6 000 元，B 工程为 4 000 元，该运输货车的使用费分配计算如下：

$$运输货车使用费分配率=\frac{8\ 000\ 元}{10\ 000\ 元}=0.8$$

A 工程应负担的运输货车作业费用=6 000 元×0. 8=4 800 元

B 工程应负担的运输货车作业费用=4 000 元×0. 8=3 200 元

【例 10-7】 承【例 10-4】~【例 10-6】，甲建筑施工企业 5 月份自有机械使用费的分配，通过编制自有机械使用费分配表进行。具体格式如表 10-3 所示。

表 10-3 自有机械使用费分配表

成本核算对象	塔吊(200 元/台班)		挖掘机(46 元/m^3)		货车(0. 8)		机械使用费/元
	台班数/个	金额/元	工程量/m^3	金额/元	预算成本/元	金额/元	
A 工程	15	3 000	300	13 800	6 000	4 800	21 600
B 工程	10	2 000	200	9 200	4 000	3 200	14 400
合计	25	5 000	500	23 000	10 000	8 000	36 000

根据表 10-3 进行如下会计处理：

借：工程施工——合同成本——A 工程(机械使用费)　　21 600

　　　　　——合同成本——B 工程(机械使用费)　　14 400

贷：机械作业——塔吊　　5 000
　　　　　　——挖掘机　　23 000
　　　　　　——货车　　8 000

建筑施工企业按规定支付的施工机械安装、拆卸和进出场费，应该根据实际情况摊销计入或一次计入受益对象的“机械使用费”项目中。另外，由于建筑施工企业所属各施工单位的自有施工机械和运输设备，主要是为本企业的工程施工服务，为了简化核算手续，一般只核算机械作业的直接费用成本，不负担间接费用，而将为组织和管理施工机械作业所发生的间接费用直接分配计入工程的“间接费用”成本项目。但是如果有机械出租业务，则应负担间接费用。

二、租入施工机械使用费的核算

从外单位或本企业其他内部独立核算单位租入施工机械支付的租赁费，如果只由一个受益对象负担，则根据机械租赁费结算单所列金额，直接计入该工程的“机械使用费”成本项目中；如果由两个或两个以上的受益对象共同负担，则应根据所支付的租赁费总额和受益对象实际使用的台班数进行分配，分配计入各受益对象。其计算公式如下：

$$租赁费分配率=\frac{施工机械租赁费总额}{租入施工机械作业总台班数}$$

某受益对象应负担的机械租赁费=该受益对象实际使用的台班数×租赁费分配率

【例 10-8】 甲建筑施工企业 5 月份租入挖掘机两台，本月为 A 工程提供机械作业 60 个台班，为 B 工程提供机械作业 40 个台班，每台班单位成本为 500 元。通过银行存款支付本月租金 50 000 元。编制会计分录如下：

借：工程施工——合同成本——A 工程(机械使用费)　　30 000
　　　　　　——合同成本——B 工程(机械使用费)　　20 000
　贷：银行存款　　50 000

第五节　其他直接费用的核算

其他直接费用是指建筑施工企业在施工生产过程中发生的除了材料费、人工费、机械使用费以外的可以直接计入成本核算对象的各种费用，主要包括有关的设计和技术援助费用、施工现场材料二次搬运费、生产工具和用具使用费、检验试验费、工程定位复测费、工程点交费用、场地清理费用、流动施工津贴、特殊地区施工增加费和水电费等。

建筑施工企业发生的其他直接费用，凡是能分清受益对象的，应直接计入各受益的工程成本核算对象下的“其他直接费用”项目中。即其他直接费用发生时，借记“工程施工——合同成本(其他直接费用)”账户，贷记有关账户。

【例 10-9】 甲建筑施工企业 5 月份，因 A 工程的施工场地狭窄，需要进行水泥的二次搬运，发生搬运费 6 000 元。此外，B 工程领用价值 2 000 元的生产工具(属于低值易耗品)，一次性摊销全部计入 B 工程成本中。编制会计分录如下：

借：工程施工——合同成本——A 工程(其他直接费用)　　6 000

——合同成本——B 工程(其他直接费用)　　2 000
贷：应付职工薪酬　　6 000
周转材料——低值易耗品　　2 000

如果建筑施工企业发生的其他直接费用，是由多个受益对象共同发生的，又不能直接确定成本核算的受益对象，则可以先在“其他直接费用”明细账中进行归集，并按照各有关工程的定额耗用量或其他有关标准进行分配，月末或竣工时编制其他直接费用分配表分配计入各成本核算对象。

实际工作中，其他直接费用的分配一般以实际发生的工程直接费或完工产值为标准进行分配。

$$其他直接费用分配率=\frac{其他直接费用总额}{各受益对象直接费用总额或完工产值}$$

某受益对象应负担的其他直接费用=该受益对象直接费用或完工产值×其他直接费用分配率

【例 10-10】 甲建筑施工企业 5 月份还发生其他直接费用 80 000 元，根据分配计算，应由 A 工程负担的其他直接费用为 50 000 元，B 工程负担的其他直接费用为 30 000 元。编制会计分录如下：

借：工程施工——合同成本——A 工程(其他直接费用)　　50 000
——合同成本——B 工程(其他直接费用)　　30 000
贷：工程施工——合同成本(其他直接费用)　　80 000

第六节　辅助生产费用的核算

一、辅助生产的性质和种类

辅助生产是指建筑施工企业为保证施工生产活动的顺利进行而组织的服务性生产活动。建筑施工企业的辅助生产部门是指建筑施工企业所属的非独立核算的辅助生产车间、单位或部门，如机修车间、木工车间、混凝土车间、供水站、供电站、运输队等。

辅助生产按其服务的内容分，可以分为：

1）生产材料(或产品)的辅助生产，如砂石采掘、构件现场制作、铁木件加工等。

2）提供劳务(或作业)的辅助生产，如设备维修、固定资产清理、施工机械的安装及拆卸、辅助设施的搭建以及运输作业等。

辅助生产按其生产材料和提供劳务的种类分，可以分为：

1）只生产一种材料(或提供一种劳务)的辅助生产，如供水、供电、供风、供气等。

2）生产多种材料(或提供多种劳务)的辅助生产，如砂石采掘、构件现场制作、铁木件加工等。

二、辅助生产费用的归集和分配

(一）辅助生产费用的归集

辅助生产费用的归集实质是汇总辅助生产部门本期发生的费用。建筑施工企业辅助生产部门所发生的各项生产费用，应在“生产成本——辅助生产成本”账户下，按车间、单位或部门以及确定的成本核算对象和成本项目，设置辅助生产成本明细账进行归集，然后再采用合理的分配方法，分配计入各受益对象。

成本核算对象一般可按生产的材料（或产品）和提供劳务的类别确定。成本项目一般可分为材料费、人工费、其他直接费用和间接费用。其中：

1）材料费。材料费是指辅助生产部门耗用的各种材料的实际成本，以及周转材料的摊销和租赁费。

2）人工费。人工费是指辅助生产工人的工资、职工福利费和劳动保护费等。

3）其他直接费用。其他直接费用是指除上述项目以外的其他直接生产费用，包括固定资产折旧费、修理费和水电费等。

4）间接费用。间接费用是指为组织和管理辅助生产所发生的费用。

辅助生产费用的归集方法，举例说明如下：

【例 10-11】　甲建筑施工企业有运输队、机修厂两个辅助生产部门。5 月运输队领用燃料 2 000 元，机修厂领用钢材 200 元和机械配件 600 元。分配本月职工薪酬 12 000 元，其中运输队 8 000 元，机修厂 4 000 元。计提本月固定资产折旧费 800 元，其中运输队 500 元，机修厂 300 元。以银行存款支付其他费用 2 000 元，其中运输队负担 500 元，机修厂负担 1 500元。根据上述资料编制会计分录如下：

（1）月末根据发出材料汇总表（略），编制如下会计分录：

借：生产成本——辅助生产成本（运输队）	2 000	
——辅助生产成本（机修厂）	800	
贷：原材料——燃料和动力		2 000
——主要材料		200
—— 机械配件		600

（2）分配本月职工薪酬时：

借：生产成本——辅助生产成本（运输队）	8 000	
——辅助生产成本（机修厂）	4 000	
贷：应付职工薪酬——工资		12 000

（3）计提本月固定资产折旧时：

借：生产成本——辅助生产成本（运输队）	500	
——辅助生产成本（机修厂）	300	
贷：累计折旧		800

（4）以银行存款支付其他费用时：

借：生产成本——辅助生产成本（运输队）	500	
——辅助生产成本（机修厂）	1 500	
贷：银行存款		2 000

根据以上会计分录，登记辅助生产成本明细账如表 10-4 和表 10-5 所示。

（二）辅助生产费用的分配

1. 辅助生产费用的分配内容

辅助生产费用的分配就是按照一定的标准和方法，将“生产成本——辅助生产成本”账户借方归集的辅助生产费用分配给受益对象的过程。

表 10-4 辅助生产成本明细账

部门：运输队　　　　单位：元

2015 年		凭证编号	摘要	借方					贷方	余额
月	日			人工费	材料费	其他直接费用	间接费用	小计		
5	略	略	领用燃料		2 000			2 000		2 000
			分配职工薪酬	8 000				8 000		10 000
			计提折旧				500	500		10 500
			支付其他费用			500		500		11 000
			结转成本						11 000	平
5	31		本月合计	8 000	2 000	500	500	11 000		平

表 10-5 辅助生产成本明细账

部门：机修厂　　　　单位：元

2015 年		凭证编号	摘要	借方					贷方	余额
月	日			人工费	材料费	其他直接费用	间接费用	小计		
5	略	略	领用材料		200			200		200
			领用机械配件		600			600		800
			分配职工薪酬	4 000				4 000		4 800
			计提折旧				300	300		5 100
			支付其他费用			1 500		1 500		6 600
			结转成本						6 600	平
5	31		本月合计	4 000	800	1 500	300	6 600		平

辅助生产部门所生产的材料（或产品）和劳务的种类不同，辅助生产费用的分配、转出的程序也有所不同。

（1）辅助生产车间如果生产的是有形产品　辅助生产车间生产的是有形产品，如完工验收入库的各种自制材料、结构件等，在完工入库时，应按其实际成本借记“原材料”“周转材料”等账户，贷记“生产成本——辅助生产成本”账户。

（2）辅助生产车间如果提供的是无形产品或劳务　辅助生产车间提供的是无形产品或劳务，如辅助生产部门提供水、电、风、气以及设备维修、施工机械的安装、拆卸和运输作业等所发生的辅助生产费用，一般应于月末根据辅助生产成本明细账的记录，编制辅助生产费用分配表，采用适当的方法在受益对象之间进行分配。其中：

1）对本单位工程施工、机械作业、企业所属施工单位管理部门、企业行政管理部门等提供的部分，应分别借记“工程施工——合同成本”“机械作业”“工程施工——间接费用”“管理费用”等账户，贷记“生产成本——辅助生产成本”账户。

2）对本单位专项工程提供的部分，应借记“在建工程”账户，贷记“生产成本——辅助生产成本”账户。

3）对外单位提供的部分，应借记“其他业务成本”账户，贷记“生产成本——辅助生产成本”账户。

4）如果在一个施工单位内部有若干个辅助生产部门且相互提供劳务、作业，则为了正确计算辅助生产成本，还需要在各个辅助生产部门之间进行辅助生产费用的交互分配。

2. 辅助生产费用的分配方法

辅助生产费用的分配方法常用的有直接分配法、一次交互分配法、代数分配法和顺序分配法四种。由于建筑施工企业辅助生产的规模一般较小，品种比较单一，各辅助生产单位之间相互服务数量也不多，因此，在实际工作中，采用前两种分配方法的较多，所以在此仅就前两种分配方法进行介绍。

（1）直接分配法　直接分配法是指在不考虑各个辅助生产部门之间相互提供劳务（或产品）的情况下，将各辅助生产部门发生的费用，直接分配给辅助生产部门以外的各受益对象，各辅助生产部门之间不进行相互分配。计算公式如下：

$$某项劳务的费用分配率=\frac{提供该劳务的辅助生产部门直接发生的费用}{该辅助生产部门提供的劳务总量-其他辅助生产部门耗用的劳务量}$$

$$某受益对象应负担的费用=该受益对象耗用的劳务量\times该项劳务的费用分配率$$

【例10-12】　甲建筑施工企业有运输队、机修厂两个辅助生产部门，本月发生的生产费用为：运输队90 000元，机修厂100 000元。本月提供劳务量情况如表10-6所示。

表10-6　劳务供应量统计表

受益对象	机修厂/工时	运输队/km
机修厂		12 000
运输队	1 400	
工程施工——A工程 ——B工程		10 000 8 000
机械作业	2 500	6 000
施工管理部门	1 500	6 000
合计	5 400	42 000

根据表10-6，按直接分配法编制辅助生产费用分配表，如表10-7所示。

$$机修厂劳务费用分配率=\frac{100\ 000元}{(5\ 400-1\ 400)工时}=25(元/工时)$$

$$运输队劳务费用分配率=\frac{90\ 000元}{(42\ 000-12\ 000)\text{km}}=3(元/\text{km})$$

表 10-7　辅助生产费用分配表

受益对象	机修厂			运输队			费用合计/元
	劳务量/工时	分配率	分配金额/元	劳务量/km	分配率	分配金额/元	
工程施工——A 工程				10 000		30 000	30 000
——B 工程				8 000		24 000	24 000
施工管理部门	1 500		37 500	6 000		18 000	55 500
机械作业	2 500		62 500	6 000		18 000	80 500
合计	4 000	25	100 000	30 000	3	90 000	190 000

根据表 10-7，编制如下会计分录：

借：工程施工——合同成本——A 工程(其他直接费用)　　30 000
　　　　　　——合同成本——B 工程(其他直接费用)　　24 000
　　　　　　——间接费用　　55 500
　　机械作业　　80 500
　贷：生产成本——辅助生产成本(机修厂)　　100 000
　　　　　　——辅助生产成本(运输队)　　90 000

直接分配法计算简单，但准确性较差，适用于各辅助生产部门相互提供劳务较少的情况。

（2）一次交互分配法　一次交互分配法是指将各辅助生产部门发生的费用在各辅助生产部门之间进行交互分配，然后再将交互分配后的费用向辅助生产部门以外的受益对象分配。由于交互分配只进行一次，所以称为一次交互分配法。

首先，在各辅助生产部门之间进行交互分配。各辅助生产部门之间交互分配率和分配额的计算公式如下：

$$某项劳务的交互分配率=\frac{提供该劳务的辅助生产部门直接发生的费用}{该辅助生产部门提供的劳务总量}$$

$$某辅助生产部门应分配的某项劳务费用=该辅助生产部门耗用的劳务量\times 该项劳务的交互分配率$$

其次，向辅助生产部门以外的受益对象分配。向辅助生产部门以外的受益对象分配的分配率及分配额的计算公式如下：

$$某项劳务对外分配率=\frac{该项劳务原始费用+交互分配转入费用-交互分配转出费用}{该项劳务总量-其他辅助生产部门耗用的劳务量}$$

$$某受益对象应负担的劳务费用=(该项劳务总量-其他辅助生产部门耗用的劳务量)\times 该项劳务对外分配率$$

【例 10-13】　承【例 10-12】，假如，甲建筑施工企业改按一次交互分配法分配辅助生产费用。

首先，在各辅助生产部门之间进行交互分配。

（1）计算交互分配率和分配额。

$$机修厂交互分配率=\frac{100\ 000\ 元}{5\ 400\ 工时}=18.52\ 元/工时$$

$$运输队交互分配率=\frac{90\ 000\ 元}{42\ 000\text{km}}=2.14\ 元/\text{km}$$

运输队应负担的修理费 = 1 400 工时×18.52 元/工时 = 25 928 元

机修厂应负担的运输费 = 12 000km×2.14 元/km = 25 680 元

(2) 编制交互分配的会计分录。

借：生产成本——辅助生产成本——运输队(其他直接费用)　　25 928

　　　　　　——辅助生产成本——机修厂(其他直接费用)　　25 680

　贷：生产成本——辅助生产成本(机修厂)　　25 928

　　　　　　　——辅助生产成本(运输队)　　25 680

其次，向辅助生产部门以外的受益对象分配辅助生产费用。

(1) 计算对外分配率和分配额。

$$机修厂对外分配率 = \left(\frac{100\ 000+25\ 680-25\ 928}{5\ 400-1\ 400}\right)元/工时 = \frac{99\ 752}{4\ 000}元/工时 = 24.94\ 元/工时$$

$$运输队对外分配率 = \left(\frac{90\ 000+25\ 928-25\ 680}{42\ 000-12\ 000}\right)元/km = \frac{90\ 248}{30\ 000}元/km = 3\ 元/km$$

工程施工应负担的运输费 = (18 000×3)元 = 54 000 元

施工管理部门应负担的修理费和运输费 = (1 500×24.94+6 000×3)元 = (37 410+18 000)元
= 55 410 元

机械作业应负担的修理费和运输费 = (2 500×24.94+6 000×3)元 = (62 350+18 000)元
= 80 350 元

由于计算分配率时四舍五入后形成的小数，在计算各成本核算对象负担的费用时，与待分配的费用可能不相等，所以最后一项机械作业应负担的修理费和运输费采用倒挤的方法计算。用待分配的总费用减去已分配的费用。即

机械作业应负担的修理费和运输费 = (99 752+90 248-54 000-55 410)元 = 80 590 元

因此，在进行会计实务处理时，“机械作业”账户分配的费用应按 80 590 元记账，而不能用 80 350 元记账。

(2) 编制对外分配的会计分录。

借：工程施工——合同成本(A 工程)　　30 000

　　　　　　——合同成本(B 工程)　　24 000

　　　　　　——间接费用　　55 410

　　机械作业　　80 590

　贷：生产成本——辅助生产成本(机修厂)　　99 752

　　　　　　　——辅助生产成本(运输队)　　90 248

一次交互分配法分配结果准确，但计算工作量大。一般适用于各辅助生产部门之间相互提供劳务较多的情况。

第七节　间接费用的核算

一、间接费用的概念和内容

间接费用是指建筑施工企业下属的各施工单位(分公司、工区、施工队、项目部等)或生产

单位为组织和管理施工生产活动所发生的各项费用，包括临时设施摊销费、施工单位管理人员工资、奖金、职工福利费、劳动保护费、固定资产的折旧费及修理费、物料消耗、低值易耗品摊销、取暖费、水电费、办公费、差旅费、财产保险费、工程修理费、排污费等。

二、间接费用的归集

间接费用是各项工程共同发生的费用，一般难以分清具体的受益对象。因此，在费用发生时，先通过“工程施工——间接费用”账户进行归集，期末用适当分配标准分配计入各工程成本核算对象的“间接费用”成本项目。

【例 10-14】 甲建筑施工企业第一工程处 5 月发生下列各项间接费用：

（1）本月在用临时设施摊销费 8 000 元。

（2）分配本月管理人员工资 65 000 元。

（3）实际支付管理人员福利费 9 100 元。

（4）计提本月固定资产折旧 12 000 元，低值易耗品摊销 3 000 元。

（5）以银行存款支付各种办公费 6 000 元。

（6）以银行存款支付排污费 8 500 元。

（7）分摊本月应负担的财产保险费 10 000 元。

（8）以银行存款支付其他费用 1 200 元。

根据以上资料，编制有关会计分录如下：

（1）借：工程施工——间接费用	8 000	
贷：累计折旧——临时设施		8 000
（2）借：工程施工——间接费用	65 000	
贷：应付职工薪酬——工资		65 000
（3）借：工程施工——间接费用	9 100	
贷：应付职工薪酬——职工福利		9 100
（4）借：工程施工——间接费用	15 000	
贷：累计折旧		12 000
周转材料——低值易耗品摊销		3 000
（5）借：工程施工——间接费用	6 000	
贷：银行存款		6 000
（6）借：工程施工——间接费用	8 500	
贷：银行存款		8 500
（7）借：工程施工——间接费用	10 000	
贷：预付账款		10 000
（8）借：工程施工——间接费用	1 200	
贷：银行存款		1 200

根据以上会计分录，登记间接费用明细账，如表 10-8 所示。

表 10-8 间接费用明细账

部门：第一工程处　　　　单位：元

2015年		凭证编号	摘要	借方										贷方	余额
月	日			临时设施摊销费	管理人员工资	职工福利费	办公费	固定资产折旧费	低值易耗品摊销	保险费	排污费	其他费用	小计		
5	略	略	计提临时设施摊销费	8 000									8 000		8 000
			分配管理人员工资		65 000								65 000		73 000
			支付职工福利费			9 100							9 100		82 100
			计提折旧费					12 000					12 000		94 100
			低值易耗品摊销						3 000				3 000		97 100
			支付办公费				6 000						6 000		103 100
			分摊财产保险费							10 000			10 000		113 100
			支付排污费								8 500		8 500		121 600
			支付其他费用									1 200	1 200		122 800
			结转成本											122 800	平
5	31		本月合计	8 000	65 000	9 100	6 000	12 000	3 000	10 000	8 500	1 200	122 800		平

三、间接费用的分配

通过上述间接费用明细账归集间接费用后，需要采用各种科学、合理的分配方法，先在不同类的工程（或劳务、作业）间进行间接费用分配，之后再在各类工程（或劳务、作业）内部进行间接费用分配。

（一）在不同类的工程（或劳务、作业）间分配

如果一个施工单位在同一时期内同时存在不同类的工程（或劳务、作业），则首先应将本期发生的全部间接费用在不同类的工程（或劳务、作业）间进行分配。如一个施工单位在同一时期内既进行建筑工程施工，又进行安装工程施工，则其间接费用应先在建筑工程施工和安装工程施工间进行分配。其计算公式下：

$$\text{间接费用分配率}=\frac{\text{本月实际发生的间接费用总额}}{\text{各工程（劳务、作业）成本中人工费总额}}$$

$$\text{某类工程应分配的间接费用}=\text{该类工程成本中的人工费}\times\text{间接费用分配率}$$

（二）在同类工程（或劳务、作业）内部分配

1. 只涉及一个成本核算对象的内部分配

在同类工程（或劳务、作业）内部，如果只涉及一个成本核算对象，则全部间接费用直接计入该受益对象的成本中。

2. 涉及两个或两个以上成本核算对象的内部分配

如果涉及两个或两个以上的成本核算对象，则月末应按照一定的分配标准对间接费用进行分配，分配计入各受益对象的成本中。间接费用的分配方法常用的有直接费用比例分配法和人工费比例分配法两种。

（1）直接费用比例分配法　直接费用比例分配法是按照计入各项施工成本的直接费用比例分配间接费用的方法，即按照各成本核算对象的直接成本费用比例对间接费用进行分配。此种方法适用于土木建筑工程的核算。计算公式如下：

$$\text{间接费用分配率}=\frac{\text{本月实际发生的间接费用总额}}{\text{各工程本月发生的实际直接费用总额}}$$

$$\text{某工程应分配的间接费用}=\text{该工程的实际直接费用}\times\text{间接费用分配率}$$

（2）人工费比例分配法　人工费比例分配法是以实际发生的人工费作为分配标准，对间接费用进行分配的一种方法。这种方法适用于人工费占成本比例大、材料消耗少、机械化程度低的工程成本核算，如安装工程、挡墙砌筑工程等。计算公式如下：

$$\text{间接费用分配率}=\frac{\text{本月实际发生的间接费用总额}}{\text{各工程本月发生的人工费用实际成本总额}}$$

$$\text{某工程应分配的间接费用}=\text{该工程本月人工费实际成本}\times\text{间接费用分配率}$$

【例 10-15】　承【例 10-14】，甲建筑施工企业第一工程处 5 月发生各项间接费用 122 800 元，应该由本期的土木建筑工程和安装工程共同承担。已知土木建筑工程成本中的人工费总额为 70 000 元，安装工程成本中的人工费总额为 30 000 元。先在土木建筑工程和安装工程间进行间接费用分配如下：

$$\text{间接费用分配率}=\frac{122\ 800\text{ 元}}{(70\ 000+30\ 000)\text{ 元}}=1.228$$

土木建筑工程应分配的间接费用＝70 000 元×1.228＝85 960 元

安装工程应分配的间接费用＝30 000 元×1.228＝36 840 元

如果上述的安装工程只涉及一个成本核算对象，则其间接费用 36 840 元全部结转计入该安装工程的实际成本中。

如果上述的土木建筑工程涉及 A 和 B 两个建筑工程，则其间接费用 85 960 元还需要在 A 和 B 两个工程间进一步进行分配。已知 A 工程本月发生的直接成本为 260 000 元，B 工程本月发生的直接成本为 140 000 元。则间接费用在 A 和 B 工程间的分配计算如下：

$$间接费用分配率=\frac{85\ 960\ 元}{(260\ 000+140\ 000)元}=0.214\ 9$$

A 工程应分配的间接费用＝260 000 元×0.214 9＝55 874 元

B 工程应分配的间接费用＝140 000 元×0.214 9＝30 086 元

企业应编制间接费用分配表，作为分配间接费用的核算依据。间接费用分配表的格式如表 10-9 所示。

表 10-9　间接费用分配表

受益对象	分配标准/元	分配率	分配额/元
A 工程	260 000		55 874
B 工程	140 000		30 086
合计	400 000	0.214 9	85 960

根据表 10-9 编制会计分录如下：

借：工程施工——合同成本——A 工程（间接费用）　55 874

　　　　　　——合同成本——B 工程（间接费用）　30 086

　贷：工程施工——间接费用　85 960

假定甲建筑施工企业本月发生的所有经济业务见【例 10-1】~【例 10-12】。根据【例 10-1】~【例 10-12】和【例 10-15】的会计分录，分别登记 A、B 工程的合同成本明细账如表 10-10 和表 10-11 所示。其中，合同成本明细账的期初余额分别见表 10-10 和表 10-11 中的“期初未完施工”项目。本月月末 A 工程全部完工。

表 10-10　合同成本明细账

工程名称：A 工程　　开工日期：　年　月　日

建筑面积：　　竣工日期：　年　月　日

预算造价：　　单位：元

2015 年		凭证编号	摘要	借方						贷方	借或贷	余额
月	日			材料费	人工费	机械使用费	其他直接费用	间接费用	合计			
5	1	略	期初未完施工	360 000	70 000	5 000	3 000	3 200	441 200		借	441 200
		【例 10-1】	领用材料	1 370 000					1 370 000			

（续）

2015 年		凭证编号	摘要	借方						贷方	借或贷	余额
月	日			材料费	人工费	机械使用费	其他直接费用	间接费用	合计			
		【例 10-2】	分配工资		290 000				290 000			
		【例 10-7】	自有机械使用费用			21 600			21 600			
		【例 10-8】	支付机械租赁费用			30 000			30 000			
		【例 10-9】	支付各种其他直接费用				6 000		6 000			
		【例 10-10】	支付各种其他直接费用				50 000		50 000			
		【例 10-12】	分配辅助费用				30 000		30 000			
		【例 10-15】	分配间接费用					55 874	55 874			
5	31		本月合计	1 370 000	290 000	51 600	86 000	55 874	1 853 474		借	2 294 674
5	31		自开工起累计实际成本	1 730 000	360 000	56 600	89 000	59 074	2 294 674		借	2 294 674
5	31		竣工对冲							2 294 674	平	0

表 10-11　合同成本明细账

工程名称：B 工程　　　　开工日期：　年　月　日

建筑面积：　　　　竣工日期：　年　月　日

预算造价：　　　　单位：元

2015 年		凭证编号	摘要	借方						贷方	借或贷	余额
月	日			材料费	人工费	机械使用费	其他直接费用	间接费用	合计			
5	1	略	期初未完施工	250 000	4 000	2 000	1 000	2 500	259 500		借	259 500
		【例 10-1】	领用材料	830 000					830 000			
		【例 10-2】	分配工资		280 000				280 000			

（续）

2015 年		凭证编号	摘要	借方						贷方	借或贷	余额
月	日			材料费	人工费	机械使用费	其他直接费用	间接费用	合计			
		【例 10-7】	自有机械使用费			14 400			14 400			
		【例 10-8】	支付机械租赁费用			20 000			20 000			
		【例 10-9】	支付各种其他直接费用				2 000		2 000			
		【例 10-10】	支付各种其他直接费用				30 000		30 000			
		【例 10-12】	分配辅助费用				24 000		24 000			
		【例 10-15】	分配间接费用					30 086	30 086			
5	31		本月合计	830 000	280 000	34 400	56 000	30 086	1 230 486		借	1 489 986
5	31		自开工起累计实际成本	1 080 000	284 000	36 400	57 000	32 586	1 489 986		借	1 489 986

第八节　工程成本结算

一、工程成本结算期的确定

建筑施工企业的各项生产费用，按上述各节所述在各成本核算对象之间进行归集和分配以后，应计入本月各成本核算对象的生产费用全部归集在“工程施工——合同成本”账户的借方和有关的成本计算单中。

建筑施工企业的工程成本结算期的确定，一般遵循工程成本的结算期与工程价款结算期相一致的原则进行确定。根据建筑施工企业的实际情况，一般分以下两种情况：

1. 以工程开工至工程竣工的期间作为工程结算期

以工程开工至工程竣工的期间作为工程结算期的，主要是对于工期短、造价低、竣工后一次性结算工程价款的工程，这样的工程竣工后进行工程价款结算时，也要进行工程成本的一次性结算。这种竣工后一次性结算工程成本的方式，在工程施工期间“工程施工——合同成本”账户或合同成本明细账中归集的施工生产费用均为该工程未完施工的实际成本。工程竣工时合同成本明细账中归集的施工生产费用总额即为该工程的实际总成本。

2. 以月或分段作为工程结算期

以月或分段作为工程结算期的，主要是对于工期长、造价高、定期结算工程价款的工程。对于此类工程，为了便于及时了解工程成本的发生情况，采取措施控制和降低成本，就不能等到竣工后一次结算，而是应当定期结算工程成本。采用这种定期结算工程成本方式时，期末，对于已经竣工的工程，自开工至竣工计入该工程成本的全部生产费用，就是该工程的竣工成本；对于尚未竣工或正在施工的工程，还应将本期发生的生产费用和期初结转的上期未完施工的生产费用之和，在本期已完工程和期末未完施工的成本之间进行分配。

二、工程成本结算方法及其核算

（一）竣工后一次性结算工程成本

工程竣工后一次性结算工程成本时，在“工程施工——合同成本”账户或合同成本明细账中归集的施工生产费用总额即为该工程的实际总成本。其计算公式如下：

竣工工程的实际成本=月初未完工程成本+本月施工生产费用

【例 10-16】 甲建筑施工企业 A 工程实行竣工后一次性结算工程价款的办法，已于本月底竣工。其合同成本为 2 294 674 元，合同收入为 4 396 674 元，确认其合同毛利，应编制会计分录如下：

借：工程施工——合同毛利(A 工程)　　2 102 000

　　主营业务成本　　2 294 674

　　贷：主营业务收入　　4 396 674

（二）工期内结算工程成本

1. 工期内结算工程成本的内容

工期内结算工程成本是指从工程开始至工程竣工的整个工期内，以月或分段作为工程结算期的工程成本结算。由于是按月或分段计算工程成本，一定会存在尚未竣工或正在施工的工程，所以一般应先将本期发生的生产费用和期初结转的上期末未完工程的生产费用之和，在本期已完工程和期末未完工程的成本之间进行分配，继而再计算出本期未完工程成本和本期已完工程成本。

建筑施工企业的工程施工是一个连续的生产过程，在按月结算工程价款和工程成本时，整个工程往往是处于未完工程状态。所谓未完工程，是指属于建筑施工企业的在产品，是建筑施工企业正在施工中、尚未完成预算定额规定的全部工序和工作内容的分部分项工程。而已完工程是指已经完成预算定额规定的全部工序和工作内容的分部分项工程。

这里需要加以说明的是：分段结算工程成本中的分段，指的是按工程形象进度划分的阶段或部位。在分段计算工程成本时，已完工程指的是按合同规定已完成的工程阶段或部位；未完工程是指期末尚未完成合同规定的工程阶段或部位(其中包括已完工的分部分项工程和未完工的分部分项工程)。

由于按月结算工程成本和分段结算工程成本的方法基本相同，所以，下面仅就按月结算工程成本的方法进行讲解和说明。

2. 工期内结算工程成本的方法

对于月末既有已完工程又有未完工程的，必须将已归集的施工生产费用在已完工程和未完工程之间进行分配。本月已完工程实际成本的计算公式如下：

本月已完工程成本＝月初未完工程成本+本月生产费用−月末未完工程成本

上述公式中的“月初未完工程成本”和“本月生产费用”的数据是已知的，只要计算出“月末未完工程成本”，即可计算出“本月已完工程成本”。

月末未完工程成本的计算方法，一般有两种：预算成本计算法和实际成本计算法。

（1）预算成本计算法　预算成本计算法是指在月末未完工程成本在当期施工的工程中所占比例较小，而且月初、月末未完施工的数量变化不大的情况下，以计算的未完工程预算成本来代替未完工程实际成本的方法。这种方法在实际应用时，为了简化间接费用的分配手续，月末未完工程成本可以不负担间接费用。

未完工程预算成本的计算方法又具体分为估量法和估价法两种：

1）估量法。估量法（又称约当产量法）是指根据完工进度，将施工现场盘点确定的未完工程数量折合为相当于已完分部分项工程的数量，然后乘以分部分项工程的预算单价，计算其预算成本的方法，一般适用于均衡投料、便于划分的分部分项工程。其计算公式为：

月末未完工程预算成本＝月末未完施工数量×估计完工程度×分部分项工程预算单价

【例 10-17】　甲建筑施工企业的 F 工程按月结算工程价款。月末对工程进行盘点，确定砖墙抹灰工程有未完施工 1 000㎡。根据完工程度，编制未完施工盘点表，如表 10-12 所示。

表 10-12　未完施工盘点表

2015 年 5 月

单位工程名称	分部分项工程		已完工序					其中			
	名称	预算单价/（元/㎡）	工序名称	完工程度	完成数量/㎡	约当产量/㎡	预算成本/元	材料费/元	人工费/元	机械使用费/元	其他直接费/元
F 工程	砖墙抹灰	10	—	40%	1 000	400	4 000	700	2 600	200	500
合计							4 000	700	2 600	200	500

根据未完施工盘点表，将计算结果登记在工程施工成本明细账有关栏内，即可计算已完工程实际成本。

2）估价法。估价法（又称工序成本法）是指先确定分部分项工程各个工序的直接费用占整个预算单价的百分比，用以计算出每个工序的预算单价，然后乘以未完工程各工序的实际工程量，确定出未完工程的预算成本的方法，适用于不均衡投料或各工序工料定额有显著不同的分部分项工程。其计算公式如下：

某工序单价＝分部分项工程预算单价×该工序的直接费用占预算单价的百分比

月末未完工程预算成本＝∑（未完工程中某工序的完成量×该工序单价）

按估价法计算未完工程预算成本时，由于要先计算出每个工序的单价，在工序多的情况下，计算方法较为复杂，所以很少使用。

【例 10-18】　假设某分部分项工程由三道独立工序组成，各工序占该分部分项工程的比例分别为 4∶3∶3，该分部分项工程的预算单价为 50 元。月末现场盘点，完成第一道工序的有 $500m^2$，完成第二道工序的有 $300m^2$，完成第三道工序的有 $400\ m^2$。则未完施工成本计算如下：

第一道工序单价＝50 元×40%＝20 元

第二道工序单价 = 50 元 × 30% = 15 元

第三道工序单价 = 50 元 × 30% = 15 元

未完施工成本 = (500×20+300×15+400×15) 元 = 20 500 元

(2) 实际成本计算法　实际成本计算法是指期末未完施工占全部工程量的比例较大，而且实际成本与预算成本的差异较大，不能以未完工程的预算成本代替实际成本的情况下，以预算成本为基础计算未完工程实际成本的方法。

$$\text{期末未完工程实际成本} = \frac{\text{期初未完工程成本} + \text{本期发生的施工生产费用}}{\text{累计已完工程预算成本} + \text{期末未完施工预算成本}} \times \text{期末未完施工预算成本}$$

【例 10-19】　承【例 10-15】，根据表 10-11，甲建筑施工企业 B 工程本期发生的施工费用为 1 230 486 元，期初未完施工成本为 259 500 元，本期已完工程预算成本为 1 500 000 元，期末未完施工预算成本为 300 000 元，则期末未完工程实际成本如下：

$$\text{期末未完工程实际成本} = \left(\frac{259\ 500+1\ 230\ 486}{1\ 500\ 000+300\ 000} \times 300\ 000\right) \text{元} = \left(\frac{1\ 489\ 986}{1\ 800\ 000} \times 300\ 000\right) \text{元} = 248\ 331\ \text{元}$$

三、工程成本的结转

对于尚未竣工的工程，其实际成本计算出来以后，不予结转，仍然保留在“工程施工”账户上，反映工程自开工到本月末止累计发生的实际成本。对于已竣工的工程，应及时结转其合同成本与合同毛利，从“工程施工”账户的贷方转入“工程结算”账户的借方，即将“工程施工”账户的余额与“工程结算”账户的余额对冲。

【例 10-20】　承【例 10-15】，根据表 10-10，A 工程已竣工，采用竣工后一次结算办法，结转实际成本 2 294 674 元。编制会计分录如下：

借：工程结算　　2 294 674

　　贷：工程施工——合同成本(A 工程)　　2 294 674

将上述会计分录的贷方登记到 A 工程的合同成本明细账(见表 10-10)。借方登记到“工程结算”账户中(略)。

第九节　期间费用的核算

期间费用是指建筑施工企业本期发生的，与本期经营活动有关的，但不能直接或间接计入某项工程成本(或产品成本)，而直接计入当期损益的各项费用。建筑施工企业的期间费用主要包括管理费用、财务费用和销售费用。

一、管理费用的核算

1. 管理费用的内容

管理费用是指建筑施工企业行政管理部门为组织和管理生产经营活动所发生的各项费用。包括企业在筹建期间发生的开办费、董事会和行政管理部门在企业的经营管理中发生的或应由企业统一负担的公司经费（包括行政管理部门职工薪酬、物料消耗、低值易耗品摊销、办公费和差旅费等）、工会经费、职工教育经费、劳动保险费、董事会经费（包括董事会成员津贴、会议费和差旅费等）、聘请中介机构费、咨询费（含顾问费）、审计费、诉讼费、业务招待费、绿化费、税金、土地使用费（海域使用费）、土地损失补偿费、技术转让费、研究费用，以及没有满足固定资产确认条件的固定资产日常修理费、大修理费用、更新改造支出、房屋的装修费用等。

2. 管理费用的账务处理

为了核算管理费用，企业应设置“管理费用”账户，用以核算企业行政管理部门为组织和管理生产经营活动而发生的管理费用。其借方登记企业发生的各项管理费用，贷方登记期末转入“本年利润”账户的管理费用，结转后该账户期末无余额。该账户应按管理部门分设明细账，按费用项目设置专栏进行明细核算。

【例 10-21】 甲建筑施工企业 12 月份计提行政管理部门职工薪酬 114 000 元，根据有关凭证，应进行如下会计处理：

借：管理费用　　114 000
　　贷：应付职工薪酬　　114 000

【例 10-22】 甲建筑施工企业 12 月份计算应交印花税 900 元，根据有关凭证，应进行如下会计处理：

借：管理费用　　900
　　贷：应交税费——应交印花税　　900

【例 10-23】 甲建筑施工企业 12 月份计提行政管理部门使用的固定资产折旧费 30 000 元，根据有关凭证，应进行如下会计处理：

借：管理费用　　30 000
　　贷：累计折旧　　30 000

【例 10-24】 甲建筑施工企业 12 月份用银行存款支付业务招待费 1 600 元，根据有关凭证，应进行如下会计处理：

借：管理费用　　1 600
　　贷：银行存款　　1 600

【例 10-25】 甲建筑施工企业 12 月份行政管理部门人员报销差旅费 860 元，根据有关凭证，应进行如下会计处理：

借：管理费用　　860
　　贷：库存现金　　860

【例 10-26】 甲建筑施工企业 12 月末，将本月发生的管理费用 147 360 元，结转至“本年利润”账户。

借：本年利润　　147 360
　　贷：管理费用　　147 360

二、财务费用的核算

1. 财务费用的内容

财务费用是指建筑施工企业为筹集施工生产经营所需资金等而发生的筹资费用，包括利息支出（减利息收入）、汇兑差额以及相关的金融机构手续费、企业发生的现金折扣或收到的现金折扣等。

2. 财务费用的账务处理

为了核算企业财务费用的发生情况，企业应设置“财务费用”账户，其借方登记企业发生的各项财务费用，贷方登记企业发生的应冲减财务费用的利息收入、汇兑收益以及期末转入“本年利润”账户的财务费用，结转后该账户无余额。该账户应按费用项目设置明细账，进行明细核算。

【例 10-27】 甲建筑施工企业 12 月份收到银行通知，已划拨本月银行借款利息 3 000 元，根据有关凭证，应进行如下会计处理：

借：财务费用　　3 000

　　贷：银行存款　　3 000

【例 10-28】 甲建筑施工企业 12 月份收到银行通知，本月银行存款利息为 900 元，根据有关凭证，应进行如下会计处理：

借：银行存款　　900

　　贷：财务费用　　900

【例 10-29】 甲建筑施工企业 12 月末，将本月发生的财务费用 2 100 元，结转至“本年利润”账户。

借：本年利润　　2 100

　　贷：财务费用　　2 100

三、销售费用的核算

1. 销售费用的内容

销售费用是指企业在销售商品、材料和提供劳务过程中所发生的各项费用，包括企业在销售商品过程中发生的包装费、运输费、装卸费、保险费、广告费、展览费、商品维修费、预计产品质量保证损失等，以及为销售本企业商品而专设的销售机构（含销售网点、售后服务网点等）的职工薪酬、业务费、折旧费、固定资产修理费用等费用。

2. 销售费用的财务处理

为了核算企业销售费用的发生情况，应设置“销售费用”账户，其借方登记企业发生的各项销售费用，贷方登记企业期末转入“本年利润”账户的销售费用，结转后该账户期末无余额。该账户应按费用项目设置明细账，进行明细核算。由于建筑施工企业一般很少发生销售费用，所以如果发生的金额较少，也可以不设置“销售费用”账户，而将销售费用纳入管理费用中一并处理。

【例 10-30】　甲建筑施工企业 12 月份发生如下经济业务：

（1）以银行存款支付电视广告费 80 000 元。

借：销售费用　　80 000

　　贷：银行存款　　80 000

（2）月末将本月发生的销售费用转入“本年利润”账户。

借：本年利润　　80 000

　　贷：销售费用　　80 000

思　考　题

1. 什么是费用？什么是成本？费用与成本有什么联系和区别？
2. 什么是工程成本？工程成本项目包括哪些内容？
3. 工程成本核算的基本要求是什么？
4. 工程成本核算对象如何确定？
5. 工程成本核算的程序有哪些？计算工程成本一般应设置哪些会计科目？
6. 什么是材料费？材料费如何归集和分配？
7. 什么是人工费？人工费如何归集和分配？
8. 机械使用费包括哪些内容？如何进行费用的归集和分配？
9. 建筑施工企业一般有哪些辅助生产部门？如何归集和分配辅助生产费用？
10. 其他直接费用的内容包括哪些？如何分配？
11. 什么是间接费用？间接费用包括哪些内容？如何分配？
12. 工程成本结算期如何确定？工程成本结算方法有哪些？
13. 什么叫已完工程？什么叫未完工程？未完工程成本如何计算？
14. 什么是期间费用？包括哪些内容？如何核算？

练　习　题

一、单项选择题

1. 下列有关成本和费用的说法正确的是(　　)。

A. 费用是按成本核算对象归集的

B. 成本是按成本核算对象归集的

C. 费用是按工程项目归集的

D. 成本是就会计期间而言的，与成本核算对象无关

2. “工程施工”账户，属于(　　)类账户。

A. 资产　　B. 负债　　C. 所有者权益　　D. 成本

3. 下列项目中，不应计入工程成本中其他直接费用的是(　　)。

A. 施工现场临时设施摊销费　　B. 工程点交、场地清理费

C. 施工现场固定资产折旧费　　D. 施工现场材料二次搬运费

4. “机械作业”账户，属于(　　)类账户。

A. 资产　　B. 负债　　C. 所有者权益　　D. 成本

5. 下列各项中，属于工程成本项目的是(　　)。

A. 管理费用　　B. 财务费用　　C. 销售费用　　D. 机械使用费

6. 尚未竣工工程的实际成本，在期末不予结转，仍保留在(　　)账户中。

A. “工程施工” B. “生产成本” C. “机械作业” D. “制造费用”

7. 下列各项中，属于间接费用的是( )。

A. 管理费用 B. 施工单位办公费 C. 施工机械使用费 D. 存货报废损失

8. 下列属于建筑施工企业辅助生产部门的是( )。

A. 机修车间 B. 施工生产部门 C. 企业行政管理部门 D. 施工管理部门

9. 企业的利息支出应记入( )账户中。

A. “工程施工” B. “管理费用” C. “财务费用” D. “应付账款”

二、多项选择题

1. 下列项目中，属于建筑施工企业成本核算项目的有( )。

A. 材料费 B. 机械使用费 C. 其他直接费用 D. 间接费用

2. 下列各项中，属于合同分立必须具备的条件有( )。

A. 每项资产的收入可以单独辨认 B. 每项资产单独计算利润率

C. 每项资产的成本可以单独辨认 D. 每项资产均有独立的建造计划

3. 下列各项中，属于一组合同合并为单项合同的必备条件的有( )。

A. 该组合同依次履行 B. 该组合同按一揽子交易签订

C. 该组合同同时履行 D. 该组合同密切相关

4. “工程施工”账户应设置( )明细账。

A. 合同成本 B. 合同毛利 C. 间接费用 D. 制造费用

5. 下列关于“工程施工”账户的说法正确的有( )。

A. 核算企业实际发生的工程施工合同成本和合同毛利

B. 该账户应设置“合同成本”和“合同毛利”两个明细账户

C. 借方只登记发生的材料费、人工费、机械使用费、其他直接费用和间接费用

D. 借方余额，反映尚未完工工程累计施工合同成本和合同毛利

6. 机械作业成本的分配方法常用的有( )。

A. 台班分配法 B. 完成产量分配法 C. 预算成本分配法 D. 直接分配法

7. 工程施工成本中的机械使用费是指在施工过程中( )。

A. 使用自有施工机械发生的费用 B. 租用外单位施工机械的租赁费

C. 施工机械安装拆卸费 D. 施工机械进出场费

8. 下列属于辅助生产费用分配方法的有( )。

A. 直接分配法 B. 一次交互分配法 C. 代数分配法 D. 顺序分配法

9. 下列项目中，属于间接费用的有( )。

A. 临时设施摊销费 B. 施工单位管理人员工资

C. 施工单位办公费 D. 利息费

10. 未完工程预算成本的计算方法有( )。

A. 估量法 B. 估价法 C. 实际成本法 D. 间接费用法

11. 下列各项中，属于期间费用的有( )。

A. 管理费用 B. 财务费用 C. 销售费用 D. 间接费用

三、判断题

1. “工程结算”账户，属于成本类账户。 ( )

2. 建筑施工企业所属的非独立核算的运输队不属于辅助生产部门。 ( )

3. 间接费用是指建筑施工企业下属的各施工单位(分公司、工区、施工队、项目部等)或生产单位为组织和管理施工生产活动所发生的各项费用。 ( )

4. 未完工程是建筑施工企业正在施工中、尚未完成预算定额规定的全部工序和工作内容的分部分项

工程。（　　）

5. 已完工程是指已经完成预算定额规定的全部工序和工作内容的分部分项工程。（　　）

6. 工程成本就是工程造价。（　　）

7. 在同类工程（或劳务、作业）内部，如果只涉及一个成本核算对象，则全部间接费用直接计入该受益对象的成本中。（　　）

8. 对于已竣工的工程，应及时结转其合同成本与合同毛利，从“工程施工”账户的贷方转入“工程结算”账户的借方，即将“工程施工”账户的余额与“工程结算”账户的余额对冲。（　　）

9. 管理费用是指建筑施工企业施工部门为组织和管理生产经营活动所发生的各项费用。（　　）

10. 财务费用是指建筑施工企业为筹集施工生产经营所需资金等而发生的利息支出、汇兑差额以及相关的金融机构手续费等。（　　）

四、业务题

（一）练习自有施工机械使用费的核算

资料：某建筑施工企业承建的工程任务有 A 和 B 两个项目。2015 年 3 月份独立核算的机械队发生的机械使用费情况如表 10-13 所示，机械作业量情况如表 10-14 所示。

表 10-13　自有机械使用费情况表　　单位：元

项目	挖掘机	起重机	搅拌机	总计
操作人员薪酬	8 500	16 500	52 000	77 000
耗用燃料	4 800	6 500	2 500	13 800
提取折旧	3 600	4 700	31 000	39 300
维修费及电费（用银行存款支付）	500	2 000	6 500	9 000
合计	17 400	29 700	92 000	139 100

表 10-14　自有机械作业量情况表

项目	挖掘机/m^3	起重机/台班	搅拌机（预算成本）/元
工程 A	400	30	65 000
工程 B	200	20	35 000
合计	600	50	100 000

要求：（1）根据表 10-14，编制自有机械发生费用时的会计分录。

（2）采用作业量分配法对挖掘机的使用费进行分配，并编制会计分录。

（3）采用台班分配法对起重机的使用费进行分配，并编制会计分录。

（4）采用预算成本分配法对搅拌机的使用费进行分配，并编制会计分录。

（二）练习间接费用的核算

资料：某建筑施工企业第二工程处（施工单位）本月发生下列经济业务：

（1）本月在用临时设施摊销费为 5 000 元。

（2）分配本月施工现场管理人员工资 45 000 元。

（3）计提本月施工单位用固定资产折旧 15 000 元。

（4）以银行存款支付办公费 4 000 元。

（5）以银行存款支付其他费用 1 000 元。

要求：编制上述经济业务的会计分录。

（三）练习工程成本的核算

资料：某建筑施工企业本月“工程施工”账户的期初余额如表 10-15 所示。

表 10-15 “工程施工”账户的期初余额 单位：元

项目	人工费	材料费	机械使用费	其他直接费用	间接费用	余额合计
A 工程	152 000	790 000	21 000	16 500	38 000	1 017 500
B 工程	12 000	53 000	6 200	4 500	15 000	90 700

本月发生下列经济业务：

（1）本月发出材料共计 900 000 元，其中用于 A 工程 550 000 元，用于 B 工程 350 000 元。

（2）以银行存款支付施工机械租赁费 82 000 元，其中用于 A 工程 52 000 元，用于 B 工程 30 000 元。

（3）本月分配人员工资共 112 000 元，其中 A 工程 55 000 元，B 工程 35 000 元，现场管理部门22 000元。

（4）按工资总额的 10%分配职工福利费、按 25%计提各种社会保险费、按 10%计提住房公积金、按 2%计提工会经费、按 1.5%计提职工教育经费。

（5）用银行存款支付施工现场材料及物品的二次搬运费 6 000 元，其中 A 工程 3 500 元，B 工程2 500元。

（6）以银行存款支付水、电费共计 8 000 元，其中 A 工程 4 200 元，B 工程 3 000 元，现场管理部门 800 元。

（7）以现金支付施工现场管理部门的差旅费 1 500 元，办公费 2 500 元，法律咨询费 600 元。

（8）摊销模板、脚手架等周转材料 105 000 元，其中 A 工程 65 000 元，B 工程 40 000 元。

（9）施工现场管理部门固定资产计提折旧 5 800 元。

（10）辅助生产部门运输队，为工程运输材料共计 36 个台班，其中 A 工程用 26 台班，B 工程用 10 台班，本月运输成本为 3 600 元。

（11）本月共发生自有机械使用费 86 000 元，其中 A 工程机械使用费为 56 000 元，B 工程机械使用费为 30 000 元。

（12）用银行存款支付 A 工程现场点交费 1 500 元，检验试验费 1 800 元。

（13）用现金支付 A 工程场地清理费 500 元。

（14）月末，以本月发生的 A 工程、B 工程的实际直接成本为标准，计算分配 A 工程、B 工程本月应负担的间接费用，并结转本月发生的间接费用。

要求：（1）根据本月发生的经济业务编制会计分录。

（2）设置“工程施工——间接费用”多栏式明细账。

（3）按成本核算对象、成本项目设置“合同成本”明细账。

（4）登记“工程施工——间接费用”多栏式明细账。

（5）登记“合同成本”明细账。

（四）练习管理费用的核算

资料：某建筑施工企业行政管理部门 6 月份发生下列经济业务：

（1）购入办公用品 500 元，以现金支付。

（2）分配本月应付职工薪酬 48 000 元。

（3）报销差旅费 8 600 元，以现金支付。

（4）计提本月固定资产折旧 18 000 元。

（5）以银行存款支付业务招待费 3 000 元。

（6）以现金支付咨询服务费 600 元。

（7）月终，结转本月发生的管理费用。

要求：编制上述经济业务的会计分录。

第 11 章

收入及工程价款结算的核算

教学目的：

通过本章的学习，学生应当了解并掌握：

1. 收入的概念、特征和分类
2. 建造合同的内容、类型和构成
3. 建造合同收入的确认方法
4. 建造合同收入的核算
5. 建造合同预计损失的核算
6. 其他业务收入的核算
7. 工程价款结算的含义、内容和依据
8. 工程预付款及工程进度款结算
9. 工程价款结算的核算

第一节　收入概述

一、收入的概念和特征

收入是企业利润的重要来源。收入有广义和狭义之分。

广义的收入是指企业在一定会计期间内经济利益的总流入，其表现形式为资产增加或负债减少而引起的所有者权益增加，但不包括与所有者出资等有关的资产增加或负债减少。

狭义的收入是指企业在销售商品、提供劳务及让渡资产使用权等日常活动中形成的、会导致所有者权益增加但与所有者投入资本无关的经济利益的总流入。

狭义的收入具有以下特征：

1）收入是企业的日常活动中形成的，而不是从偶然的交易或事项中形成的。建筑施工企业的日常活动包括建筑施工企业承包工程、销售产品、销售材料、提供机械作业和运输作业、出租固定资产、出租脚手架和模板等，这些日常活动取得的收益应作为收入核算。而有些交易或事项虽然能为企业带来经济利益，但不属于企业的日常活动，如建筑施工企业出售固定资产是企业偶发的交易，由于不是企业的日常活动(因为企业取得固定资产的目的是为了使用而不是出售)，所以企业出售固定资产取得的收益不符合收入的定义要求，不能作为收入核算，而是作为利得核算。

2）收入会引起所有者权益增加。收入可能表现为资产的增加，如银行存款和应收账款的增加；收入也可能表现为负债的减少，如以设备或劳务抵偿债务；或二者兼而有之，如工程款中部分收取现金，部分抵偿债务。根据“资产-负债=所有者权益”的公式可知，在其他条件不变的情况下，企业取得的收入一定能使所有者权益增加。

3）收入与所有者投入资本无关。所有者投入资本虽然能够增加企业的资产，导致经济利益流入企业，但因为不是企业的日常活动形成的，所以也不能作为本企业的收入核算。

需要注意的是：收入不包括为第三方或者客户代收的款项，如企业代扣代缴的各种税费等。因为代收的款项，虽然表现为增加企业的资产，但同时也表现为增加企业的负债，且不会增加企业的所有者权益，所以不能作为本企业的收入核算。

二、收入的分类

收入的分类如图 11-1 所示。

- 广义的收入
  - 狭义的收入
    - 营业收入
      - 建造合同收入
      - 其他业务收入
    - 投资收益
  - 利得
    - 公允价值变动收益
    - 营业外收入

图 11-1　收入的分类

广义的收入分为狭义的收入和利得两部分。

利得是指企业在日常经营活动以外取得的经济利益流入，包括公允价值变动收益、营业外收入等。其中，公允价值变动收益是企业交易性金融资产等公允价值变动形成的收益。营业外收入是企业在日常经营业务以外取得的收入。

狭义的收入包括营业收入和投资收益。营业收入是指企业在从事销售商品、提供劳务和让渡资产使用权等日常经营业务活动中取得的收入。投资收益是指企业在从事各项对外投资活动中取得的净收入，其性质也属于让渡资产使用权取得的收入。

根据企业经营业务的主次，营业收入还可分为主营业务收入和其他业务收入。

主营业务收入是指企业为完成其经营目标从事的经常性活动取得的收入。主营业务收入一般占企业营业收入的比重较大。建筑施工企业的主营业务收入主要是建造合同收入。

其他业务收入也称附营业务收入，是指企业除主营业务以外的其他经营活动取得的收入。其他业务收入一般占企业营业收入的比重较小。建筑施工企业的其他业务收入主要包括销售产品、销售材料、提供机械作业和运输作业劳务、出租固定资产和无形资产等取得的收入。

建筑施工企业的其他业务收入按收入的性质分，又可以分为商品销售收入、提供劳务收入、让渡资产使用权收入三类。建筑施工企业的产品销售收入和材料销售收入，属于商品销售收入。机械作业收入和运输作业收入，属于提供劳务收入。固定资产出租收入和无形资产出租收入属于让渡资产使用权收入。

主营业务收入和其他业务收入的划分标准，一般按照营业执照上注明的主营业务和兼营业务加以确定。但在实际工作中，如果营业执照上注明的兼营业务量较大，且是经常发生的收入，也可归为主营业务收入核算。

第二节　建造合同收入的核算

由于建筑施工企业的主营业务收入主要是建造合同收入，所以在此重点介绍建造合同收入的核算。

一、建造合同的内容和类型

建造合同是指为建造某项资产或者为在设计、技术、功能、最终用途等方面有着密切相关的资产而订立的合同。这里所指的资产，是指房屋、道路、桥梁、水坝等建筑物以及船舶、飞机、大型机械设备等。

按照建造合同价款确定方法的不同，建造合同分为固定造价合同和成本加成合同两种。

固定造价合同是指按照固定的合同价或固定单价确定工程价款的建造合同。固定造价合同中的工程价款是确定的，发包人的资产也是确定的，但承包人的收益是不确定的(只有承包合同的实际成本越小其利润才越大)，因此，在固定造价合同情况下，承包人存在着收益风险。

成本加成合同是指以合同约定或其他方式议定的成本为基础，加上该成本的一定比例或定额费用确定工程价款的建造合同。成本加成合同中，由于加成率或者定额费用固定，因此，建造合同成本存在着不确定性(建造合同成本越大,建造资产的成本越高)，因此，在成本加成合同情况下，建造合同发包人存在着成本过大的风险。

二、建造合同收入的构成

建造合同收入包括合同规定的初始收入和因合同变更、索赔、奖励等形成的追加收入两部分。

1）合同规定的初始收入是指建筑施工企业与客户在双方签订的合同中最初商定的合同总金额，它构成了合同收入的基本内容。

2）合同的追加收入是指在合同执行过程中由于合同变更、索赔、奖励等原因而形成的追加收入。建筑施工企业不能随意确认追加收入，按照《企业会计准则第15号——建造合同》的规定，只有在符合规定条件时才能构成合同总收入。

合同变更是指客户为改变合同规定的作业内容而提出的调整。合同变更款同时满足下列条件的，才能构成合同收入：

1）客户能够认可因变更而增加的收入。

2）收入能够可靠计量。

索赔款是指因客户或第三方的原因造成的、向客户或第三方收取的、用以补偿不包括在合同造价中的追加款项。索赔款同时满足下列条件的，才能构成合同收入：

1）根据谈判情况，预计对方能够同意这项索赔。

2）对方同意接受的金额能够可靠计量。

奖励款是指工程达到或超过规定的时间或质量标准，客户同意支付的额外款项。奖励款同时满足下列条件的，才能构成合同收入：

1）根据目前合同完成情况，足以判断工程进度和工程质量能够达到或超过既定的标准。

2）奖励金额能够可靠计量。

三、建造合同收入的确认方法

《企业会计准则第15号——建造合同》第十八条规定：“资产负债表日，建造合同的结果能够可靠估计的，应当根据完工百分比法确认合同收入和合同费用。”因此，建造合同收入的确认原则是：判断建造合同的结果能否可靠估计。如果建造合同的结果能够可靠估计，则企业应采用完工百分比法于资产负债表日确认合同收入和合同费用。如果建造合同的结果不能可靠估计，则不能按照完工百分比法确认收入与费用。

（一）判断建造合同的结果能否可靠估计的条件

由于建造合同的类型不同（有固定造价合同和成本加成合同之分），判断建造合同的结果能够可靠估计的条件也不相同。

1. 固定造价合同的结果能够可靠估计的条件

固定造价合同的结果能够可靠估计是指同时满足下列条件：

1）合同总收入能够可靠计量。

2）与合同相关的经济利益很可能流入企业。

3）实际发生的合同成本能够清楚地区分和可靠地计量。

4）合同完工进度和为完成合同尚需发生的成本能够可靠地确定。

2. 成本加成合同的结果能够可靠估计的条件

成本加成合同的结果能够可靠估计是指同时满足下列条件：

1）与合同相关的经济利益很可能流入企业。

2）实际发生的合同成本能够清楚地区分和可靠地计量。

（二）建造合同的结果能够可靠估计情况下建造合同收入的确认

建造合同的结果能够可靠估计是企业采用完工百分比法确认建造合同收入和费用的前提条件。如果建造合同的结果能够可靠估计，则对于尚未完工的在建合同，企业应根据完工百分比法在资产负债表日确认合同收入和合同费用。完工百分比法在运用过程中有两个步骤：一是确定建造合同的完工百分比即完工进度；二是根据完工百分比计算和确认当期的合同收入和合同费用。

1. 确定建造合同的完工百分比

完工百分比法是根据合同完工进度确认合同收入和合同费用的方法。确定建造合同的完工百分比也就是确定完工进度，具体确认方法有以下三种：

（1）按累计实际发生的合同成本占合同预计总成本的比例确定合同完工进度　按累计实际发生的合同成本占合同预计总成本的比例确定合同完工进度的方法，是确定合同完工进度较常用的方法。计算公式如下：

$$合同完工进度=\frac{累计实际发生的合同成本}{合同预计总成本}\times100\%$$

采用此法确定完工进度时，公式中的“累计实际发生的合同成本”不包括下列内容：

1）施工中尚未安装或使用的材料成本等与合同未来活动相关的合同成本。

2）在分包工程的工作量完成之前预付给分包单位的款项。

【例 11-1】 甲建筑施工企业与客户签订了一项总金额为 2 500 万元的建造合同，合同规定的建设期为三年。第一年发生实际合同成本 600 万元，年末预计为完成合同尚需发生成本 1 400 万元；第二年发生实际合同成本 800 万元，年末预计为完成合同尚需发生成本 600 万元。第一年和第二年的合同完工进度计算如下：

$$第一年合同完工进度=\frac{600\ 万元}{(600+1\ 400)\ 万元}\times 100\%=30\%$$

$$第二年合同完工进度=\frac{(600+800)\ 万元}{(600+800+600)\ 万元}\times 100\%=70\%$$

（2）按已经完成的合同工作量占合同预计总工作量的比例确定合同完工进度　按已经完成的合同工作量占合同预计总工作量的比例确定合同完工进度的方法，适用于合同工作量容易确定的建造合同，如道路工程、土石方工程、砌筑工程等。计算公式如下：

$$合同完工进度=\frac{已经完成的合同工作量}{合同预计总工作量}\times 100\%$$

【例 11-2】　某路桥工程公司签订了一项修建一条 100km 公路的建造合同，合同规定的总金额为 8 000 万元，工期为三年。该公司第一年修建了 35km，第二年修建了 40km。根据上述资料，计算合同完工进度如下：

$$第一年合同完工进度=\frac{35km}{100km}\times 100\%=35\%$$

$$第二年合同完工进度=\frac{(35+40)\ km}{100km}\times 100\%=75\%$$

（3）实地测定的完工进度　实地测定的完工进度是指在无法根据上述两种方法确定完工进度时，由专业人员到现场进行科学测定，并以测定的完工进度作为实际完工进度进行确认的方法，适用于如水下施工项目等一些特殊建造合同的完工进度确定。

2. 确认当期的合同收入和费用

在确定建造合同的完工百分比即完工进度之后，就可以根据完工百分比计算和确认当期的合同收入和合同费用。按照《企业会计准则第 15 号——建造合同》的规定，在资产负债表日，确认当期的合同收入和合同费用可用下列公式表示：

当期确认的合同收入=合同总收入×累计完工进度-以前会计期间累计已确认的收入

当期确认的合同费用=合同预计总成本×累计完工进度-以前会计期间累计已确认的合同费用

当期确认的合同毛利=当期确认的合同收入-当期确认的合同费用

【例 11-3】　甲建筑施工企业签订了一项合同总造价为 1 000 万元的建造合同，承建一座桥梁，估计成本为 800 万元。工程已于 2015 年 5 月开工，预计 2017 年 10 月完工。各年度相关资料如表 11-1 所示。

表 11-1　建造桥梁工程的相关资料　　单位：万元

项目	2015 年	2016 年	2017 年
本期实际投入成本	200	400	200
累计实际发生成本	200	600	800
预计完成合同尚需发生成本	600	200	—
已结算合同价款	400	400	200
实际收到价款	300	400	300

假定该项目按年度来确认合同收入和合同费用，相关计算如下：

（1）2015 年：

$$2015\text{ 年完工进度}=\frac{200\text{ 万元}}{(200+600)\text{ 万元}}\times 100\%=25\%$$

2015 年应确认合同收入＝1 000 万元×25%－0＝250 万元

2015 年应确认合同毛利＝(250－200) 万元＝50 万元

（2）2016 年：

$$2016\text{ 年完工进度}=\frac{600\text{ 万元}}{(600+200)\text{ 万元}}\times 100\%=75\%$$

2016 年应确认合同收入＝1 000 万元×75%－250 万元＝500 万元

2016 年应确认合同毛利＝(500－400) 万元＝100 万元

（3）2017 年：

$$2017\text{ 年完工进度}=\frac{800\text{ 万元}}{800\text{ 万元}}\times 100\%=100\%$$

2017 年应确认合同收入＝(1 000×100%－250－500) 万元＝250 万元

2017 年应确认合同毛利＝(250－200) 万元＝50 万元

（三）建造合同的结果不能可靠估计情况下建造合同收入的确认

按照《企业会计准则第 15 号——建造合同》第二十五条的规定，建造合同的结果不能可靠估计的，合同收入与合同费用的确认应区别不同的情况处理。

1）合同成本能够收回的，合同收入根据能够收回的实际合同成本予以确认，合同成本在其发生的当期确认为合同费用。

2）合同成本不能收回的，在发生时立即确认为合同费用，不确认合同收入。

使建造合同的结果不能可靠估计的不确定因素不复存在的，应当按规定确认与建造合同有关的收入和费用。

四、建造合同收入的账务处理

（一）账户设置

为了核算建造合同的收入与费用，建筑施工企业应当设置“应收账款”“预收账款”“工程施工”“主营业务收入”“主营业务成本”“营业税金及附加”等账户，并根据管理的需要具体设置明细账户进行明细核算。其中“预收账款”和“工程施工”账户在前面各章中已经介绍过，在此不再重复。

1. “应收账款”账户

“应收账款”账户属于资产类账户，用于核算建筑施工企业的应收和实际已收的工程进度款，预收的备料款也在该账户中核算。已向客户开出工程价款结算账单的应收的工程进度款应记入该账户的借方，预收的备料款和实际收到的工程进度款记入该账户的贷方，期末借方余额表示企业应收未收款项。

2. “主营业务收入”账户

“主营业务收入”账户属于损益类账户，用于核算建筑施工企业当期确认的合同收入。当期确认的合同收入记入该账户的贷方，期末，将该账户的余额全部转入“本年利润”账户，结转后，该账户应无余额。

3. “主营业务成本”账户

“主营业务成本”账户属于损益类账户，用于核算当期确认的合同费用。当期确认的合同费用记入该账户的借方，期末，将该账户的余额全部转入“本年利润”账户，结转后，该账户应无余额。

4. “营业税金及附加”账户

“营业税金及附加”账户属于损益类账户，用于核算建筑施工企业的主营业务收入按规定应缴纳的营业税(营业税改增值税(以下简称营改增)后将不包括此项)、城市维护建设税和教育费附加。其他经营活动发生的税金及附加也通过该账户核算。借方登记月份终了按规定计算得出的应由主营业务收入和其他业务收入负担的营业税金及附加；贷方登记期末转入“本年利润”账户的营业税金及附加；结转后该账户应无余额。

城市维护建设税是对缴纳增值税、消费税、营业税(以下简称三税,营改增后将不包括营业税,下同)的单位和个人，以其实际缴纳的税额为计算依据征收的一种税，其税率有7%、5%和3%三档。

教育费附加是对缴纳增值税、消费税、营业税的单位和个人，以其实际缴纳的税额为计算依据征收的一种附加费。教育费附加具有税收的特征，是一种专门用于发展地方教育事业、扩大地方教育经费的专用资金。教育费附加以纳税人实际缴纳三税的税额为计征依据，其计征的比例为三税税额的3%。

教育费附加在“应交税费——应交教育费附加”账户中核算。在计提教育费附加时，按照缴纳三税的业务性质不同，分别借记“营业税金及附加”或“其他业务成本”等账户，贷记“应交税费——应交教育费附加”账户。实际缴纳教育费附加时，借记“应交税费——应交教育费附加”账户，贷记“银行存款”账户。

(二) 建造合同收入的核算程序

建造合同收入与费用的核算程序如下：

1）施工项目通过“工程施工——合同成本”账户归集工程施工成本。

2）施工项目与业主、总包方进行工程价款结算。

3）期末，施工项目按照完工进度确认合同收入与费用。

4）工程项目结束后，将“工程施工”与“工程结算”账户对冲结平。

【例11-4】 承【例11-3】，甲建筑施工企业各期末(为了简化处理,在此假定该项目按年度核算)，根据企业发生的经济业务情况按年度进行如下相关业务处理(在此不考虑相关税费)：

(1) 领用材料、发生人工费等费用时的核算。

(2) 计算完工进度，确认合同收入与费用，并编制确认合同收入与费用时的会计分录。

(3) 编制结算合同价款，确认应收工程价款时的会计分录。

(4) 编制收取工程价款时的会计分录。

(5) 编制2017年工程完工结转工程成本时的会计分录。

甲建筑施工企业各年度的有关账务处理如下：

(1) 2015年的账务处理

1) 当工程领用材料、发生人工费时，应计入工程成本：

借：工程施工——合同成本（桥梁工程） 2 000 000

贷：原材料、应付职工薪酬等 2 000 000

2）完工进度计算见【例 11-3】，根据计算结果，确认 2015 年合同收入和费用时：

借：主营业务成本 2 000 000

工程施工——合同毛利 500 000

贷：主营业务收入 2 500 000

3）根据合同规定，2015 年确认应收工程价款时：

借：应收账款——应收工程款 4 000 000

贷：工程结算 4 000 000

4）实际收取工程价款时：

借：银行存款 3 000 000

贷：应收账款——应收工程款 3 000 000

（2）2016 年的账务处理

1）当工程领用材料、发生人工费时，应计入工程成本：

借：工程施工——合同成本（桥梁工程） 4 000 000

贷：原材料、应付职工薪酬等 4 000 000

2）完工进度计算见【例 11-3】，根据计算结果，确认 2016 年合同收入和费用时：

借：主营业务成本 4 000 000

工程施工——合同毛利 1 000 000

贷：主营业务收入 5 000 000

3）根据合同规定，2016 年确认应收工程价款时：

借：应收账款——应收工程款 4 000 000

贷：工程结算 4 000 000

4）实际收取工程价款时：

借：银行存款 4 000 000

贷：应收账款——应收工程款 4 000 000

（3）2017 年的账务处理

1）当工程领用材料、发生人工费时，应计入工程成本：

借：工程施工——合同成本（桥梁工程） 2 000 000

贷：原材料、应付职工薪酬等 2 000 000

2）完工进度计算见【例 11-3】，根据计算结果，确认 2017 年合同收入和费用时：

借：主营业务成本 2 000 000

工程施工——合同毛利 500 000

贷：主营业务收入 2 500 000

3）根据合同规定，2017 年确认应收工程价款时：

借：应收账款——应收工程款 2 000 000

贷：工程结算 2 000 000

4）实际收取工程价款时：

借：银行存款 3 000 000

　　贷：应收账款——应收工程款　　　　3 000 000

5）2017 年工程完工结转工程成本时：

借：工程结算　　　　10 000 000

　　贷：工程施工——合同成本　　　　8 000 000

　　　　　　　　——合同毛利　　　　2 000 000

五、建造合同预计损失的核算

建筑施工企业正在建造的工程，属于建筑施工企业的存货，期末应对其进行减值测试。按照《企业会计准则第 15 号——建造合同》第二十七条的规定，合同预计总成本超过合同总收入的，应当将预计损失确认为当期费用。在合同完成时，已提取的损失准备应冲减合同费用。

本期预计的合同损失的计算可用公式表示如下：

本期预计的合同损失=（预计总成本-预计总收入）×（1-累计完工进度）

为了核算建造合同计提的预计损失准备情况，建筑施工企业应设置“存货跌价准备——合同预计损失准备”账户。该账户属于资产类账户，是有关存货账户的备抵调整账户，贷方登记在建合同计提的损失准备，借方登记合同完工时转销的合同预计损失准备，期末余额一般在贷方，反映尚未完工建造合同已计提的损失准备。该账户应按施工合同设置明细账，进行明细核算。在建造合同完工后，按该账户的余额调整“主营业务成本”账户。

会计业务处理时，按照应计提的资产减值损失金额，借记“资产减值损失”账户，贷记“存货跌价准备——合同预计损失准备”账户。合同预计损失减少时，做相反分录，在前期累计预计的合同损失范围内冲回。

【例 11-5】　假定某建筑施工企业的一项固定造价合同总造价为 200 万元，预计总成本为 180 万元。第一年实际发生的成本为 130 万元。年末，预计为完成合同尚需发生成本为 90 万元。该合同的结果能够可靠估计，该企业的相关会计处理如下：

第一年合同完工进度$=\frac{130\text{ 万元}}{(130+90)\text{ 万元}}\times 100\%=59\%$

第一年确认的合同收入=200 万元×59%=118 万元

第一年确认的合同费用=(130+90)万元×59%=129.8 万元

第一年确认的合同毛利=(118-129.8)万元=-11.8 万元

第一年预计的合同损失=[(130+90)-200]万元×(1-59%)=8.2 万元

根据资料和计算结果编制如下会计分录：

借：主营业务成本　　　　1 298 000

　　贷：主营业务收入　　　　1 180 000

　　　　工程施工——合同毛利　　　　118 000

借：资产减值损失　　　　82 000

　　贷：存货跌价准备——合同预计损失准备　　　　82 000

第三节 其他业务收入的核算

一、其他业务收入的内容和分类

建筑施工企业除工程施工外因开展其他业务活动而取得的收入属于其他业务收入。主要包括：

1）产品销售收入。产品销售收入是指建筑施工企业或其所属内部独立核算的工业企业，将其生产各种产品销售给外单位或本企业其他内部独立核算单位所取得的收入。

2）机械作业收入。机械作业收入是指建筑施工企业或其所属内部独立核算的机械站、运输队等，对外单位或本企业其他内部独立核算单位提供机械作业、运输作业等劳务所取得的收入。

3）材料销售收入。材料销售收入是指建筑施工企业或其所属内部独立核算的材料供应单位，向外单位或本企业其他内部独立核算单位销售材料所取得的收入。

4）固定资产出租收入。固定资产出租收入是指建筑施工企业出租固定资产所取得的租金收入。

5）无形资产出租收入。无形资产出租收入是指建筑施工企业出租无形资产所取得的租金收入。

6）其他收入。其他收入是指建筑施工企业取得的除上述收入以外的其他各项收入。

建筑施工企业的其他业务收入按收入的性质分类，又可以分为商品销售收入、提供劳务收入、让渡资产使用权收入三类。建筑施工企业的产品销售收入和材料销售收入，属于商品销售收入。机械作业收入和运输作业收入，属于提供劳务收入。固定资产出租收入和无形资产出租收入属于让渡资产使用权收入。

二、其他业务收入的确认

1. 商品销售收入的确认

建筑施工企业的商品销售，根据《企业会计准则第 14 号——收入》的规定，企业销售商品收入的确认必须同时满足下列五个条件：

（1）企业已将商品所有权上的主要风险和报酬转移给购货方　企业已将商品所有权上的主要风险和报酬转移给购货方是指与商品所有权有关的主要风险和报酬同时转移给了购货方。其中，与商品所有权有关的风险是指商品可能发生减值或毁损等形成的损失；与商品所有权有关的报酬是指商品价值增值或通过使用商品等形成的经济利益。

判断企业是否已将商品所有权上的主要风险和报酬转移给购货方，应当同时考虑所有权凭证的转移或实物的交付。如果与商品所有权有关的任何损失均不需要销货方承担，与商品所有权有关的任何经济利益也不归销货方所有，就意味着商品所有权上的主要风险和报酬转移给了购货方。

（2）企业既没有保留通常与所有权相联系的继续管理权，也没有对已售出的商品实施有效控制　通常情况下，企业售出商品后不再保留与商品所有权相联系的继续管理权，也不再对售出商品实施有效控制，商品所有权上的主要风险和报酬已经转移给购货方，应在发出商品时确认收入。

如果商品售出后，企业仍保留与商品所有权相联系的继续管理权，则说明此项销售交易没有完成，销售不能成立，不应确认销售商品收入。同样，如果商品售出后，企业仍对商品可以实施有效控制，也说明销售不能成立，不应确认销售商品收入。

（3）收入的金额能够可靠地计量　收入的金额能够可靠地计量是指收入的金额能够合理地估计。如果收入的金额不能够合理估计，就无法确认收入。企业在销售商品时，商品销售价格通常已经确定。但是，由于销售商品过程中某些不确定因素的影响，也有可能存在商品销售价格发生变动的情况。在新的商品销售价格未确定前通常不应确认销售商品收入。

（4）相关的经济利益很可能流入企业　相关的经济利益很可能流入企业是指销售商品价款收回的可能性大于不能收回的可能性，即销售商品价款收回的可能性超过 50%。企业销售的商品符合合同或协议要求，已将发票账单交付买方，买方承诺付款，通常表明满足本确认条件（相关的经济利益很可能流入企业）。如果企业判断销售商品收入满足确认条件确认了一笔应收债权，以后由于购货方资金周转困难无法收回该债权，则不应调整原确认的收入，而应对该债权计提坏账准备、确认坏账损失。

（5）相关的已发生或将发生的成本能够可靠地计量　通常情况下，销售商品相关的已发生或将发生的成本能够合理地估计，如商品的成本、商品运输费用等。如果商品是本企业生产的，则其生产成本能够可靠计量；如果是外购的，则购买成本能够可靠计量。有时，销售商品相关的已发生或将发生的成本不能够合理地估计，此时企业不应确认收入，已收到的价款应确认为负债。

2. 提供劳务收入的确认

提供劳务收入是指企业通过提供机械作业和运输作业等而取得的收入。企业取得的劳务收入，一般根据劳务的开始和完成是否属于同一会计期间、劳务交易的结果是否能够可靠估计等具体情况进行确认。

在同一会计期间内开始并完成的劳务，应当在劳务完成时以合同或协议总金额确认收入。

劳务的开始和完成分属不同的会计期间，并且劳务交易的结果能够可靠计量，则应按完工百分比法确认相关的收入。

当同时满足以下条件时，劳务交易的结果能可靠地估计：①收入的金额能够可靠地计量；②相关的经济利益很可能流入企业；③劳务的完成程度能够可靠地确定；④交易中已发生和将发生的成本能够可靠计量。

完工百分比法的有关内容及计算，参见本章第二节。

3. 让渡资产使用权收入的确认

让渡资产使用权收入是指企业通过让渡资产使用权所取得的收入。建筑施工企业的固定资产出租收入和无形资产出租收入属于让渡资产使用权收入。

让渡资产使用权收入同时满足下列条件的，才能予以确认：

1）相关的经济利益很可能流入企业。

2）收入的金额能够可靠地计量。

三、其他业务收入的账务处理

（一）账户设置

1. “其他业务收入”账户

为了核算企业其他业务收入的发生情况，应设置“其他业务收入”账户。该账户属于损益类账户，其贷方登记企业从事其他业务实现的收入，借方登记期末转入“本年利润”账户的其他业务收入，结转后该账户无余额。该账户可按收入种类设置明细账，进行明细核算。

2. “其他业务成本”账户

与其他业务收入相关的支出，如出租固定资产的折旧额、出租无形资产的摊销额等，应通过“其他业务成本”账户核算。该账户属于损益类账户，账户的借方登记企业发生的其他业务成本，贷方登记期末转入“本年利润”账户的其他业务成本，结转后该账户无余额。该账户应与“其他业务收入”同口径设置明细账，进行明细核算。

（二）其他业务收入的具体核算

1. 商品销售收入的核算

企业经确认符合收入确认条件的本期实现的销售商品收入，按已收或应收的合同或协议价款，借记“银行存款”“应收账款”“应收票据”等账户，按确认的收入金额，贷记“其他业务收入”账户；在确认收入的同时或在资产负债表日，按已销商品的账面价值结转销售成本，借记“其他业务成本”等账户，贷记“原材料”等账户。企业应缴纳的消费税、城市建设维护税、资源税、教育费附加等税费金额，应在销售商品的同时或在资产负债表日，按相关税费的金额，借记“营业税金及附加”账户，贷记“应交税费——应交消费税（或应交城市维护建设税、应交资源税等）”账户。

【例 11-6】 甲建筑施工企业采用支票结算方式销售主要材料一批，价款 20 000 元。该批材料的生产成本为 16 000 元。甲建筑施工企业根据有关凭证，进行如下会计处理：

借：银行存款	20 000	
贷：其他业务收入		20 000
借：其他业务成本	16 000	
贷：原材料		16 000

【例 11-7】 甲建筑施工企业采用托收承付结算方式向乙公司销售主要材料一批，价款 30 000 元，已办妥托收手续。该批材料的成本为 24 000 元。甲建筑施工企业根据有关凭证，进行如下会计处理：

借：应收账款	30 000	
贷：其他业务收入		30 000
借：其他业务成本	24 000	
贷：原材料		24 000

2. 提供劳务收入的核算

提供运输服务和机械作业劳务时，按已收或应收的合同或协议价款，借记“银行存款”“应收账款”等账户，按确认的收入金额，贷记“其他业务收入”账户；在资产负债表日，按运输设备和机械设备提供服务时发生的材料费、人工费等，借记“其他业务成本”等账户，贷记“原材料”“应付职工薪酬”等账户。

【例 11-8】 甲建筑施工企业所属运输队对外提供运输服务，完成运输作业后，当即收到对方签发的转账支票一张，金额为 5 000 元。根据有关凭证，甲建筑施工企业会计处理如下：

借：银行存款　　5 000

　　贷：其他业务收入　　5 000

【例 11-9】 承【例 11-8】，甲建筑施工企业月末，对外提供运输服务时领用燃料 1 200 元，发生人工费 1 800 元。甲建筑施工企业会计处理如下：

借：其他业务成本——机械作业　　3 000

　　贷：原材料　　1 200

　　　　应付职工薪酬　　1 800

3. 让渡资产使用权收入的核算

企业对外出租固定资产或无形资产时，按已收或应收的租金，借记“银行存款”“应收账款”等账户，按确认的收入金额，贷记“其他业务收入”账户；月末计提出租固定资产折旧或出租无形资产摊销时，按其折旧额或摊销额，借记“其他业务成本”等账户，贷记“累计折旧”“累计摊销”等账户。

【例 11-10】 甲建筑施工企业将一台施工机械出租给外单位使用，按租赁合同规定，月末甲建筑施工企业收到租金 6 000 元，存入银行。根据有关凭证，甲建筑施工企业会计处理如下：

借：银行存款　　6 000

　　贷：其他业务收入　　6 000

【例 11-11】 承【例 11-10】，甲建筑施工企业月末，计提对外出租施工机械的折旧 1 500 元。甲建筑施工企业会计处理如下：

借：其他业务成本——出租固定资产折旧　　1 500

　　贷：累计折旧　　1 500

第四节　工程价款结算的核算

一、工程价款结算的含义及内容

工程价款结算是指建筑施工企业因承包建筑安装工程，按照承包合同的规定向发包单位点交已完工程，收取工程价款的行为。正确及时地办理工程价款结算，不但可以及时补偿企业在施工生产过程中发生的资金耗费，还可以促使承包方和发包方切实履行承包和发包合同，保证建筑施工任务得以顺利完成。

工程价款结算的内容包括工程预付款的结算、工程进度款的结算和工程竣工价款的结算。

二、工程价款结算的依据

财政部、建设部(现为住房和城乡建设部)颁布的《建设工程价款结算暂行办法》规定，工程价款结算应按合同约定办理，合同未做约定或约定不明的，发、承包双方应依照下列规定与文件协商处理：

1）国家有关法律、法规和规章制度。

2）国务院建设行政主管部门，省、自治区、直辖市或有关部门发布的工程造价计价标准、计价办法等有关规定。

3）建设项目的合同、补充协议、变更签证和现场签证，以及经发、承包人认可的其他有效文件。

4）其他可依据的材料。

三、工程预付款的结算

《建设工程价款结算暂行办法》规定，包工包料工程的预付款按合同约定拨付，原则上预付比例不低于合同金额的10%，不高于合同金额的30%，对重大工程项目，按年度工程计划逐年预付。

预付的工程款必须在合同中约定抵扣方式，并在工程进度款中进行抵扣。

凡是没有签订合同或不具备施工条件的工程，发包人不得预付工程款，不得以预付款为名转移资金。

四、工程进度款的结算

工程进度款的结算方式主要包括两种：

1. 按月结算

按月结算是指在旬末或月中预支工程款，月终时按已完的分部分项工程结算工程价款的一种结算方式。主要适用于工期长、造价高、定期结算工程价款的工程。跨年度施工的工程，在年终进行工程盘点，办理年度结算，竣工后再办理工程价款的清算。

2. 分段结算

分段结算是指按月预支工程款，当年开工、当年不能竣工的工程，按照工程形象进度，划分不同阶段结算工程进度款的一种结算方式。主要适用于工程形象进度(如分部分项工程)容易确定或合同中明确规定了在分部分项工程完成时进行结算的工程。

五、工程竣工价款的结算

工程竣工价款的结算是指建筑施工企业按照合同的规定全部完成所承包的工程，经验收质量合格，向发包单位进行的最终工程价款的结算。工程竣工价款的结算是确定工程最终造价、确定施工单位最终工程收入，以及施工单位与建设单位结清工程价款并完结经济合同责任的依据，也是建设单位编制竣工决算的基础资料。

工程竣工价款的结算方式有单位工程竣工结算、单项工程竣工结算和建设项目竣工总结算三种。

当年开工、当年竣工的工程，只需办理一次性结算。

跨年度的工程，在年终办理一次年终结算，将未完工程转到下一个年度。工程竣工后再办理工程价款的清算。

六、工程价款结算的账务处理

1. 与发包单位进行工程价款的结算

为了总括地核算和监督与发包单位的工程价款结算情况，建筑施工企业除应设置"应收账款""预收账款"账户外，还应设置"工程结算"账户。"工程结算"账户是成本类账户，是"工程施工"账户的备抵账户，用于核算企业根据合同完工进度已向客户开出工程价款结算账单办理结算的价款。其贷方登记已向客户开出工程价款结算账单办理结算的款项；借方在合同完成前不登记；期末贷方余额，反映企业在建合同累计已办理结算的工程价款。合同完成后该账户与"工程施工"账户对冲后结平。

【例 11-12】 甲建筑施工企业承包一项工程，工程合同造价 100 万元，工程合同规定按合同造价的 25%预付备料款。工程款实行月中预收，月末按进度进行结算。

(1) 开工前，收到发包单位按合同规定拨付的工程备料款 25 万元，存入银行。

借：银行存款	250 000	
贷：预收账款——预收备料款		250 000

(2) 月中开出工程价款预收账单，向发包单位预收工程款 100 000 元，已存入银行。

借：银行存款	100 000	
贷：预收账款——预收工程款		100 000

(3) 月末，开出工程价款结算账单与发包单位办理工程价款结算，本月已完工程价款 200 000 元。

借：应收账款——应收工程款	200 000	
贷：工程结算		200 000

(4) 本月按规定应扣还预收工程款 100 000 元，扣回预收备料款 50 000 元。

借：预收账款——预收备料款	50 000	
——预收工程款	100 000	
贷：应收账款——应收工程款		150 000

(5) 收到发包单位支付的工程款 50 000 元，存入银行。

借：银行存款	50 000	
贷：应收账款——应收工程款		50 000

2. 与分包单位进行工程价款的结算

一个建筑施工企业作为总包单位与建设单位(发包单位)签订施工合同后，有可能将专业工程或其他工程分包给其他建筑施工企业或专业施工队，并与之签订分包合同。分包单位应对总包单位负责，总包单位则对建设单位负责。

分包单位所完成的工程，应通过总包单位向发包单位办理工程价款结算，再由总包单位与分包单位办理结算。总、分包单位需要预付备料款的情况下都应由发包单位供应，其中总包单位按照工程量和分包合同规定再预付备料款和工程款给分包单位，并与分包单位进行工程价款结算。

为了核算和监督与分包单位工程价款的结算情况，建筑施工企业应设置“预付账款——预付分包单位款”账户和“应付账款——应付工程款”账户进行核算。

1）“预付账款——预付分包单位款”账户属于资产类账户。用于核算建筑施工企业按规定预付给分包单位的工程款和备料款。其借方登记预付给分包单位的工程款和备料款，以及拨付给分包单位抵作备料款的材料价值；贷方登记与分包单位结算已完工程价款时，从应付分包单位工程价款中扣回的预付工程款和备料款；期末借方余额反映尚未扣回的预付分包工程款和备料款。该账户应按分包单位名称设置明细账户，进行明细分类核算。

2）“应付账款——应付工程款”账户属于负债类账户。用于核算建筑施工企业与分包单位办理工程价款结算时，按照合同规定应付给分包单位的工程款。贷方登记应付给分包单位的工程款；借方登记实际支付给分包单位的工程款和根据合同规定扣回的预付分包工程款和备料款；期末贷方余额反映尚未支付的应付分包工程款。该账户按分包单位名称设置明细账户，进行明细分类核算。

【例 11-13】 甲建筑施工企业将一专业工程分包给外单位施工，该单位工程造价为 80 万元，工程款月中预支、月末按进度结算。

（1）企业用银行存款预付分包单位备料款 20 万元。

借：预付账款——预付分包单位款　　200 000

　　贷：银行存款　　200 000

（2）企业与发包单位办好手续，由发包单位直接拨给分包单位材料一批价值 5 万元，抵作预付备料款。

借：预付账款——预付分包单位款　　50 000

　　贷：预收账款——预收备料款　　50 000

（3）月中预付分包单位工程款 6 万元。

借：预付账款——预付分包单位款　　60 000

　　贷：银行存款　　60 000

（4）月末，根据分包单位提交的工程价款结算账单，应付已完工程价款 15 万元。

借：工程施工　　150 000

　　贷：应付账款——应付工程款　　150 000

（5）根据合同规定，从应付分包工程款中扣回预付分包工程款 6 万元和预付备料款 5 万元。

借：应付账款——应付工程款　　110 000

　　贷：预付账款——预付分包单位款　　110 000

（6）用银行存款支付该月应付给分包单位的工程价款 4 万元。

借：应付账款——应付分包单位款　　40 000

　　贷：银行存款　　40 000

思考题

1. 什么是收入？如何分类？

2. 什么是建造合同？什么是固定造价合同？什么是成本加成合同？
3. 建造合同收入包括哪两部分？
4. 判断固定造价合同的结果能够可靠估计的条件有哪些？
5. 判断成本加成合同的结果能够可靠估计的条件有哪些？
6. 什么是完工百分比法？完工百分比的具体确认方法有哪三种？
7. 什么是其他业务收入？建筑施工企业的其他业务收入包括哪些内容？
8. 什么是工程价款结算？工程价款结算方式有哪些？

练 习 题

一、单项选择题

1. 下列各项中，属于建筑施工企业主营业务收入的是(　　)。

A. 销售产品收入　B. 销售材料收入　C. 出租固定资产收入　D. 建造合同收入

2. 下列各项中属于建造合同收入基本内容的是(　　)。

A. 合同中规定的初始收入　B. 与合同相关的收入

C. 因合同奖励形成的收入　D. 因合同索赔形成的收入

3. 下列各项中，属于让渡资产使用权收入的是(　　)。

A. 出租设备收取的租金　B. 销售材料取得的收入

C. 受赠的设备　D. 销售固定资产取得的收入

4. 建造合同预计损失核算，应通过(　　)账户核算。

A. “工程施工”　B. “资产减值损失”

C. “存货跌价准备——合同预计损失准备”　D. “管理费用”

5. 下列项目中，属于“工程施工”账户备抵账户的是(　　)。

A. 营业外收入　B. 机械作业　C. 工程结算　D. 应收账款

二、多项选择题

1. 按照建造合同价款确定方法的不同，建造合同分为(　　)。

A. 固定造价合同　B. 成本加成合同　C. 费率合同　D. 预算费用合同

2. 下列各项中属于建造合同收入内容的有(　　)。

A. 合同中规定的初始收入　B. 与合同无关的收入

C. 因合同奖励形成的收入　D. 因合同索赔形成的收入

3. 确定建造合同的完工百分比的具体方法有(　　)。

A. 按累计实际发生的合同成本占合同预计总成本的的比例确定合同完工进度

B. 按已经完成的合同工作量占合同预计总工作量的比例确定合同完工进度

C. 实地测定的完工进度

D. 按已经实现的合同收入占合同预计总收入的比例确定合同完工进度

4. 下列各项中，属于建筑施工企业其他业务收入的有(　　)。

A. 材料销售收入　B. 建造合同收入　C. 机械作业收入　D. 固定资产出租收入

5. 工程进度款的结算方式有(　　)。

A. 竣工后一次结算　B. 按月结算　C. 分段结算　D. 结算双方约定的方式

三、判断题

1. 建筑施工企业的主营业务收入主要是销售产品的收入。　(　　)

2. 固定造价合同是指以合同约定或其他方式议定的成本为基础，加上该成本的一定比例或定额费用确定工程价款的建造合同。　(　　)

3. 建筑施工企业在合同执行过程中由于合同变更、索赔、奖励等原因而形成的追加收入是构成合同收

入的基本内容。（ ）

4. 建造合同的完工百分比就是建造合同的完工进度。（ ）

5. 建造合同的结果不能够可靠估计时，如果合同成本不能收回，则在发生时立即确认为合同费用，不确认合同收入。（ ）

四、业务题

（一）练习建造合同收入的核算

资料：某建筑施工企业签订了一项合同总造价为 3 500 万元的建造合同，承建住宅项目，最初预计工程总成本为 3 000 万元。工程于 2015 年 5 月开工，预计 2017 年 8 月完工。建造该项工程的相关资料如表 11-2 所示。

表 11-2 建造住宅工程的相关资料 单位：万元

项目	2015 年	2016 年	2017 年
至目前为止已发生的成本	1 000	1 900	3 000
预计完成合同尚需发生成本	2 200	1 000	—
已结算合同价款	600	1 800	1 100
实际收到价款	500	1 200	1 800

假定该建造合同的结果能够可靠估计，该企业采用按累计实际发生的合同成本占合同预计总成本的比例确定合同完工进度。

要求：根据上述资料按年度分别进行下列业务处理：

（1）编制实际发生工程成本的会计分录。

（2）编制向业主结算工程价款的会计分录。

（3）编制实际收到价款的会计分录。

（4）计算合同完工进度。

（5）编制确认建造合同收入的会计分录。

（6）编制工程完工将“工程施工”与“工程结算”账户对冲结平的会计分录。

（二）练习工程价款结算的核算

资料：某建筑施工企业承包一项工程，6 月份发生下列经济业务：

（1）开工前，收到建设单位按合同规定预拨工程备料款 160 000 元，存入银行。

（2）月中，根据上半月工程进度向建设单位开出工程价款预收账单，预收工程款 150 000 元，已存入银行。

（3）月末，向建设单位结算已完工程价款 320 000 元，款项尚未收到。

（4）本月按规定从应收工程款中扣还预收工程款 80 000 元，扣回预收备料款 50 000 元。

要求：编制上述经济业务的会计分录。

（三）练习其他业务收入的核算

资料：某建筑施工企业 5 月份发生下列经济业务：

（1）对外销售主要材料一批，收到材料款 8 600 元，存入银行。

（2）出租施工机械一台，收到租金 5 000 元，存入银行。

（3）为外单位提供运输作业，收到运输服务费 2 500 元，存入银行。

（4）结转销售材料的实际成本 7 500 元。

（5）结转运输作业实际成本（燃料及职工薪酬等）1 900 元。

（6）出租的施工机械计提折旧 2 200 元。

要求：编制上述经济业务的会计分录。

第 12 章

利润及利润分配的核算

教学目的：

通过本章的学习，学生应当了解并掌握：

1. 利润的构成
2. 营业外收入和营业外支出的含义及内容
3. 所得税费用的含义及其计算
4. 利润的会计处理
5. 利润分配的程序
6. 利润分配的会计处理

第一节　利润的核算

一、利润的构成

建筑施工企业的利润是指企业一定会计期间的财务成果。利润可以反映企业在一定会计期间的经营业绩和获利能力，也关系到企业的生存和发展及所有者、债权人的权益，甚至关系到国家或地方政府的利益。因此，企业在生产经营过程中应不断增加收入，降低工程或产品的成本和费用，力争取得最大的经济效益。

利润的形成过程主要经过三个主要环节，分别是营业利润、利润总额和净利润，相关计算公式如下：

1. 营业利润

营业利润=营业收入-营业成本-营业税金及附加-销售费用-管理费用-财务费用-资产减值损失+公允价值变动收益(-公允价值变动损失)+投资收益(-投资损失)

其中：

营业收入=主营业务收入+其他业务收入

营业成本=主营业务成本+其他业务成本

建筑施工企业的主营业务收入主要是建造合同收入，主营业务成本主要是建造合同成本。

建筑施工企业发生销售费用金额较少时，可以纳入管理费用中一并处理。

2. 利润总额

利润总额也称税前利润，是指一定会计期间企业在缴纳所得税之前实现的利润。

利润总额=营业利润+营业外收入-营业外支出

3. 净利润

净利润也称税后利润，是指一定会计期间企业的利润总额减去所得税费用后的金额。

净利润 = 利润总额 − 所得税费用

二、营业外收入和营业外支出

建筑施工企业利润构成中的大部分内容在前面各章中已做了介绍，在此主要介绍营业外收入和营业外支出两项。

1. 营业外收入

营业外收入是指企业发生的与生产经营无直接关系的各项收入，主要包括非流动资产处置利得、盘盈利得、捐赠利得、罚没利得、政府补助、非货币性资产交换利得、债务重组利得等。企业确定无法支付的应付账款也作为利得计入营业外收入。非流动资产处置利得包括固定资产处置利得和无形资产出售利得。罚没利得是指企业收取的滞纳金、违约金以及其他形式的罚款，在弥补了由于对方违约而造成的经济损失后的净收益。政府补助是指企业从政府无偿获得货币性资产或非货币性资产形成的利得。为了核算企业营业外收入的发生及结转情况，应设置"营业外收入"账户。

"营业外收入"账户属于损益类账户，用于核算企业营业外收入的增减变动情况，贷方登记企业发生的各项营业外收入，借方登记期末转入"本年利润"账户的营业外收入；期末转入"本年利润"账户后该账户无余额。该账户可按营业外收入的具体项目设置明细账户，进行明细分类核算。

【例 12-1】 甲建筑施工企业接受捐赠 5 000 元，款项存入银行。会计分录如下：

借：银行存款	5 000	
贷：营业外收入		5 000

【例 12-2】 甲建筑施工企业在清查财产过程中，盘盈现金 100 元。经核查未查明具体原因，报经主管领导批准转为营业外收入。甲建筑施工企业根据有关凭证，应进行如下会计处理：

（1）现金盘盈时，根据库存现金盘点报告表，编制如下会计分录：

借：库存现金	100	
贷：待处理财产损溢——待处理流动资产损溢		100

（2）报经主管领导批准后，编制如下会计分录：

借：待处理财产损溢——待处理流动资产损溢	100	
贷：营业外收入		100

2. 营业外支出

营业外支出是指企业发生的与生产经营无直接关系的各项支出，包括非流动资产处置损失、公益性捐赠支出、非常损失、盘亏损失、非货币性资产交换损失、债务重组损失、赔偿金和违约金支出等。非流动资产处置损失包括固定资产处置损失和无形资产出售损失。为了核算企业营业外支出的发生及结转情况，应设置"营业外支出"账户。

"营业外支出"账户属于损益类账户，用于核算企业营业外支出增减变动情况，借方登记企业发生的各项营业外支出，贷方登记转入"本年利润"账户的营业外支出，期末转入“本年利润”账户后该账户无余额。该账户可按营业外支出的具体项目设置明细账户，进行明细分类核算。

【例 12-3】　甲建筑施工企业向希望工程基金会捐赠 3 000 元，款项以银行存款转账支付。

借：营业外支出　　3 000

　　贷：银行存款　　3 000

【例 12-4】　甲建筑施工企业以银行存款支付税款滞纳金 20 000 元。根据有关凭证，进行如下会计处理：

借：营业外支出　　20 000

　　贷：银行存款　　20 000

三、所得税费用

1. 资产负债表债务法及其核算程序

各级政府的财政资金主要来源于税收，而企业依法纳税是企业应尽的义务。加大税收、社会保障、转移支付等的调节力度的要求，增强企业其自觉依法纳税的意识，树立纳税新观念。通过合理、合法的税收筹划，有助于提高企业的经营管理水平和财务管理水平。提高企业经济效益，实现收益最大化的目的。

所得税费用是企业对所得税核算时按照会计准则规定确定的在利润总额中扣除的费用，包括当期应交所得税和递延所得税两部分。我国现行的《企业会计准则第 18 号——所得税》规定，所得税费用的确认应采用资产负债表债务法。

资产负债表债务法是从暂时性差异产生的本质出发，分析暂时性差异产生的原因及其对期末资产负债的影响，当税率或税基变动时，必须按预期税率对“递延所得税负债”和“递延所得税资产”账户余额进行调整的一种方法。

企业采用资产负债表债务法进行所得税核算一般应遵循以下程序：

1）确定资产负债表中除递延所得税资产和递延所得税负债以外的其他资产和负债项目的账面价值。

2）确定资产负债表中有关资产、负债项目的计税基础。

3）比较资产、负债的账面价值与其计税基础，确定暂时性差异（应纳税暂时性差异与可抵扣暂时性差异）；根据暂时性差异确定递延所得税（递延所得税资产与递延所得税负债）。

4）按照税法规定计算当期所得税。

5）确定所得税费用。

2. 资产的账面价值与计税基础

资产的账面价值是指资产的账面余额扣除相应的减值准备后的数额。例如，对于一项固定资产来说，其账面价值等于固定资产的初始入账价值（历史成本）减去计提的折旧再减去固定资产减值准备后的数额。

资产的计税基础是指某项资产在未来期间计税时按照税法规定可以从税前扣除的金额。用公式表示为：

资产的计税基础 = 未来期间可税前列支的金额

资产负债表日某资产的计税基础 = 该资产的成本 - 该资产以前期间已税前列支的金额

【例 12-5】 甲建筑施工企业某台设备原值为 200 万元，折旧 70 万元已在当期和以前期间计税时扣减，折余价值 130 万元，企业该设备折旧方法与税法规定的一致，甲建筑施工企业该设备的计税基础是多少？

资产在初始确认时，其计税基础一般为取得成本，即企业为取得该项资产而支付的成本在未来期间是准许税前扣除的。甲建筑施工企业该设备在初始确认时，其计税基础应该是 200 万元。

资产在持有期间，其计税基础则为资产的取得成本减去以前期间按照税法规定已经税前扣除金额后的余额。该余额在未来的期间仍然可以税前扣除。甲建筑施工企业按税法规定在计提折旧 70 万元的情况下，该设备未来可税前列支的金额为 130 万元。因此，该设备的计税基础就是 130 万元(200-70)。

3. 负债的账面价值与计税基础

负债的账面价值就是其账面余额。

负债的计税基础，是在未来期间计税时按照税法规定不得税前扣除的金额。或者说，负债的计税基础等于负债的账面价值减去未来期间计算应纳税所得额时按照税法规定可予抵扣的金额。

负债的计税基础 = 负债的账面价值 - 未来期间可税前扣除的金额

【例 12-6】 甲建筑施工企业有一账面价值 5 万元的其他应付款(应付罚款)，按照税法规定该项罚款不得在税前抵扣。甲建筑施工企业该项应付罚款的计税基础是多少？

一般来讲，负债的确认与偿还不会影响企业的损益，也不会影响应纳税所得额，如企业的应付账款、其他应付款(本例中的 5 万元应付罚款)等。在未来期间计算应纳税所得额时，依据税法规定可予抵扣的金额为零，因此，其计税基础与账面价值相等(本例为 5 万元)。

但是，某些情况下，如预计负债的确认可能会影响企业的损益，相应地影响应纳税所得额，从而导致企业负债的账面价值和计税基础出现差异。

4. 暂时性差异及其分类

暂时性差异是指资产或负债的账面价值与其计税基础之间的差额。

资产暂时性差异 = 资产的账面价值 - 资产的计税基础

负债暂时性差异 = 负债的账面价值 - 负债的计税基础 = 未来期间可税前扣除的金额

需要加以说明的是，未作为资产和负债确认的项目，按照税法规定可以确定其计税基础的，该计税基础与其账面价值之间的差额也属于暂时性差异。

按照暂时性差异对未来期间应税金额的影响，分为应纳税暂时性差异和可抵扣暂时性差异。

(1) 应纳税暂时性差异　应纳税暂时性差异是指在确定未来收回资产或清偿负债期间的应纳税所得额时，将导致产生应税金额的暂时性差异。应纳税暂时性差异将增加未来期间的应纳税所得额，从而形成递延所得税负债。

当资产账面价值>计税基础时，形成资产不能全部抵扣暂时性差异，其差额需纳税，即为应纳税暂时性差异。

当负债账面价值<计税基础时，未来期间可税前扣除的金额为负数，即调增应纳税所得额，形成应纳税暂时性差异。

【例 12-7】 甲建筑施工企业 11 月购入股票，实际支付价款 100 000 元，企业确认为交易性金融资产，当年 12 月 31 日该股票的公允价值为 130 000 元。

当年 12 月 31 日，该交易性金融资产的账面价值为 130 000 元。税法规定资产在持有期间市价变动损益在计税时不予考虑，即有关金融资产在某一会计期末的计税基础为其取得成本，则该交易性金融资产当年 12 月 31 日的计税基础为 100 000 元，暂时性差异为应纳税暂时性差异，金额为 30 000 元。

（2）可抵扣暂时性差异　可抵扣暂时性差异是指在确定未来收回资产或清偿负债期间的应纳税所得额时，将导致产生可抵扣金额的暂时性差异。可抵扣暂时性差异将会减少未来期间的应纳税所得额，从而形成递延所得税资产。

当资产账面价值<计税基础时，其差额为可抵扣暂时性差异。

当负债账面价值>计税基础时，形成未来期间可税前扣除的金额，即调减应纳税所得额，形成可抵扣暂时性差异。

【例 12-8】　甲建筑施工企业有一项原值为 100 万元的固定资产，累计折旧 40 万元，按税法规定应提取折旧 30 万元。

甲建筑施工企业该项固定资产的会计折旧 40 万元，账面价值为 60 万元，税法折旧 30 万元，计税基础为 70 万元，产生可抵扣暂时性差异 10 万元。

5. 递延所得税

递延所得税是指按照会计准则规定应予确认的递延所得税资产和递延所得税负债在期末应有的金额相对于原已确认金额之间的差额，即递延所得税资产及递延所得税负债当期发生额的综合结果。用公式表示如下：

$$
\begin{aligned}
\text{递延所得税} &= (\text{期末递延所得税负债} - \text{期初递延所得税负债}) \\
&\quad - (\text{期末递延所得税资产} - \text{期初递延所得税资产})
\end{aligned}
$$

（1）递延所得税资产　递延所得税资产是指按照可抵扣暂时性差异和现行税率计算确定的资产，其性质属于预付的税款，在未来期间抵扣应纳税款。期末递延所得税资产大于期初递延所得税资产的差额，应确认为递延所得税收益，冲减所得税费用，借记“递延所得税资产”账户，贷记“所得税费用”账户；反之，应确认为递延所得税费用，冲减递延所得税资产，借记“所得税费用”账户，贷记“递延所得税资产”账户。

（2）递延所得税负债　递延所得税负债是指按照应纳税暂时性差异和现行税率计算确定的负债，其性质属于应付的税款，在未来转变为应纳税款。期末递延所得税负债大于期初递延所得税负债的差额，应确认为递延所得税费用，借记“所得税费用”账户，贷记“递延所得税负债”账户；反之，应确认为递延所得税收益，冲减递延所得税负债，借记“递延所得税负债”账户，贷记“所得税费用”账户。

【例 12-9】　假定甲建筑施工企业当期可抵扣暂时性差异为 380 000 元，应纳税暂时性差异为 30 000 元，且年初没有递延所得税资产和递延所得税负债的账户余额，企业适用所得税税率为 25%。甲建筑施工企业根据有关凭证，应进行如下会计处理：

递延所得税资产 = 380 000 元×25% = 95 000 元

递延所得税负债 = 30 000 元×25% = 7 500 元

借：递延所得税资产　　　　　　　　　　　　　　95 000

贷：所得税费用——递延所得税　　95 000

借：所得税费用——递延所得税　　7 500

贷：递延所得税负债　　7 500

6. 当期所得税

当期所得税是指企业按照税法规定计算确定的针对当期发生的交易和事项，应缴纳给税务部门的所得税金额，即应交所得税，当期所得税应以适用的税收法规为基础计算确定。

当期所得税＝当期应交所得税＝应纳税所得额×适用的所得税税率

应纳税所得额是指企业按税法规定的项目计算确定的收益。由于会计利润与应纳税所得额的计算口径、计算时间可能不一致，导致二者之间可能存在差异。例如，企业购买国债取得的利息收入，在会计核算中作为投资收益计入了会计利润，而税法规定国债利息收入免征所得税，不计入应纳税所得额；企业超过税法规定的计税工资标准以及业务招待费标准的支出，在会计核算中作为费用抵减了会计利润，但税法不允许在税前扣除；企业确认的公允价值变动损益、资产减值损失，在会计核算中已经调整了会计利润，但税法规定不计入应纳税所得额。

企业应在会计利润的基础上，按照适用税收法规的规定进行调整，计算出当期应纳税所得额。二者之间差异的调整可按照以下公式进行：

应纳税所得额＝会计利润+按照会计准则规定计入利润表但计税时不允许税前扣除的费用±计入利润表的费用与按照税法规定可予税前抵扣的费用金额之间的差额±计入利润表的收入与按照税法规定应计入应纳税所得额的收入之间的差额－税法规定的不征税收入±其他需要调整的因素

【例 12-10】 假设甲建筑施工企业当年的应纳税所得额计算如下：

应纳税所得额＝会计利润－国债利息收入－公允价值变动收益+超过税法规定确认的折旧费+预计的销售费用+罚款支出+非公益捐赠支出＝(551 000－21 000－30 000+ 80 000+30 000+20 000+50 000)元＝680 000 元

当期所得税＝680 000 元×25%＝170 000 元

甲建筑施工企业根据有关凭证，应进行如下会计处理：

借：所得税费用　　170 000

贷：应交税费——应交所得税　　170 000

7. 所得税费用

计算确定了当期所得税及递延所得税以后，利润表中应予确认的所得税费用为二者之和。即

所得税费用＝当期应交所得税+递延所得税

根据【例 12-9】【例 12-10】的资料，甲建筑施工企业当年所得税费用为：

所得税费用＝170 000 元+(7 500－95 000)元＝82 500 元

四、利润的财务处理

1. 账户设置

为了核算和监督建筑施工企业利润的形成情况，企业应该设置“本年利润”“投资收益”“所得税费用”等账户进行会计核算。由于其他账户在前面各章中介绍过，在此仅介绍

这三个账户。

1）“本年利润”账户属于所有者权益类账户，用于核算企业本年度实现的利润(亏损)总额。借方登记转入的主营业务成本、其他业务成本、营业税金及附加、管理费用、财务费用、销售费用、资产减值损失、公允价值变动损失、投资损失、营业外支出、所得税费用等减少企业利润的金额，贷方登记转入的主营业务收入、其他业务收入、营业外收入、投资收益、公允价值变动收益等增加企业利润的金额。期末余额在贷方，表示本期实现的利润数；期末余额在借方，表示本期发生的亏损数。年度终了，该账户的余额(盈利或亏损)一律转入“利润分配——未分配利润”账户，结转后“本年利润”账户无余额。

2）“投资收益”账户属于损益类账户，用于核算企业对外投资所取得的收益或发生的亏损等情况。贷方登记企业取得的投资收益数，借方登记企业发生的投资损失数，期末转入“本年利润”账户，结转后该账户无余额。该账户可按投资项目设置明细账户，进行明细分类核算。

3）“所得税费用”账户属于损益类账户，用于核算企业按企业会计准则确认的所得税费用情况。借方登记本期确认的所得税费用，贷方登记企业转入“本年利润”账户的所得税费用数额，结转后该账户无余额。

2. 结账方法

按照企业会计准则的规定，企业各月利润和年度累计利润的计算，可以选用账结法也可以选用表结法。

（1）账结法　账结法是指每月月末都要将损益类账户的余额转入“本年利润”账户，通过“本年利润”账户结出当月净利润和截至各月的本年累计已实现的净利润或发生的亏损的方法。账结法的优点是账面上能够直接反映各月和各月月末本年累计已实现的净利润或发生的亏损。缺点是每月结转本年利润的工作量较大。

（2）表结法　表结法是指各损益类账户每月月末只需结计出本月发生额和月末累计余额，并不转入“本年利润”账户，在年末时才将全年累计余额结转至“本年利润”账户的方法。各月月末将损益类账户的余额，填制到利润表的相应项目中去，在利润表中计算出本月和截至本月月末的本年累计实现的净利润，通过利润表反映各期的净利润或亏损。表结法的缺点是各月和各月月末本年累计已实现的净利润或发生的亏损不能在账面上直接得到反映，需要在利润表中进行结算。优点是平时不必结转本年利润，可以减少平时核算的工作量。

3. 利润的会计处理

期末(账结法下 1~12 月月末,表结法下 12 月月末)，将各收入类账户的余额转入“本年利润”账户贷方，借记有关收入类账户，贷记“本年利润”账户；将各费用类账户的余额转入“本年利润”账户的借方，借记“本年利润”账户，贷记各有关费用类账户。结转后，“本年利润”账户如为贷方余额，则表示当年实现的净利润；如为借方余额，则表示当年累计发生的净亏损。

年度终了，企业应将本年度实现的净利润进行结转，结转时，借记“本年利润”账户，贷记“利润分配——未分配利润”账户，若结转本年度实现的净亏损，则做相反的会计处理。

【例 12-11】 假定甲建筑施工企业采用表结法结转本年利润，当年 12 月月末各损益类账户期末余额表如表 12-1 所示。

表 12-1 损益类账户期末余额表

账户名称	金额方向	金额/元
主营业务收入	贷方	492 500
其他业务收入	贷方	10 000
营业外收入	贷方	5 000
主营业务成本	借方	280 000
其他业务成本	借方	6 000
营业外支出	借方	3 000
管理费用	借方	90 000
营业税金及附加	借方	7 000

将甲建筑施工企业 12 月份各项损益类账户的余额结转至“本年利润”账户。应编制如下两笔会计分录：

借：主营业务收入　　492 500
　　其他业务收入　　10 000
　　营业外收入　　5 000
　　贷：本年利润　　507 500

借：本年利润　　386 000
　　贷：主营业务成本　　280 000
　　　　其他业务成本　　6 000
　　　　营业外支出　　3 000
　　　　管理费用　　90 000
　　　　营业税金及附加　　7 000

甲建筑施工企业 12 月份的利润总额 =（507 500−386 000）元 = 121 500 元

【例 12-12】 承【例 12-11】，甲建筑施工企业适用的所得税税率为 25%，且假定甲建筑施工企业的会计利润与应纳税所得额相等，则甲建筑施工企业 12 月份应交所得税计算如下：

甲建筑施工企业应交所得税 = 121 500 元×25% = 30 375 元

借：所得税费用　　30 375
　　贷：应交税费——应交所得税　　30 375

【例 12-13】 承【例 12-12】，将“所得税费用”账户余额转入“本年利润”账户。

借：本年利润　　30 375
　　贷：所得税费用　　30 375

甲建筑施工企业 12 月份净利润即“本年利润”账户余额 =（121 500−30 375）元 = 91 125 元

【例 12-14】 承【例 12-13】，年终将“本年利润”账户余额转入“利润分配——未分配利润”账户。

借：本年利润　　91 125
　　贷：利润分配——未分配利润　　91 125

第二节　利润分配的核算

一、利润分配的程序

一般情况下，企业实现的净利润必须按照国家有关法律、法规及公司章程的规定进行分配。

企业的净利润除国家另有规定外，一般应按照下列顺序进行分配：

1）弥补以前年度亏损。根据税法规定，企业某年度发生的亏损，在其后5年内可以用税前利润弥补，从其后第6年开始，只能用净利润来弥补。如果净利润还不够弥补亏损，则可用以前年度提取的盈余公积来弥补。

2）提取法定盈余公积。公司制企业应按本年净利润10%的比例提取法定盈余公积，其他企业可以根据需要确定提取的比例，但不得低于10%。当企业提取的法定盈余公积累计额达到企业注册资本的50%以上时，可以不再提取法定盈余公积。

3）提取任意盈余公积。企业在提取法定盈余公积后，可以根据股东会或者股东大会决议提取任意盈余公积，提取比例由企业自行确定。

4）向投资者分配利润或股利。企业实现的净利润扣除提取的盈余公积再加上期初未分配利润，形成可供投资者分配的利润。可供投资者分配的利润应按投资者的出资比例或持有的股份向投资者进行分配，但公司章程另有规定的除外。

需要加以说明的是：企业历年提取的盈余公积和未分配利润统称为留存收益。

其中，盈余公积是指定用途的留存收益，未分配利润是未指定用途的留存收益。盈余公积又分为法定盈余公积和任意盈余公积。未分配利润是指已经实现但尚未分配或留待以后年度分配的利润，其金额为企业可供分配利润在提取了盈余公积和支付了股东股利以后的余额。

盈余公积的用途有：①弥补亏损。弥补亏损可以用以后年度税前利润弥补（5年内亏损），也可以用以后年度税后利润弥补（5年以上亏损），还可以用盈余公积弥补亏损。②转增资本。企业提取的盈余公积较多时，可以将提取的盈余公积转增资本，但必须经过股东大会决议或类似机构批准。按照《公司法》的规定，盈余公积转增资本时，转增后留存的盈余公积的数额不得少于注册资本的25%。同时注意，应按投资者的持股比例结转。③用盈余公积发放现金股利或利润。

未分配利润的用途有：①供以后年度分配利润；②弥补亏损；③分派股利。

二、账户设置

为了反映企业利润分配的过程和结果，企业除了前面设置的有关会计账户外，还应设置以下会计账户：

1）“利润分配”账户属于所有者权益类账户，用于核算企业利润的分配过程和结果。借方登记利润的各种分配数或年末从“本年利润”账户转入待弥补亏损数，贷方登记年末从“本年利润”账户转入的净利润或已经弥补的亏损数。年终结算后，如为贷方余额，则反映企业历年积存的未分配利润；如为借方余额，则反映历年积存的尚未弥补的亏损。在“利润分配”账户下应分别设置“提取法定盈余公积”“提取任意盈余公积”“应付现金股利或利润”“转作股本的股利”“盈余公积补亏”和“未分配利润”等明细账户，进行明细分类核算。

2）“盈余公积”账户属于所有者权益类账户，用于核算企业从税后利润中提取的盈余公积的增减变动及其结存情况。贷方登记从税后利润中提取的盈余公积数，借方登记企业按规定用盈余公积弥补亏损或转增资本数，期末余额在贷方，表示期末盈余公积的结存数。该账户可按盈余公积的具体内容设置明细账户，进行明细分类核算。

3）“应付股利”账户。应付股利是企业经股东大会或类似机构审议批准分配的现金股利或利润。即企业股东大会或类似机构审议批准的利润分配方案、宣告分派的现金股利或利润，在实际支付前，形成企业的负债。“应付股利”账户属于负债类账户，用于核算企业根据股东大会或类似机构审议批准的现金股利或利润。借方登记实际支付的现金股利或利润，贷方登记企业宣告分派的现金股利或利润数，期末余额在贷方，表示应付未付的现金股利或利润数。该账户可按投资者名称设置明细账户，进行明细分类核算。

三、利润分配的会计处理

1. 弥补以前年度亏损

若企业以前年度发生亏损，则“利润分配——未分配利润”账户出现借方余额。企业以当年实现的利润（不论税前或税后）弥补以前年度亏损，不需要进行专门的账务处理。在企业将当年实现的利润从“本年利润”账户转入“利润分配——未分配利润”账户的贷方时，“利润分配——未分配利润”账户的贷方发生额与其期初的借方余额自然抵补。

企业用盈余公积弥补以前年度亏损时，应编制如下会计分录：

借：盈余公积

　　贷：利润分配——盈余公积补亏

2. 提取盈余公积

提取时，借记“利润分配——提取法定盈余公积（或提取任意盈余公积）”账户，贷记“盈余公积——法定盈余公积（或任意盈余公积）”账户。

【例 12-15】 承【例 12-14】，甲建筑施工企业按照国家有关规定按净利润的 10%提取法定盈余公积和按 5%提取任意盈余公积。

借：利润分配——提取法定盈余公积	9 112.50	
——提取任意盈余公积	4 556.25	
贷：盈余公积——法定盈余公积		9 112.50
——任意盈余公积		4556.25

3. 向投资者分配利润或股利

经股东大会或类似机构决议，分配给股东或投资者的现金股利或利润，借记“利润分配——应付现金股利（或应付利润）”账户，贷记“应付股利（或应付利润）”账户。

【例 12-16】 甲建筑施工企业董事会决定，向投资者分配利润 18 000 元。

借：利润分配——应付现金股利	18 000	
贷：应付股利		18 000

4. 利润结算

年末企业结算利润时，将“本年利润”账户的余额转入“利润分配——未分配利润”

账户，同时将“利润分配”账户下的其他明细账户余额转入“利润分配——未分配利润”明细账户。结转后，除“利润分配——未分配利润”明细账户外，“利润分配”账户的其他明细账户均无余额。“利润分配——未分配利润”账户年末余额，反映企业历年积存的未分配利润(或未弥补的亏损)。

【例 12-17】　承【例 12-15】和【例 12-16】，将上述有关利润明细分类账户余额转入“利润分配——未分配利润”账户。

借：利润分配——未分配利润　　31 668. 75

　　贷：利润分配——提取法定盈余公积　　9 112. 50

　　　　　　　　——提取任意盈余公积　　4556. 25

　　　　　　　　——应付现金股利　　18 000. 00

甲建筑施工企业年终结算后，“利润分配——未分配利润”账户余额 =(91 125-31 668. 75)元 = 59 456. 25 元

5. 盈余公积不同用途的核算

由于盈余公积的用途比较特殊，所以在此特将盈余公积的核算介绍如下：

(1) 盈余公积弥补亏损

【例 12-18】　假定某建筑股份有限公司的注册资本额为 1 000 万元，累积的法定盈余公积已达 400 万元。该公司当年发生亏损 100 万元，公司用以往年度提存的盈余公积金弥补亏损后，决定以最大限度发放股利。有关计算及会计处理如下：

盈余公积弥补亏损后余额 =(400-100)万元 = 300 万元

注册资本的 25% = 1 000 万元×25% = 250 万元

按我国的法规规定，经股东会特别决议，仍可用高于注册资本额比例 25%的盈余公积部分发放普通股股利。

该公司可用盈余公积金发放的股利 =(300-250)万元 = 50 万元

借：盈余公积　　1 000 000

　　贷：利润分配——盈余公积补亏　　1 000 000

借：利润分配——盈余公积补亏　　1 000 000

　　贷：利润分配——未分配利润　　1 000 000

同时：

借：利润分配——应付现金股利　　500 000

　　贷：应付股利——应付普通股股利　　500 000

(2) 盈余公积转增资本　用盈余公积转增资本时，应按投资者持有的比例转增资本，并按批准的增资文件进行会计业务处理。

【例 12-19】　经批准，某建筑股份有限公司用法定盈余公积 80 000 元转增资本。会计分录如下：

借：盈余公积——法定盈余公积　　80 000

　　贷：实收资本(或股本)　　80 000

（3）盈余公积派发股利

【例 12-20】 假定某建筑股份有限公司的注册资本额为 1 000 万元，累积的法定盈余公积已达 400 万元。当年经营状况差于往年，缴纳流转税后盈亏持平，公司董事会决议按注册资本的 5%用盈余公积金发放股东现金股利。普通股按 5%的比例计算分得 50 万元的现金股利。有关计算及会计处理如下：

由于盈余公积是注册资本的 40%(400÷1 000)，高于 25%，所以可以用盈余公积支付股利；支付股利的比例为 5%，符合我国法规规定的标准，支付股利后盈余公积金的数额仍高于注册资本的 25%。

借：盈余公积	500 000	
贷：利润分配——未分配利润		500 000
借：利润分配——应付现金股利	500 000	
贷：应付股利——应付普通股股利		500 000

需要说明的是：当年可供分配利润不足以按约定的股利率支付优先股股利的，由以后年度的可供分配股利的利润补足。因此，用盈余公积金发放股利的事项不应包括公司的优先股。

思 考 题

1. 什么是利润？建筑施工企业的利润由哪些项目构成？
2. 试述营业利润、利润总额及净利润的计算公式。
3. 营业外收入包括哪些项目？营业外支出包括哪些项目？
4. 什么是所得税费用？所得税费用如何计算？
5. 什么是应纳税暂时性差异？什么是可抵扣暂时性差异？二者有何区别？
6. 账结法和表结法有何区别？
7. 利润分配要遵循怎样的程序？如何进行会计处理？

练 习 题

一、单项选择题

1. “本年利润”账户期末余额在借方，表示为本期发生的(　　)数。

A. 净利润　　B. 净收入　　C. 净亏损　　D. 利润总额

2. 净利润是指一定会计期间企业的利润总额减去(　　)后的金额。

A. 投资净收益　　B. 所得税费用　　C. 营业外收支净额　　D. 其他业务利润

3. 企业应纳税暂时性差异的产生应确认为(　　)，并计入所得税费用。

A. 递延所得税资产　　B. 递延所得税负债　　C. 管理费用　　D. 销售费用

4. 企业的净利润弥补以前年度亏损后还有剩余，应先分配的项目是(　　)。

A. 提取任意盈余公积　　B. 提取法定盈余公积

C. 向投资者分配利润或股利　　D. 支付所得税费用

二、多项选择题

1. 下列项目中，应当作为营业外收入核算的有(　　)。

A. 非货币性资产交换过程中发生的收益　　B. 出售无形资产净收益

C. 出租无形资产净收益　　D. 接受现金资产捐赠

2. 未分配利润的用途有(　　)。

A. 供以后年度分配利润　　B. 弥补亏损
C. 分派股利　　D. 补提盈余公积

3. 下列项目中，会影响企业营业利润的项目有(　　)。
A. 主营业务收入　　B. 主营业务成本　　C. 管理费用　　D. 其他业务收入

4. 需要通过“利润分配”账户进行核算的内容包括(　　)。
A. 弥补以前年度亏损　　B. 向投资者分配利润
C. 提取盈余公积　　D. 盈余公积转增资本

5. 企业的利润总额等于营业利润(　　)。
A. 加投资收益　　B. 减所得税费用　　C. 加营业外收入　　D. 减营业外支出

6. 营业外支出主要包括(　　)。
A. 固定资产盘亏　　B. 非常损失　　C. 原材料销售成本　　D. 公益性捐赠支出

7. “利润分配——未分配利润”账户的年末余额可能反映的是(　　)。
A. 历年累计的未分配利润　　B. 历年累计的未弥补亏损
C. 本年累计的未分配利润　　D. 本年累计的未弥补亏损

三、判断题

1. 资产的计税基础是指某项资产在未来期间计税时按照税法规定可以从税前扣除的金额。(　　)
2. 负债的计税基础是在未来期间计税时按照税法规定不得税前扣除的金额。(　　)
3. 资产的暂时性差异是指资产或负债的账面价值与其计税基础之间的差额。(　　)
4. 应纳税暂时性差异是指在确定未来收回资产或清偿负债期间的应纳税所得额时，将导致产生应税金额的暂时性差异。(　　)
5. 可抵扣暂时性差异是指在确定未来收回资产或清偿负债期间的应纳税所得额时，将导致产生可抵扣金额的暂时性差异。(　　)
6. 企业历年提取的盈余公积，不属于留存收益的内容。(　　)
7. 企业以当年实现的利润弥补以前年度亏损，不需要进行专门的账务处理。(　　)
8. 法定盈余公积的计提比例由企业自行确定。(　　)

四、业务题

（一）练习利润及利润分配的核算

资料：某建筑施工企业当年年末各损益类账户余额如表 12-2 所示。

表 12-2　年末各损益类账户余额　　单位：元

账户名称	借方余额	贷方余额
主营业务收入		32 850 000
其他业务收入		450 000
投资收益		63 000
公允价值变动损益		32 800
营业外收入		123 000
主营业务成本	25 470 000	
其他业务成本	431 000	
营业税金及附加	61 000	
管理费用	850 000	
财务费用	88 000	
营业外支出	260 000	
所得税费用	2 169 000	

该建筑施工企业按10%的比例提取法定盈余公积，按5%的比例提取任意盈余公积，向普通股股东分配现金股利1 850 000元。

要求：（1）根据以上资料计算该企业当年的营业利润、利润总额和净利润。

（2）编制损益类账户结转至“本年利润”账户及将“本年利润”账户结转至“利润分配”账户的会计分录。

（3）编制提取法定盈余公积、任意盈余公积及向投资者分配股利的会计分录。

（二）练习所得税业务核算

资料：某建筑施工企业按照《企业会计准则》的规定，所得税采用资产负债表债务法核算，适用的所得税税率为25%。假设年初无“递延所得税资产”和“递延所得税负债”的余额。当年实现利润总额为1 600万元，当年会计与税收之间的差异包括以下事项：

（1）取得一项固定资产，成本为100万元，预计使用年限10年，预计净残值为零。

（2）国债利息收入15万元。

（3）持有一项交易性金融资产，取得成本为150万元。会计期末公允价值为130万元。

（4）企业首次计提合同预计损失准备，当年提取50万元，计提后的存货账面价值为850万元。

（5）企业当年发生业务招待费20万元（税法规定按照发生额的60%扣除，但最高不得超过当年营业收入的5‰，当年实现营业收入80 000万元）。

要求：（1）编制应纳税暂时性差异和可抵扣暂时性差异分析计算表。其格式如表12-3所示。

表12-3 暂时性差异计算表 单位：万元

项目	账面价值	计税基础	应纳税暂时性差异	可抵扣暂时性差异
无形资产				
交易性金融资产				
存货				
合计				

（2）编制确认递延所得税、计算当期应交所得税、结转所得税费用的会计分录。

第 13 章
财务报告

教学目的：

通过本章的学习，学生应当了解并掌握：

1. 财务报告的含义、作用和构成
2. 财务报表的分类及编制要求
3. 资产负债表的概念、作用、内容、结构及编制
4. 利润表的概念、作用、内容、结构及编制
5. 现金流量表的概念、作用、内容及结构
6. 所有者权益变动表的含义、结构及编制
7. 附注的含义、作用及内容

第一节　财务报告概述

一、财务报告的含义、作用及构成

1. 财务报告的含义

财务报告是指企业对外提供的反映企业某一特定日期财务状况和某一会计期间经营成果、现金流量等会计信息的文件。财务报告包括财务报表及其附注和其他应当在财务报告中披露的相关信息和资料。

编制财务报告，是会计工作的一个重要阶段，也是会计核算的一种重要方法。会计日常核算中，将企业发生的所有交易和事项，均已按照一定的会计账务处理程序和会计专门的核算方法进行了凭证的填制和审核，并在相关的总账和明细账中进行了全面系统的记录和核算。但要对外提供会计信息满足投资者、债权人等有关各方信息使用者的需要，满足国家宏观经济管理部门进行宏观经济调控的需要，满足企业内部管理者了解情况、进行经济决策的需要还有欠缺，因为这些日常核算资料数量太多，且比较分散，不能集中、综合反映企业财务状况和经营成果，不便于直接向外报送。因此，有必要定期地将日常会计核算资料进行进一步加工、整理、归集、汇总，按照一定的形式编制财务报告，综合反映企业的经济活动过程和结果，为有关各方进行管理和决策提供所需的会计信息。

2. 财务报告的作用

财务报告的作用，主要表现在以下几个方面：

1）满足投资者、债权人等有关各方信息使用者的需要。投资者、债权人等有关各方信息使用者通过财务报告可以了解企业的财务状况、经营成果和现金流量，为其确定投资风险和投资报酬，进行投资决策提供依据。

2）满足国家宏观经济调控的需要。国家宏观经济管理部门将各单位提供的财务报告资料进行汇总后，通过对汇总财务报告的分析，可以了解和掌握各部门、各地区经济发展情况及有关财经政策、制度、法律的执行情况。如果发现有关政策、制度存在问题，可以及时进行调整，以实现国家宏观调控的目的，促进国家经济的快速发展。

3）满足企业内部管理者经营决策的需要。企业内部管理者通过对企业财务报告的全面、系统分析，可以了解企业的财务状况、经营成果和现金流量，掌握企业财务计划和有关方针政策的执行情况，能够及时发现企业经营管理中存在的问题及不足，并及时采取措施进行调整，以便不断提高企业的经济效益，保障企业健康有序、快速发展。

3. 财务报告的构成

财务报告包括财务报表及其附注和其他应当在财务报告中披露的相关信息和资料。

财务报表是对企业财务状况、经营成果和现金流量的结构性表述，财务报表是企业财务报告的核心内容。为了达到决策有用和评价企业管理层受托责任的目标，一套完整的财务报表至少应当包括资产负债表、利润表、现金流量表、所有者权益（或股东权益）变动表等报表。

二、财务报表的分类

财务报表可以按照不同的标准（即标志）进行分类。选择的分类标准不同，分类结果也不同。

1. 按其反映的经济内容划分

财务报表按其反映的经济内容划分，可分为反映企业财务状况的财务报表、反映企业经营成果的财务报表和反映所有者权益变动的财务报表。

1）反映企业财务状况的财务报表，如资产负债表和现金流量表。

2）反映企业经营成果的财务报表，如利润表。

3）反映所有者权益变动的财务报表，如所有者权益变动表。

2. 按其反映资金运动状态划分

财务报表按其反映资金运动状态划分，可分为静态报表和动态报表。

1）静态报表。静态报表由静态要素项目组成，是反映企业在某一特定日期资产、负债、所有者权益状况的财务报表。静态报表一般根据账户的余额填列，如资产负债表。

2）动态报表。动态报表由动态要素项目组成，是反映企业在一定时期内收入、费用、利润形成情况的财务报表。动态报表一般根据账户的发生额填列，如利润表、现金流量表和所有者权益变动表。

3. 按编制的时间划分

财务报表按编制的时间划分，可分为中期财务报表和年度财务报表。

1）中期财务报表。中期财务报表是指以中期为基础编制的财务报表，包括资产负债表、利润表、现金流量表。

2）年度财务报表。年度财务报表是指年度终了必须编报的财务报表，一般有资产负债表、利润表、现金流量表和所有者权益变动表。

4. 按编报主体划分

财务报表按编报主体划分，可分为个别财务报表和合并财务报表。

1）个别财务报表(简称个别报表)。个别报表是由既是法律主体又是会计主体的单个企业自行编制的反映企业自身财务状况、经营成果和现金流量的财务报表。

2）合并财务报表(简称合并报表)。合并报表是以母公司和子公司组成的企业集团作为会计主体，以母公司和子公司单独编制的个别报表为基础，由母公司编制的综合反映企业集团整体财务状况、经营成果和现金流量的财务报表。

三、财务报表的编制要求

财务报表是向报表的使用者提供有关财务状况、经营成果、现金流量等财务信息，便于会计信息使用者进行相关决策。因此，在编制财务报表时，应遵循以下基本要求：

1. 内容完整

企业在编制财务报表时，必须按照我国统一会计制度规定的财务报表格式和内容进行编制。凡是财务报表上规定的应该填列的各项指标，不论是表内项目，还是表外的附注等，均应根据登记完整、核对无误的账簿记录和其他有关资料填列，不得漏报和任意取舍，保证所报出的财务报表的内容全面、完整。

2. 数字真实

坚持解放思想、实事求是、与时俱进、求真务实，一切从实际出发，着眼解决新时代改革开放和社会主义现代化建设的实际问题，不断回答中国之问、世界之问、人民之问、时代之问，作出符合中国实际和时代要求的正确回答，得出符合客观规律的科学认识，形成与时俱进的理论成果，更好指导中国实践。

财务报表上的数字真实、可靠，是财务报表使用者进行投资等决策正确与否的基础，因此，为了不影响财务报表使用者进行正确决策，企业必须实事求是，对外提供客观真实、可靠有用的财务信息。企业在编制财务报表前，必须将本期发生的所有经济业务登记入账，按照规范的会计核算方法，对经济业务进行如实核算，切实做到账证相符、账账相符、账实相符，不得弄虚作假、隐瞒谎报、篡改数字、人为调整经营成果。

3. 计算准确

财务报表是以会计账簿为依据编制的。财务报表上的数据有些是用会计账簿上的数据直接填列，有些是对账簿数据进行分析、计算填列。在报表项目的分析、计算填列过程中，不但要采用正确的计算方法保证每张报表本身数据的计算准确，还要保证报表与报表之间存在的数量勾稽关系正确，从而保证财务报表数字的准确性。

4. 编报及时

财务报表提供的信息资料具有很强的时效性。只有在规定的时间内及时编制和报送财务报表，才能满足投资者、债权人及其相关的报表使用者对财务信息的需求，也便于有关部门和地方财政部门及时进行会计资料的汇总和上报。因此，企业必须加强管理，建立和完善企业日常核算的规章制度，规范核算程序和核算方法，保证会计账簿记录的完整、真实、准确的同时，及时报送财务报表。财政部规定月度财务报告于月度终了后 6 天内报送；季度财务报告于季度终了后 15 天内报送；半年度财务报告于半年终了后 60 天内报送；年度财务报告于年度终了后 4 个月内报送。

第二节　资产负债表

一、资产负债表的概念和作用

1. 资产负债表的概念

资产负债表是反映企业在某一特定日期资产、负债及所有者权益状况的财务报表。这里的特定日期是指月末、季末、半年末和年末。资产负债表是一种静态报表。

资产负债表设计的理论依据是“资产＝负债+所有者权益”这一财务基本等式。在此基础上，按照一定的分类标准和一定的顺序，将企业在某一特定日期的资产、负债和所有者权益项目进行排列，便形成了资产负债表。

2. 资产负债表的作用

资产负债表的作用，主要表现在以下几个方面：

1）可以提供某一特定日期资产的总额及其结构。资产负债表能够表明企业拥有或控制的资源及其分布情况，使用者可以一目了然地从资产负债表上了解企业在某一特定日期所拥有的资产总量及其结构。

2）可以提供某一特定日期负债的总额及其结构。资产负债表能够表明企业未来需要用多少资产或劳务清偿债务。

3）可以反映所有者拥有的权益总额及其结构。资产负债表表明的所有者权益总额及结构，是判断企业资本保值、增值情况及负债保障程度的依据。

4）为财务报表使用者进行财务分析提供基本资料。财务报表使用者如果将流动资产与流动负债进行比较，可以计算出流动比率；将速动资产与流动负债进行比较，可以计算出速动比率等。继而可以对该企业的变现能力、偿债能力和资金周转能力等进行科学判断，从而做出正确决策。

二、资产负债表的结构和内容

（一）资产负债表的结构

资产负债表的结构包括表首和表体两部分。

表首部分包括：编制单位的名称、编制资产负债表的日期、计量单位和报表编号。

表体部分是资产负债表的主体和核心，反映企业资产、负债和所有者权益的内容。

（二）资产负债表的内容

资产负债表的内容分为资产、负债和所有者权益三大类。

1）资产类。资产类各项目在报表中一般按流动性强弱进行排列，流动性强的在先，流动性弱的在后。资产类分为流动资产和非流动资产两类。其中，流动资产包括货币资金、交易性金融资产、应收账款、应收票据、预付账款、其他应收款、存货等；非流动资产包括持有至到期投资、长期股权投资、固定资产、无形资产、其他非流动资产等。

2）负债类。负债类各项目在报表中一般也按流动性强弱进行排列，流动性强的在先，流动性弱的在后。负债类分为流动负债和非流动负债两类。其中，流动负债包括短期借款、应付票据、应付账款、应付职工薪酬、应交税费、应付股利(利润)、其他应付款等；非流动负债包括长期借款、应付债券、长期应付款等。

3）所有者权益类。所有者权益类各项目一般按照净资产的不同来源和特定用途进行分类，按照实收资本（或股本)、资本公积、盈余公积、未分配利润等项目分项列示。

资产负债表中的资产类还应当列示流动资产和非流动资产的合计项目；负债类还应当列示流动负债、非流动负债以及负债的合计项目；所有者权益类还应当列示所有者权益的合计项目。

资产类项目金额合计数与负债和所有者权益类项目金额合计数必须相等。

（三）资产负债表的格式

资产负债表的格式一般有两种：账户式资产负债表和报告式资产负债表。

1. 账户式资产负债表

账户式资产负债表是左右结构，左边列示资产，右边列示负债和所有者权益。根据现行企业会计准则的规定，资产负债表采用账户式的格式。通过账户式资产负债表，可以反映资产、负债、所有者权益之间的内在关系，即“资产=负债+所有者权益”。账户式资产负债表是我国普遍采用的格式，其具体格式如表 13-1 所示。

表 13-1　资产负债表　　会企 01 表

编制单位：　　年　月　日　　单位：

资　产	期末余额	年初余额	负债和所有者权益(或股东权益)	期末余额	年初余额
流动资产：			流动负债：		
货币资金			短期借款		
交易性金融资产			交易性金融负债		
应收票据			应付票据		
应收账款			应付账款		
预付款项			预收款项		
应收利息			应付职工薪酬		
应收股利			应交税费		
其他应收款			应付利息		
存货			应付股利		
一年内到期的非流动资产			其他应付款		
其他流动资产			一年内到期的非流动负债		
流动资产合计			其他流动负债		
非流动资产：			流动负债合计		
可供出售金融资产			非流动负债：		
持有至到期投资			长期借款		
长期应收款			应付债券		
长期股权投资			长期应付款		
投资性房地产			专项应付款		
固定资产			预计负债		
在建工程			递延所得税负债		

（续）

资　　产	期末余额	年初余额	负债和所有者权益（或股东权益）	期末余额	年初余额
工程物资			其他非流动负债		
固定资产清理			非流动负债合计		
无形资产			负债合计		
开发支出			所有者权益（或股东权益）：		
商誉			实收资本（或股本）		
长期待摊费用			资本公积		
递延所得税资产			减：库存股		
其他非流动资产			盈余公积		
非流动资产合计			未分配利润		
			所有者权益（或股东权益）合计		
资产总计			负债和所有者权益（或股东权益）总计		

2. 报告式资产负债表

报告式资产负债表是上下结构，上半部列示资产，下半部列示负债和所有者权益。具体排列形式又有两种：一是按“资产=负债+所有者权益”的原理排列，其简化形式如表13-2所示；二是按“资产-负债=所有者权益”的原理排列，其简化形式如表13-3所示。

表13-2　资产负债表

编制单位：　　　　年　月　日　　　　单位：

项　　目	期末金额	年初金额
资产：		
⋮		
资产总计		
负债与所有者权益：		
⋮		
负债与所有者权益总计		

表13-3　资产负债表

编制单位：　　　　年　月　日　　　　单位：

项　　目	期末金额	年初金额
资产与负债：		
⋮		
资产合计		
⋮		
负债合计		
净资产总计		

（续）

项　　目	期末金额	年初金额
所有者权益：		
⋮		
所有者权益总计		

三、资产负债表的编制方法

（一）资产负债表各项目的填列方法

1. “年初余额”栏的填列方法

资产负债表“年初余额”栏内各项数字，应根据上年年末资产负债表“期末余额”栏内所列数字填列。如果上年度资产负债表规定的各个项目的名称和内容同本年度不相一致，则应对上年年末资产负债表各项目的名称和数字按照本年度的规定进行调整，填入表中“年初余额”栏内。

2. “期末余额”栏的填列方法

资产负债表“期末余额”栏内各项数字，一般应根据资产、负债和所有者权益类账户的期末余额填列。主要包括以下方式：

1）根据总账账户的余额填列。资产负债表中的有些项目，可直接根据有关总账账户的余额填列，如“交易性金融资产”“短期借款”“应付票据”“应付职工薪酬”等项目；有些项目则需根据几个总账账户的余额计算填列。例如，“货币资金”项目，需根据“库存现金”“银行存款”“其他货币资金”三个总账账户余额的合计数填列。

2）根据有关明细账户的余额计算填列。例如，“应付账款”项目，需要根据“应付账款”和“预付账款”两个账户所属的相关明细账户的期末贷方余额计算填列；“应收账款”项目，需要根据“应收账款”和“预收账款”两个账户所属的相关明细账户的期末借方余额计算填列。

3）根据总账账户和明细账户的余额分析计算填列。例如，“长期借款”项目，需根据“长期借款”总账账户余额扣除“长期借款”账户所属的明细账户中将在资产负债表日起一年内到期，且企业不能自主地将清偿义务展期的长期借款后的金额计算填列。

4）根据有关账户余额减去其备抵账户余额后的净额填列。例如，资产负债表中的“应收账款”“长期股权投资”等项目，应根据“应收账款”“长期股权投资”等账户的期末余额减去“坏账准备”“长期股权投资减值准备”等账户余额后的净额填列；“固定资产”项目，应根据“固定资产”账户的期末余额减去“累计折旧”“固定资产减值准备”账户余额后的净额填列；“无形资产”项目，应根据“无形资产”账户的期末余额，减去“累计摊销”“无形资产减值准备”账户余额后的净额填列。

5）综合运用上述填列方法分析填列。例如，资产负债表中的“存货”项目，需根据“原材料”“库存商品”“委托加工物资”“周转材料”“材料采购”“在途物资”“发出商品”“材料成本差异”等总账账户期末余额的分析汇总数，再减去“存货跌价准备”账户余额后的金额填列。

（二）资产负债表各项目的内容和具体填列方法

1. 流动资产项目

1）“货币资金”项目，反映企业库存现金、银行结算户存款、外埠存款、银行汇票存款、银行本票存款、信用卡存款、信用证保证金存款等的合计数。该项目应根据“库存现金”“银行存款”“其他货币资金”账户期末余额的合计数填列。

2）“交易性金融资产”项目，反映企业持有的以公允价值计量且其变动计入当期损益的，为交易目的持有的债券投资、股票投资、基金投资、权证投资等金融资产。该项目应根据“交易性金融资产”账户的期末余额填列。

3）“应收票据”项目，反映企业因结算工程价款、销售商品、提供劳务等而收到的商业汇票，包括银行承兑汇票和商业承兑汇票。该项目应根据“应收票据”账户的期末余额，减去“坏账准备”账户中有关应收票据计提的坏账准备期末余额后的金额填列。

4）“应收账款”项目，反映企业承建工程应向发包单位收取的工程进度款及因销售商品、提供劳务等应向购货单位或接受劳务单位收取的款项等。该项目应根据“应收账款”和“预收账款”账户所属各明细账户的期末借方余额合计数，减去“坏账准备”账户中有关应收账款计提的坏账准备期末余额后的金额填列。如“应收账款”账户所属明细账户期末有贷方余额的，应在资产负债表“预收款项”项目内填列。

5）“预付款项”项目，反映企业按照工程合同规定预付给分包单位工程款和备料款，以及按照购货合同规定预付给供应单位的款项等。该项目应根据“预付账款”和“应付账款”账户所属各明细账户的期末借方余额合计数，减去“坏账准备”账户中有关预付款项计提的坏账准备期末余额后的金额填列。如“预付账款”账户所属各明细账户期末有贷方余额的，应在资产负债表“应付账款”项目内填列。

6）“应收利息”项目，反映企业应收取的债券投资等的利息。该项目应根据“应收利息”账户的期末余额，减去“坏账准备”账户中有关应收利息计提的坏账准备期末余额后的金额填列。

7）“应收股利”项目，反映企业应收取的现金股利和应收取其他单位分配的利润。该项目应根据“应收股利”账户的期末余额，减去“坏账准备”账户中有关应收股利计提的坏账准备期末余额后的金额填列。

8）“其他应收款”项目，反映企业除应收票据、应收账款、预付账款、应收股利、应收利息等经营活动以外的其他各种应收、暂付的款项。该项目应根据“其他应收款”账户的期末余额，减去“坏账准备”账户中有关其他应收款计提的坏账准备期末余额后的金额填列。

企业应对“内部往来”账户所属明细账户分析填列至此项下，如“内部往来”账户所属明细账户有借方余额，则应包括在该项目内；如“内部往来”账户所属明细账户有贷方余额，则应在本表“其他应付款”项目填列。

9）“存货”项目，反映企业期末在库、在途和在加工中的各种存货的可变现净值。该项目应根据“材料采购”“原材料”“库存商品”“周转材料”“委托加工物资”“发出商品”“生产成本”等账户的期末余额合计，加上“工程施工”账户期末余额大于“工程结算”账户期末余额的金额，减去“受托代销商品款”“存货跌价准备”账户期末余额后的金额填列。材料采用计划成本核算，以及库存商品采用计划成本核算或售价核算的企业，还应按加或减材料成本差异、商品进销差价后的金额填列。

10）“一年内到期的非流动资产”项目，反映企业将于一年内到期的非流动资产项目金额。该项目应根据有关账户的期末余额填列。

11）“其他流动资产”项目，反映企业除货币资金、交易性金融资产、应收票据、应收账款、存货等流动资产以外的其他流动资产。该项目应根据有关账户的期末余额填列。

2. 非流动资产项目

1）“可供出售金融资产”项目，反映企业持有的以公允价值计量的可供出售的股票投资、债券投资等金融资产。该项目应根据“可供出售金融资产”账户的期末余额，减去“可供出售金融资产减值准备”账户期末余额后的金额填列。

2）“持有至到期投资”项目，反映企业持有的以摊余成本计量的持有至到期投资。该项目应根据“持有至到期投资”账户的期末余额，减去“持有至到期投资减值准备”账户期末余额后的金额填列。

3）“长期应收款”项目，反映企业融资租赁产生的应收款项、采用递延方式具有融资性质的销售商品和提供劳务等产生的长期应收款项等。该项目应根据“长期应收款”账户的期末余额，减去相应的“未实现融资收益”账户和“坏账准备”账户所属相关明细账户期末余额后的金额填列。

4）“长期股权投资”项目，反映企业持有的对子公司、联营企业和合营企业的长期股权投资。该项目应根据“长期股权投资”账户的期末余额，减去“长期股权投资减值准备”账户期末余额后的金额填列。

5）“投资性房地产”项目，反映企业持有的投资性房地产。企业采用成本模式计量投资性房地产的，该项目应根据“投资性房地产”账户的期末余额，减去“投资性房地产累计折旧（摊销）”和“投资性房地产减值准备”账户期末余额后的金额填列；企业采用公允价值模式计量投资性房地产的，该项目应根据“投资性房地产”账户的期末余额填列。

6）“固定资产”项目，反映企业各种固定资产原值减去累计折旧和累计减值准备后的净额，以及临时设施原值减去临时设施摊销和临时设施减值准备后的净额。该项目应根据“固定资产”账户的期末余额，减去“累计折旧”“固定资产减值准备”账户期末余额后的金额填列。

7）“在建工程”项目，反映企业期末各项未完工程的实际支出，包括交付安装的设备价值、未完建筑安装工程已经耗用的材料、工资和费用支出、预付出包工程的价款等的可收回金额。该项目应根据“在建工程”账户的期末余额，减去“在建工程减值准备”账户期末余额后的金额填列。

8）“工程物资”项目，反映企业尚未使用的各项工程物资的实际成本。该项目应根据“工程物资”账户的期末余额，减去“工程物资减值准备”账户期末余额后的金额填列。

9）“固定资产清理”项目，反映企业因出售、毁损、报废等原因转入清理但尚未清理完毕的固定资产及临时设施的净值，以及固定资产、临时设施清理过程中所发生的清理费用和变价收入等各项金额的差额。该项目应根据“固定资产清理”账户的期末借方余额填列，如“固定资产清理”账户期末为贷方余额，则以“-”号填列。

10）“无形资产”项目，反映企业持有的无形资产，包括专利权、非专利技术、商标权、著作权、土地使用权等。该项目应根据“无形资产”账户的期末余额，减去“累计摊销”和“无形资产减值准备”账户期末余额后的金额填列。

11）“开发支出”项目，反映企业开发无形资产过程中能够资本化形成无形资产成本的支出部分。该项目应根据“研发支出”账户中所属的“资本化支出”明细账户期末余额填列。

12）“商誉”项目，反映企业合并中形成的商誉的价值。该项目应根据“商誉”账户的期末余额，减去相应减值准备后的金额填列。

13）“长期待摊费用”项目，反映企业已经发生但应由本期和以后各期负担的分摊期限在一年以上的各项费用。长期待摊费用中在一年内（含一年）摊销的部分，在资产负债表“一年内到期的非流动资产”项目填列。该项目应根据“长期待摊费用”账户的期末余额减去将于一年内（含一年）摊销的数额后的金额填列。

14）“递延所得税资产”项目，反映企业确认的可抵扣暂时性差异产生的递延所得税资产。该项目应根据“递延所得税资产”账户的期末余额填列。

15）“其他非流动资产”项目，反映企业除长期股权投资、固定资产、在建工程、工程物资、无形资产等资产以外的其他非流动资产。该项目应根据有关账户的期末余额填列。

3. 流动负债项目

1）“短期借款”项目，反映企业向银行或其他金融机构等借入的期限在一年以下（含一年）的各种借款。该项目应根据“短期借款”账户的期末余额填列。

2）“交易性金融负债”项目，反映企业承担的以公允价值计量且其变动计入当期损益的为交易目的所持有的金融负债。该项目应根据“交易性金融负债”账户的期末余额填列。

3）“应付票据”项目，反映企业为拨付分包单位工程价款及购买材料、商品和接受劳务供应等而开出、承兑的商业汇票，包括银行承兑汇票和商业承兑汇票。该项目应根据“应付票据”账户的期末余额填列。

4）“应付账款”项目，反映企业因工程结算及购买材料、商品和接受劳务供应等应付给分包单位及供应单位的款项。该项目应根据“应付账款”和“预付账款”账户所属各明细账户的期末贷方余额合计数填列；如“应付账款”账户所属明细账户期末有借方余额的，应在资产负债表“预付款项”项目内填列。

5）“预收款项”项目，反映企业按照合同规定向工程发包单位预收的款项，包括预收的工程款和备料款，以及按照购货合同规定预收购货单位的购货款等。该项目应根据“预收账款”和“应收账款”账户所属各明细账户的期末贷方余额合计数，以及“工程结算”账户期末余额大于“工程施工”账户期末余额的差额合计填列。

如“预收账款”账户所属各明细账户期末有借方余额，则应在资产负债表“应收账款”项目内填列。

6）“应付职工薪酬”项目，反映企业根据有关规定应付给职工的工资、职工福利、社会保险费、住房公积金、工会经费、职工教育经费、非货币性福利、辞退福利等各种薪酬。外商投资企业按规定从净利润中提取的职工奖励及福利基金，也在该项目列示。该项目应根据“应付职工薪酬”账户的期末余额填列。

7）“应交税费”项目，反映企业按照税法规定计算应缴纳的各种税费，包括增值税、消费税、营业税、企业所得税、资源税、土地增值税、城市维护建设税、房产税、城镇土地使用税、车船税、教育费附加、矿产资源补偿费等。企业代扣代交的个人所得税，也通过该项目列示。企业所缴纳的税金不需要预计应交数的，如印花税、耕地占用税等，不在该项目列示。该项目应根据“应交税费”账户的期末贷方余额填列；如“应交税费”账户期末为借方余额，则应以“-”号填列。

8）“应付利息”项目，反映企业按照规定应当支付的利息，包括分期付息到期还本的长期借款应支付的利息、企业发行的企业债券应支付的利息等。该项目应当根据“应付利息”账户的期末余额填列。

9）“应付股利”项目，反映企业分配的现金股利或利润。企业分配的股票股利，不通过该项目列示。该项目应根据“应付股利”账户的期末余额填列。

10）“其他应付款”项目，反映企业除应付票据、应付账款、预收账款、应付职工薪酬、应付股利、应付利息、应交税费等经营活动以外的其他各项应付、暂收的款项。该项目应根据“其他应付款”账户的期末余额填列。

11）“一年内到期的非流动负债”项目，反映企业非流动负债中将于资产负债表日后一年内到期部分的金额，如将于一年内偿还的长期借款。该项目应根据有关账户的期末余额填列。

12）“其他流动负债”项目，反映企业除短期借款、交易性金融负债、应付票据、应付账款、应付职工薪酬、应交税费等流动负债以外的其他流动负债。该项目应根据有关账户的期末余额填列。

4. 非流动负债项目

1）“长期借款”项目，反映企业向银行或其他金融机构借入的期限在一年以上（不含一年）的各项借款。该项目应根据“长期借款”账户的期末余额填列。

2）“应付债券”项目，反映企业为筹集长期资金而发行的债券本金和利息。该项目应根据“应付债券”账户的期末余额填列。

3）“长期应付款”项目，反映企业除长期借款和应付债券以外的其他各种长期应付款项。该项目应根据“长期应付款”账户的期末余额，减去相应的“未确认融资费用”账户期末余额后的金额填列。

4）“专项应付款”项目，反映企业取得政府作为企业所有者投入的具有专项或特定用途的款项。该项目应根据“专项应付款”账户的期末余额填列。

5）“预计负债”项目，反映企业确认的对外提供担保、未决诉讼、产品质量保证、重组义务、亏损性合同等预计负债。该项目应根据“预计负债”账户的期末余额填列。

6）“递延所得税负债”项目，反映企业确认的应纳税暂时性差异产生的所得税负债。该项目应根据“递延所得税负债”账户的期末余额填列。

7）“其他非流动负债”项目，反映企业除长期借款、应付债券等负债以外的其他非流动负债。该项目应根据有关账户的期末余额减去将于一年内（含一年）到期偿还数后的余额填列。非流动负债各项目中将于一年内（含一年）到期的非流动负债，应在“一年内到期的非流动负债”项目内单独反映。

5. 所有者权益项目

1）“实收资本（或股本）”项目，反映企业各投资者实际投入的资本（或股本）总额。该项目应根据“实收资本（或股本）”账户的期末余额填列。

2）“资本公积”项目，反映企业资本公积的期末余额。该项目应根据“资本公积”账户的期末余额填列。

3）“库存股”项目，反映企业持有尚未转让或注销的本公司股份金额。该项目应根据“库存股”账户的期末余额填列。

4）“盈余公积”项目，反映企业盈余公积的期末余额。该项目应根据“盈余公积”账户的期末余额填列。

5）“未分配利润”项目，反映企业尚未分配的利润。该项目应根据“本年利润”账户和“利润分配”账户的余额计算填列。未弥补的亏损在该项目内以“-”号填列。

四、资产负债表的编制举例

【例 13-1】 甲建筑施工企业 2015 年 12 月 1 日的账户余额如表 13-4 所示。

表 13-4 甲建筑施工企业 2015 年 12 月 1 日有关账户余额　　单位：元

账户名称	借方余额	账户名称	贷方余额
库存现金	2 000	短期借款	120 000
银行存款	100 000	应付账款	530 000
应收票据	208 000	应付职工薪酬	125 000
应收账款	340 000	坏账准备	1 000
原材料	350 000	累计折旧	760 000
预付账款	292 500	其中：临时设施摊销	85 000
长期股权投资——乙企业	600 000	应交税费——应交所得税	85 000
固定资产	3 060 000	长期借款	640 000
其中：临时设施	260 000	工程结算	485 500
在建工程	150 000	实收资本	2 000 000
工程施工——合同成本	568 000	资本公积	200 000
——合同毛利	121 000	盈余公积——法定盈余公积	440 000
		——任意盈余公积	220 000
		利润分配——未分配利润	185 000
合计	5 791 500	合计	5 791 500

甲建筑施工企业适用的所得税税率为 25%，不考虑其他税费。原材料等存货按实际成本核算法核算。周转材料采用一次摊销法摊销。企业 12 月份发生的经济业务如下：

（1）收到发包单位转账拨付工程进度款 400 000 元。

（2）收回到期的银行承兑汇票 208 000 元，已办妥进账手续，存入银行。

（3）购入原材料一批，价款 250 000 元，增值税 42 500 元，该批材料已于上期预付了 100 000 元，本期货款尚未补付。材料已验收入库。

（4）向银行借入 200 000 元，已存入银行账户。借款期限 3 年，用于购建固定资产。

（5）购入挖掘机一台，价款 300 000 元，增值税 51 000 元，挖掘机已交付使用。

（6）分配职工薪酬 160 000 元，其中：施工生产人员工资 100 000 元，施工现场管理人员工资 12 000 元，施工机械驾驶人员工资 18 000 元，在建工程人员工资 16 000 元，企业行政管理人员工资14 000元。

（7）本月实际发生的职工福利费为工资总额的12%。

（8）施工生产领用原材料600 000元，机械作业领用原材料4 500元，企业行政管理部门领用原材料4 000元。

（9）计提固定资产折旧85 000元，其中：施工现场用固定资产折旧24 000元，施工机械折旧45 000元，企业行政管理部门使用固定资产折旧16 000元。

（10）以银行存款支付企业行政管理部门办公费3 800元，差旅费5 000元。

（11）用银行存款支付水电费18 800元，其中：施工现场耗用水电费8 000元，施工机械耗用水电费6 800元，企业行政管理部门耗用水电费4 000元。

（12）被投资方乙公司宣告分派上一年的现金股利280 000元(甲建筑施工企业持有乙公司15%的股份,采用成本法核算。被投资方的所得税税率为25%)。

（13）用银行存款支付施工单位租用机械的租金9 000元、办公用品费2 860元。

（14）收到被投资方乙公司转入的现金股利42 000元，存入银行。

（15）摊销施工现场临时设施费75 000元。

（16）分配机械使用费和施工单位间接费用。

（17）收到发包单位批复的验工计价单，办理结算金额980 000元。

（18）年末确认建造合同收入与合同费用(签订的施工合同总金额为2 000 000元,2014年9月开工,2014年确认收入600 000元,2015年年末,为完成合同尚需发生费用200 000元)。

（19）本月按规定应扣还预收工程款400 000元。

（20）收到发包单位支付的工程款500 000元，存入银行。

（21）计提短期借款利息4 000元，长期借款利息费用35 000元(计入在建工程)。

（22）以银行存款归还到期短期借款本金120 000元，利息4 000元。

（23）以银行存款偿还应付购货款150 000元。

（24）毁损施工机械一台，该施工机械原值80 000元，已提折旧38 000元，以现金支付清理费用500元，处置残料收入2 000元存入银行。

（25）按应收账款余额的1%计提坏账准备。

（26）结转损益类账户的余额至“本年利润”账户，并计算出利润总额。

（27）计算本期应交所得税，并结转“所得税费用”账户。

（28）以银行存款上交期初未交及本期应交的企业所得税。

（29）计算结转本年净利润。

（30）按净利润的10%提取法定盈余公积，按5%提取任意盈余公积。

（31）向投资者分派现金股利150 000元。

（32）将利润分配各明细账户的余额转入“利润分配——未分配利润”明细账户。

要求：

（1）根据上述资料编制甲建筑施工企业有关业务的会计分录。

（2）编制各账户期初余额、本期发生额及期末余额表。

（3）编制甲建筑施工企业2015年12月31日的资产负债表。

（1）根据上述资料编制甲建筑施工企业有关业务的会计分录如下：

1）借：银行存款 400 000

贷：预收账款——预收工程款		400 000
2）借：银行存款	208 000	
贷：应收票据——银行承兑汇票		208 000
3）借：原材料	292 500	
贷：预付账款——预付购货款		292 500
4）借：银行存款	200 000	
贷：长期借款		200 000
5）借：固定资产——施工机械(挖掘机)	351 000	
贷：银行存款		351 000
6）借：工程施工——合同成本(人工费)	100 000	
——间接费用	12 000	
机械作业	18 000	
在建工程	16 000	
管理费用	14 000	
贷：应付职工薪酬——工资		160 000
7）借：工程施工——合同成本(人工费)	12 000	
——间接费用	1 440	
机械作业	2 160	
在建工程	1 920	
管理费用	1 680	
贷：应付职工薪酬——职工福利费		19 200
8）借：工程施工——合同成本(材料费)	600 000	
机械作业	4 500	
管理费用——折旧修理费	4 000	
贷：原材料		608 500
9）借：工程施工——间接费用	24 000	
机械作业	45 000	
管理费用	16 000	
贷：累计折旧		85 000
10）借：管理费用	8 800	
贷：银行存款		8 800
11）借：工程施工——合同成本(其他直接费用)	8 000	
机械作业	6 800	
管理费用	4 000	
贷：银行存款		18 800
12）应收股利 = 280 000 元×15% = 42 000 元		
借：应收股利——乙公司	42 000	
贷：投资收益——长期股权投资收益		42 000
13）借：工程施工——合同成本(机械使用费)	9 000	

——间接费用 2 860

贷：银行存款 11 860

14）借：银行存款 42 000

贷：应收股利——乙公司 42 000

15）借：工程施工——合同成本(其他直接费用) 75 000

贷：累计折旧——临时设施摊销 75 000

16）机械使用费=18 000 元+2 160 元+4 500 元+45 000 元+6 800 元=76 460 元

借：工程施工——合同成本(机械使用费) 76 460

贷：机械作业 76 460

施工单位间接费用=12 000 元+1 440 元+24 000 元+2 860 元=40 300 元

借：工程施工——合同成本(间接费用) 40 300

贷：工程施工——间接费用 40 300

17）借：应收账款——应收工程款 980 000

贷：工程结算 980 000

18）本期实际发生的合同成本=100 000 元+12 000 元+600 000 元+8 000 元+9 000 元+75 000 元+76 460 元+40 300 元=920 760 元

年末合同完工进度=(568 000+920 760)元÷(568 000+920 760+200 000)元×100%=1 488 760 元÷1 688 760 元=88. 16%

年末确认的合同收入=2 000 000 元×88. 16%-600 000 元=1 163 200 元

年末确认的合同费用=(568 000+920 760+200 000)元×88. 16%-568 000 元=920 810. 82 元

年末确认的合同毛利=1 163 200 元-920 810. 82 元=242 389. 18 元

借：主营业务成本 920 810. 82

工程施工——合同毛利 242 389. 18

贷：主营业务收入 1 163 200

19）借：预收账款——预收工程款 400 000

贷：应收账款——应收工程款 400 000

20）借：银行存款 500 000

贷：应收账款——应收工程款 500 000

21）借：财务费用——利息支出 4 000

贷：应付利息 4 000

借：在建工程 35 000

贷：长期借款——利息调整 35 000

22）借：短期借款 120 000

应付利息 4 000

贷：银行存款 124 000

23）借：应付账款 150 000

贷：银行存款 150 000

24）借：固定资产清理 42 000

累计折旧 38 000

贷：固定资产　80 000
借：固定资产清理　500
贷：库存现金　500
借：银行存款　2 000
贷：固定资产清理　2 000
借：营业外支出——处置非流动资产净损失　40 500
贷：固定资产清理　40 500

25）应收账款的期末余额=(340 000+980 000−400 000−500 000)元=420 000元

本期应计提坏账准备=420 000元×1%−1 000元=3 200元

借：资产减值损失　3 200
贷：坏账准备　3 200

26）借：主营业务收入　1 163 200
投资收益　42 000
贷：本年利润　1 205 200
借：本年利润　1 016 990.82
贷：主营业务成本　920 810.82
资产减值损失　3 200
管理费用(14 000+1 680+4 000+16 000+8 800+4 000)　48 480
财务费用　4 000
营业外支出　40 500

利润总额=1 205 200元−1 016 990.82元=188 209.18元

27）本期涉及递延所得税的项目只有应收账款一项。

应收账款(计提坏账准备后)的账面价值=420 000元−(1 000+3 200)元=415 800元

应收账款的计税基础=420 000元−420 000元×0.5%[1]=417 900元

应收账款产生的可抵扣暂时性差异=(415 800−417 900)元=−2 100元

年末递延所得税资产账户余额=2 100元×25%=525元

递延所得税资产本期发生额=525元−0=525元

当期所得税(即当期应交所得税)=(利润总额188 209.18元−投资收益42 000元)×25%=36 552.30元

递延所得税=(期末递延所得税负债−期初递延所得税负债)−(期末递延所得税资产−期初递延所得税资产)=(0−0)−(525元−0)=−525元

所得税费用=当期应交所得税+递延所得税=36 552.30元+(−525)元=36 027.30元

借：所得税费用——当期所得税费用　36 027.30
递延所得税资产　525
贷：应交税费——应交所得税　36 552.30

结转所得税费用时：

[1] 税法规定按应收账款余额的0.5%计提的坏账准备可税前扣除。

借：本年利润　　36 027.30

　　贷：所得税费用——当期所得税费用　　36 027.30

28）借：应交税费——应交所得税(85 000+36 552.30)　　121 552.30

　　　贷：银行存款　　121 552.30

29）本年净利润=188 209.18 元-36 027.30 元=152 181.88 元

借：本年利润　　152 181.88

　　贷：利润分配——未分配利润　　152 181.88

30）借：利润分配——提取法定盈余公积　　15 218.19

　　　　　　　　——提取任意盈余公积　　7 609.09

　　　贷：盈余公积——法定盈余公积　　15 218.19

　　　　　　　　　——任意盈余公积　　7 609.09

31）借：利润分配——应付现金股利　　150 000

　　　贷：应付股利　　150 000

32）借：利润分配——未分配利润　　172 827.28

　　　贷：利润分配——提取法定盈余公积　　15 218.19

　　　　　　　　　——提取任意盈余公积　　7 609.09

　　　　　　　　　——应付现金股利　　150 000

(2) 编制各账户期初余额、本期发生额及期末余额表，需要先登记丁字账。甲建筑施工企业2015年12月份有关经济业务的丁字账如下：

银 行 存 款

期初余额 100 000	
1）400 000	5）351 000
2）208 000	10）8 800
4）200 000	11）18 800
14）42 000	13）11 860
20）500 000	22）124 000
24）2 000	23）150 000
	28）121 552.30
本期发生额 1 352 000	本期发生额 786012.30
期末余额 665 987.70	

管 理 费 用

期初余额	
6）14 000	26）48 480
7）1 680	
8）4 000	
9）16 000	
10）8 800	
11）4 000	
本期发生额 48 480	本期发生额 48 480
期末余额 0	

原 材 料

期初余额 350 000	
3）292 500	8）608 500
本期发生额 292 500	本期发生额 608 500
期末余额 34 000	

预 付 账 款

期初余额 292 500	
	3）292 500
本期发生额	本期发生额 292 500
期末余额 0	

应 付 账 款

	期初余额 530 000
23）150 000	
本期发生额 150 000	本期发生额
	期末余额 380 000

短 期 借 款

	期初余额 120 000
22）120 000	
本期发生额 120 000	本期发生额
	期末余额 0

工程施工——合同毛利

期初余额 121 000	
18）242 389.18	
本期发生额 242 389.18	本期发生额
期末余额 363 389.18	

应收账款——应收工程款

期初余额 340 000	
17）980 000	19）400 000
	20）500 000
本期发生额 980 000	本期发生额 900 000
期末余额 420 000	

工程施工——合同成本

期初余额 568 000	
6）100 000	
7）12 000	
8）600 000	
11）8 000	
13）9 000	
15）75 000	
16）76 460	
16）40 300	
本期发生额 920 760	本期发生额
期末余额 1 488 760	

工程施工——间接费用

期初余额	
6）12 000	16）40 300
7）1 440	
9）24 000	
13）2 860	
本期发生额 40 300	本期发生额 40 300
期末余额 0	

实 收 资 本

	期初余额 2 000 000
本期发生额	本期发生额
	期末余额 2 000 000

资 本 公 积

	期初余额 200 000
本期发生额	本期发生额
	期末余额 200 000

长 期 借 款

	期初余额 640 000
	4）200 000
	21）35 000
本期发生额	本期发生额 235 000
	期末余额 875 000

应 收 票 据

期初余额 208 000	
	2）208 000
本期发生额	本期发生额 208 000
期末余额 0	

预收账款——预收工程款

	期初余额
19）400 000	1）400 000
本期发生额 400 000	本期发生额 400 000
	期末余额 0

库 存 现 金

期初余额 2 000	
	24）500
本期发生额	本期发生额 500
期末余额 1 500	

在建工程

借方	贷方
期初余额 150 000	
6）16 000	
7）1 920	
21）35 000	
本期发生额 52 920	本期发生额
期末余额 202 920	

机械作业

借方	贷方
期初余额	
6）18 000	16）76 460
7）2 160	
8）4 500	
9）45 000	
11）6 800	
本期发生额 76 460	本期发生额 76 460
期末余额 0	

应付职工薪酬

借方	贷方
	期初余额 125 000
	6）160 000
	7）19 200
本期发生额	本期发生额 179 200
	期末余额 304 200

工程结算

借方	贷方
	期初余额 485 500
	17）980 000
本期发生额	本期发生额 980 000
	期末余额 1 465 500

长期股权投资

借方	贷方
期初余额 600 000	
本期发生额	本期发生额
期末余额 600 000	

投资收益

借方	贷方
	期初余额
26）42 000	12）42 000
本期发生额 42 000	本期发生额 42 000
	期末余额 0

应收股利

借方	贷方
期初余额	
12）42 000	14）42 000
本期发生额 42 000	本期发生额 42 000
期末余额 0	

应付利息

借方	贷方
	期初余额
22）4 000	21）4 000
本期发生额 4 000	本期发生额 4 000
	期末余额 0

固定资产

借方	贷方
期初余额 3 060 000	
5）351 000	24）80 000
本期发生额 351 000	本期发生额 80 000
期末余额 3 331 000	

累计折旧

借方	贷方
	期初余额 760 000
24）38 000	9）85 000
	15）75 000
本期发生额 38 000	本期发生额 160 000
	期末余额 882 000

固定资产清理

借方	贷方
期初余额	
24）42 000	24）2 000
24）500	24）40 500
本期发生额 42 500	本期发生额 42 500
期末余额 0	

主营业务成本

借方	贷方
期初余额	
18）920 810. 82	26）920 810. 82
本期发生额 920 810. 82	本期发生额 920 810. 82
期末余额 0	

主营业务收入

	期初余额
26）1 163 200	18）1 163 200
本期发生额 1 163 200	本期发生额 1 163 200
期末余额 0	

应付股利

	期初余额
	31）150 000
本期发生额	本期发生额 150 000
	期末余额 150 000

财务费用

期初余额	
21）4 000	26）4 000
本期发生额 4 000	本期发生额 4 000
期末余额 0	

营业外支出

期初余额	
24）405 00	26）40 500
本期发生额 40 500	本期发生额 40 500
期末余额 0	

资产减值损失

期初余额	
25）3 200	26）3 200
本期发生额 3 200	本期发生额 3 200
期末余额 0	

坏账准备

	期初余额 1 000
	25）3 200
本期发生额	本期发生额 3 200
	期末余额 4 200

应交税费——应交所得税

28）121 552.30	期初余额 85 000
	27）36 552.30
本期发生额 121 552.30	本期发生额 36 552.30
	期末余额 0

递延所得税资产

期初余额	
27）525	
本期发生额 525	本期发生额
期末余额 525	

所得税费用——当期所得税

期初余额	
27）36 027.30	27）36 027.30
本期发生额 36 027.30	本期发生额 36 027.30
期末余额 0	

盈余公积

	期初余额 660 000
	30）15 218.19
	30）7 609.09
本期发生额	本期发生额 22 827.28
	期末余额 682 827.28

本年利润

	期初余额
26）1 016 990 82	26）1 205 200
27）36 027.30	
29）152 181.88	
本期发生额 1 205 200	本期发生额 1 205 200
期末余额	

利润分配

	期初余额 185 000
30）15 218.19	29）152 181.88
30）7 609.09	32）15 218.19
31）150 000	32）7 609.09
32）172 827.28	32）150 000
本期发生额 345 654.56	本期发生额 325 009.16
	期末余额 164 354.60

根据丁字账编制甲建筑施工企业 2015 年 12 月 31 日各有关账户的发生额及余额表如表 13-5 所示。

表 13-5　甲建筑施工企业 2015 年 12 月 31 日各有关账户的发生额及余额表　单位：元

账户名称	期初余额		本期发生额		期末余额	
	借方	贷方	借方	贷方	借方	贷方
库存现金	2 000			500	1 500	
银行存款	100 000		1 352 000	786 012. 30	665 987. 70	
应收票据	208 000			208 000		
应收账款	340 000		980 000	900 000	420 000	
坏账准备		1 000		3 200		4 200
应收股利			42 000	42 000		
原材料	350 000		292 500	608 500	34 000	
预付账款	292 500			292 500		
长期股权投资——乙企业	600 000				600 000	
固定资产	3 060 000		351 000	80 000	3 331 000	
累计折旧		760 000	38 000	160 000		882 000
在建工程	150 000		52 920		202 920	
固定资产清理			42 500	42 500		
工程施工——合同成本	568 000		920 760		1 488 760	
——合同毛利	121 000		242 389. 18		363 389. 18	
——间接费用			40 300	40 300		
机械作业			76 460	76 460		
短期借款		120 000	120 000			
长期借款		640 000		235 000		875 000
应付账款		530 000	150 000			380 000
应付职工薪酬		125 000		179 200		304 200
应交税费——应交所得税		85 000	121 552. 30	36 552. 30		
应付股利				150 000		150 000
预收账款			400 000	400 000		
应付利息			4 000	4 000		
工程结算		485 500		980 000		1 465 500
实收资本		2 000 000				2 000 000
资本公积		200 000				200 000
盈余公积		660 000		22 827. 28		682 827. 28
利润分配——未分配利润		185 000	345 654. 56	325 009. 16		164 354. 60
主营业务收入			1 163 200	1 163 200		
主营业务成本			920 810. 82	920 810. 82		
营业外支出			40 500	40 500		
资产减值损失			3 200	3 200		

（续）

账户名称	期初余额		本期发生额		期末余额	
	借方	贷方	借方	贷方	借方	贷方
财务费用			4 000	4 000		
投资收益			42 000	42 000		
管理费用			48 480	48 480		
所得税费用			36 027. 30	36 027. 30		
递延所得税资产			525		525	
本年利润			1 205 200	1 205 200		
合计	5 791 500	5 791 500	9 035 979. 16	9 035 979. 16	7 108 081. 88	7 108 081. 88

（3）编制甲建筑施工企业2015年12月31日的资产负债表如表13-6所示。

表13-6　资产负债表　　**会企01表**

编制单位：　　2015年12月31日　　单位：元

资　　产	期末余额	年初余额	负债和所有者权益（或股东权益）	期末余额	年初余额
流动资产：			流动负债：		
货币资金	667 487. 70	102 000	短期借款		120 000
交易性金融资产			交易性金融负债		
应收票据		208 000	应付票据		
应收账款	415 800	339 000	应付账款	380 000	530 000
预付款项		292 500	预收款项		
应收股利			应付职工薪酬	304 200	125 000
应收利息			应交税费		85 000
其他应收款			应付利息		
存货	420 649. 18	553 500	应付股利	150 000	
一年内到期的非流动资产			其他应付款		
其他流动资产			一年内到期的非流动负债		
流动资产合计	1 503 936. 88	1 495 000	其他流动负债		
非流动资产：			流动负债合计	834 200	860 000
可供出售金融资产			非流动负债：		
持有至到期投资			长期借款	875 000	640 000
长期应收款			应付债券		
长期股权投资	600 000	600 000	长期应付款		
投资性房地产			专项应付款		
固定资产	2 449 000	2 300 000	预计负债		
在建工程	202 920	150 000	递延所得税负债		
工程物资			其他非流动负债		
固定资产清理			非流动负债合计	875 000	640 000

（续）

资　　产	期末余额	年初余额	负债和所有者权益（或股东权益）	期末余额	年初余额
无形资产			负债合计	1 709 200	1 500 000
开发支出			所有者权益（或股东权益）：		
商誉			实收资本（或股本）	2 000 000	2 000 000
长期待摊费用			资本公积	200 000	200 000
递延所得税资产	525		减：库存股		
其他非流动资产			盈余公积	682 827.28	660 000
非流动资产合计	3 252 445	3 050 000	未分配利润	164 354.60	185 000
			所有者权益（或股东权益）合计	3 047 181.88	3 045 000
资产总计	4 756 381.88	4 545 000	负债和所有者权益（或股东权益）总计	4 756 381.88	4 545 000

第三节　利　润　表

一、利润表的概念和作用

1. 利润表的概念

利润表是反映企业在一定会计期间经营成果的财务报表。

利润表设计的理论依据是“收入-费用=利润”这一会计等式。利润表中的项目体现出一定期间的收入与同一会计期间相关费用的配比关系，在报表中可以计算出企业一定期间的营业利润、利润总额和净利润（或净亏损）。利润表是一种动态报表。

2. 利润表的作用

利润表的作用，主要表现在以下几个方面：

1）利润表可以反映企业一定会计期间收入的实现情况。利润表可以反映企业实现的营业收入、投资收益、营业外收入等。

2）利润表可以反映企业一定会计期间费用的耗费情况。利润表可以反映企业耗费的营业成本、营业税金及附加、销售费用、管理费用、财务费用、营业外支出等。

3）利润表可以反映企业在一定时期内实现的利润或发生的亏损情况。企业一定时期利润的大小和亏损多少，是评价企业在该时期经营业绩好坏的关键指标。

4）通过利润表可以检查影响企业利润（或亏损）的因素，通过对有关影响因素的分析，调整或降低不利因素，强化有利因素，可以不断提高企业经济效益，增强企业获利能力。

二、利润表的结构和内容

（一）利润表的结构

利润表的结构与资产负债表一样，也包括表首和表体两部分。

表首部分包括：编制单位的名称、编制利润表的日期、计量单位和报表编号。

表体部分是利润表的主体和核心，反映企业收入、费用和利润的内容。

（二）利润表的内容

利润表的内容分为反映企业营业利润及其构成、反映企业利润总额及其构成、企业净利润三部分。

1）营业利润。营业利润是营业收入减去为取得营业收入而发生的营业成本、营业税金及附加、销售费用、管理费用、财务费用、资产减值损失，加公允价值变动净收益和投资净收益后的余额。

2）利润总额（亏损总额）。利润总额也称财务利润、税前利润，是指一定会计期间企业在缴纳所得税之前实现的利润。利润总额（亏损总额）是企业经营成果，等于营业利润加上营业外收入，减去营业外支出后的余额。

3）净利润（或净亏损）。净利润（或净亏损）是企业当期利润总额减去所得税费用后的余额，即企业的税后利润。

利润表除上述三部分内容外，普通股或潜在普通股已公开交易的企业，以及正处于公开发行普通股或潜在普通股过程中的企业，还应当在利润表中列示每股收益信息。

（三）利润表的格式

利润表的格式一般有两种：单步式利润表和多步式利润表。我国一般采用多步式利润表。

1. 单步式利润表

单步式利润表各项目排列，是完全按照“收入-费用=利润”这一会计等式的计算顺序进行的，是将企业当期所有的收入和收益列在先，将全部费用和损失列在后，两部分金额相减一步计算出当期净损益，因而称其为单步式。单步式利润表如表 13-7 所示。

表 13-7 利润表

编制单位： 年度 单位：

项 目	本 期 金 额	上 期 金 额
一、收入		
营业收入		
投资收益		
营业外收入		
收入合计		
二、费用		
营业成本		
营业税金及附加		
销售费用		
管理费用		
财务费用		
资产减值损失		
营业外支出		
所得税费用		

（续）

项　　目	本 期 金 额	上 期 金 额
费用合计		
三、净利润		

单步式利润表编制简单，易于理解，但不能反映利润的形成情况，提供的信息较少，不利于报表分析。

2. 多步式利润表

多步式利润表是通过对当期的收入、费用、支出项目按性质加以归类，按利润形成的主要环节列示一些中间环节的利润指标，分步计算当期净损益。

现行企业会计准则规定，企业应当采用多步式利润表，将不同性质的收入和费用分别进行对比，从而得出一些中间环节的利润数据，便于使用者理解企业经营成果的不同来源。多步式利润表如表 13-8 所示。

表 13-8　利润表

会企 02 表

编制单位：　　　　　　　　　　　　　年度　　　　　　　　　　　　　单位：

项　　目	本 期 金 额	上 期 金 额
一、营业收入		
减：营业成本		
营业税金及附加		
销售费用		
管理费用		
财务费用		
资产减值损失		
加：公允价值变动收益（损失以“-”号填列）		
投资收益（损失以“-”号填列）		
其中：对联营企业和合营企业的投资收益		
二、营业利润（亏损以“-”号填列）		
加：营业外收入		
减：营业外支出		
其中：非流动资产处置损失		
三、利润总额（亏损总额以“-”号填列）		
减：所得税费用		
四、净利润（净亏损以“-”号填列）		
五、每股收益：		
（一）基本每股收益		
（二）稀释每股收益		

多步式利润表相比单步式利润表提供了更为丰富的有关企业盈利能力方面的信息，也便于对企业的生产经营情况进行分析。

三、利润表的编制方法

1. 利润表栏目的填列方法

（1）“上期金额”栏的列报方法　利润表“上期金额”栏内各项数字，应根据上年该期利润表“本期金额”栏内所列数字填列。如果上年该期利润表规定的各个项目的名称和内容同本期不相一致，则应对上年该期利润表各项目的名称和数字按本期的规定进行调整，填入利润表“上期金额”栏内。

（2）“本期金额”栏的列报方法　利润表“本期金额”栏内各项数字一般应根据损益类账户的发生额分析填列。

2. 利润表各项目的内容及其填列方法

1）“营业收入”项目。反映企业经营主要业务和其他业务所确认的收入总额。该项目应根据“主营业务收入”和“其他业务收入”账户的发生额分析填列。

2）“营业成本”项目。反映企业经营主要业务和其他业务所发生的成本总额。该项目应根据“主营业务成本”和“其他业务成本”账户的发生额分析填列。

3）“营业税金及附加”项目。反映企业经营业务应负担的消费税、营业税、城市维护建设税、资源税、土地增值税和教育费附加等。该项目应根据“营业税金及附加”账户的发生额分杅填列。

4）“销售费用”项目。反映企业在销售商品过程中发生的包装费、广告费等费用和为销售本企业商品而专设的销售机构的职工薪酬、业务费等经营费用。该项目应根据“销售费用”账户的发生额分析填列。

5）“管理费用”项目。反映企业为组织和管理生产经营活动发生的管理费用。该项目应根据“管理费用”的发生额分析填列。

6）“财务费用”项目。反映企业为筹集生产经营所需资金等而发生的筹资费用。该项目应根据“财务费用”账户的发生额分析填列。

7）“资产减值损失”项目。反映企业各项资产发生的减值损失。该项目应根据“资产减值损失”账户的发生额分析填列。

8）“公允价值变动收益”项目。反映企业应当计入当期损益的资产或负债公允价值变动收益。该项目应根据“公允价值变动损益”账户的发生额分析填列，如为净损失，则该项目以“-”号填列。

9）“投资收益”项目。反映企业以各种方式对外投资所取得的收益。该项目应根据“投资收益”账户的发生额分析填列。如为投资损失，则该项目以“-”号填列。

10）“营业利润”项目。反映企业实现的营业利润。如为亏损，则该项目以“-”号填列。

11）“营业外收入”项目。反映企业发生的与经营业务无直接关系的各项收入。该项目应根据“营业外收入”账户的发生额分析填列。

12）“营业外支出”项目。反映企业发生的与经营业务无直接关系的各项支出。该项目应根据“营业外支出”账户的发生额分析填列。

13）“利润总额”项目。反映企业实现的利润。如为亏损，则该项目以“-”号填列。

14）“所得税费用”项目。反映企业应从当期利润总额中扣除的所得税费用。该项目应根据“所得税费用”账户的发生额分析填列。

15）“净利润”项目。反映企业实现的净利润。如为亏损，则该项目以“-”号填列。

16）“基本每股收益”和“稀释每股收益”项目。反映普通股和稀释潜在股所取得的每股收益。该项目根据基本每股收益和稀释每股收益两个指标填列。

四、利润表编制举例

【例 13-2】 承【例 13-1】，编制甲建筑施工企业 2015 年 12 月份的利润表。

甲建筑施工企业 2015 年 12 月份利润表如表 13-9 所示。

表 13-9 利润表

会企 02 表

编制单位： 2015 年 12 月 单位：

项 目	本 期 金 额	上 期 金 额
一、营业收入	1 163 200	
减：营业成本	920 810. 82	
营业税金及附加		
销售费用		
管理费用	48 480	
财务费用	4 000	
资产减值损失	3 200	
加：公允价值变动收益（损失以“-”号填列）		
投资收益（损失以“-”号填列）	42 000	
其中：对联营企业和合营企业的投资收益		
二、营业利润（亏损以“-”号填列）	228 709. 18	
加：营业外收入		
减：营业外支出	40 500	
其中：非流动资产处置损失		
三、利润总额（亏损总额以“-”号填列）	188 209. 18	
减：所得税费用	36 027. 30	
四、净利润（净亏损以“-”号填列）	152 181. 88	
五、每股收益：		
（一）基本每股收益		
（二）稀释每股收益		

第四节 现金流量表

一、现金流量表的概念和作用

1. 现金流量表的概念

现金流量表是反映企业在一定会计期间现金和现金等价物流入和流出的报表，即反映企业一定会计期间内经营活动、投资活动、筹资活动等对现金及现金等价物产生的影响及其程度的报表。

现金流量表是以现金的收支为基础编制的，是对资产负债表和利润表的重要补充。编制现金流量表的主要目的，是为财务报表使用者提供企业一定会计期间内现金和现金等价物流入和流出的信息，为财务报表使用者了解和评价企业获取现金和现金等价物的能力、预测企业未来现金流量提供依据。

2. 现金流量表的作用

现金流量表的作用，主要表现在以下几个方面：

1）帮助报表使用者了解和评价企业获取现金流量的能力。

2）帮助报表使用者了解企业偿还债务、支付股利及对外筹资的能力。

3）帮助报表使用者了解企业净利润与经营活动现金流量之间差异产生的原因。

4）帮助报表使用者了解企业当期有关现金、非现金投资和筹资等事项对其财务状况的影响。

5）帮助报表使用者了解企业的资产获利能力。

6）帮助报表使用者了解企业的发展能力。

二、现金流量的分类

《企业会计准则第 31 号——现金流量表》将现金流量分为经营活动产生的现金流量、投资活动产生的现金流量、筹资活动产生的现金流量三大类。

1. 经营活动产生的现金流量

经营活动是指企业投资活动和筹资活动以外的所有交易和事项。经营活动主要包括：销售商品、提供劳务、购买商品、接受劳务、支付税费等。

经营活动产生的现金流入主要包括：销售商品、提供劳务收到的现金；收到的税费返还；收到其他与经营活动有关的现金。

经营活动产生的现金流出主要包括：购买商品、接受劳务支付的现金；支付给职工以及为职工支付的现金；支付的各项税费；支付其他与经营活动有关的现金。

2. 投资活动产生的现金流量

投资活动是指企业长期资产的购建和不包括在现金等价物范围内的投资及处置活动。投资活动，既包括实物资产投资，也包括金融资产投资。之所以将“包括在现金等价物范围内的投资”排除在外，是因为已将其视同现金。

投资活动产生的现金流入主要包括：收回投资收到的现金；取得投资收益收到的现金；处置固定资产、无形资产和其他长期资产收回的现金净额；处置子公司及其他营业单位收到的现金净额；收到其他与投资活动有关的现金。

投资活动产生的现金流出主要包括：购建固定资产、无形资产和其他长期资产支付的现金；投资支付的现金；取得子公司及其他营业单位支付的现金净额；支付其他与投资活动有关的现金。

3. 筹资活动产生的现金流量

筹资活动是指导致企业资本及债务规模和构成发生变化的活动。这里所说的资本，既包括实收资本（股本），也包括资本溢价（股本溢价）；这里所说的债务，是指对外举债，包括向银行借款、发行债券以及偿还债务等。

筹资活动产生的现金流入主要包括：吸收投资收到的现金；取得借款收到的现金；收到其他与筹资活动有关的现金。

筹资活动产生的现金流出主要包括：偿还债务支付的现金；分配股利、利润或偿付利息支付的现金；支付其他与筹资活动有关的现金。

除上述三类外，对于企业日常活动之外特殊的、不经常发生的特殊项目，如自然灾害损失、保险赔款、捐赠等，应当归并到相关类别中，并单独反映。

三、现金流量表的结构和内容

1. 现金流量表的结构

现金流量表的结构包括正表和附注两个部分。

现金流量表的正表包括表首和表体两部分。表首部分包括：编制单位的名称、编制时间、计量单位和报表编号。表体部分是现金流量表的主体和核心，反映企业经营活动、投资活动和筹资活动的现金流入和流出内容。

2. 现金流量表的内容

现金流量表正表的主要内容包括以下六个部分：

1）经营活动产生的现金流量。

2）投资活动产生的现金流量。

3）筹资活动产生的现金流量。

4）汇率变动对现金及现金等价物的影响。

5）现金及现金等价物净增加额。

6）期末现金及现金等价物余额。

上述各项目之间的关系可用以下公式表示：

现金及现金等价物净增加额=经营活动产生的现金流量净额+投资活动产生的现金流量净额+筹资活动产生的现金流量净额+汇率变动对现金及现金等价物的影响

期末现金及现金等价物余额=期初现金及现金等价物余额+现金及现金等价物净增加额

现金流量表附注包括现金流量表补充资料、当期取得或处置子公司及其他营业单位的有关信息、现金及现金等价物的详细信息。

其中现金流量表补充资料包括将净利润调节为经营活动现金流量、不涉及现金收支的重大投资和筹资活动、现金及现金等价物净变动情况三项内容。

四、现金流量表的编制基础及格式

（一）现金流量表的编制基础

现金流量表以现金及现金等价物为基础编制。现金流量表所指的现金是广义的现金，它包括现金和现金等价物。

现金是指企业库存现金以及可以随时用于支付的存款。现金主要包括：

1. 库存现金

库存现金是指企业持有、可随时用于支付的现金，与“库存现金”账户的核算内容一致。

2. 银行存款

银行存款是指企业存入金融机构、可以随时用于支取的存款，与“银行存款”账户的核算内容基本一致，但不包括不能随时用于支付的存款。例如，不能随时支取的定期存款等不应作为现金；提前通知金融机构便可支取的定期存款则应包括在现金范围内。

3. 其他货币资金

其他货币资金是指存放在金融机构的外埠存款、银行汇票存款、银行本票存款、信用卡存款、信用证保证金存款和存出投资款等，与“其他货币资金”账户的核算内容一致。

4. 现金等价物

现金等价物是指企业持有的期限短、流动性强、易于转换为已知金额现金、价值变动风险很小的投资。其中，期限短一般是指从购买日起3个月内到期。现金等价物虽然不是现金，但其支付能力与现金的差别不大，可视为现金。

（二）现金流量表的格式

我国企业的现金流量表包括正表和附注两部分，现金流量表附注主要是指现金流量表补充资料。现金流量表及现金流量表补充资料如表13-10和表13-11所示。

表13-10 现金流量表 会企03表

编制单位： 年度 单位：

项目	本期金额	上期金额
一、经营活动产生的现金流量：		
销售商品、提供劳务收到的现金		
收到的税费返还		
收到其他与经营活动有关的现金		
经营活动现金流入小计		
购买商品、接受劳务支付的现金		
支付给职工以及为职工支付的现金		
支付的各项税费		
支付其他与经营活动有关的现金		
经营活动现金流出小计		
经营活动产生的现金流量净额		
二、投资活动产生的现金流量：		
收回投资收到的现金		
取得投资收益收到的现金		
处置固定资产、无形资产和其他长期资产收回的现金净额		
处置子公司及其他营业单位收到的现金净额		
收到其他与投资活动有关的现金		
投资活动现金流入小计		
购建固定资产、无形资产和其他长期资产支付的现金		
投资支付的现金		

（续）

项 目	本期金额	上期金额
取得子公司及其他营业单位支付的现金净额		
支付其他与投资活动有关的现金		
投资活动现金流出小计		
投资活动产生的现金流量净额		
三、筹资活动产生的现金流量：		
吸收投资收到的现金		
取得借款收到的现金		
收到其他与筹资活动有关的现金		
筹资活动现金流入小计		
偿还债务支付的现金		
分配股利、利润或偿付利息支付的现金		
支付其他与筹资活动有关的现金		
筹资活动现金流出小计		
筹资活动产生的现金流量净额		
四、汇率变动对现金及现金等价物的影响		
五、现金及现金等价物净增加额		
加：期初现金及现金等价物余额		
六、期末现金及现金等价物余额		

表 13-11 现金流量表补充资料 单位：

补充资料	本期金额	上期金额
1. 将净利润调节为经营活动现金流量：		
净利润		
加：资产减值准备		
固定资产折旧、油气资产折耗、生产性生物资产折旧		
无形资产摊销		
长期待摊费用摊销		
处置固定资产、无形资产和其他长期资产的损失（收益以“-”号填列）		
固定资产报废损失（收益以“-”号填列）		
公允价值变动损失（收益以“-”号填列）		
财务费用（收益以“-”号填列）		
投资损失（收益以“-”号填列）		
递延所得税资产减少（增加以“-”号填列）		
递延所得税负债增加（减少以“-”号填列）		
存货的减少（增加以“-”号填列）		

（续）

补 充 资 料	本 期 金 额	上 期 金 额
经营性应收项目的减少（增加以“-”号填列）		
经营性应付项目的增加（减少以“-”号填列）		
其他		
经营活动产生的现金流量净额		
2. 不涉及现金收支的重大投资和筹资活动：		
债务转为资本		
一年内到期的可转换公司债券		
融资租入固定资产		
3. 现金及现金等价物净变动情况：		
现金的期末余额		
减：现金的期初余额		
加：现金等价物的期末余额		
减：现金等价物的期初余额		
现金及现金等价物净增加额		

五、现金流量表的编制方法

（一）直接法和间接法

编制现金流量表时，列报经营活动现金流量的方法有两种：一是直接法；二是间接法。这两种方法通常也称为编制现金流量表的方法。

直接法是指按现金收入和现金支出的主要类别直接反映企业经营活动产生的现金流量，如销售商品、提供劳务收到的现金；购买商品、接受劳务支付的现金等。在直接法下，一般是以利润表中的营业收入为起算点，调节与经营活动有关项目的增减变动，然后计算出经营活动产生的现金流量。

间接法是指以净利润为起算点，调整不涉及现金的收入、费用、营业外收支等有关项目，剔除投资活动、筹资活动对现金流量的影响，据此计算出经营活动产生的现金流量。由于净利润是按照权责发生制原则确定的，且包括了与投资活动和筹资活动相关的收益和费用，所以将净利润调节为经营活动现金流量，实际上就是将按权责发生制原则确定的净利润调整为现金净流入，并剔除投资活动和筹资活动对现金流量的影响。

采用直接法编报现金流量表，便于分析企业经营活动产生的现金流量的来源和用途，预测企业现金流量的未来前景；采用间接法编报现金流量表，便于将净利润与经营活动产生的现金流量净额进行比较，了解净利润与经营活动产生的现金流量差异的原因，从现金流量的角度分析净利润的质量。

《企业会计准则第 31 号——现金流量表》规定企业应当采用直接法编报现金流量表，同时要求企业采用间接法在现金流量表附注中披露将净利润调节为经营活动现金流量的信息。

（二）工作底稿法或 T 形账户法

在具体编制现金流量表时，可以采用工作底稿法或 T 形账户法，也可以根据有关账户记录分析填列。

1. 工作底稿法

采用工作底稿法编制现金流量表，是以工作底稿为手段，以资产负债表和利润表数据为基础，对每一项目进行分析并编制调整分录，从而编制现金流量表。工作底稿法的程序是：

第一步，将资产负债表的期初数和期末数过入工作底稿的期初数和期末数栏。

第二步，对当期业务进行分析并编制调整分录。编制调整分录时，要以利润表项目为基础，从“营业收入”开始，结合资产负债表项目逐一进行分析。在调整分录中，有关现金和现金等价物的事项，并不直接借记或贷记现金，而是分别记入“经营活动产生的现金流量”“投资活动产生的现金流量”“筹资活动产生的现金流量”有关项目。借记表示现金流入，贷记表示现金流出。

第三步，将调整分录过入工作底稿中的相应部分。

第四步，核对调整分录，借方、贷方合计数均已经相等，资产负债表项目期初数加减调整分录中的借贷金额以后，也等于期末数。

第五步，根据工作底稿中的现金流量表项目部分编制正式的现金流量表。

2. T形账户法

采用T形账户法编制现金流量表，是以T形账户为手段，以资产负债表和利润表数据为基础，对每一项目进行分析并编制调整分录，从而编制现金流量表。T形账户法的程序是：

第一步，为所有的非现金项目(包括资产负债表项目和利润表项目)分别开设T形账户，并将各自的期末期初变动数过入各相关账户。如果项目的期末数大于期初数，则将差额过入和项目余额相同的方向；反之，过入相反的方向。

第二步，开设一个大的“现金及现金等价物”T形账户，每边分为经营活动、投资活动和筹资活动三个部分，左边记现金流入，右边记现金流出。与其他账户一样，过入期末期初变动数。

第三步，以利润表项目为基础，结合资产负债表分析每一个非现金项目的增减变动，并据此编制调整分录。

第四步，将调整分录过入各T形账户，并进行核对，该账户借贷相抵后的余额与原先过入的期末期初变动数应当一致。

第五步，根据大的“现金及现金等价物”T形账户编制正式的现金流量表。

(三) 现金流量表各项目的内容及填列方法

现金流量表的项目主要有：经营活动产生的现金流量、投资活动产生的现金流量、筹资活动产生的现金流量、汇率变动对现金及现金等价物的影响、现金及现金等价物净增加额、期末现金及现金等价物余额等项目。

1. 经营活动产生的现金流量

(1) 经营活动现金流入项目

1)“销售商品、提供劳务收到的现金”项目。该项目反映企业销售商品、提供劳务实际收到的现金，包括销售收入和应向购买者收取的增值税销项税额，具体包括：本期销售商品、提供劳务收到的现金，以及前期销售商品、提供劳务本期收到的现金和本期预收的款项，减去本期销售本期退回的商品和前期销售本期退回的商品支付的现金。企业销售材料和代购代销业务收到的现金，也在该项目反映。

该项目根据“库存现金”“银行存款”“应收账款”“应收票据”“预收账款”“主营业务收入”“其他业务收入”等账户的记录分析填列。根据账户记录分析计算该项目的金额，通常可采用以下公式：

销售商品、提供劳务收到的现金=当期销售商品、提供劳务收到的现金+当期收回前期的应收账款和应收票据+当期预收的账款−当期销售退回而支付的现金+当期收回前期核销的坏账损失

2）“收到的税费返还”项目。该项目反映企业收到的返还的各种税费，如收到的增值税、营业税、所得税、消费税、关税和教育费附加返还款等。该项目可以根据“库存现金”“银行存款”“营业税金及附加”“营业外收入”等账户的记录分析填列。

3）“收到其他与经营活动有关的现金”项目。该项目反映企业除上述各项目外，收到的其他与经营活动有关的现金，如罚款收入、经营租赁固定资产收到的现金、流动资产损失中由个人赔偿的现金收入、除税费返还外的其他政府补助收入等。其他与经营活动有关的现金，如果价值较大，则应单列项目反映。该项目可以根据“库存现金”“银行存款”“管理费用”“销售费用”等账户的记录分析填列。

（2）经营活动现金流出项目

1）“购买商品、接受劳务支付的现金”项目。该项目反映企业购买材料和商品、接受劳务实际支付的现金，包括支付的货款以及与货款一并支付的增值税进项税额，具体包括：本期购买商品、接受劳务支付的现金，以及本期支付前期购买商品、接受劳务的未付款项和本期预付款项，减去本期发生的购货退回收到的现金。为购置存货而发生的借款利息资本化部分，应在“分配股利、利润或偿付利息支付的现金”项目中反映。该项目根据“库存现金”“银行存款”“应付账款”“应付票据”“预付账款”“主营业务成本”“其他业务成本”等账户的记录分析填列。根据账户记录分析计算该项目的金额，通常可采用以下公式：

购买商品、接受劳务支付的现金=当期购买商品、接受劳务支付的现金+当期支付前期的应付账款和应付票据+当期预付的账款−当期因购货退回收到的现金

2）“支付给职工以及为职工支付的现金”项目。该项目反映企业实际支付给职工的现金以及为职工支付的现金，包括企业为获得职工提供的服务，本期实际给予各种形式的报酬以及其他相关支出，如支付给职工的工资、奖金、各种津贴和补贴等，以及为职工支付的其他费用，不包括支付给离退休人员的各项费用和在建工程人员的工资。企业支付给离退休人员的各项费用，在“支付其他与经营活动有关的现金”项目中反映；支付的在建工程人员的工资，在“购建固定资产、无形资产和其他长期资产支付的现金”项目中反映。

企业为职工支付的医疗、养老、失业、工伤、生育等社会保险基金、补充养老保险、住房公积金，企业为职工交纳的商业保险金，因解除与职工劳动关系给予的补偿，现金结算的股份支付，以及企业支付给职工或为职工支付的其他福利费用等，应根据职工的工作性质和服务对象，分别在“购建固定资产、无形资产和其他长期资产支付的现金”项目和“支付给职工以及为职工支付的现金”项目中反映。

该项目可以根据“库存现金”“银行存款”“应付职工薪酬”等账户的记录分析填列。

3）“支付的各项税费”项目。该项目反映企业按规定支付的各项税费，包括本期发生并支付的税费，以及本期支付以前各期发生的税费和预交的税金，如支付的教育费附加、印花税、房产税、城镇土地增值税、车船税、营业税、增值税、所得税等。不包括本期退回的增值税、所得税。本期退回的增值税、所得税等，在“收到的税费返还”项目中反映。该项目可以根据“应交税费””库存现金”“银行存款”等账户分析填列。

4）“支付其他与经营活动有关的现金”项目。该项目反映企业除上述各项目外，支付的其他与经营活动有关的现金，如罚款支出、差旅费、业务招待费、保险费、经营租赁支付的现金等。其他与经营活动有关的现金，如果金额较大，则应单列项目反映。该项目可以根据有关账户的记录分析填列。

2. 投资活动产生的现金流量

（1）投资活动现金流入项目

1）“收回投资收到的现金”项目。该项目反映企业出售、转让或到期收回除现金等价物以外的交易性金融资产、持有至到期投资、可供出售金融资产、长期股权投资、投资性房地产而收到的现金。不包括债权性投资收回的利息、收回的非现金资产，以及处置子公司及其他营业单位收到的现金净额。债权性投资收回的本金，在该项目反映，债权性投资收回的利息，不在该项目中反映，而在“取得投资收益收到的现金”项目中反映。处置子公司及其他营业单位收到的现金净额单设项目反映。该项目可以根据“交易性金融资产”“持有至到期投资”“可供出售金融资产”“长期股权投资”“投资性房地产””库存现金”“银行存款”等账户的记录分析填列。

2）“取得投资收益收到的现金”项目。该项目反映企业因股权性投资而分得的现金股利，从子公司、联营企业或合营企业分回利润而收到的现金，因债权性投资而取得的现金利息收入。股票股利不在该项目中反映；包括在现金等价物范围内的债券性投资，其利息收入在该项目中反映。该项目可以根据“应收股利”“应收利息”“投资收益”“库存现金”“银行存款”等账户的记录分析填列。

3）“处置固定资产、无形资产和其他长期资产收回的现金净额”项目。该项目反映企业出售固定资产、无形资产和其他长期资产所取得的现金，减去为处置这些资产而支付的有关费用后的净额。处置固定资产、无形资产和其他长期资产所收到的现金，与处置活动支付的现金，二者在时间上比较接近，以净额反映更能准确反映处置活动对现金流量的影响。由于自然灾害等原因所造成的固定资产等长期资产报废、毁损而收到的保险赔偿收入，在该项目中反映。如处置固定资产、无形资产和其他长期资产所收回的现金净额为负数，则应作为投资活动产生的现金流量，在“支付其他与投资活动有关的现金”项目中反映。该项目可以根据“固定资产清理”“库存现金”“银行存款”等账户的记录分析填列。

4）“处置子公司及其他营业单位收到的现金净额”项目。该项目反映企业处置子公司及其他营业单位所取得的现金，减去子公司或其他营业单位持有的现金和现金等价物以及相关处置费用后的净额。该项目应根据有关账户的记录分析填列。处置子公司及其他营业单位收到的现金净额为负数的，应将该金额填列至“支付其他与投资活动有关的现金”项目中。

5）“收到其他与投资活动有关的现金”项目。该项目反映企业除上述各项目外，收到的其他与投资活动有关的现金。其他与投资活动有关的现金，如果价值较大，则应单列项目反映。该项目可以根据有关账户的记录分析填列。

（2）投资活动现金流出项目

1）“购建固定资产、无形资产和其他长期资产支付的现金”项目。该项目反映企业购买、建造固定资产，取得无形资产和其他长期资产支付的现金，包括购买机器设备所支付的现金及增值税款、建造工程支付的现金、支付在建工程人员的工资等现金支出，不包括为购建固定资产、无形资产和其他长期资产而发生的借款利息资本化部分，以及融资租入固定资产所支付的租赁费。为购建固定资产、无形资产和其他长期资产而发生的借款利息资本化部分，在“分配股利、利润或偿付利息支付的现金”项目中反映；融资租入固定资产所支付的租赁费，在“支付其他与筹资活动有关的现金”项目中反映。该项目可以根据“固定资产”“在建工程”“工程物资”“无形资产”“库存现金”“银行存款”等账户的记录分析填列。

2）“投资支付的现金”项目。该项目反映企业进行权益性投资和债权性投资所支付的现金，包括企业取得的除现金等价物以外的交易性金融资产、持有至到期投资、可供出售金融资产而支付的现金，以及支付的佣金、手续费等交易费用。企业购买债券的价款中含有债券利息，以及溢价或折价购入的，均按实际支付的金额反映。

企业购买股票和债券时，实际支付的价款中包含的已宣告但尚未领取的现金股利或已到付息期但尚未领取的债券利息，应在“支付其他与投资活动有关的现金”项目中反映；收回购买股票和债券时支付的已宣告但尚未领取的现金股利或已到付息期但尚未领取的债券利息，应在“收到其他与投资活动有关的现金”项目中反映。

该项目可以根据“交易性金融资产”“持有至到期投资”“可供出售金融资产”“投资性房地产”“长期股权投资”“库存现金”“银行存款”等账户的记录分析填列。

3）“取得子公司及其他营业单位支付的现金净额”项目。该项目反映企业取得子公司及其他营业单位购买出价中以现金支付的部分，减去子公司或其他营业单位持有的现金和现金等价物后的净额。该项目根据有关账户的记录分析填列。取得子公司及其他营业单位支付的现金净额如为负数，则将该金额填列至“收到其他与投资活动有关的现金”项目中。

4）“支付其他与投资活动有关的现金”项目。该项目反映企业除上述各项目外，支付的其他与投资活动有关的现金。其他与投资活动有关的现金，如果价值较大，则应单列项目反映。该项目可以根据有关账户的记录分析填列。

3. 筹资活动产生的现金流量

（1）筹资活动现金流入项目

1）“吸收投资收到的现金”项目。该项目反映企业以发行股票、债券等方式筹集资金实际收到的款项净额（发行收入减去支付的佣金等发行费用后的净额）。以发行股票等方式筹集资金而由企业直接支付的审计、咨询等费用，不在该项目中反映，而在“支付其他与筹资活动有关的现金”项目中反映；由金融企业直接支付的手续费、宣传费、咨询费、印刷费等费用，从发行股票、债券取得的现金收入中扣除，以净额列示。该项目可以根据“实收资本（或股本）”“资本公积”“库存现金”“银行存款”等账户的记录分析填列。

2）“取得借款收到的现金”项目。该项目反映企业举借各种短期、长期借款而收到的现金。该项目可以根据“短期借款”“长期借款”“交易性金融负债”“应付债券”“库存现金”“银行存款”等账户的记录分析填列。

3）“收到其他与筹资活动有关的现金”项目。该项目反映企业除上述各项目外，收到的其他与筹资活动有关的现金。其他与筹资活动有关的现金，如果价值较大，则应单列项目反映。该项目可根据有关账户的记录分析填列。

（2）筹资活动现金流出项目

1）“偿还债务支付的现金”项目。该项目反映企业以现金偿还债务的本金，包括归还金融企业的借款本金、偿付企业到期的债券本金等。企业偿还的借款利息、债券利息，在“分配股利、利润或偿付利息支付的现金”项目中反映，不在“偿还债务支付的现金”项目中反映。该项目可以根据“短期借款”“长期借款”“交易性金融负债”“应付债券”“库存现金”“银行存款”等账户的记录分析填列。

2）“分配股利、利润或偿付利息支付的现金”项目。该项目反映企业实际支付的现金股利、支付给其他投资单位的利润或用现金支付的借款利息、债券利息。不同用途的借款，其利息的开支渠道不一样，如在建工程、财务费用等，均在该项目中反映。该项目可以根据“应付股利”“应付利息”“利润分配”“财务费用”“在建工程”“制造费用”“研发支出”“库存现金”“银行存款”等账户的记录分析填列。

3）“支付其他与筹资活动有关的现金”项目。该项目反映企业除上述各项目外，支付的其他与筹资活动有关的现金，如以发行股票、债券等方式筹集资金而由企业直接支付的审计、咨询等费用，融资租赁所支付的现金、以分期付款方式构建固定资产以后各期支付的现金等。其他与筹资活动有关的现金，如果价值较大，则应单列项目反映。该项目可以根据有关账户的记录分析填列。

4. 汇率变动对现金及现金等价物的影响

编制现金流量表时，应当将企业外币现金流量以及境外子公司的现金流量折算成记账本位币。企业会计准则规定，外币现金流量以及境外子公司的现金流量，应当采用现金流量发生日的即期汇率或按照系统合理的方法确定的、与现金流量发生日即期汇率近似的汇率折算。汇率变动对现金及现金等价物的影响额应当作为调节项目，在现金流量表中单独列报。

汇率变动对现金及现金等价物的影响是指企业外币现金流量及境外子公司的现金流量折算成记账本位币时，所采用的是现金流量发生日的汇率或按照系统合理的方法确定的、与现金流量发生日即期汇率近似的汇率，而现金流量表“现金及现金等价物净增加额”项目中外币现金净增加额是按资产负债表日的即期汇率折算。这二者的差额即为汇率变动对现金及现金等价物的影响。

5. 现金流量表补充资料

企业除了采用直接法在现金流量表中反映相关的现金流量信息外，还应当采用间接法在现金流量表补充资料中披露将净利润调节为经营活动现金流量的信息。现金流量表补充资料包括将净利润调节为经营活动现金流量、不涉及现金收支的重大投资和筹资活动、现金及现金等价物净变动情况等项目。

（1）将净利润调节为经营活动现金流量

1）“资产减值准备”项目。该项目反映企业当期计提并计入损益的各项资产减值准备，如坏账准备、长期股权投资减值准备、固定资产减值准备、无形资产减值准备、在建工程减值准备等。该项目可以根据“资产减值损失”账户的记录分析填列。

2）“固定资产折旧、油气资产折耗、生产性生物资产折旧”项目。该项目反映企业本期计提的固定资产折旧、油气资产折耗、生产性生物资产折旧。该项目可根据“累计折旧”等账户的贷方发生额分析填列。

3）“无形资产摊销”和“长期待摊费用摊销”项目。这两个项目分别反映企业本期摊入成本费用的无形资产价值及长期待摊费用。这两个项目可以根据“累计摊销”“长期待摊费用”账户的贷方发生额分析填列。

4）“处置固定资产、无形资产和其他长期资产的损失”项目。该项目反映企业本期处置固定资产、无形资产和其他长期资产的净损失，如为净收益，则以“-”号填列。该项目可根据“营业外支出”“营业外收入”等账户所属的有关明细账户的记录分析填列。

5）“固定资产报废损失”项目。该项目反映企业本期发生的固定资产盘亏减盘盈后的净损失。该项目可根据“营业外支出”和“营业外收入”账户所属的有关明细账户中固定资产盘亏损失减去固定资产盘盈收益后的差额填列。

6）“公允价值变动损失”项目。该项目反映企业本期交易性金融资产等发生的公允价值变动损益。该项目可以根据“公允价值变动损益”账户的发生额填列；如为收益，则以“-”号填列。

7）“财务费用”项目。该项目反映企业本期实际发生的应属于投资活动和筹资活动的财务费用。该费用在计算净利润时已扣除，但这部分现金流出不属于经营活动的范畴，所以，在将净利润调节为经营活动现金流量时，应予以加回。该项目可以根据“财务费用”账户的记录分析填列；如为收益，则以“-”号填列。

8）“投资损失”项目。该项目反映企业对外投资所实际发生的投资损失减去收益后的净损失。该项目可以根据利润表“投资收益”项目的数字填列；如为投资收益，则以“-”号填列。

9）“递延所得税资产减少”项目。该项目反映企业资产负债表“递延所得税资产”项目期末、期初余额的差额。该项目可以根据资产负债表“递延所得税资产”项目期初、期末余额分析填列；如为增加，则以“-”号填列。

10）“递延所得税负债增加”项目。该项目反映企业资产负债表“递延所得税负债”项目期末、期初余额的差额。该项目可以根据资产负债表“递延所得税负债”项目期初、期末余额分析填列；如为减少，则以“-”号填列。

11）“存货的减少”项目。该项目反映企业期末存货比期初存货减少的数额，如为增加，则以“-”号填列。该项目可以根据资产负债表“存货”项目的期初、期末余额的差额填列；期初数小于期末数的差额，以“-”号填列。

12）“经营性应收项目的减少”项目。该项目反映企业经营性应收项目期末比期初减少的数额，如为增加则以“-”号填列。经营性应收项目主要是指应收账款、应收票据、预付账款、其他应收款和长期应收款中与经营活动有关的部分等。该项目可以根据资产负债表“应收账款”“应收票据”“预付账款”“其他应收款”“长期应收款”等项目的期初、期末余额的差额分析填列；期初数小于期末数的差额，以“-”号填列。

13）“经营性应付项目的增加”项目。该项目反映企业经营性应付项目期末比期初增加的数额，如为减少则以“-”号填列。经营性应付项目主要是指应付账款、应付票据、预收账款、应付利息、应付职工薪酬、应交税费、其他应付款、长期应付款中与经营活动有关的部分等。该项目可以根据资产负债表“应付账款”“应付票据”“预收账款”“应付职工薪酬”“应交税费”“应付利息”“其他应付款”“长期应付款”等项目的期末、期初余额的差额分析填列；期末数小于期初数的差额，以“－”号填列。

（2）不涉及现金收支的重大投资和筹资活动　该项目反映企业一定会计期间影响资产、负债或所有者权益但不形成该期现金收支的投资和筹资活动的信息。这些投资和筹资活动是企业的重大理财活动，对以后各期的现金流量会产生重大影响，因此，应单列项目在补充资料中反映。现金流量表补充资料中列示的不涉及现金收支的重大投资和筹资活动项目主要有以下几项：

1）“债务转为资本”项目，反映企业本期转为资本的债务金额。

2）“一年内到期的可转换公司债券”项目，反映企业一年内到期的可转换公司债券的本息。

3）“融资租入固定资产”项目，反映企业本期融资租入固定资产记入“长期应付款”账户的金额。

（3）现金及现金等价物净变动情况　该项目反映企业一定会计期间现金及现金等价物的期末余额减去期初余额后的净增加额。一般可以通过对“库存现金”“银行存款”“其他货币资金”账户以及现金等价物的期末余额与期初余额比较得出。

注意补充资料中的“现金及现金等价物净增加额”与现金流量表中“五、现金及现金等价物净增加额”应核对相符。

第五节　所有者权益变动表

一、所有者权益变动表的含义

所有者权益变动表是反映所有者权益的各组成部分增减变动情况的报表。所有者权益变动表不仅包括所有者权益总量的增减变动，还包括所有者权益增减变动的重要结构性信息，此外，还包括直接计入所有者权益的利得和损失，有利于报表使用者了解所有者权益增减变动的根源。

二、所有者权益变动表的结构

为了表明所有者权益的各组成部分当期的增减变动情况，所有者权益变动表以矩阵形式列示。一方面，按所有者权益变动的来源对一定时期所有者权益变动情况进行全面反映；另一方面，按照所有者权益各组成部分（包括实收资本、资本公积、盈余公积、未分配利润和库存股）及其总额列示交易或事项对所有者权益的影响。所有者权益变动表各项目分为“本年金额”和“上年金额”两栏分别填列。所有者权益变动表如表 13-12 所示。

三、所有者权益变动表的填列方法

（一）所有者权益变动表各项目的填列方法

1. “上年年末余额”项目

该项目反映企业上年资产负债表中实收资本（或股本）、资本公积、盈余公积、未分配利润的年末余额。

表 13-12 所有者权益变动表

编制单位：　　　　　　　　　　　　年度　　　　　　　　　　　　单位：

项目	本年金额						上年金额					
	实收资本（或股本）	资本公积	减：库存股	盈余公积	未分配利润	所有者权益合计	实收资本（或股本）	资本公积	减：库存股	盈余公积	未分配利润	所有者权益合计
一、上年年末余额												
加：会计政策变更												
前期差错更正												
二、本年年初余额												
三、本年增减变动金额（减少以“-”号填列）												
（一）净利润												
（二）直接计入所有者权益的利得和损失												
1. 可供出售金融资产公允价值变动净额												
2. 权益法下被投资单位其他所有者权益变动的影响												
3. 与计入所有者权益项目相关的所得税影响												
4. 其他												
上述（一）和（二）小计												
（三）所有者投入和减少资本												

（续）

项目	本年金额						上年金额					
	实收资本（或股本）	资本公积	减：库存股	盈余公积	未分配利润	所有者权益合计	实收资本（或股本）	资本公积	减：库存股	盈余公积	未分配利润	所有者权益合计
1. 所有者投入资本												
2. 股份支付计入所有者权益的金额												
3. 其他												
（四）利润分配												
1. 提取盈余公积												
2. 对所有者（或股东）的分配												
3. 其他												
（五）所有者权益内部结转												
1. 资本公积转增资本（或股本）												
2. 盈余公积转增资本（或股本）												
3. 盈余公积弥补亏损												
4. 其他												
四、本年年末余额												

2. “会计政策变更”和“前期差错更正”项目

此两项目分别反映企业采用追溯调整法处理的会计政策变更的累积影响金额和采用追溯重述法处理的会计差错更正的累积影响金额。

为了体现会计政策变更和前期差错更正的影响，企业应当在上期期末所有者权益余额的基础上进行调整得出本期期初所有者权益，根据“盈余公积”“利润分配”“以前年度损益调整”等账户的发生额分析填列。

3. “本年增减变动金额(减少以“-”号填列)”项目

1）“净利润”项目，反映企业当年实现的净利润（或净亏损）金额，并对应列在“未分配利润”栏。

2）“直接计入所有者权益的利得和损失”项目，反映企业当年直接计入所有者权益的利得和损失金额。其中：

“可供出售金融资产公允价值变动净额”项目，反映企业持有的可供出售金融资产当年公允价值变动的金额，并对应列在“资本公积”栏。

“权益法下被投资单位其他所有者权益变动的影响”项目，反映企业对按照权益法核算的长期股权投资，在被投资单位除当年实现的净损益以外其他所有者权益当年变动中应享有的份额，并对应列在“资本公积”栏。

“与计入所有者权益项目相关的所得税影响”项目，反映企业根据企业会计准则规定应计入所有者权益项目的当年所得税影响金额，并对应列在“资本公积”栏。

4. “所有者投入和减少资本”项目

该项目反映企业当年所有者投入的资本和减少的资本。其中：

“所有者投入资本”项目，反映企业接受投资者投入形成的实收资本（或股本）和资本溢价或股本溢价，并对应列在“实收资本”和“资本公积”栏。

“股份支付计入所有者权益的金额”项目，反映企业处于等待期中的权益结算的股份支付当年计入资本公积的金额，并对应列在“资本公积”栏。

5. “利润分配”项目

该项目反映当年对所有者(或股东)分配的利润(或股利)金额和按照规定提取的盈余公积金额，并对应列在“未分配利润”和“盈余公积”栏。其中：

“提取盈余公积”项目，反映企业按照规定提取的盈余公积。

“对所有者(或股东)的分配”项目，反映对所有者(或股东)分配的利润(或股利)金额。

6. “所有者权益内部结转”项目

该项目反映不影响当年所有者权益总额的所有者权益各组成部分之间当年的增减变动，包括资本公积转增资本(或股本)、盈余公积转增资本(或股本)、盈余公积弥补亏损等项金额。其中：

“资本公积转增资本(或股本)”项目，反映企业以资本公积转增资本或股本的金额。

“盈余公积转增资本(或股本)”项目，反映企业以盈余公积转增资本或股本的金额。

“盈余公积弥补亏损”项目，反映企业以盈余公积弥补亏损的金额。

（二）所有者权益变动表栏目的填列方法

1. “上年金额”栏的列报方法

所有者权益变动表“上年金额”栏内各项数字，应根据上年度所有者权益变动表“本年金额”栏内所列数字填列。如果上年度所有者权益变动表规定的各个项目的名称和内容同本年度不相一致，则应对上年度所有者权益变动表各项目的名称和数字按本年度的规定进行调整，填入所有者权益变动表“上年金额”栏内。

2.“本年金额”栏的列报方法

所有者权益变动表“本年金额”栏内各项数字一般应根据“实收资本(或股本)”“资本公积”“盈余公积”“利润分配”“库存股”“以前年度损益调整”等账户的发生额分析填列。

第六节　财务报表附注

一、财务报表附注的含义及作用

财务报表附注是对在资产负债表、利润表、现金流量表和所有者权益变动表等报表中列示项目的文字描述或明细资料，以及对未能在这些报表中列示项目的说明等。

财务报表中的数字是经过分类、汇总后的结果，是对企业发生的经济业务的高度简化和浓缩的数字，如果没有会计政策的解读和相关信息的披露，财务报表将不能充分发挥效用。因此，附注与资产负债表、利润表、现金流量表、所有者权益变动表等报表一样重要。财务报表使用者应当细致、全面地阅读附注。

二、财务报表附注披露的内容

根据我国企业会计准则的规定，财务报表附注应当按照如下顺序披露有关内容：

1）企业的基本情况。

2）财务报表的编制基础。

3）遵循企业会计准则的声明。

4）重要会计政策的说明。

5）重要会计估计的说明。

6）会计政策和会计估计变更以及差错更正的说明。

7）重要报表项目的说明。

8）或有事项的说明。

9）资产负债表日后事项的说明。

10）关联方关系及其交易的说明。

思　考　题

1. 什么是财务报告？财务报告由哪些项目构成？
2. 财务报表有哪些分类？财务报表的编制要求有哪些？
3. 资产负债表如何编制？
4. 利润表如何编制？
5. 说明现金流量表的结构。
6. 说明所有者权益变动表的结构及编制方法。

7. 报表附注有何作用？包括哪些内容？

练 习 题

一、单项选择题

1. 资产负债表中“资产”和“负债”项目按资产负债的(　　)顺序排列。
A. 流动性　B. 重要性　C. 金额大小　D. 程度高低
2. 下列不影响营业利润的项目是(　　)。
A. 财务费用　B. 投资收益　C. 资产减值损失　D. 营业外支出
3. 资产负债表反映企业在某一特定日期的(　　)。
A. 经营成果　B. 现金流量　C. 财务状况　D. 经营活动
4. 编制资产负债表所依据的会计等式是(　　)。
A. 收入-费用=利润
B. 资产=负债+所有者权益
C. 借方发生额=贷方发生额
D. 期初余额+本期借方发生额-本期贷方发生额=期末余额
5. 利润表“本期金额”栏的数据是根据有关账户的(　　)填列的。
A. 期初余额　B. 期末余额　C. 本年累计数　D. 本期净发生额
6. 我国利润表的格式为(　　)。
A. 单步式　B. 多步式　C. 报告式　D. 账户式
7. 资产负债表是(　　)报表。
A. 动态　B. 静态　C. 动静结合　D. 非静非动
8. 下列业务中，属于“经营活动产生的现金流量”项目的是(　　)。
A. 变卖固定资产所产生的现金流量　B. 取得债券利息收入所产生的现金流量
C. 支付经营租赁费用所产生的现金流量　D. 支付融资租赁费用所产生的现金流量
9. 企业偿还的长期借款利息，在编制现金流量表时，应作为(　　)项目填列。
A. “偿还债务支付的现金”
B. “分配股利、利润和偿付利息支付的现金”
C. “支付其他与筹资活动有关的现金”
D. “支付其他与经营活动有关的现金”

二、多项选择题

1. 下列资产中，属于流动资产的有(　　)。
A. 无形资产　B. 交易性金融资产　C. 货币资金　D. 原材料
2. 企业对外报送的财务报表主要包括(　　)。
A. 资产负债表　B. 利润表　C. 现金流量表　D. 所有者权益变动表
3. 下列项目中，属于财务报表的有(　　)。
A. 资产负债表　B. 应交增值税明细表　C. 利润表　D. 现金流量表
4. 财务报表编制的基本要求包括(　　)。
A. 内容完整　B. 数字真实　C. 计算准确　D. 编报及时
5. 资产负债表中“货币资金”项目是依据(　　)账户余额之和填列的。
A. “库存现金”　B. “银行存款”　C. “其他货币资金”　D. “应收票据”
6. 现金流量表中的现金流量包括(　　)。
A. 筹资活动的现金流量　B. 投资活动的现金流量

C. 经营活动的现金流量　　　　　　　　D. 分配活动的现金流量

7. 财务报告可以提供企业(　　)的信息。

A. 财务状况　　B. 经营成果　　C. 劳动状况　　D. 现金流量

8. 在利润表中，"营业利润"项目的填列涉及(　　)账户。

A. "主营业务收入"　B. "营业外收入"　C. "其他业务收入"　D. "其他业务成本"

9. 在财务报表附注中，应当披露(　　)。

A. 企业的基本情况　　　　　　　　B. 重要报表项目的说明

C. 资产负债表日后事项的说明　　　D. 重要会计政策的说明

10. 现金流量表中的"支付给职工以及为职工支付的现金"项目包括(　　)。

A. 支付给退休人员的退休金　　　　B. 支付的在建工程人员的工资

C. 支付的生产工人的工资　　　　　D. 支付的行政管理人员的工资

11. 在现金流量表补充资料中将净利润调整为经营活动的现金流量时，需要调整增加的项目有(　　)。

A. 提取的固定资产减值准备　　　　B. 无形资产摊销

C. 投资损失　　　　　　　　　　　D. 处置固定资产收益

12. 下列(　　)项目，属于所有者权益变动表应当单独列示的。

A. "净利润

B. "直接计入所有者权益的利得和损失项目及其总额"

C. "会计政策变更和差错更正的累积影响金额"

D. "所有者投入资本和向所有者分配利润"

三、判断题

1. 财务报告是企业财务核算的最终成果。(　　)

2. 财务报告只对外提供，企业内部的管理者和职工不得使用。(　　)

3. 利润表是根据"资产=负债+所有者权益"等式设计并编制的。(　　)

4. 资产负债表属于动态报表。(　　)

5. 我国会计制度规定，企业的资产负债表采用账户式结构。(　　)

6. 现金流量表只能反映企业与现金有关的经营活动、投资活动和筹资活动。(　　)

7. 利润表中"本期金额"栏的各项目，是根据有关账户的期末余额填列的。(　　)

8. 资产负债表中的"期末余额"栏应根据有关账户的本期发生额编制。(　　)

9. 企业必须对外提供资产负债表、利润表及利润分配表和现金流量表，财务报表附注不属于企业必须对外提供的资料。(　　)

10. 资产负债表中的资产类应分别流动资产和非流动资产项目列示，非流动资产在先，流动资产在后。(　　)

四、业务题

（一）资产负债表编制练习

甲建筑施工企业2014年12月31日各账户期末余额如表13-13所示，要求根据各账户期末余额编制该企业的资产负债表。

表13-13　甲建筑施工企业各账户期末余额

2014年12月31日　　　　单位：元

账 户 名 称	借 方 余 额	贷 方 余 额
库存现金	3 500	
银行存款	110 000	
其他货币资金	10 000	

（续）

账户名称	借方余额	贷方余额
应收票据	25 000	
应收账款	80 000	
坏账准备		10 000
预付账款	16 000	
其他应收款	3 000	
在途物资	105 000	
原材料	435 000	
长期股权投资	120 000	
固定资产	700 000	
累计折旧		45 000
无形资产	150 000	
短期借款		130 000
应付票据		35 000
应付账款		78 000
其他应付款		7 000
应付职工薪酬		11 400
应交税费		56 000
应付利息		53 000
长期借款		110 000
其中：一年内到期的长期负债		
实收资本		800 000
资本公积		34 000
盈余公积		30 000
利润分配(未分配利润)		358 100
合计	1 757 500	1 757 500

（二）利润表编制练习

某建筑工程公司2015年3月份各账户本期发生额如表13-14所示。要求根据资料编制该企业本月利润表。

表13-14 某建筑工程公司3月份各账户本期发生额

2015年3月　　　　单位：元

账户名称	借方发生额	贷方发生额
主营业务收入		450 000
主营业务成本	200 000	
营业税金及附加	4 000	
其他业务收入		28 000

（续）

账 户 名 称	借方发生额	贷方发生额
其他业务成本	15 000	
管理费用	44 000	
销售费用	38 000	
财务费用	41 000	
营业外收入		12 500
营业外支出	8 500	
投资收益		3 000
所得税费用	13 000	

参考文献

[1] 中华人民共和国财政部. 企业会计准则[M]. 北京：经济科学出版社，2006.

[2] 吕孝侠. 会计学原理[M]. 北京：机械工业出版社，2014.

[3] 吕孝侠. 中级财务会计[M]. 北京：北京大学出版社，2013.

[4] 李志远，刘建科. 施工项目会计核算与成本管理[M]. 北京：中国市场出版社，2009.

[5] 平准. 施工企业会计核算与纳税实务[M]. 北京：人民邮电出版社，2009.

[6] 田凤英，陈跃辉. 施工企业会计项目化精解[M]. 北京：化学工业出版社，2014.

[7] 牛丽文. 建筑施工企业会计[M]. 北京：机械工业出版社，2009.

[8] 代义国. 建筑施工企业会计与纳税技巧[M]. 北京：机械工业出版社，2013.

[9] 李忠富. 建筑施工组织与管理[M]. 北京：机械工业出版社，2013.

[10] 刘元方，寇建华. 施工企业会计全程系统训练[M]. 北京：中国财政经济出版社，2009.

信息反馈表

尊敬的老师：您好！

感谢您多年来对机械工业出版社的支持和厚爱！为了进一步提高我社教材的出版质量，更好地为我国高等教育发展服务，欢迎您对我社的教材多提宝贵意见和建议。另外，如果您在教学中选用了**《建筑施工企业会计》(吕孝侠 编著)**，欢迎您提出修改建议和意见。索取课件的授课教师，请填写下面的信息，发送邮件即可。

一、基本信息

姓名：________ 性别：______ 职称：________ 职务：________

邮编：________ 地址：________________________

学校：__________ 院系：__________ 专业：__________

任教课程：__________ 手机：__________ 电话：__________

电子邮件：__________ QQ：__________

二、您对本书的意见和建议

（欢迎您指出本书的疏误之处）

三、您对我们的其他意见和建议

请与我们联系：

100037　机械工业出版社·高等教育分社

Tel：010-8837 9542（O）　刘涛

E-mail：Ltao929@ 163. com

http：//www. cmpedu. com（机械工业出版社·教育服务网）

http：//www. cmpbook. com（机械工业出版社·门户网）